KĀVYĀDARŚAḤ
OF
DAṆḌIN

Text with the Commentaı
Jibānand Vidyāsāgar

Translation in English
by
V. V. Sastrulu

Edited by
R. K. Panda

BKP

BHARATIYA KALA PRAKASHAN
Delhi : : (India)

Revised Edition : 2008

Published by **C.P. Gautam**
BHARATIYA KALA PRAKASHAN
3421-A, IInd Floor, Narang Colony, Tri Nagar,
Delhi-110035. Phone : 32967505 Telefax: 27393083
E-mail : bkp3421@yahoo.co.in

ISBN : 978-81-8090-184-3

Printed by :
BDH Printer at Salasar Imaging Systems
Delhi

।। काव्यादर्शः विषयानुक्रमणिका ।।

प्रथमपरिच्छेदे श्लोकाः (1-105)

विषयाः	श्लो-सं०	पृ० सं०
ग्रन्थप्रस्तावः	1-9	1-5
काव्यलक्षणम्	10	6
काव्यभेदाः	11-13	6-7
महाकाव्यलक्षणम्	14-22	8-12
गद्यभेदाः	23	12
कथाख्यायिकयौः		
अभेदः	24-30	12-15
मिश्रकाव्यम्	31	15
काव्यस्य भाषाकृत-प्रभेदाः	32-39	16-20
वैदर्भगौडीयमार्गौ	40	21
वैदर्भगुणा दश	41-101	21-54
कवित्वोत्पत्तिः	103-104	54-55
उपसंहारः	105	56

द्वितीयपरिच्छेदे श्लोकाः(1-368)

विषयाः	श्लो-सं०	पृ० सं०
अलङ्कारलक्षणम्	1-3	57-58
अर्थालङ्काराणा		
मुद्देशः	4-7	59
स्वभावोक्तिः	8-13	59-62
उपमा	14-65	62-83
रूपकम्	66'96	74-95
दीपकम्	97-115	96-103

आवृत्तिः	116–119	103–105
आक्षेपः	120–168	105–122
अर्थान्तरन्यासः	169–179	122–127
व्यतिरेकः	180–198	128–135
विभावना	199–204	135–134
समासोक्तिः	205–213	138–142
अतिशयोक्तिः	214–220	142–145
उत्प्रेक्षा	221–234	145–151
हेतुः	235–260	151–163
सूक्ष्मः	260–264	163–164
लेशः	265–272	165–168
क्रमः	273–274	168–169
प्रेयः	274–279	169–171
रसवत्	280–292	171–177
ऊर्जस्वि	293–294	177–178
पर्यायोक्तिः	295–297	178–179
समाहितम्	298–299	179–180
उदात्तम्	300–303	180–182
अपह्नुतिः	304–309	182–184
श्लेषः	310–322	185–192
विशेषोक्तिः	323–329	192–195
तुल्ययोगिता	330–332	195–197
विरोधः	333–340	197–200
अप्रस्तुतप्रशंसा	340–342	200–201
व्याजस्तुतिः	343–347	201–203
निदर्शनम्	348–350	203–204
सहोक्तिः	351–355	205–207
परिवृत्तिः	355–356	207
आशीः	357	207–208
उद्देशपरिपूर्तिः	358–359	208–209

संसृष्टिः	360–363	209–211
भाविकम्	364–366	211–212
उपसंहारः	367–368	213–214

तृतीयपरिच्छेदे श्लोकाः (1-187)

शब्दालङ्काराः (2–124) 117–257.

विषयाः	श्लो० सं०	पृ०सं०
यमकम्	1–76	215–251
गोमूत्रिका	78–79	251–252
वर्णभ्रमम्	80–81	253–254
सर्वतोभद्रम्	82	255
स्वरनियमः	83–87	246–247
स्थाननियमः	88–91	258–259
वर्णनियमः	92–95	260–261
प्रहेलिका	96–124	262–276
उपसंहारः	125–187	276–305
Index		306

Introduction

The author of Kāvyādarśaḥ, one of the earliest works on Alaṅkāra, is Ācārya Daṇḍin. From a verse of Rājaśekhara in *Sāraṅgadhana Paddhati*, we learn that Daṇḍin was the author of three prabandhas. Attempts have been made by scholars to identify these three prabandhas. Disutsched thinks that *Daśakumāra-carita, Kāvyadarśa* and *Mṛcchakaṭika* are the three books. Others substitute for *Mṛcchakaṭika*, the poem, *Dvisandhānakāvya* prescribed by Bhojadeva to Daṇḍin. Others again consider that *Chandovichiti* and *Kala paricched* are the two other works of Daṇḍin. These are referred to in *Kāvyādarśa*; but it is not clear from the context that they are the names of books and not names of the sectional topics. Some modern researchers are of opinion that the two other works of Daṇḍin are *Daśakumāracarita* and *Avantisundarī-kathā*.

Opinion is similarly very undecided as to the comparative dates of Bhāmaha and Daṇḍin. Mr. Fice's "Inscriptions from Sravana Belgola" contains a verse in praise of Srivarddha-deva which is attributed to Daṇḍin. Mr. M. T. Narasiṁha Ayyangar in his pamphlet on "Bhāmaha, the rhetorician" points out the references to Daṇḍin. In Bhāmaha's work and places Bhāmaha after Daṇḍin and in the latter half of the seventh century. Other scholars are of opinion that Daṇḍin was later than Bhāmaha and criticised Bhāmaha's opinions.

From the introductory portion to *Avanti-sundarī-kathā-sāra*, we find that Daṇḍin was the great grandson of one Damodara whom Daṇḍin refers to as Bhāravi. This Bhāravi is said to have been a friend to Prince Viṣṇu Vardhana and the Pallava Siṁha-viṣṇu. In all probability he became famous is Bhāravi after the respectful ascription of that name by his descendant Daṇḍin; in which case Daṇḍin must have lived before the date of Aihole inscription (634 A. D.). In this view he would be earlier than Bhāmaha. Daṇḍin, according to *Avnatisundarī-kathā-sāra*, lived at the Pallava court at Kanchipuram and when that city was invested by the armies of Chalukya Vikramāditya, he went about travelling all over India; and he returned only when peace was restored at Kanchipuram.

Kāvyādarśa, occupies a prominent place among the Alaṅkara Śāstras, both on account of the clarity of exposition and on account of its own undoubted merits of style. The book was intended as a guide to aspirants to literary fame and not as an exhaustive thesis on literary criticism. That was the object of Ācāraya Daṇḍin is seen from the concluding verse of each *Pariccheda*. The intrinsic value of the book is attested by its being translated very early in the vernaculars. In this connection it may not be out of place to refer to what appears to be a contemporary appreciation of *Kāvyādarśa* :

जाते जगति वाल्मीकौ कविरित्यभिधाऽभवत्।
कवी इति ततो व्यासे कवयस्त्वयि दण्डिनि।।

There have been several commentaries on the *Kāvyādarśaḥ*. The earliest appears to be Srutanupalini of Vadi Ghangala. Two other commentaries, one of Tarunavācaspati and another, (Hṛdayangama) by an unknown author have been published in 1910 by Rao Bahadur Prof. M. Rangachariar, then Curator of the Government Oriental Manuscripts Library, Madras. A fourth commentary of Jibānanda Vidyāsāgara has been adopted in this edition. Ācārya Daṇḍin belongs to the Dakṣinatya school of writers and was a lover of *Vaidarbhī* style; he brings out the distinction between the two extreme of the Vaidarbhī and the Gouḍa styles very clearly in this book.

Daṇḍin belongs to the formative period of Sanskrit

poetics when some of the doctrines were steadily advancing towards development; some of them were trying for winning recognition and stell some others were making their first appearance in conscious or sub-conscious form. As one of the earliest exponents of the poetical doctrines, he richly deserves a prominent place in the history of Sanskrit Poetics. A study of his work on Poetics is imperative not only for having an enright into the beginnings and early development of the poetical theories, but also for a correct appraised of the various doctrines which developed after him. Daṇḍin has dealt with almost all the topics of the science of *kāvya,* prevalent in his time and has given one of the most elaborate treatments to some of them.

The main contents or topics of the Kāvyādarśa are as follows :

1. Benediction, and introductory remarks
2. Purposes and sources of poetry
3. Definition and classification of Kāvya.
4. The poetic dictions (*mārgas*) and their constituent excellences *(guṇa)*
5. Defects *(doṣas)*
6. Poetic bigures (i) Ideal figures (ii) Verbal figures and literary feats
7. Concluding remarks

Daṇḍin makes a passing reference to the purpose of poetry. He casually mentions delight and fame as gains of poetry to the poet and describes mahākāvya as a poetic composition which delights the world, implying thereby that the esthetic pleasure belongs to the reader also. Daṇḍin also refers to the attainment of the fruit of the four objects of life *(caturvarga)* when he describes a *mahākāvya* as possessed of the goal of the four objects. Daṇḍin also deals incidentally with the sources of poetry or equipments of a poet, which, according to him, are (i) poetic imagination (*pratibha*), (ii) pure and vast learning *(nirmala bahuśruta)* and (iii) assiduous application *(ānanda abhiyoga)*.

Daṇḍin is perhaps the first known writer who gives us a definition of *Kāvya*. He defines *kāvya*, or rather metaphorically its body, as a series of words characterised by agreeable sense. In this definition, he apparently puts greater stress on the words which, when possessed of the intended sense, constitute the body of the kāvya. Daṇḍin classifies *kāvya*, on the basis of various factors, into numerous varieties of poetic composition. On the basis of form, he divides it into prose, verse and *miśra* or a mixture of the two forms. The metrical variety has been divided into two classes, *vṛtta* and *jāti*, according as the metres employed are regulated by syllables or moras *(mātra)* respectively, while structarally it is sub-divided into *muktaka* (a single verse), *kulaka* (a group of five verses), *Kośa* (unconnected verses) and *saṁghāta* (short poem with a story). These forms are said to be included the main variety namely, the *mahākāvya*.

The prose form has been normally divided into *ākhyāyikā* and *kathā*, though Daṇḍin definitely knows its other numerous species as well. Daṇḍin however, does not admit the rigid distinction made between the two varieties which, according to him, form one class under two different designations. He emphatically rebutes the theory of distinction. The *miśa* or mixed variety of *kāvya* includes drama *(nāṭaka)* etc. for the elaborate treatment of which Daṇḍin refers his readers to other specialised works.

The medium of expression forms the basis of another classification which divides *kāvya* into four sets, namely, Sanskrit, Prakrit, Apabhraṁśa and miśra. Of Prakrit, Daṇḍin notices various forms, viz. Mahārāṣṭrī, Śaurasenī, Gauḍī, and Laṭi as also Paiśā (referred to as *bhūtabhāṣā*), the first of which is typified as the best. He divides the Prakrit vocables into *tadbhava* (loan-words assuming a different form), *tatsama* (those in identical form) and in (local word). By Apabhraṁśa, Daṇḍin means the language of the Ābhīrās and others in kāvya as distinguished from the scientific writings where it is the name given to all languages other than Sanskrit.

Daṇḍin occupies a prominent place in the development of the *mārga* theory. According to Daṇḍin, the path of speech is multifold, since every poet possesses a distinct way of expressing a thing. It is difficult to draw a clear line of distinction between the various paths or dictions which differ from poet to poet, the mutual difference among them being too subtle to be defined. The two *mārgas,* viz, the *Vaidarbha* and the *Gauḍa,* are however clearly distinguishable, the points of difference in them being easily discernible.

Although Daṇḍin considers the Gauḍa *mārga* to be a diction of second degree, he accords it due recognition as a literary path. His predilection for the Vaidarbha diction is more than evident. He regards the *mārga* as a standard diction which favours the classical and the refined manner of expression. The *mārga,* according to him, insists on tenderness, compactness and force, in the arrangement of words and on evenness of diction, and with regard to sense, it demands limpidity and explicitness as also sublimitya and spontaneity of emotions and ornateness in expression, and above all, emphasises sweetness both of word and sense. The Gauḍa *mārga,* on the other hand, prefers fervidity and harshness and alliteration, and allows therefore laxity and unevenness of diction to creep in.

Daṇḍin considers the *guṇas* to be the basic elements of poetic diction. He accepts ten *guṇas* viz., Śleṣa (compactness), Prasāda (lucidity), Samatā (evenness), *Mādhurya* (sweetness), *Sukumāralā* (softness), *Arthavyakti, udāratā, Ojas, Kānti* and *Samādhi.*

Daṇḍin does not define *doṣa* perhaps due to its being too clear concept to explain. According to him, anything that is employed emproperly or indecently and, for that reason, perturbs the mind of a man of taste constitutes a defect. Daṇḍin has dealt with the ten *doṣas* viz., *Apārtha, Vyartha,*

Ekārtha, Saṁśaya, Apakrama, sabdahīna, yatibhraṣṭa, Bhinnavṛtta, Visaṁdhika, Deśakālakalālokanyāyāgamavirodhi. Besides the traditional *doṣas* which may be termed external ones, Daṇḍin has indirectly referred to some *doṣas* in the first chapter of his *Kāvyādarśa* as negative forms of the *guṇaṣ* excepting *udāratva, ojas* and *samādhi* the opposites of which have not been alluded to by him. The *doṣas* refered to are: *Śithila* (looseness), *Vyutpanna, Viṣama, Grāmya, Dīpta* or *Niṣṭhura, Neyatva, Atyukti.* Besides the positive and negative *doṣas,* Daṇḍin refers to the flaws of simile which he regards as defects only it they perturb the mind of a reader. In case, however, they do not wound the cultivated sensibility, they cease to be *doṣas.* Since Daṇḍin a great advocate of the *alaṁkāra* theory, considers the generic concept of *alaṁkāra* to be the principal element of poetic embellishment, he defines it as the characteristic attributes which produces charm in poetry and encorporates, in its vast scope, besides the specific alaṁkāras, the excellences, the various forms of dramatic joints and manners and the *lakṣaṇas.* A striking features of Daṇḍin's conception of *alaṁkāras* is that he stamps the *guṇas* as special *alaṁkāras* which constitute the essential elements of particular poetic dictions and form the basis of their classification, while the poetic figures are termed by him as the *alaṁkāras* which are common to all the dictions or, in other words, which characterise all poetic compositions.

Great credit goes to the writer for giving the concept a lucid and bright exposition by defining, as precisely as possible, the scope of various poetic figures along with their varieties, and his claim in this respect is justified to a considerable extent. The elaborate treatment he has given to the concept clearly implies that he regarded the *alaṁkāras* as the principal elements of poetry. He deals with the following *alaṁkāras. Svabhāvokti, Upamā, Rūpaka, Dīpika, Ākṣepa, Arthāntaranyāsa, Vyatireka, Vibhāvanā, Samāsokti, Atiśayokti, Utprekṣā, Hetu, Sūkṣma, Leśa, Yathāsaṁkhya, Preyas, Rasavat, Urjasvin, Samāhita, Paryāyokta, Udātta, Apahnuti, Śliṣṭa,*

Viśeṣokti, Tulyayogita, Virodha, Aprastutapraśaṁsā, Vyājastute, Nidarśanā, Sahokti Parivṛtti, Āśis, Bhāvika, Yamaka, citrab and has.

Daṇḍin recognises the importance of *rasa* in poetry or in a *mahākāvya* which, according to him, should be abounding in sentiments and emotions, He enumerates and illustrates the traditionally recognised eight *rasas*. Daṇḍin implies the idea of propriety in various spheres of his concepts and gives a general form of the doctrine in the making. The principle of propriety is at work when he puts special stress on proper employment of words, and condemns a speech improperly formed. Thus we see that Daṇḍin made a rich contribution to the study of poetics by giving scientific interpretation and analysis to the concepts that he inherited from earlier tradition making his own assessment of them and by presenting at places his own ideas, in a precise manners and in the most convincing way.

।।श्रीः।।

।। काव्यादर्शः।।

KĀVYĀDARŚA

प्रथमः परिच्छेदः

चतुर्मुखमुखाम्भोजवनहंसवधूर्मम ।
मानसे रमतां नित्यं सर्वशुक्ला सरस्वती।।1।।

Section I

May the lovely lady swan that sports among the lotus-mouths of *Brahmā,* the all-white *Sarasvatī* roam for ever in delight in the lotus-pool of my heart.

प्रणम्य कमलाकान्तं भक्ताभीष्टफलप्रदम्।
काव्यादर्शस्य विवृतिं वितनोमि सतां मुदे।।

किंवदन्तीयं 'यत् महामहोपाध्यायः श्रीमान् दण्डीनाम कविः ग्रन्थमिमं स्वयं विरच्य कमपि राजपुराम् अध्यापयामास' इति।

ग्रन्थारम्भे निर्विघ्नेन प्रारिप्सितपरिसमाप्तिकामनया कविर्ग्रन्थाधिष्ठातृतया वाग्देवतायाः स्मरणरूपमङ्गलमाचरन्नाह–**चतुर्मुखेति**।। चतुर्मुखस्य ब्रह्मणः मुखान्येव अम्भोजवनानि पद्मवृन्दानि तेषु हंसवधूः हंसीस्वरूपा सर्वतः सर्वावयवेन सर्वप्रकारेण च शुक्ला श्वेतवर्णा परिशुद्धा, च सरस्वती बागधिष्ठात्री देवी नित्यं सततं मम मानसे चेतसि तदाख्यसरसि च रमतां विहरतु मानसे सरसि पद्मवनेषु हंसीव या ब्रह्मणो मुखकमलेषु श्रुतिरूपेण सततं विहरति सा सर्वशुद्धा वाग्देवी मम हृदये सततं वसतु इति निष्कर्षः। नित्यमित्यत्र दीर्घमिति पाठे दीर्घं सुचिरमित्यर्थः।।1।।

पूर्वशास्त्राणि संहृत्य प्रयोगानुपलभ्य च।
यथासामर्थ्यमस्माभिः क्रियते काव्यलक्षणम्।।2।।

इह शिष्टानुशिष्टानां शिष्टानामपि सर्वथा।
वाचामेव प्रसादेन लोकयात्रा प्रवर्तते।।3।।

Condensing the earlier works and examining the applications (in poetry) (this) *Kāvyalakṣaṇam* (grammar of poetry) is prepared by us to the best of our ability.

Here, the progress of the world is maintained by the grace of words which have been recommended by authoritative writers as well as of words which are outside (such recommendation).

सम्प्रति ग्रन्थस्य अभिधेयं निर्दिशन् प्रतिजानीते–**पूर्वशास्त्राणीति।।** पूर्वेषां कवीनां भरतादीनां शास्त्राणि काव्यग्रन्थान् संहृत्य संक्षेपेण तेभ्यः सारमाकृष्य प्रयोगान् महाकाव्यादिषु प्रयुक्तान् विषयान् उपलभ्य समालोच्य च अस्माभिः यथासामर्थ्यं यथाशक्ति यथाज्ञानमिति यावत्। काव्यस्य लक्षणं स्वरूपं लक्ष्यते अनेनेति व्युत्पत्त्या लक्षणम् इतरव्यवच्छेदकः असामान्यधर्म इति यावत् क्रियते निर्णीयते। एतेन काव्यमेव ग्रन्थस्य अभिधेयं दर्शितम्।।2।।

इदानीं ग्रन्थस्य प्रयोजनकथनाय वाचां व्यवहारोपयोगित्वम् अन्वयव्यतिरेकाभ्यामाह–**इहेति इदमिति च।।** इह संसारे शिष्टैः धीरैः। तदुक्तं महाभारते–'न पाणिपादचपलो न नेत्रचपलो मुनिः। न च वागङ्गचपल इति शिष्टस्य लक्षणम्।।' इति। महेश्वरादिभिः अनुशिष्टानां साधितानां प्रकृतिप्रत्ययादिविभागेन संस्कृतानां तथा शिष्टानां जातिदेशादिविभागेन सिद्धानां प्रचलितानां प्राकृतदेशीयानां वाचामेव प्रसादेन अनुकम्पया साहाय्येनेति यावत्। सर्वथा सर्वैः प्रकारैः लोकानां उत्तममध्यमाधमभेदेन त्रिविधानां यात्रा व्यवहारः प्रवर्तते प्रचलति तत्रोत्तमाः संस्कृतयैव वाचा व्यवहरन्ति मध्यमाः ततो निकृष्टयां साधुभाषया, अधमा नीचभाषया इति। देशजातिभेदेन एवमेव भाषाव्यवहार इति फलितार्थः।।3।।

इदमन्धं तमः कृत्स्नं जायेत भुवनत्रयम्।
यदि शब्दाह्वयं ज्योतिरासंसारं न दीप्यते।।4।।
आदिराजयशोबिम्बमादर्शं प्राप्य वाङ्मयम्।
तेषामसन्निधानेऽपि न स्वयं पश्य नश्यति।।5।।

These three worlds would be entirely dark and blind had not the light called "word" lit them up from the beginning.

Behold! the embodied fame of the first kings which having the aid of the mirror of 'literature' does not itself disappear (even) when their presence is gone.

इदमिति।। यदि शब्दः आह्वयः अभिधानं यस्य तत् शब्दनामकं वाङ्मयमित्यर्थः। ज्योतिः तेजःप्रकाशकस्वरूपधर्मबलेन वाङ्मये तथात्वारोपः। आसंसारं जगत् अभिव्याप्य न दीप्यते न विराजते तदा इदं कृत्स्नं सर्वं भुवनानां स्वर्गमर्त्त्यरसातलानां त्रयम् अन्धं तमः गाढान्धकारव्याप्तमिति यावत् जायेत सूर्योदयाभावे इव वागभावे जगत् अन्धकारमयमेव स्यात् वाग्भिरेव सर्वेषां ज्ञानलाभादिति भावः। एतेन अस्य प्रयोजनं वागव्यवहाररूपमेव कथितम्। अभिधेयप्रयोजनयोश्च परस्परं ज्ञाप्यज्ञापकत्वादिरूपः सम्बन्धः यथायथमवगन्तव्यः। एषाञ्च ग्रन्थादौ अवश्यवक्तव्यातोक्ता यथा–'ज्ञातार्थं ज्ञातसम्बन्धं श्रोतुं श्रोता प्रवर्त्तते। ग्रन्थादौ तेन वक्तव्यः सम्बन्धः सप्रयोजनः।।' इति।।4।।

इदानीं वाचामुपादेयत्वं दर्शयति–**आदिराजेति**।। आदिराजानां मन्विक्ष्वाकुप्रभृतीनां यशोबिम्बं कीर्त्तिरूपं प्रतिबिम्बं कर्तृ वाङ्मयं कविगणनिबद्धं काव्यप्रबन्धरूपमादर्शं दर्पणं प्राप्य तेषामादिराजानां असन्निधानेऽपि असत्तायामपि न नश्यति न विलीयते इति स्वयं पश्य अवलोकयेति राजपुत्रं प्रयुक्तिः। दर्पणे बिम्बपतनं सन्निहितानामेव इह तु वाङ्मयरूपे दर्पणे असन्निहितानामपीति उपमेयाधिक्यवर्णनव्यतिरेकालङ्कारः। इदञ्च पुरावृत्तवर्णितानां यशःकीर्तनं प्रयोजनान्तरमनुसन्धेयम्।।5।।

गौर्गौः कामदुधा सम्यक् प्रयुक्ता स्मर्यते बुधैः।
दुष्प्रयुक्ता पुनर्गोत्वं प्रयोक्तुः सैव शंसति।।6।।
तदल्पमपि नोपेक्ष्यं काव्ये दुष्टं कथञ्चन।
स्याद्वपुः सुन्दरमपि श्वित्रेणैकेन दुर्भगम्।।7।।

"Word" properly used is considered by the wise to be the milch-cow which yields whatever one desired; but improperly used that itself reveals the ignorance of the user. (The pun on *'Go'* and *'Gotva'* is untranslatable).

Therefore, in a poem, no sort of blemish however trivial, should be allowed; even a lovely body may become loathesome because of a single defect (or leprous discoloration).

वाचामुपादेयत्वं सामान्येनोक्त्वा वाग्विशेषस्य कविप्रणीतप्रबन्धस्य विशेषोपादेयत्वं कीर्तयन्नाह—**गौरिति**।। सम्यक् प्रयुक्ता गुणालङ्कारादिवत्वेन दोषराहित्येन सुनिबद्धा गौः 'वाक् स्वर्गेषु पशुवाग्वज्रदिङ्नेत्रघृणिभूजले। लक्ष्यदृष्ट्यां स्त्रियां पुंसि गौरि'त्यमरः। बुधैः बिद्वद्भिः सहृदयैः सुधीभिरित्यर्थः। कामदुघा कामदोहिनी यथाभिलषितपूरणी गौः धेनुः स्मर्यते मन्यते। 'एकः शब्दः सुप्रयुक्तः सम्यक् ज्ञातः स्वर्गे लोके च कामधुक् भवति' इति श्रुतेः। अपरञ्च, 'धर्मार्थकाममोक्षेषु वैचक्षण्यं कलासु च। करोति कीर्तिं प्रीतिञ्च साधुकाव्य- निषेवणम्।।' इति। पुनः किन्तु सा एव गौः दुष्प्रयुक्ता सदोषत्वेन गुणालङ्कारादि- राहित्येन च प्रयुक्ता निबद्धा सती प्रयोक्तुः प्रयोगं कुर्वतः कवेरिति यावत् गोत्वं वृषमज्ञत्वमिति भावः शंसति सूचयति।।6।।

तत् तस्मात् प्रयोजकस्य गोत्वख्यापनात् काव्ये अल्पमपि दुष्टं दोषः भावे क्तप्रत्ययः। कथञ्चन केनापि प्रकारेण न उपेक्ष्यं न क्षन्तव्यं। सर्वथा दोषः परित्याज्य इत्यर्थः। ननु गुणालङ्कारादिसद्भावे सामान्यदोषेण का क्षतिरिति चेत् तत्राह—**स्यादिति**।। वपुः शरीरं सुन्दरमपि स्वभावतः गुणादिवत्तया वा सुदर्शनमपि

गुणदोषानशास्त्रज्ञः कथं विभजते जनः।
किमन्धस्याधिकारोऽस्ति रूपभेदोपलब्धिषु।।8।।
अतः प्रजानां व्युत्पत्तिमभिसन्धाय सूरयः।
वाचां विचित्रमार्गाणां निबबन्धुः क्रियाविधिम्।।9।।

How can one ignorant of grammar distinguish merits and flaws (from one another); has the blind man ability to appreciate the varieties of form (colour)?

Therefore wise men, intending the proper use (of words) by the people have laid down the grammar of composition in words of varied purpose and scope.

एकेन एकाङ्गवर्तिना क्षुद्रेणापि श्वित्रेण धवलरोगेण दुर्भगं घृणितं स्यात् अत्र दृष्टान्तालङ्कारः। तदुक्तं साहित्यदर्पणे, 'दृष्टान्तस्तु सधर्मस्य वस्तुनः प्रतिबिम्बनम्' इति।।7।।

गुणेति।। अशास्त्रज्ञः अविद्वान् जनः गुणदोषान् काव्यस्य उपादेयत्वव्यञ्जका धर्मा गुणाः तान् हेयत्वव्यञ्जका धर्मा दोषाः तांश्च कथं विभजते विशेषेण बुध्यते नैवेत्यर्थः। ओजः प्रसादादिगुणानां श्रुतिकट्वादिदोषाणाञ्च काव्यपाठश्रवणमात्रेण सामान्यतः परिज्ञानेऽपि शास्त्राविज्ञाने विशेषज्ञानासम्भवादिति भावः। तथाहि रूपाणां सौन्दर्यादीनां भेदोपलब्धिषु विशेषज्ञानेषु अन्धस्य अधिकारः शक्तिः किम् अस्ति। नैवेत्यर्थः। अत्रापि दृष्टान्तालङ्कारः।।8।।

अत इति।। अतः कारणात् गुणदोषाणां विभागादेः शास्त्रगम्यत्वात् हेतोः सूरयः पूर्वपण्डिताः भरतादयः प्रजानां लोकानां व्युत्पत्तिं वाग्वैचित्र्यज्ञानम् अभिसन्धाय अभिप्रेत्य उद्दिश्य इत्यर्थः विचित्रमार्गाणां विचित्रा विविधा मार्गाः पन्थानः रीतयः गौडीप्रभृतयः यासां तथाभूतानां वाचां काव्यप्रबन्धास्ताम् इत्यर्थः। क्रियाविधिं रचनाविधानं निबबन्धुः चक्रुः इत्यर्थः। काव्यग्रन्थान् रचयामासुः इति यावत्।।9।।

तैः शरीरञ्च काव्यानामलंकाराश्च दर्शिताः।
शरीरं तावदिष्टार्थव्यवच्छिन्ना पदावली।।10।।
गद्यं पद्यं च मिश्रं च तत् त्रिधैव व्यवस्थितम्।
पद्यं चतुष्पदी तच्च वृत्तं जातिरिति द्विधा।।11।।

By them have been pointed out what the body of the poem is and what its embellishments (beauties) are. The body is the string of words which indicate the aim or purpose intended (by the author).

This (body) is classified threefold, as *Padya*, as *Gadya*, as *Miśra (i.e.* as verse, as prose and as a mixture of prose and verse). Verse has four feet; and (again) it is divided into two classes *Vṛttaṁ* and *Jāti* (according to *Varṇa* and *Matrā* respectively).

इदानीं प्राचीनसंवादनिर्देशपुरःसरं काव्यशरीरं निरूपयति–**तैरिति**।। तैः पूर्वपण्डितैः काव्यानां शरीरम् अलङ्काराश्च अलङ्क्रियते एभिरिति व्युत्पत्त्या अलङ्काराः काव्यशरीरशोभका गुणालङ्कारादयश्च दर्शिताः। काव्यानामिति। बहुत्वं प्रकारभेदविवक्षयोक्तमवगन्तव्यम्। किं तत् शरीरमित्याकाङ्क्षाया स्वमतमुद्घाटयति–शरीरमिति। तावच्छब्दो वाक्यालङ्कारार्थः। इष्टाः हृद्याः रसाद्यनुगमेन मनोहरा इत्यर्थः। ये वाच्यलक्ष्यव्यङ्ग्यभेदेन विविधा अर्थाः तैः व्यवच्छिन्ना विभूषिता पदावळी पदसमष्टिः काव्यस्य शरीरमिति वर्तुलार्थः।। 10।।

इदानीं काव्यभेदान् दर्शयति–**गद्यमिति**।। तत् काव्यं त्रिधैव त्रिप्रकारेणैव व्यवस्थितं सिद्धान्तितं प्राचीनैरिति शेषः। गद्यं छन्दोरहितं पद्यं छन्दोबद्धं मिश्रं गद्यपद्योभयात्मकम् इत्यर्थः। तत्र पद्यं चतुश्चरणनिबद्धं तदपि वृत्तं जातिरिति द्विविधम् अक्षरसंख्यया निबद्धं वृत्तं मात्रया निबद्धा जातिरिति ज्ञेयम्।। 11।।

छन्दोविचित्यां सकलस्तत्प्रपञ्चो निदर्शितः।
सा विद्या नौस्तितीर्षूणां गम्भीरं काव्यसागरम्।।12।।

मुक्तकं कुलकं कोषः सङ्घात इति तादृशः।
सर्गबन्धाङ्गरूपत्वादनुक्तः पद्यविस्तरः।।13।।

The entire range of this subject is expounded in the *Chando-Viciti,* that lore is the boat for those who desire to cross the deep ocean of poetry.

The vast range of verse classification,—such as *Muktaka, Kulaka* and *Saṅghāta*—is not referred to (here) because of their being parts of a *Sarga-bandha.*

छन्द इति।। छन्दांसि विचीयन्ते विज्ञायन्ते अनयेति छन्दोविचित्यां पिङ्गलादिकृतच्छन्दोग्रन्थे तेषां वृत्तजातिप्रभृतीनां प्रपञ्चः विस्तारः निदर्शितः निरूपितः सा विद्या छन्दोज्ञानमित्यर्थः गम्भीरम् अगाधं दुर्गममित्यर्थः काव्यसागरं काव्यरूपमर्णवं तितीर्षूणां तरितुमिच्छूनां गौः तरणिस्वरूपा इत्यर्थः काव्यानां प्रायेण छन्दोबद्धतया तत्पाठार्थिभिः छन्दोज्ञाने अवश्यमेव यतितव्यमिति भावः।।12।।

इदानीं महाकाव्यं निरूपयिष्यन् तदवान्तरभेदकथनस्य तदन्तःपाति-स्वादनुपयोगित्वं दर्शयति–**मुक्तकमिति**। अत्र इतिपदम् एवमर्थकम्। मुक्तकश्लोकान्तरनिरपेक्षमेकमेव पद्यम्। तदुक्तम् अग्निपुराणे, 'मुक्तकं श्लोक एवैकश्चमत्कारक्षमः' सताम् इति। कुलकं पञ्चश्लोकात्मकं पद्यम्। तदुक्तं, 'द्वाभ्यान्तु युग्मकं ज्ञेयं त्रिभिः श्लोकैः विशेषकम्। चतुर्भिस्तु कलापं स्यात् पञ्चभिः कुलकं मतम्'।। इति कोषः अन्योन्यनिरपेक्षः पद्यसमूहः। उक्तं च 'कोषः श्लोकसमूहस्तु स्यादन्योन्यानवेक्षकः' इति। सङ्घातः प्रत्येकपरि-समाप्तार्थकपद्यैः कथासमाप्तिः। तदुक्तं, 'यत्र कविरेकमर्थ वृत्तेनैकेन वर्णयति काव्ये। सङ्घातः समिगदितो वृन्दावनमेघदूतादिरि'ति एवं यादृशः तथाविधः युग्मकादिश्च पद्यविस्तरः पद्यानां विस्तारः सर्गबन्धस्य महाकाव्यस्य अङ्गरूपत्वात् अवयवस्वरूपत्वात् अनुक्तः न प्रदर्शित इत्यर्थः ग्रन्थविस्तारभिया इति भावः।।13।।

सर्गबन्धो महाकाव्यमुच्यते तस्य लक्षणम्।
आशीर्नमस्क्रिया वस्तुनिर्देशो वापि तन्मुखम्।।14।।
इतिहासकथोद्भूतमितरद्वा सदाश्रयम्।
चतुर्वर्गफलोपेतं चतुरोदात्तनायकम्।। 15।।

A *'Sarga-bandha'* is a *'Mahākāvya'*. Its characteristics are told (here). Its beginning (mouth) or preface is either a blessing or a dedication or an indication of the contents.

It has its source either in a story told in the *Itihāsa* or other good (true) material. It deals with the fruit (or goal) of the four kinds (*Dharma, Artha, Kāma and Mokṣa*). It has a great and generous person as the hero. It is embellished

---

सम्प्रति महाकाव्यं निरूपयति–**सर्गबन्ध** इत्यादिना। सर्गेण बन्धो यस्य सः श्लोकसङ्घातः महाकाव्ये तस्य महाकाव्यस्य लक्षणं स्वरूपम् उच्यते आशीः शुभाशंसन नमस्क्रिया नमस्कारः स्वापकर्षबोधकवचनं वापि अथवा वस्तुनः प्रकृतस्य तदंशस्य वा निर्देशः कथनं तस्य महाकाव्यस्य मुखम् आदि आशीःप्रभृतीनामन्यतमं प्रथमं वर्णनीयमिति निष्कर्षः। तत्र कीचकवधादावाशीः रघुवंशादौ नमस्कारः शिशुपालवधादौ वस्तुनिर्देश इति।। 14।।

इतिहासेति।। इतिहासानां रामायणभारतादीनां कथया उद्भूतं निबद्धं भवेत् महाकाव्यमिति शेषः। सर्वत्र वा अथवा सन् सत्यभूतः वृत्तान्तः आश्रयो यस्य तादृशम् इतरत् रामायणमहाभारतादिव्यतिरिक्तमपि एतेन असत्यवृत्तं महाकाव्ये न वर्णनीयमिति प्रदर्शितम्। चतुर्णा धर्मार्थकाममोक्षणां वर्गः चतुर्वर्गः स एव फलं तेन उपेतं युक्तम्। चतुरः कार्यकुशलः उदात्तः महान् नायकः प्रधानपुरुषः यस्मिन् तथाभूतम्। नायकलक्षणमुक्तं दर्पणे यथा 'त्यागी कृती कुलीनः शुश्रीको रूपयौवनोत्साही। दक्षोऽनुरक्तलोकस्तेजोवैदग्ध्यशीलवान् नेता' इति।। 15।।

नगरार्णवशैलर्त्तुचन्द्रार्कोदयवर्णनैः ।
उद्यानसलिलक्रीडामधुपानरतोत्सवैः ।। 16 ।।
विप्रलम्भैर्विवाहैश्च कुमारोदयवर्णनैः ।
मन्त्रदूतप्रयाणाजिनायकाभ्युदयैरपि ।। 17 ।।

---

with descriptions of cities, oceans, hills, the seasons, the moonrise, the sunrise, of sport in the garden and of sport in the waters, of drinking scenes, of festivals, of enjoyment (love), of separation (of lovers), of (their) marriage and

---

केवलं नायकवर्णनेन कवीनां न चरितार्थता इतिहासादेः एव तज्ज्ञानस्य सिद्धत्वात् अतः नायकवर्णनमाश्रित्य तदानुषङ्गिकनगरादिकमपि वर्णनीयं तथात्वे काव्यशोभाजननात् श्रोतृणामुन्मुखीकरणं स्यादित्याशयेनाह्–**नगरेत्यादि**।। नगरं बहुसमृद्धजनाकीर्णः प्रदेशः अर्णवः समुद्रः शैलः पर्वतः चन्द्रार्कोदयः चन्द्रसूर्ययोरुदयः उपलक्षणमेतत् अस्तमनमपि, एतेषां वर्णनैः उद्यानसलिलयोः कीडा मधुपानं रतोत्सवः सम्भोगशृङ्गारः तैः विप्रलम्भैः सम्भोगशृङ्गारात् पूर्ववर्तिभिः पूर्वरागप्रभृतिभिः चतुर्विधभावैः विवाहैः परिणयव्यापारैः कुमारोदयस्य पुत्रोत्पत्तेर्वर्णनैः तथा मन्त्रः परामर्शः दूतप्रयाणम् आजिः युद्धं नायकस्य अभ्युदयः जयलाभः तैः अलंकृतं शोभितं नगरादयो महाकाव्ये वर्णनीया इत्यर्थः। उक्तञ्च 'सन्ध्यासूर्येन्दुरजनीप्रदोषध्वान्तवासराः। प्रातर्मध्याह्नमृगया शैलर्तुवनसागराः। सम्भोगविप्रलम्भौ च मुनिस्वर्गपुराध्वराः। रणप्रयाणोपयममन्त्रपुत्रोदयादयः। वर्णनीया यथायोगं साङ्गोपाङ्गा अमी इह'।। 16 ।।

अलमिति।। असंक्षिप्तं संक्षेपेण न वर्णनीयं सविस्तरमित्यर्थः तथा सति सहृदयहृदयङ्गमं भवतीति भावः। रसैः शृङ्गारादिभिः भावैः प्राधान्येनाभिव्यक्तैः व्यभिचारिभिः उद्बुद्धमात्रैः स्थायिभिः रत्यादिभिः तथा देवादिविषयकैः अनरागैश्च निरन्तरं सङ्कुलं पूर्णम् इति यावत्। अनतिविस्तीर्णैः शास्त्रनियमिताष्टादिभिः तदुक्तमीशानसंहितायाम्।'अष्टसर्गान्न तु न्यूनं त्रिंशत्सर्गाच्च नाधिकम्। महाकाव्यं प्रयोक्तव्यं महापुरुषकीर्त्तियुगि'ति। एतच्च प्रायिकम् आधिक्यस्यापि तत्रैव

अलंकृतमसंक्षिप्तं रसभावनिरन्तरम्।
सर्गैरनतिविस्तीर्णैः श्रव्यवृत्तैः सुसन्धिभिः ।।18।।
सर्वत्रभिन्नवृत्तान्तैरुपेतं लोकरञ्जकम्।
काव्यं कल्पान्तरस्थायि जायेत सदलंकृति ।।19।।

(their) nuptials and birth of princes, likewise, of consultation with the ministers of sending messengers or ambassadors, of journeys (royal progress), of war and the hero's victories; dealing with these at length and being full of *Rasa* (flavour) and *Bhāva* (suggestion) : with *sargas* (chapters) which are not very lengthy and which are well-formed with verse measures pleasing to the ear; everywhere dealing with a variety of topics (in each case ending each chapter in a different metre). Such a poem being well-embellished will be pleasing to the world at large and will survive several epochs (*kalpas*).

कीर्त्तनात् यथा, "नात्यन्तविस्तरः सर्गस्त्रिंशतो वा न चोनता। द्विशत्या नाधिकं कार्यमेतत् पद्यस्य लक्षणमिति"ति। श्रव्यवृत्तैः दोषपरिहारेण गुणालङ्कारसंयोगेन च श्रुतिसुखावहपद्यैरित्यर्थः। सुसन्धिभिः परस्परसापेक्षैरित्यर्थः। यच्च कैश्चित् "सन्धयो नाटकलक्षणोक्ताः मुखप्रतिमुखगर्भविमर्शनिर्वहणाख्याः पञ्च" इति व्याख्यातं तद्भ्रान्तं महाकाव्यलक्षणे नाटकीयलक्षणयोगस्य असम्भवात् इति।। 17-18 ।।

सर्वत्रेति।। सर्वत्र भिन्नाः वृत्तान्त येषु तैः सर्वेषु एव सर्गेषु वर्णनीयविषयाणां प्रभेदादिति भावः। अथवा भिन्नं पृथक्छन्दसा रचितं वृत्तं पद्यम् अन्ते येषां तैः प्रत्येकं सर्गान्ते प्रायशस्तथा दर्शनात् 'एकवृत्तमयैः पद्यैः अवसानेऽन्यवृत्तकैरि'ति वचनाच्च यद्वा भिन्नानि पृथक्च्छन्दोभिर्बद्धानि तैः अन्ताःरम्याः तादृशैः। तदुक्तं, 'नानावृत्तमयः क्वापि सर्गः कश्चन दृश्यत' इति। उपेतं युक्तम्। सदलंकृति

न्यूनमप्यत्र यैः कैश्चिदङ्गैः काव्यं न दुष्यति।
यद्युपात्तेषु सम्पत्तिराराधयति तद्विदः ।।20।।

गुणतः प्रागुपन्यस्य नायकं तेन विद्विषाम्।
निराकरणमित्येष मार्गः प्रकृतिसुन्दरः ।।21।।

A poem does not become unacceptable even when some of these parts are wanting if the structure of the parts incorporated the poem is pleasing to those who know how to judge.

At first describing the hero by his good qualities and by that very description despising his enemies this method is naturally beautiful.

सत्यः विद्यमानाः अथवा शोभनाः अलंकृतयः अनुप्रासोपमादयः यस्मिन् तादृशं काव्यं लोकानां रञ्जकं सहृदयमनोहरं सत् कल्पान्तरस्थायि चिरकीर्त्तिकरमिति भावः। जायेत भवेत्।। 19।।

इत्थं महाकाव्यलक्षणमुक्त्वा खण्डकाव्यमपि निरूपयति–**न्यूनमिति**।। अत्र महाकाव्ये उक्तेष्विति शेषः यैः कैश्चित् अङ्गैः न्यूनं हीनमपि काव्यं न दुष्यति यदि उपात्तेषु वर्णितेषु विषयेषु सम्पत्तिः रचनामाधुर्यं तद्विदः काव्याभिज्ञान् आराधयति रसादिसद्भावेन। प्रीणाति। तदुक्तं, 'नावर्णनं नगर्यादेर्दोषाय विदुषां मनः। यदि शैलर्त्तु रात्र्यादेर्वर्णनेनैव तुष्यति।। इति यद्युपात्तार्थसम्पत्तिरिति पाठे स एवार्थः।। 20।।

सम्प्रति काव्ये नायकप्रतिनायकथोर्वर्णनप्रकारमाह–**गुणत इति**।। वंशेति द्वाभ्याम्। प्राक् प्रथमं नायकं गुणतः उपन्यस्थ गुणवत्त्वेन कीर्त्तयित्वा तेन नायकेन विद्विषां शत्रूणां प्रतिनायकानामित्यर्थः। निराकरणं पराजयः, इत्येषः मार्गः वर्णनरीतिः प्रकृतिसुन्दरः स्वभावरम्यः यथा रामायणे, रामारावणयोर्गुणदोषान् वर्णयित्वा रावणवधवर्णनम्।। 21।।

वंशवीर्यश्रुतादिनि वर्णयित्वा रिपोरपि।
तज्जयान्नायकोत्कर्षवर्णनञ्च धिनोति नः।।22।

अपादः पदसन्तानो गद्यमाख्यायिका कथा।
इति तस्य प्रभेदौ द्वौ तयोराख्यायिका किल।।23।।

नायकेनैव वाच्यान्या नायकेनेतरेण वा।

After describing the lineage, prowess and scholarship etc., of even the enemy, depiction of the excellences of the hero by his victory over such an enemy is in our opinion also pleasing.

Sequence of words which do not fall into (metrical) feet is *Gadyaṁ* (prose). Its sub-divisions are two, *Ākhyāyikā* and *Kathā;* of the two, one is put in the mouth of the hero alone; the other may be put in the mouths of others also. Praise of one's own virtues in this mode (*Ākhyāyikā*) being only a narration of what really existed is no blemish.

वंशेति।। रिपोः शत्रोरपि वंशः कौलीन्यं वीर्यं पराक्रमः श्रुतं शास्त्रज्ञानम् आदि। दयादाक्षिण्यादि यथायथमवगन्तव्यम्। एतानि वर्णयित्वा कीर्तयित्वा तज्जयात् तस्य रिपोः जयात् नायकस्य उत्कर्षवर्णनं नः अस्मान् धिनोति तोषयति। यथा किराते दुर्योधनस्य प्रजारञ्जनम्।। 22।।

पद्यं निरूपयन्नाह–**अपाद इति**।। अपादः पादः छन्दोबद्धः श्लोकचतुर्थांशः तद्रहितः पदसन्तानः पदसमूहः गद्यं तस्य गद्यस्य द्वौ प्रभेदौ आख्यायिका कथा च। तदुक्तं 'कथायां सरसं वस्तु गद्यैरेव विनिर्मितम्। क्वचिदत्र भवेदार्या क्वचिद्वक्त्रापवक्त्रके। आदौ पद्यैर्नमस्कारः खलादेर्वृत्तकीर्त्तनम्।।' इति। यथा कादम्बर्यादिः।'आख्यायिका कथावत् स्यात् कवेर्वंशादिकीर्त्तनम्। अस्यामन्यक–वीनाञ्च वृत्तं गद्यं क्वचित्।।' इति। तयोर्मध्ये आख्यायिका नायकेनैव वाच्या नायक एव अस्या वक्ता इत्यर्थः। एवकारादन्यवयवच्छेदः। उक्तञ्च 'वृत्तामाख्याये

स्वगुणाविष्क्रिया दोषो नात्र भूतार्थशंसिनः ।।24।।
अपि त्वनियमो दृष्टस्तत्राप्यन्यैरुदीरणात्।
अन्यो वक्ता स्वयं वेति कीदृग्वा भेदकारणम्।।25।।

वक्त्रञ्चापरवक्त्रञ्च सोच्छ्वासत्त्वञ्च भेदकम्।
चिह्नमाख्यायिकायाश्चेत् प्रसङ्गेन कथास्वपि।।26।।

But no uniformity is noticeable; for other persons (than the hero) have spoken in the *Ākyāyikā* form. And how can the fact that the same person is the speaker or another be the basis of any classification?

If the distinct feature of an *Ākyāyikā* be the same speaker or another speaker, the metres *vaktra* or *apavaktra* or being divided into *Ucchvāsas* then in *Kathās* also is found

---

यस्यां नायकेन स्वचेष्टितम्' इति। अन्या कथानायकेन तदितरेण वा वाच्या यथा कादम्बर्यां चन्द्रापीडस्य नायकस्य महाश्वेतया संलापः। ननु नायकस्य वक्तृत्वे तस्य स्वगुणाविष्करणं दोषायेति। शङ्कां वारयन्नाह–स्वगुणेति। भूतार्थशंसिनः यथार्थवादिनः नायकस्य अत्र वक्तृत्वे स्वगुणाविष्क्रिया निजगुणख्यापनं दोषः न भवतीति शेषः।। असत्यकथनस्यैव दोषत्वात् इति भावः।। 23–24।।

पूर्वोक्तं प्राचीनमतं दूषयन्नाह–**अपीति**।। अपितु किन्तु तत्रापि आख्यायिकायामपि अन्यैः नायकभिन्नैः उदीरणात् कथनात् नायकादन्येषामपि वक्तृत्वादिति यावत् अनियमः पूर्वमतेन विरोधः दृष्टः। कथायाञ्च अन्यः नायकभिन्नः स्वयं नायको वा वक्ता इति भेदलक्षणम् आख्यायिकाया भेदकरणं वा कीदृक् अकिञ्चित्करमिति भावः। आख्यायिकाया वक्ता नायकः अस्याश्च यदा स एव वक्ता तदानयोः अभेदत्वस्य दुर्वारत्वादित्यनुसन्धेयम्।। 25।।

अपरञ्च भेदकारणं दूषयति–**वक्त्रमिति**।। वक्त्रम् अपरवक्त्रञ्च छन्दसी, तदुक्तं 'वक्त्रं नाद्यान्नसौ स्यातामब्धेर्योऽनुष्टुभि ख्यातमि'ति 'अयुजि ननरला गुरुः समे तदपरवक्त्रमिदं नजौ जरौ' इति। 'वैतालीयं पुष्पिताग्रञ्चेच्छन्त्य–

आर्यादिवत् प्रवेशः किं न वक्त्रापरवक्त्रयोः।
भेदश्च दृष्टो लम्भादिरुच्छ्वासो वास्तु किं ततः।।27।।

तत् कथाख्यायिकेत्येका जातिः संज्ञाद्वयाङ्किता।
अत्रैवान्तर्भविष्यन्ति शेषाश्चाख्यानजातयः।।28।।

---

the introduction of metres like the *Āryā;* then why not the introduction without meaning the difference of the same speak for another speaker. If the difference be considered to be in *'Lamba'* etc. or in *Ucchvāsa*, what of that?

Therefore, *Kathā* and *Ākhyāyikā* form one class though stamped with two different names. Other forms of *Ākhyāyikā* all fall within this class.

परवक्त्रकमि'ति च। उच्छ्वासः कथांशव्यवच्छेदः आश्वासापरपर्यायः तदुक्तं 'कथाशानां व्यवच्छेदः आश्वास इति कथ्यते'। तत्साहित्यञ्च भेदकं कथाया इति शेषः। एतत् त्रयम् आख्यायिकायाः चिह्नं लक्षणं चेत् कथासु अपि प्रसङ्गेन प्रस्ताव क्रमेण आर्यादिवत् वक्त्रपरवक्त्रयोः छन्दसोः प्रवेशः किं न भवेत् इति शेषः। अपितु भवेदेव। उक्तञ्च कथालक्षणाधिकारे 'आर्यावक्त्रापवक्त्राणां छन्दसा येन केनचिदि'ति। तस्मादुक्तभेदकरणं भ्रमविजृम्भितमेवेति भावः। लम्भः कथापरिच्छेदस्य संज्ञाभेदः आदिपदेन उल्लासादीनां ग्रहणं लम्भादि उच्छ्वासो वा भेदश्च दृष्टः कुत्रचित् कथायां लम्भपदेन परिच्छेदः कृतः आख्यायिकायां मुच्छ्वासपदेन वा उल्लासपदेन कृत इत्यनयोर्भेदः वा अस्तु ततः किं संज्ञामात्रं भेदौ न किञ्चित्कर इत्यर्थः स्वरूपवैलक्षण्यस्यैव भेदकत्वेन कीर्तनात्।। 26–27।।

इदानीं स्वमतमाविष्करोति–तदिति।। तत् तस्मात् कथा आख्यायिका च इति संज्ञाद्वयेन नामभ्याम् अङ्किता न तु स्वरूपत इति भावः। एका अभिन्ना जातिः उभयोरपि गद्यमयत्वात् इति भावः। अत्रैव कथाख्यायिकयोः इत्यर्थः शेषाः अवशिष्टाः आख्यानजातयः खण्डकथादयश्च अन्तर्भविष्यन्ति एतयोः प्रकारभेदा इति भावः। तदुक्त आग्नेये, 'आख्यायिका कथा खण्डकथा परिकथा तथा। कथालिकेति मन्यन्ते गद्यकाव्यञ्च पञ्चधा' इति।। 28।।

कन्याहरणसंग्रामविप्रलम्भोदयादयः ।
सर्गबन्धसमा एव नैते वैशेषिका गुणाः।। 29।।
कविभावकृतं चिह्नमन्यत्रापि न दुष्यति।
मुखमिष्टार्थसंसिद्ध्यै किं हि न स्यात्कृतात्मना।।30।।

Taking away a girl in marriage, war, separation, victory and other topics—these are not special characteristics but are common to all *Sargabandhas.*

A mode or device created by the poet's imagination, even if it be not within the enumerated kinds does not mar the poem. To those who have trained themselves in the art, what is there that cannot become the means of accomplishing the desired object?

कथाख्यायिकयोर्भेदान्तरमपि दूषयति—**कन्येति**।। कन्याया हरणं युद्धादिना बलात् ग्रहणं राक्षसोद्वाह इत्यर्थः। तदुक्तं, 'हत्वा छित्त्वा च भित्वा च क्रोशन्तीं रुदतीं गृहात्। प्रसह्य कन्याहरणं राक्षसो विधिरुच्यते।।' इति। संग्रामो युद्धं विप्रलम्भः सम्भोगशृङ्गारस्य पूर्वभावः स च पूर्वरागमानप्रवासकरुणात्मकश्चतुर्विध इति दर्पणकारः। उदयः सूर्यचन्द्रयोः अभ्युन्नतिर्वा नायकस्य, आदिना उद्याननगरादयो गृह्यन्ते। एते गुणाः आख्यायिकाया इति शेषः। यथा आख्यायिकामुपक्रम्य कन्याहरणसंग्रामविप्रलम्भोदयान्वितेति सर्गबन्धसमाः महाकाव्यसामान्या एव कथायां किमु वक्तव्यमिति भावः। अतः एते वैशेषिकाः भेदकाः धर्मा न। उक्तञ्च 'अयमेव हि भेदहेतुर्वा यद्विरुद्धधर्माध्याय' इति।। 29।।

ननु कथायां कवेर्भावविशेषो लक्ष्यते आख्यायिकायान्तु न तथेत्याशङ्क्य तदपि निरस्यति—**कवीति**।। कविभावकृतं कवेः भावकृतम् अभिप्रायाचितं चिह्नं लक्षणम् अन्यत्रापि कथायाम् इति शेषः न दुष्यति यथा शिशुपालवधे सर्गशेषश्लोकेषु श्रीशब्दः किराते न लक्ष्मीशब्दः प्रयुक्तः। एवम् आख्यायिकायां प्रयुक्तं तत् न दूष्यं भवति तथाहि इष्टार्थसंसिद्ध्ये अभिप्रेतार्थसाधनाय कृतात्मनां सुधियां किं हि मुखं प्रारम्भः न स्यात् अपितु सर्वमेव तेषाम् इच्छाधीनत्वात् निरङ्कुशाः कवयः इति भावः।। 30।।

मिश्राणि नाटकादीनि तेषामन्यत्र विस्तरः।
गद्यपद्यमयी काचिच्चम्पूरित्यभिधीयते।।31।।

तदेतद्वाङ्मयं भूयः संस्कृतं प्राकृतं तथा।
अपभ्रंशश्च मिश्रश्चेत्याहुरार्याश्चतुर्विधम्।।32।।

The mixtures (*Miśras*) are *Nāṭakas* and the rest; their elaborate treatment is elsewhere; a variety of mixed prose and verse is called *'Campū.'*

And again (all) this literature, the great men say, is divisible into four classes—*Saṁskritaṁ, Prākṛtaṁ, Apabhraṁśa,* and *Miśra.*

सम्प्रति मिश्रकाव्यमाह—**मिश्राणीति**।। नाटकादीनि दृश्यकाव्यानि मिश्राणि गद्यपद्योभयमिश्रितानि आदिपदेन प्रकरणादीनां परिग्रहः। उक्तञ्च 'नाटकमथ प्रकरणं भाणव्यायोगसमवकारडिमाः। ईहामृगाङ्कवीथ्यः प्रहसनमिति रूपकाणि दश'। तथा। 'नाटिका त्रोटकं गोष्ठी सट्ठकं नाट्यरासकं। प्रस्थानोल्लाप्यकाव्यानि प्रेङ्खनं रासकं तथा। संलापकं श्रीगदितं शिल्पकञ्च विलासिका। दुर्मल्लिका प्रकरणी हल्लोशो भाणिकेत्यपि। अष्टादश प्राहुरुपरूपकाणि मनीषिणः।।' इति। तेषां नाटकादीनाम् अन्यत्र भरतादिग्रन्थे विस्तरः बाहुल्येन प्रकाशः तद्विजिज्ञासुभिस्तत्रैव यतितव्यं ग्रन्थबाहुल्यभिया न ममात्र प्रयास इति भावः। न केवलं दृश्यकाव्य मिश्रत्वं श्रव्यकाव्यस्यापि कदाचित् मिश्रत्वमस्तीत्याह—गद्येति। गद्यपद्यमयी कचित् वाणी इति शेषः चम्पूरिति अभीधीयते आख्यायिकादौ गद्यस्यैवाधिक्यं पद्यमल्पमेव इह तु उभयोरेव प्राधान्यमित्यनयोर्भेदः। काचित् इत्यनेन विरुदाख्यकाव्यव्यवच्छेदः तस्य राजस्तुतिविषयत्वेन विभिन्न विषयत्वात् तदुक्तं 'गद्यपद्यमयी राजस्तुतिर्विरुदमुच्यते' इति।। 31।।

तदिति।। तत् तस्मात् एतत् वाङ्मयं वागात्मकं काव्यशास्त्रं संस्कृतं देवभाषया रचितं प्राकृतं तदाख्यभाषया रचितम् अपभ्रंशः वक्ष्यमाणोक्त-भाषाविशेषनिबद्धं तथा मिश्रञ्च नानाभाषामयमित्यर्थः। इति एवंरूपेण आर्याः विद्वांसः चतुर्विधम् आहुः वर्णयन्ति। उक्तञ्च भोजेन, 'संस्कृतेनैव कोऽप्यर्थः

संस्कृतं नाम दैवी वागन्वाख्याता महर्षिभिः।
तद्भवस्तत्समो देशीत्यनेकः प्राकृतक्रमः।।33।।
महाराष्ट्राश्रयां भाषां प्रकृष्टं प्राकृतं विदुः।
सागरः सूक्तिरत्नानां सेतुबन्धादि यन्मयम्।।34।।

Saṁskṛtaṁ is the name of the celestial language which has been used by great sages; *Prākṛtaṁ* is divided into many ways as *Tadbhava, Tatsama* and *Deśī.*

They consider the language pertaining to the *Mahārāṣṭra* as the *Prākṛtaṃ.* In such language is the ocean of gemlike sayings *Setubandha* and other works.

प्राकृतेनैव चापरः। शक्यो वाचयितुं कश्चित् अपभ्रंशेन वा पुनः।। पैशाच्या शौरसेन्या च मागध्यान्यो निबध्यते। द्वित्राभिः भाषाभिः सर्वाभिरपि कश्चन' इति।। 32।।

संस्कृतादिकं विवृणोति—**संस्कृमिति**।। दैवी देवसम्बन्धिनी देवव्यवहार्या वा वाक् महर्षिभिः संस्कृतम् अन्वाख्याता कथिता, प्राकृतानां नीचानामिदं प्राकृतं तस्य क्रमः नियमः अनेकः बहुविधः तथा तद्भवः तस्मात् संस्कृतात् भवः उत्पन्नः तत्समः संस्कृतसदृशः तथा देशी तत्तदेशप्रचलित इत्यर्थः। देशीनामपि संस्कृतसादृश्यात् द्वावेव भेदाविति केचित्। उक्तञ्च 'आर्षोत्थमार्षतुल्यञ्च द्विविधं प्राकृतं विदुः' इति।। 33।।

महाराष्ट्रेति।। महाराष्ट्राश्रयां महाराष्ट्रो नाम दक्षिणापथवर्ती जनपदविशेषः तदाश्रयां तत्सम्बन्धिनीं तत्रत्यैर्व्यवहृतामित्यर्थः। भाषां प्रकृष्टम् उत्कृष्टं प्राकृतं विदुः जानन्ति बुधा इति शेषः। सूक्तिरत्नानां सूक्तयः सुवचनानि एव रत्नानि सहृदयानन्दजननात् रत्नस्वरूपाणि तेषां सागरः सेतुबन्धादि सेतुबन्धः तदाख्यकाव्यग्रन्थविशेषः आदिपदेन दशमुखवधादीनां परिग्रहः यन्मयः यदात्मकः महाराष्ट्रीयभाषया रचित इत्यर्थः।। 34।।

शौरसेनी च गौडी च लाटी चान्या च तादृशी।
याति प्राकृतमित्येवं व्यवहारेषु सन्निधिम्।।35।।
आभीरादिगिरः काव्येष्वपभ्रंश इति स्मृताः।
शास्त्रेषु संस्कृतादन्यदपभ्रंशतयोदितम्।।36।।
संस्कृतं सर्गबन्धादि प्राकृतं स्कन्धकादिकम्।

Similar languages are *Śaurasenī, Gauḍī, Lāṭī* and the rest. In discussions, these are treated as *Prakṛtaṁ* itself.

In poems, languages, like the *Ābhīra* and the like are considered as *Apabhraṁśa;* but in the *śāstras* (grammars) any language other than *Saṁskṛtaṁ* is considered as *Apabhraṁśical.*

Sarga-bandha and other such are *Saṁskṛtaṁ; Skandha*

शौरसेनीति।। शूरसेनो नाम मथुरासन्निहितजनपदभेदः गौडः देशविशेषः लाटीच कश्चित् देशभेदः तत्तदेशप्रचलिता तथा तादृशी तत्सदृशी अन्या च देशीया भाषा प्राकृतमिति एनं व्यवहारेषु प्राकृतनामव्याहारेषु सन्निधिं याति प्राप्नोति अन्या च तादृशीत्यनेन सर्वदेशीया एव प्राकृतनाम्ना कविभिर्निबध्यन्ते इत्यपि सूचितम्।। 35।।

आभीरेति।। काव्येषु आभीरो गोपजातिविशेषः आदिपदेन कैवर्तचाण्डालादीनां ग्रहणं तेषां गिरः वाचः अपभ्रंशः इति स्मृताः अपभ्रंशनाम्ना कथिताः शास्त्रेषु काव्यातिरिक्तेषु वेदादिषु तु संस्कृतात् अन्यत् सर्वं प्राकृतम् उल्लिखितमाभीरादिवचनञ्च इत्यर्थः अपभ्रंशतया उदितं कथितम्।। 36।।

संस्कृतादिक्रं निरूप्य तत्तल्लक्ष्याणि निरूपयति—**संस्कृतमिति**।। सर्गबन्ध पूर्वमुक्तः प्रबन्धविशेष महाकाव्यमित्यर्थः आदिपेदन खण्डकाव्यादीनां परिग्रहः संस्कृतं संस्कृतभाषाया रचितम्। तथा च अग्निपुराणम्, 'सर्गबन्धो

आसारादिरपभ्रंशो नाटकादि तु मिश्रकम्।।37।।
कथा हि सर्वभाषाभिः संस्कृतेन च बध्यते।
भूतभाषामयीं प्राहुरद्भुतार्थां बृहत्कथाम्।।38।।

---

and other such are *Prakṛtaṁ; Āsāra* and other such are *Apabhraṁśa; Nāṭaka* and other such are *Miśrakaṁ.*

Kathā may be composed in all languages as well as in Sanskrit; they say that the *Bṛhatkathā* which is in the *Bhūta* language is of wonderful merit.

महाकाव्यमारब्धं संस्कृतेन यत्। तद्भवं न विशेत्तत्र तत्समं नापि किञ्चन'।। इति। स्कन्धकादिकं स्कन्धकं छन्दोभेदः आदिपदेन गलितकादीनां ग्रहणम्। तदुक्तं 'छन्दसा स्कन्धकेनैव तथा गलितकैरपि' इति। स्कन्धकादिच्छन्दोरचितं काव्यं प्राकृतं प्राकृतभाषामयमित्यर्थः। आसारादीनि आसारादिभिः छन्दोभिः निबद्धमित्यर्थः काव्यं अपभ्रंशः। नाटकादि तु नाटकम् आदि यस्य तत् आदिना प्रकरणनाटिकादिपरिग्रहः मिश्रकं नानाभाषामयमित्यर्थः। तथाचोक्तं नाटकादिप्रस्तावे, 'पुरुषाणामनीचानां संस्कृतं स्यात् कृतात्मनाम्। शौरसेनी प्रयोक्तव्या तादृशीनाञ्च योषिताम्।। आसामेव तु गाथासु महाराष्ट्रीं प्रयोजयेत्। अत्रोक्ता मागधी भाषा राजान्तःपुरचारिणाम्।। चेटानां राजपुत्राणां श्रेष्ठिनाञ्चार्धमागधी। प्राच्या विदूषकादीनां धूर्तानां स्यादवन्तिका।। योधना-गरिकादीनां दाक्षिणात्याहि दीव्यताम्। शकाराणां शकादीनां शाकरीं संप्रयोजयेत्'।। इति।। 37।।

कथेति।। कथा पूर्वोक्तः काव्यभेदः सर्वभाषाभिः संस्कृतेन च बध्यते विरच्यते हिशब्दोऽवधारणे। तथाहि कथा द्विविधा–मिश्रभाषामयी संस्कृतमयी च इति भावः। बृहत्कथां तदाख्यकाव्यन्तु भूतभाषा पैशाची भाषा तन्मयीं तद्रचिताम् अद्भुतार्थां विस्मयरसपूर्णां प्राहुः विद्वांस इति शेषः।। 38।।

लास्यच्छलित(क)शल्यादि प्रेक्ष्यार्थमितरत्पुनः।
श्रव्यमेवेति सैवेषा द्वयी गतिरुदाहृता।।39।।

The two fold classification that *Prekṣyārthaṁ* and *Śravyaṁ* is illustrated by *Lāsya, Chalika and Śalya* and such like (one the one hand) and (on the other hand) by the rest.

सम्प्रति दृश्यश्रव्यत्वभेदेन काव्यस्य द्वैविध्यमाह—लास्येति।। लास्यं शृङ्गाररसाविद्धस्त्रीजननृत्यम्। तदुक्तं, 'लासः स्त्रीपुंसयोर्भावस्तदर्हं तत्र साधु वा। लास्यं मनसिजोल्लासकरं मृदङ्गहाववत्। देव्यै देवोपदिष्टत्वात् प्रायः स्त्रीभिः प्रयुज्यते'।। इति। अन्यच्च, 'कोमलं मधुरं लास्यं शृङ्गाररससंयुतम्। गौरीतोषकरश्चापि स्त्रीनृत्यन्तु तदुच्यते'।। इति। छलितं पुरुषनर्तनम्। तदुक्तं, 'पुंनृत्यं छलितं विदुः' इति। शल्या कपालदेशे करविन्यासपूर्वकं नृत्यं तदाह, 'भाले हस्तं समावेश्य नृत्यं शल्येति कीर्तितम्' इति। शल्येत्यत्र साम्येति क्वचित् पाठः तथात्वे साम्यं गीतवादित्रादिसमन्वितं नृत्यं रासापरपर्यायमभिहितम्। आदिपदेन ताण्डवादिपरिग्रहः। तथोक्तं, 'तल्लास्यं ताण्डवञ्चेति छलितं शल्यया सह। हल्लीशकञ्च रासञ्च षट्प्रकारं विदुर्बुधाः'।। इति ताण्डवमुद्धतनृत्यं यथा 'उद्धतन्तु महेशस्य शासनात् तण्डुनोदितम्। भरताय ततः ख्यातं लोके ताण्डवसंज्ञया'।। इति।। हल्लीशं स्त्रीणां मण्डलाकारेण नृत्यम्। यदुक्तं, 'मण्डलेन तु यत् स्त्रीणां नृत्यं हल्लीसकं विदुः। तत्र नेता भवेदेको गोपस्त्रीणां यथा हरिः'।। तदेवं लास्यादिसङ्घटितं काव्यं प्रेक्ष्यार्थं प्रेक्ष्यः दृश्यः अर्थः प्रतिपाद्यं वस्तु यस्मिन् तत् नटैः नामाद्यवस्थानुकरणस्य दर्शनविषयत्वात् इतरत् अन्यत् दृश्यकाव्याद्भिन्नं मुक्तकादि श्रव्यमेव श्रवणमात्रविषयत्वात्। उक्तञ्च भोजराजेन, 'श्रव्यं तत् काव्यमाहुर्यन्नेक्ष्यते नाभिधीयते। श्रोत्रयोरेव सुखदं भवेत्तदपि षड्विधम्'।। इति। इत्थं सा प्रसिद्धा एषा उक्तरूपः द्वयी द्विविधा गतिः काव्यभेदप्रवर्तकः पन्थाः उदाहृता प्राचीनैरिति शेषः।। 39।।

अस्त्यनेको गिरां मार्गः सूक्ष्मभेदः परस्परम्।
तत्र वैदर्भगौडीयौ वर्ण्येते प्रस्फुटान्तरौ।।40।।
श्लेषः प्रसादः समता माधुर्यं सुकुमारता।
अर्थव्यक्तिरुदारत्वमोजःकान्तिसमाधयः।।41।।
इति वैदर्भमार्गस्य प्राणा दश गुणाः स्मृताः।

Manifold is the path of words. And their mutual distinctions are very fine; therefore these two alone,—the path of *Vidarbha* and the path of *Gouḍa* are (here) described, as they have radical differences.

Śleṣa (compact), *prasāda* (charity), *Samatā* (evenness), *Mādhuryaṁ* (sweetness), *Sukumāratā* (elegance), *Artha-vyakti* (expressiveness), *Udāratvaṁ* (excellence), *Ojas* (vigour), *Kānti* and *Samādhi* (structure)—these ten

---

एवं काव्यभेदं निरूप्य तस्य रीतिर्निरूपयति–**अस्तीति**।। अनेकः विविधः गिरां वाचां मार्गः रचनापद्धतिः रीतिः इति यावत् अस्ति। तथाच, गौडी वैदर्भी पाञ्चाली इति वामनः अतिरिक्ता लाटीति दर्पणकारः। 'वैदर्भी चाथ पाञ्चाली गौडी चावन्तिका तथा लाटीया मागधी चेति षोढा रीतिर्निगद्यत' इति भोजराजादयः। स च परस्परं सूक्ष्मभेदः स्वल्पमात्रभेदः अतः तन्निरूपणेन ग्रन्थबाहुल्यकरणं वृथेति भावः। तत्र विविधेषु मार्गेषु मन्ये वैदर्भगौडीयो वर्ण्येते यतः तौ प्रस्फुटम् अन्तरं ययोः तादृशौ एकस्य सुकुमारत्वेन अपरस्य उत्कटत्वेन अत्यन्तवैसादृश्यात् इति भावः।।40।।

के ते वैदर्भीगौड्यौ? इत्याह–**श्लेष इति**।। श्लेषादयः दशगुणाः शब्दार्थोत्कर्षविधायिनो धर्मविशेषाः वैदर्भमार्गस्य वैदर्भीयरीत्याः प्राणाः जीवनानि एतेन श्लेषादिमत्पदरचनावत्त्वं वैदर्भीत्वमित्युक्तम्। स्मृताः पण्डितैः इति शेषः। दर्पणकारादयस्तु आत्मनः शौर्यादय इव रसस्य काव्यात्मभूतस्य धर्मा माधुर्यौजः प्रसादादय एव गुणा इत्याहुः। गौडीवर्त्मनि तु गौडीयरीत्यान्तु एषां श्लेषादीनां

एषां विपर्ययः प्रायो दृश्यते गौडवर्त्मनि।।42।।

श्लिष्टमस्पृष्टशैथिल्यमल्पप्राणाक्षरोत्तरम्।

---

characteristics are considered to belong to the *Vidarbha* path. In the *Gauḍa* path, the opposite of these characteristics is often found.

Śliṣṭaṁ is when the letters (cohere, and) are not loose

प्रायः बाहुल्येन विपर्ययः वैपरीत्यं दृश्यते विपर्ययश्च क्वचित् सर्वथा, क्वचित् केनचित् अंशेनेति बोध्यम्। उक्तञ्च, 'असमस्तैकसमस्ता युक्ता दशभिर्गुणैश्च वैदर्भी। वर्गद्वितीयबहुला स्वल्पप्राणाक्षरा च सुविधेया' इति बहुतरसमासयुक्ता सुमहाप्राणाक्षरा च गौडीया। रीतिरनुप्रासमहिमपरतन्त्रा स्तोभवाक्या च इति।।41-42।।

इदानीं श्लेषादीनां लक्षणानि निरूपयति–**श्लिष्टमित्यादि**।। अल्पः प्राणः सारः उच्चारणप्रयासः येषां तानि अक्षराणि उत्तराणि प्रधानानि प्रचुराणि यस्मिन् तादृशम् अल्पप्राणाक्षराश्च ह्रस्वस्वरा वर्गीया विषमवर्णा यरलवाश्चेति। शिथिलम् अपिरत्राध्याहार्यः अतीव्रमपीत्यर्थः। अस्पृष्टं शैथिल्यं येन तत् विन्यासवशात् शिथिलत्वेन अलक्ष्यमाणे वाक्यं श्लिष्टं श्लेषगुणयुक्तमित्यर्थः। तथाच, तादृशाक्षरघटितरचना श्लेष इति फलितम्। दृष्टान्तमाह–मालतीति। यथा लोलैः चपलैः अलिभिः भ्रमरैः कलिला व्याप्ता मालती माला। एतच्च मकारादिभिः अल्पप्राणाक्षरैर्घटितम् अनुप्रासवशात् गाढमिव प्रतिभासते इत्यत्र श्लेषाख्यगुणो बोद्धव्यः। केचित्तु 'यत्किञ्चनवर्णघटितानां पदानां बहूनां विन्यासमहिम्ना एकपदवत् अवभासनं श्लेषः' इति वदन्ति उदाहरन्ति च यथा। 'उन्मज्जज्जलकुञ्जरेन्द्ररभसारफालानुबन्धोद्धतः सर्वा पर्वतकन्दरोपरभुवः कुर्वन् प्रतिध्वानिनीः। उच्चैरुच्चरति ध्वनिः श्रुतिपथोन्माथी यथायं तथा प्रायः प्रेङ्खदसङ्ख्यशङ्खधवला वेलेयमुद्गच्छति' इति। वस्तुतस्तु 'अल्पप्राणेषु वर्णेषु

शिथिलं मालतीमाला लोलालिकलिला यथा ।।43।।

अनुप्रासधिया गौडैस्तदिष्टं बन्धगौरवात् ।
वैदर्भैर्मालतीदाम लङ्घितं भ्रमरैरिति ।।44।।

प्रसादवत्प्रसिद्धार्थमिन्दोरिन्दीवरद्युति ।

---

and where the letters are not of small breath-value; *Sithilam* (looseness) of) letters is like मालतीमाला लोलालिकलिता।

But it (*sithilaṁ*) is desired by the *Gauḍas* as adding to the dignity of the composition, being considered as *Anuprāsa.* But by the *Vaidarbhas* the same idea is thus expressed मालतीदाम लङ्घितं भ्रामरैः।

Having *Prasāda* is where the meaning is well-known as इन्दोरिन्दीवरद्युतिःलक्ष्म लक्ष्मीं तनोति words of which are easy of comprehension.

विन्यासोऽप्यन्तरान्तरा। महाप्राणस्य च श्लेषो यथायं भ्रमरध्वनिः'। इति क्रमादीश्वरोक्तमेव समीचीनम् अनुप्रासस्य लक्षणघटकत्वे तद्घटितमाधुर्यादौ अतिव्याप्तिरिति ज्ञेयम्।।43।।

अनुप्रासेति।। गौडैः गौडदेशनिवासिमिः कविभिः अनुप्रासधिया अनुप्रासो वर्णावृत्तिरूपः शब्दालङ्कारः तस्य धिया बोधेन तथा बन्धगौरवात् रचनाया गाढत्वात् तत् मालतीमालेत्यादि। श्लेषोदाहरणम् इष्टम् अभिलषितं ते तादृशीमेव रचनां प्रायश्च इच्छन्तीति भावः। वैदर्भैः विदर्भदेशीयैः कविभिः भ्रमरैः। अत्र इवशब्दोऽध्याहार्यः मालतीदामेति वाक्यं मालतीमालेत्यनभिधाय इति भावः। लक्षितम्। आक्रान्तं श्लेषघटितत्वेन अङ्गीकृतमिति यावत्। तेषां कुत्रचित् अनुप्रासासद्भावेऽपि श्लेषत्वकीर्तनादिति भावः। अयञ्च श्लेषः शब्दमात्रगुणः। अर्थगुणस्तु दर्पणकारादिभिः उक्तस्तत्र तत्र द्रष्टव्यः।।44।।

प्रसादं निरूपयति–**प्रसादवदिति**।। प्रसिद्धः अर्थः प्रतिपाद्यवस्तु यस्य तत् उभयार्थकशब्दानाम् अप्रसिद्धार्थे प्रयोगो निहतार्थतारूपदोषः तद्रहितमित्यर्थः प्रतीत्याम् अर्थपरिज्ञाने सुभगं सरलं झटित्यर्थबोधकं वचः वचनं प्रसादवत्

लक्ष्म लक्ष्मीं तनोतीति प्रतीतिसुभगं वचः ।।45।।
व्युत्पन्नमिति गौडीयैर्नातिरूढमपीष्यते।
यथानत्यर्जुनाब्जन्मसदृक्षाङ्को वलर्क्षगुः ।।46।।

Samaṁ is evenness of composition. They are *Mṛdu, Sphuṭa and Madhyamam,* (soft, hard and medium or mixed, evenness in composition) and are formed by sequences of *Mṛdu, Sphuṭa and Miśra* letters (respectively).

प्रसादगुणयुक्तं तथाच निर्दोषत्वे सति परिस्फुटार्थवत्त्वं प्रसाद इति भावः। तत्र उदाहरणम् इन्दोरिति। इन्दीवैरं नीलोत्पलं तद्वत् द्युतिर्यस्य तादृशं श्यामवर्णं लक्ष्म कलङ्कः इन्दोः चन्द्रस्य लक्ष्मीं श्रियं तनोति विस्तारयति। अत्र इन्द्वादिशब्दाः प्रसिद्धचन्द्राद्यर्थेषु प्रयुक्ता झटित्यर्थबोधकाश्चेति ज्ञेयम्।। 45।।

गौडीयानां मतं दर्शयति—**व्युत्पन्नमिति**।। गौडीयैः तद्देशवासिभिः पण्डितैः न अतिरूढमपि अनतिप्रसिद्धमपि निहतार्थत्वदोषकालितमपीत्यर्थः। व्युत्पन्नं व्युत्पत्तियुक्तं योगार्थघटितमित्यर्थः।। वाक्यं प्रसादवदिति शेषः इष्यते बन्धगाढतावशात् वैचित्र्याधायकत्वादिति भावः। उदाहरति—**यथेति**।। अनत्यर्जुनाब्जन्मसदृक्षाङ्कः अनत्यर्जुनं नातिधवलं यत् अब्जन्म उत्पलं तस्य सदृक्षः सदृशः अङ्कः कलङ्कः यस्य तथोक्तः वलर्क्षः धवलः गौः किरणो यस्य सः चन्द्र इति अत्र अर्जुनशब्दः कार्तवीर्यार्जुनपाण्डवयोः प्रसिद्धः श्वेतवर्णो अप्रसिद्ध इति निहतार्थत्वदोषदुष्टः अब्जन्मशब्दश्च अप्रसिद्ध सदृक्षशब्दश्च उपमागर्भबहुव्रीहिणैवार्थबोधनात् अधिकः प्रयुक्त इति अधिकपदतादोषदुष्ट एव तथा वलर्क्षशब्दोऽपि अप्रयुक्ततादोषकलितः। श्रुतिकटू च सदृक्षवलर्क्षशब्दौ। इत्थञ्च बहुदोषमपि काव्यं विन्यासत्त्व गाढत्वात् गौडाः काव्यत्वेनाद्रियन्ते। अयञ्च प्रसादाख्यगुणः अर्थगत एव शब्दगस्तु ओजोमिश्रितशैथिल्यात्मा इति दर्पणकारः। उदाहृतञ्च तेनैव यथा–'यो यः शस्त्रं बिभर्ति स्वभुजगुरुमदात् पाण्डवीनां चमूनाम् यो यः पाञ्चालगोत्रे शिशुरधिकवया गर्भशय्यां गतो वा। यो यः तत्कर्मसाक्षी चरति मयि रणे यश्च प्रतीपः क्रोधान्धस्तस्य तस्य स्वयमिह जगतामन्तकस्यान्तकोऽहमि'ति।। 46।।

समं बन्धेष्वविषमं ते मृदुस्फुटमध्यमाः।
बन्धा मृदुस्फुटोन्मिश्रवर्णविन्यासयोनयः।।47।।
कोकिलालापवाचालो मामेति मलयानिलः।
उच्छलच्छीकराच्छाच्छनिर्झराम्भः कणोक्षितः।।48।।
चन्दनप्रणयोद्गन्धिर्मन्दो मलयमारुतः।

(Soft sequence as in) कोकिलालापवाचालोमामेति मलयानिलः।
(Hard sequence as in) उच्चच्छीकराच्छाच्छानिर्झराम्भः कणोक्षितः।and

---

समतां निरूपयति—**सममिति**।। बन्धेषु रचनासु अविषमम् अविलक्षणम् उपक्रमोपसंहारयोः सदृशमित्यर्थः समं समताख्यगुणयुक्तं तथाच उपक्रमेषु यादृशी रचना, उपसंहारेषु तादृश्येव एवं गुणः समता इत्यर्थः, ते बन्धाः त्रिविधाः मृदुः कोमलः, स्फुटः तीव्रः, मध्यमः उभयात्मक इति। बन्धानां मृदुत्वादेर्हेतुमाह—मृद्विति। मृदुवर्णानां ह्रस्वस्वरादीनां स्फुटानां दीर्घस्वरादीनां तथा उन्मिश्राणाम् उभयात्मकानां वर्णानां विन्यासः योनिः कारणं येषां तादृशाः। अयञ्च गुणः शब्दगत एव अर्थगुणस्तु समताप्रक्रान्तप्रकृतिप्रत्ययाद्यविपर्यासेन अर्थस्य अविसंवादिता स च प्रक्रमभङ्गो दोषाभाव एव दार्पणकारेणोक्तः यथा 'उदेति सविता ताम्रस्ताम्र एवास्तमेति चे' त्यदि।। 47।।

उक्ताया समतायाः त्रैविध्यं दर्शयति—**कोकिलेत्यादि**। कोकिलानाम् आलापेन वाचालः मुखरः मलयानिलः माम् इति पीडयितुं सुखयितुं वा इति शेषः। मृदुनोपक्रान्तस्य तेनैव समापनमिति मृदुबन्धगा समता। उच्छलन्तः उद्गच्छन्तः शीकरा जलकणा यस्य तादृशम् अच्छाच्छम् अतिस्वच्छं यन्निर्झराम्भः तस्य कणैः बिन्दुभिः उक्षितः अभिषिक्तः सुशीतल इति यावत् मलयानिलः मामेति। अत्र स्फुटबन्धेन उपक्रान्तस्य सन्दर्भस्य तेनैव उपसंहार इति स्फुटबन्धगता समता। चन्दनेन प्रणयः संसर्गः चन्दनप्रणयः तेन उद्गन्धिः उद्गतगन्धः मन्दः मृदुलः तथा रुद्धं निरीकृतं मम धैर्यं येन तथाभूतः मम धैर्यं नाशयन्नित्यर्थ। वररामाणाम् उत्तमाङ्गनानां मुखानिलैः मुखनिःसृतसुगन्धिमारुतैः। स्पर्द्धते सादृश्यं

स्पर्धते रुद्धमद्धैर्यो वररामानननानिलैः ।।49।।

इत्यनालोच्य वैषम्यमर्थालंकारडम्बरम्।
अपे(वे)क्षमाणा ववृधे(ते)पौरस्त्या काव्यपद्धतिः ।।50।।

(mixed sequence as in) चन्दनप्रणयोद्गन्धिर्मन्ढोम–अयमारुतः (want of evenness as in) स्पर्धते रुद्धभद्धैर्योवररामानननानिलैः।

Thus (in the last example) ignoring the unevenness and desiring the display of pompous embellishments, the series of *Kāvyas* of the *Paurastyās* (easterners) have developed.

लभते इति यावत्। सौगन्ध्यसाम्यादिति भावः। अत्र उपक्रमोपसंहारयोर्मिश्र-बन्धवशात् मध्यमबन्धगता समता।। 48–49।।

उक्तायां समतायां गौडीयानामनादरं दर्शयति—**इतीति**।। इति उक्तप्रकारं वैषम्यं बन्धगतं मार्दवादिकम् अनालोच्य अविचार्य अर्थानां काव्यार्थानाम् अलङ्काराणाम् अनुप्रासोपमादीनाञ्च डम्बरौ आडम्बरौ उत्कर्षौ इत्यर्थः। अपेक्षमाणा अनुसरन्तीत्यर्थः पौरस्त्याः पूर्वदेशीयाः गौडीया इत्यर्थः काव्यानां पद्धतिः ववृधे। ते हि अर्थानुसारेण अलङ्कारानुसारेण च कदाचित् बन्धस्य मार्दवं कदाचित् वैकठ्यं कुत्रचिद्वा मित्रीभावमाद्रियन्ते न तु गुणपक्षपातेन पूर्वोक्तरूपां समताम्। अयं भावः। यत्रार्थस्य मृदुत्वं तत्र मृदुलो बन्धः यत्र तु अर्थस्य वैकट्यं तत्र विकटो बन्धः यत्र च अर्थस्य मिश्रीभावः तत्र मध्यमो बन्धः न तु येनैवारम्भस्तेनैव समापनमिति। युक्तश्चैतत् तथाहि, 'सारङ्गाः किमु वल्गितैः किमफलैराडम्बरैर्जम्बुका मातङ्गा महिषा मदं व्रजत किं शून्याऽथ शूरा न के। कोपाटोपसमुद्भटोत्कटशटाकोटेरिभारेः शनैः सिन्धुध्वानिनि हूंकृते स्फुरति यत् तद्गर्जितं तर्जितम्'। इत्यत्रोत्तरार्धे कुपितसिंहवर्णनरूपार्थस्य वैकट्यात् उपक्रान्तमृदुबन्धत्यागो गुण एवेति अनुसन्धेयम्।। 50।।

मधुरं रसवद्वाचि वस्तुन्यपि रसस्थितिः।
येन माद्यन्ति धीमन्तो मधुनेव मधुव्रताः।।51।।
यया कयाचिच्छ्रुत्या यत्समानमनुभूयते।

Sweetness (*Mādhurya*) is the flavour in words as well as the existence of flavour in the sentiment expressed; because of that (quality) the wise are intoxicated as bees with honey.

When in a sequence of words an evenness is felt with any previous word or words in form, etc., that word-sequence with *Anuprāsa* conveys flavour (*Rasa*).

माधुर्यं निरूपयति—**मधुरमिति**।। रसवत् रसाः शृङ्गारादयः तद्गुणयोगात् भावतदाभासा अपि रसशब्दवाच्याः ते विद्यन्ते यत्रेति तत् वाक्यं मधुरं माधुर्यगुणयुक्तम्। तर्हि रस एव माधुर्यमित्यर्थत एव आयातं परं गुणानां साक्षात् परम्परया वा रसोपकारकत्वं सर्वैरेव कविभिः अङ्गीकृतमित्याशङ्क्याह—वाचीति। वाचि तादृशगुणयुक्तवाक्ये वस्तुन्यपि प्रतिपाद्यभूते अर्थेऽपि रसस्थितिः शृङ्गाराद्यवस्थानम्। येन रसेन धीमन्तः सामाजिका न तु कुधिय इत्यर्थः मधुव्रता भ्रमरा मधुनेव माद्यन्ति मत्ता भवन्ति तथाच सुधियां मादहेतुः तादृशकाव्यार्थानु-शीलनजन्मा भावविशेष एव रसः। माधुर्यादिगुणास्तु तद्व्यञ्जकवर्णादिमित्वेन विन्यासमहिम्ना च तत्पोषका एवेति विभावनीयम्। केचित्तु पृथक्पदत्वं माधुर्यं शब्दगुण एव उक्तिवैचित्र्यमात्रन्तु अर्थगुण इति वदन्ति उदाहरन्ति च क्रमेण यथा–'श्वासान् मुञ्चति भूतले विलुठति त्वन्मार्गमालोकते' इत्यादि। 'भानुः सकृद्युक्ततुरङ्ग एव रात्रिन्दिवं गन्धवहः प्रयाति' इत्यादि। वस्तुतस्तु उभयमेव एकरूपं न तु कश्चित् प्रभेदो लक्ष्यते उदाहरणयोरिति चिन्तनीयम्।। 51।।

श्रुत्यनुप्रासवर्णसंहतेः रसव्यञ्जकतां दर्शयति—**ययेति**।। यया कयाचित् कण्ठताल्वादिरूपया इत्यर्थः श्रुत्या श्रवणसाधनीभूतेन उच्चारणेन यत् समानम् अनुभूयते तद्रूपा तादृशानुभवविषयिणो सानुप्रासा रसव्यञ्जकप्रकृष्टविन्यासवती

तद्रूपा हि पदासत्तिः सानुप्रासा रसावहा।।52।।

एष राजा यदा लक्ष्मीं प्राप्तवान्ब्राह्मणप्रियः।

तदाप्रभृति धर्मस्य लोकेऽस्मिन्नुत्सवोऽभवत्।।53।।

इतीदं नादृतं गौडैरनुप्रासस्तु तत्प्रियः।

As in

एष राजा यदा लक्ष्मीं प्राप्तवान्ब्राह्मणप्रियः।

तदाप्रभृति धर्मस्य लोकेस्मिन्नुत्सवोऽभवत्।।

But this is not accepted by the *Gauḍas;* for they love *Anuprāsa;* while this is preferred by the *Vaidarbhas* generally even to *Anuprāsa.*

पदासत्तिः पदानाम् आसत्तिः अव्यवधानेन अवस्थितिः रसम् आवहतीति रसवहा हिरवधारणार्थः निश्चितमेव रसपोषिकेत्यर्थः। एतेन कण्ठताल्वादिस्थानैक्येन व्यञ्जनवर्णानां सादृश्यं श्रुत्यनुप्रास इत्यर्थात् अथायातम्। उक्तञ्च दर्पणकारेण यथा, 'उच्चार्यत्वात् यदैकत्र स्थाने तालुरदादिके। सादृश्यं व्यञ्जनस्यैष श्रुत्यनुप्रास उच्यते'।। इति अस्य च अलङ्कारप्रकारणीयत्वेऽपि इह गुणप्रसङ्गात्। लक्षणमुक्तं वक्ष्यते च काश्चिन्मार्गविभागार्थयुक्ताः प्रागप्यलंक्रिया इति।। 52।।

उदाहरणं दर्शयति–**एष इति**।। ब्राह्मणाः प्रिया यस्य अथवा ब्राह्मणानां प्रिय एष राजा यदा लक्ष्मीं राजश्रियं प्राप्तवान् ततः प्रभृति लोके जगति धर्मस्य उत्सवः अभवत्। असौ धर्मेण प्रजाः पालयामास इत्यर्थः। इह षकारवकारयोः एकस्मात् मूर्ध्नः जकारयकारयोस्तालुतः दकारलकारयोश्च दन्तादुच्चरितत्वेन सादृश्यमित्यतः श्रुत्यनुप्रासात् माधुर्यगुणपुष्टो राजविषयकरतिभाव इति विभावनीयम्।। 53।।

अत्र वैदर्भीगौड्योर्मतभेदं दर्शयन्नाह–**इतीति**।। इतिपदं पूर्वोक्तद्योतकम् इति पूर्वोक्तमिदं पद्यं गौडैः गौडवासिभिः कविभिः न आदृतं माधुर्यगुणवत्तया न स्वीकृतं विभिन्नवर्णानामेकस्थानोच्चरितत्वेऽपि रसानुगुण्यस्याननुभवादिति भावः। अनुप्रासस्तु वक्ष्यमाणवर्णावृत्तिरूपः तत्प्रियः तेषां गौडानां प्रियः रसानुकूल्यतया

अनुप्रासादपि प्रायो वैदर्भैरिदमिष्यते।।54।।
वर्णावृत्तिरनुप्रासः पादेषु च पदेषु च।
पूर्वानुभवसंस्कारबोधिनी यद्यदूरता।।55।।

An *Anuprāsa* in metrical feet and in words alike is the recurrence of *varṇas* or classes (of sounds) not too far removed from one another and whereby one is reminded of the impression (on the reader) produced by similar previous sequences of sounds.

आदृतः। वैदर्भैस्तु अनुप्रासात् पूर्वोक्तात् श्रुत्यनुप्रासादपि प्रायः बाहुल्येन इदम् 'एष राजे'त्यादि पद्यम् इष्यते आद्रियते इत्थञ्च वैदर्भाणां श्रुत्यनुप्रास वर्णावृत्तिरूपानुप्रासयोरुभयोरेव प्रियता गौडानान्तु केवलं वर्णावृत्तिरूपे इति अनयोर्मतभेद इति दिक्।। 54।।

अनुप्रासमाह—**वर्णावृत्तिरिति**।। वर्णानां व्यञ्जनानाम् आवृत्तिः पुनरुच्चारणम्। अनुप्रासः। उक्तच्च प्रकाशकारेण 'वर्णसाम्यमनुप्रास' इति। वर्णानामिति एकशेषद्वन्द्ववशात् वर्णस्य वर्णयोरपीति बोध्यम्। स च द्विविधः पादेषु पदेषु च पादाः पद्यचतुर्थभागाः तेषे पदेषु तत्तत्पादस्थसुप्तिङन्तेषु च पादगत पदगत इत्यर्थः। पादेषु चेति बहुवचनेन सर्वपादेषु अनुप्रासस्थितिर्विशेषेण मनोरमेति सूचितम्। आवृत्तिश्च स्वरवैषम्येऽपि वैचित्र्यमावहति। तथाचोक्तं दर्पणकारेण, 'अनुप्रासः शब्दसाम्यं वैषम्येऽपि स्वरस्य यत्' इति। आवृत्तिश्च अव्यवहिता मुख्या, व्यवधानेऽपि पूर्वसंस्कारस्थित्यवधिकेत्याह—**पूर्वेति**। पूर्वमुच्चरितस्य वर्णस्य यः अनुभवः श्रावणज्ञानं तज्जनितः संस्कारः भावनाविशेषः। तस्य बोधिनी पालनी अदूरता द्वितीयादिवर्णस्य सान्निध्यं यदि वर्तते इति शेषः तदैवानुप्रास इत्यन्वयः। अयं भावः संस्कारस्य प्रथमक्षणे उत्पत्तिः, द्वितीयक्षणे स्थितिः, तृतीयक्षणे निवृत्तिः इति नियमेन अव्यवधानेन किञ्चित्व्यवधानेन वा सादृश्यप्रतीतिजननात् वैचित्र्यजनकतादृशवर्णावृत्तिरनुप्रास इति निष्कर्षः। अयञ्च द्विविधः छेकानुप्रासः वृत्यनुप्रासश्च तदुक्तं दर्पणकारेण, 'छेको व्यञ्जनसङ्घस्य सकृत्साम्यमनेकधा। अनेकस्यैकधासाम्यमसकृद्वाप्यनेकधा। एकस्य सकृदप्येष वृत्त्यनुप्रास उच्यते'।। इति। अपरश्च दर्पणकृतोक्तः यथा, 'शब्दार्थयोः पौनरुक्त्यं भेदे तात्पर्यमात्रतः। लाटानुप्रास इत्युक्त' इति। उदाहृतञ्च तेनैव यथा, 'स्मेरराजीवनयने! नयने किं निमीलिते। पश्य निर्जितकन्दर्पं कन्दर्पवशगं प्रियम्'।। 55।।

चन्द्रे शरन्निशोत्तंसे कुन्दस्तबकसंनिभे।
इन्द्रनीलनिभं लक्ष्म संदधात्यलिनः श्रियम्।।56।।
चारु चान्द्रमसं भीरु! बिम्बं पश्यैतदम्बरे।
मन्मनो मन्मथाक्रान्तं निर्दयं हन्तुमुद्यतम्।।57।।

(*Anuprāsa* in feet is like).

चन्द्रे शरन्निशोत्तंसे कुन्दस्तबकसन्निभे।
इन्द्रनीलनिभं लक्ष्म सन्दधात्यलिनः श्रियम्।।

(*Anuprāsa* in words is like).

चारु चन्द्रमसं भीरु बिम्बं पश्यैतदम्बरे।
मन्मनो मन्मथाक्रान्तं निर्दयं हन्तुमुद्यतम्।।

उदाहरति–**चन्द्रे इति**।। शरन्निशायाः शारदीयरजन्या उत्तंसे शिरोभूषणरूपे कुन्दस्तबकसन्निभे माध्यकुसुमगुच्छसदृशे चन्द्र इन्द्रनीलनिभं श्यामलम् इत्यर्थः लक्ष्म कलङ्कः अलिनः भ्रमरस्य श्रियं शोभां सन्दधाति धारयति। अत्र प्रथमद्वितीयतृतीयेषु पादेषु शकार-ककार-वकार-कारलवकाराणां वर्णानां पुनरावृत्तिवशात् साम्यप्रतीतिरिति वृत्त्यनुप्रासः। चतुर्थे च दकार-धकर-तकार-नकाराणां दन्तरूपैकस्थानोच्चार्यत्वात् श्रुत्यनुप्रास इति अनेन च अलङ्कारद्वयेन व्यञ्जितं माधुर्यं शृङ्गाररसं पद्यनिष्ठं परिपुष्णाति। अत्र रूपकोपमाभ्यामनुप्राणिता निदर्शनानाम अलंकृतिः सुधीभिर्विभावनीया।। 56।।

स्वरवैषम्येण अनुप्रासो दर्शितः इदानीं तत्सादृश्येन दर्शयति–**चार्विति**।। हे भीरु! भयशीले! अम्बरे आकाशे एतत् परिदृश्यमानम् इत्यर्थः चारु मनोज्ञं मन्मथाक्रान्तं कामार्तं मन्मनः मम मानसं निर्दयं यथा तथा हन्तुमुद्यतं चान्द्रमसं बिम्बं चन्द्रमण्डलं पश्येत्यन्वयः। मानिनीं कामिनीं प्रति कस्यचित् नायकस्य उक्तिरियम्। इह प्रथमे पादे खकाररकारयोः स्वरसहितयोः सादृश्यात्। वृत्त्यनुप्रासः। द्वितीयतृतीययोश्च यथाक्रमं म्बकारयोर्मन्ममन्मयोश्च साम्यात् छेकानुप्रासोऽपि। तथा चतुर्थे दकारयोस्तकारयोश्च स्वरवैषम्येण सादृश्यात् अन्यविधो वृत्त्यनुप्रासश्च। माधुर्यगुणोऽप्यत्र शब्दार्थोभयनिष्ठत्वेन चमत्कारजननात् विप्रलम्भाख्यं शृङ्गारं परिपुष्णाति।। 57।।

इत्यनुप्रासमिच्छन्ति नातिदूरान्तरश्रुतिम्।
न तु रामामुखाम्भोजसदृशश्चन्द्रमा इति।।58।।
स्मरः खरः खलः कान्तः कायः कोपश्च नः कृशः।
च्युतो मानोऽधिको रागो मोहो जातोऽसवो गताः।।59।।

Anuprāsa like the above is desired where the space between *Śruti* (sequences of similar sounds) is not far; and not *(Anuprāsa)* like.

रामामुखाम्भोजसदृशश्चन्द्रमाः।

Passages like.

स्मरः खरः खलः कान्तः कायः कोपश्च नः कृशः।
च्युतो मानोऽधिको रागो मोहो जातोऽसवो गताः।।

and the rest of them produce *saithilya* (want of coherence in sounds) and are of rugged build. Therefore, the

---

अदूरतैवानुप्रासस्य प्रयोजकमित्याह—**इतीति**।। अतिदूरं समधिकम् अन्तरं व्यवधानं यस्याः सा अतिदूरान्तरा न अतिदूरान्तरा नातिदूरान्तरा, तादृशी श्रुतिः श्रवणं यस्य तादृशम् इति पूर्वोक्तप्रकारम् अनुप्रासम् इच्छन्ति कवय इति शेषः रामामुखाम्भोजसदृशः चन्द्रमा इति एवं विधं तृतीयचतुर्थयोः पादयोः माकारदयोः साम्येऽपि अतिदूरान्तरश्रुतिम् अनुप्रासमिति शेषः न तु इच्छन्तीति च शेषः।।58।।

अनुप्रासस्य रसावहत्वकीर्तनात् यत्र वाक्यस्य सदोषत्वेन रसस्य अपरिपुष्टता तत्र न माधुर्यसद्भाव इत्याह—**स्मर इति**।। स्मरः कामः खरः अतितीक्ष्णः कान्तः प्रियः, खलः निष्ठुरः, नः अस्माकं कायः शरीरं कोपश्च कान्तं प्रतीति शेषः क्षीणः नष्टश्च मानः गौरवं च्युतः विनष्टः, रागः कान्तप्राप्त्यभिलाषः अधिकः। मोहः मूर्च्छा जातः क्षणे क्षणे इति शेषः, असवः प्राणा गताः प्रायेणेति शेषः, इदं नायकं निराकृतवत्याः गलितमानायाः कस्याश्चित् कामिन्याः पश्चात्तापवचनम्। अत्र प्रथमे पादे रकारयोः खकारयोश्च द्वितीये ककाराणां साम्यात्। वृत्यनुप्रासस्य

इत्यादि बन्धपारुष्यं शैथिल्यं च नियच्छति।
अतो नैवमनुप्रासं दाक्षिणात्याः प्रयुञ्जते।।60।।
आवृत्तिं वर्णसंघातगोचरां यमकं विदुः।
तत्तु नैकान्तमधुरमतः पश्चाद्विधास्यते।।61।।

Southerners (*Dākṣiṇātyās*) do not use this (kind of) *Anuprāsa.*

They call the recurrence of the same sequence (assemblage) of sounds, *Yamaka;* the (*Yamaka*) is not always conductive to sweetness, and therefore, it is dealt with later on.

तथा उत्तरार्धे तकारादिदन्त्यवर्णानां साम्यात् छेकानुप्रासस्य दोषाकुलतयः तादृशविप्रलम्भशृङ्गारस्य न अतिपरिपोषकता इति बोध्यम्।। 59।।

पूर्वोक्ते पद्ये दोषमाह—**इत्यादिति**।। इत्यादि एवमादिकं सानुप्रासमपि पद्यं बन्धपारुष्यं बन्धे रचनायां पारुष्यं दुःश्रवत्वं शैथिल्यं पतत्प्रकर्षतादिकञ्च नियच्छति ज्ञापयति। अत्र पूर्वार्धे बहुविसर्गसत्तया पारुष्यम्। तदुक्तम्, 'अनुस्वारविसर्गौ तु पारुष्याय निरन्तरौ' इति। पूर्वाऽर्धे यादृशी तीव्ररचना उत्तरार्धे तथा नेति पतत्प्रकर्षता। अतः कारणात् एवं सदोषमित्यर्थः अनुप्रासं दाक्षिणात्याः पण्डिताः न प्रयुञ्जते न व्यवहरन्ति माधुर्यस्य असद्भावादिति भावः। यत्र तु पारुष्यादिके रसानुकूलतया माधुर्यमस्ति तत्र पारुष्यादिकं न दोषः प्रत्युत गुण एव। तथोचोक्तं वक्तरि क्रोधसंयुक्ते तथा वाच्ये समुद्धते। रौद्रादौ च रसेऽत्यन्तं दुःश्रवत्वं गुणो भवेत्' इति।। 60।।

ननु अनुप्रासवत् यमकमपि कथमत्र न निरूप्यत इत्याह—**आवृत्तिमिति**।। वर्णसङ्घातः वर्णसमूह एव गोचरः विषयो यस्याः तथोक्ताम् आवृत्तिं पुनरुच्चारणं यमकं विदुः जानन्ति कवय इति शेषः। तदुक्तं दर्पणकारेण यथा, 'सत्यर्थे

कामं सर्वोऽप्यलङ्कारो रसमर्थे निषिञ्चतु।
तथाप्यग्राम्यतैवैनं भारं वहति भूयसा।।62।।

Granting that all arts of speech *(Alaṅkāra)*, and delectableness to the idea (conveyed) it is the absence of vulgarity of expression alone that is mostly responsible for delectableness.

पृथगर्थायाः स्वरव्यञ्जनसंहतेः। क्रमेण तेनैवावृत्तिर्यमकं विनिगद्यते।।' इति। तत् तु सयमकं पद्यं न एकान्तमधुरं न अतिशयेन माधुर्यवत् तथाहि तथाविधे वाक्ये प्रथमम् अर्थानुसन्धानव्यग्रतया रसप्रतीतेर्व्यवहितत्वात् इति अनुप्रासे तु अर्थानुसन्धानव्यग्रताया अभावात् रसप्रतीतेः अव्यवहितत्वमिति सानुप्रासे वाक्ये माधुर्यमस्तीति च भावः। एकान्तेति पदेन यमकेऽपि रसावहं माधुर्यमस्त्येव परम् अनुप्रासवत् सम्यक् न इति वक्तव्यम् अन्यथा अस्य अनलङ्कारत्वापत्तिरापद्येत शब्दार्थशोभाजननेन काव्यात्मभूतरसोपकारित्वस्य एव अलङ्कारत्वात् इति ध्येयम्। अतः पश्चात् अलङ्कारप्रस्तावे इत्यर्थः विधास्यते वक्ष्यते यमकमिति शेषः।।61।।

शब्दगतं माधुर्यं दिर्शितमिदानीम् अर्थगं माधुर्यं दर्शयन्नाह **काममिति**।। सर्वोऽपि शब्दगतः अर्थगतः उभयगतश्च अलङ्कारः अनुप्रासोपमा पुनरुक्तवत् आभासादिः अर्थे वाच्यलक्ष्यव्यङ्ग्यरूपे प्रतिपाद्ये कामं यथेष्टं यथा तथा रसं निषिञ्चति पुष्णाति उद्बोधयतीत्यर्थः तथापि अग्राम्यता ग्राम्यः इतरजनव्यवहृतः शब्दोऽर्थश्च स न भवतीति अग्राम्यः तस्य भावः भूयसा बाहुल्येन एनं भारं रसनिषेकरूपं वहति तथा च अग्राम्यतापरिहृतानाम् एव अलङ्काराणां रसपोषकत्वं सालङ्कारस्य रसव्यञ्जकस्य एव अर्थस्य माधुर्यञ्चेति प्रतिपादितम्। भूयसा इति ग्रहणात् इतरजनकथनेषु ग्राम्यता न दोषः प्रत्युत गुण एव तदुक्तं 'गुण इत्यनुवृत्तौ ग्राम्यत्वमधमोक्तिषु' इति।।62।।

कन्ये कामयमानं मां न त्वं कामयसे कथम्।
इति ग्राम्योऽयमर्थात्मा वैरस्यायैव कल्पते।।63।।
कामं कन्दर्पचाण्डालो मयि वामाक्षि निर्दयः।

Girl, why do you not desire me who desire you? This is a vulgar expression of the idea and is deemed quite undelectable.

"Let that base-born Cupid be unkind to me; fair-eyed lady, happily, he bears no malice towards you."

ग्राम्यताया उदाहरणं दर्शयति–**कन्ये इति**।। विदग्धजनोक्तिरियम्। हे कन्ये! त्वं कामयमानं मां कथं न कामयसे इत्यत्र कन्ये इति सम्बोधनं दुहितृस्थानीयानामेव सम्भवति नायिकासम्बोधने तु प्रिये सुन्दरि इत्यादि प्रयोग एव साधुः, तस्मादत्र अर्थस्य ग्राम्यताएव न तु कन्याशब्दस्य विदग्धानामपि भूरिशस्तत्प्रयोगदर्शनात् यथा 'कन्येयं कलधौतकोमलरुचिः कीर्तिस्तु नातःपरे'त्यादि। प्राचीनैस्तु ग्राम्यजनमात्रव्यवहृतानां कट्यादिशब्दानामेव ग्राम्यत्वमुक्तम्। इत्ययं ग्राम्य अर्थस्य आत्मा प्रतिपाद्यवस्तु वैरस्याय रसोद्बोधव्याघाताय प्रकल्पते प्रभवति। अयं भावः कामो नाम कामिनां सुरतेच्छारूपः कामिनीकुचकलशवत् गूढमतिचमत्करोति, अगूढस्तु लज्जाजनकत्वेन वैरस्यमावहतीति न अत्र माधुर्यसद्भाव इति। अत्र च नायककामरूपकारणे सत्यपि नायिकाकामरूपस्य कार्यस्याभावात् विशेषोक्तिरलङ्कारः। तदुक्तं दर्पणकारेण, 'सति हेतौ फलाभावो विशेषोक्तिस्तथा द्विधा' इति।। 63।।

अग्राम्यतां दर्शयति–**काममिति**।। हे वामाक्षि! वामे सुन्दरे कुटिले वा अक्षिणी यस्याः तत्सम्बुद्धौ। कन्दर्पचाण्डालः मयि निर्दयः, दिष्ट्या भाग्येनः त्वयि निर्मत्सर इति अग्राम्यः अर्थः विदग्धजनवाक्यार्थः रसम् आवहति पुष्णातीति रसावहः। अयं भावः वामाक्षीति सम्बोधनपदं नायिकायाः सौन्दर्यं नायकस्य च

त्वयि निर्मत्सरो दिष्ट्येत्यग्राम्योऽर्थो रसावहः ।।64।।

शब्देऽपि ग्राम्यतास्त्येव सा सभ्येतरकीर्तनात्।
यथा यकारादिपदं रत्युत्सवनिरूपणे।।65।।

पदसंधानवृत्त्या वा वाक्यार्थत्वेन वा पुनः।

This expression is free from vulgarity and conveys delectation.

Even in sounds there is vulgarity; that (vulgarity) is because of use by persons other than respectable people (in assemblies). For example, the word beginning with *ya* (*i.e. yabha*) in describing sexual enjoyment.

What gives a vulgar meaning because of the lie of sequence of syllables or because of the purport of the

---

तां प्रति चाटूक्तिं व्यञ्जयति, कन्दर्पो मयि निर्दयः त्वयि तु निर्मत्सरं इत्यनेन अहं त्वां कामये त्वन्तु मां न कामयसे इति पूर्वोक्तपद्यार्थ एव भङ्ग्या सूचित इति अग्राम्यता सहृदयहृदयङ्गमतया रस व्यञ्जयन्ती माधुर्यगुणं आवहति इति।। 64।।

ग्राम्यतायाः शब्दगतत्वमपि दर्शयति—**शब्देऽपीति**।। शब्देऽपि ग्राम्यता अस्ति एव, सा सभ्यं साधु तदितरम् असम्यं ग्रामीणहालिकादिप्रयोज्यं वचनं तस्य कीर्तनात् विदग्धजनैः इति शेषः कथनात् भवतीति शेषः। यथा रत्युत्सवस्य निरूपणे यकारादिपदं यकार आदिर्यस्य तत् पदं यभ मैथुने इत्यस्मात् निष्पन्नं पदं यम्भनादिकमित्यर्थः। तादृशपदप्रयोक्तुः ग्राम्यतया उपहसनीयत्वं श्रोतुश्च लज्जितत्वमेव जायते सुतरां रसास्वादस्य तिरोहितत्वात् न अत्र माधुर्यगुणप्रसर इति भावः।। 65।।

अश्लीलताया ग्राम्यतायामन्तर्भावमाह—**पदेति**।। पदानां सन्धानं सम्प्रवेशो यस्मिन् तत् पदसन्धानं वाक्यसङ्घातेति पाठे स एवार्थः। तद्वृत्त्या तद्गतत्वेन वा अथवा वाक्यार्थत्वेन तदर्थगतत्वेन वा इत्यर्थः। दुर्दुष्टा प्रतीतिः दुष्टप्रतीतिः तत्करं

दुष्प्रतीतिकरं ग्राम्यं यथा या भवतः प्रिया।।66।।
खरं प्रहृत्य विश्रान्तः पुरुषो वीर्यवानिति।
एवमादि न शंसन्ति मार्गयोरुभयोरपि।।67।।

---

sentence as a whole is also *Grāmya* (vulgarity in expression) as in.

1. **या भवतः प्रिया** (she who is your favourite) and which may be read as **या भवतः प्रिया** (she who is the favourite of one in cointion).

2. **खरं प्रहृत्य विश्रान्तः पुरुषो वीर्यवान्** (which means that "The strong man (Rāma) was tired after killing Khara and secondarily that lusty fellow is tired after plying hard in coition." These and the like are not accepted by either *Mārga* for school (of rhetoric).

लज्जा जुगुप्सामङ्गलादिव्यञ्जकम् अश्लीलत्वमित्यर्थः अपि ग्राम्यं ग्राम्यतायामन्तर्भूतं तदपि माधुर्यव्याघातकमिति भावः। यथा या भवतः प्रियेति अत्र या भवत इत्यंशे याभः मैथुने इत्यस्मात् घञि निष्पन्नः स विद्यते अस्येति याभवान् तस्येति प्रतीतौ व्रीडाव्यञ्जकत्वात् वाक्यमिदमश्लीलत्वदोषदूषितम्। अतोऽत्र न माधुर्यसङ्गतिरिति भावः।। 66।।

वाक्यगतामश्लीलतामुक्त्वा तदर्थगतां निर्दिशति–**खरमिति**।। कश्चित् वीर्यवान् पराक्रमशाली पुरुषः खरम् अतितीक्ष्णं यथा तथा प्रहृत्य शत्रूनिति शेषः विश्रान्त इति प्रकरणसङ्गतोऽर्थः, परं वीर्यवान् शुक्रलः कश्चित् पुरुषः खरं गाढं यथा तथा प्रहृत्य मैथुनं कृत्वा विश्रान्त इत्यपि असभ्यार्थो वक्त्रादिवैलक्षण्येन प्रतीयते। न च अत्र वाक्यगतमश्लीलत्वमिति मन्तव्यं शब्दपरिवृत्ति-सहत्वासहत्वाभ्या तद्व्यवस्थापनात्। तथाहि यत्र शब्दपरिवृत्तावपि तदर्थप्रतीतिस्तत्र न शब्दगतत्वं यत्र तु तथात्वे न तदर्थसम्भवस्तत्रैव शब्दगतनियमः, अत्र तु खरमित्यादिवाक्यस्थपदानाम् एकार्थमात्रप्रतिपादकानां प्रकरणबलात् प्रथमेऽर्थे

भगिनीभगवत्यादि सर्वत्रैवानुमन्यते।
विभक्तमिति माधुर्यमुच्यते सुकुमारता।।68।।

Words like *Bhaginī* and *Bhagavatī* are accepted everywhere. So far, *Mādhurya* (sweetness) has been analysed; *Sukumāratā* (tenderness) will now be discussed.

प्रतीतेऽपि वक्त्रादिवैशिष्ट्यात् अपरोऽपि अर्थो व्यञ्जनया वृत्त्या प्रतीयते। तथोचोक्तं दर्पणकारेण यथा, 'अनेकार्थस्य शब्दस्य संयोगाद्यैर्नियन्त्रिते। एकत्रार्थेऽन्यधी-हेतुर्व्यञ्जना साभिधाश्रया:।।' इति। न च अत्र वीर्यपदं विभिन्नयोर्बलशुक्र-योर्वाचकमिति वाच्यं बलस्य शुक्रजत्वेन एकमात्रपदार्थत्वात् इति। एवमादि दोषदूषितं काव्यम् उभयोरपि गोडवैदर्भयोर्मार्गयोः न शंसन्ति न आद्रियन्ते विद्वांस इति शेषः।। 67।।

ग्राम्यतायाः प्रतिप्रसवमाह—**भगिनीति**।। भगिनी भगवती आदिपदग्राह्यं योनिलिङ्गादिकञ्च सर्वत्र काव्येषु व्यवहारेषु च अनुमन्यते अदुष्टतया लोकैः अङ्गीक्रियते तत्तच्छब्दप्रयोगे दोषानुसन्धानविरहेण साधारणानां वैरस्यानुदयात् इति भावः। उक्तञ्च, 'संवीतस्य हि लोकेऽस्मिन्न दोषान्वेषणं क्षमम्। शिवलिङ्गस्य संस्थाने कस्यासभ्यत्वभावनम्।।' इति संवीतं हि अदुष्टतया सर्वजनव्यवहृतम्। अन्यच्च, 'ग्राम्यं घृणावदश्लीलामङ्गलार्थं यदीरितम्। तत् संवीतेषु गुप्तेषु लक्षितेषु न दुष्यति।।' इति। गुप्तेषु असभ्यार्थेषु असिद्धेषु अपि भावेन तदर्थबोधकेषु यथा, 'करिहस्तेन सम्बाधे प्रविश्यान्तर्विलोडिते। उपसर्पन् ध्वजः पुंसः साधनान्तर्विराजते।।' इत्यत्र सम्बाधपदेन सङ्कटार्थप्रसिद्धेनापि भावेन अप्रसिद्धस्य स्त्रीलिङ्गस्य बोधनम्। लक्षितेषु लक्षणया असभ्यार्थपतिपादकेषु यथा जन्मभूमिपदेन कुत्रचित् भावेन योनिबोधनम्। इति उक्तप्रकारेण माधुर्यं विभक्तं विभज्य दर्शितम् अधुना सुकुमारता उच्यते।। 68।।

अनिष्ठुराक्षरप्रायं सुकुमारमिहेष्यते।
बन्धशैथिल्यदोषस्तु दर्शितः सर्वकोमले।।69।।

मण्डलीकृत्य बर्हाणि कण्ठैर्मधुरगीतिभिः।
कलापिनः प्रनृत्यन्ति काले जीमूतमालिनि।।70।।

Abundance of non-harsh letters is here known as *Sukumāram;* and the fault of non-coherence of word-structure in entirely soft-lettered words has been pointed out.

As in

मण्डलीकृत्य बर्हाणि कण्ठैर्मधुरगीतिभिः।
कलापिनः प्रनृत्यन्ति काले जीमूतमालिनि।।

अनिष्ठुराणीति।। अनिष्ठुराणि अपरुषाणि अक्षराणि प्रायो बाहुल्येन यत्र तादृशं पद्यं सुकुमारं सौकुमार्यगुणयुक्तमित्यर्थः। प्रायःपदेन अन्तरान्तरा परुषाक्षराण्यपि निवेशनीयानीति सूचितम्। तुशब्दोऽत्र हेतुवाचकः। यतः सर्वकोमले केवलसुकुमाराक्षरप्रयोगे बन्धस्य रचनायाः शैथिल्यदोषः श्लथत्व-रूपदोषः अगाढता इति यावत् दर्शितः पूर्वोक्ते मयैव मालतीमालया-लोलालिकलिला यथा इति शेषः। तथाच कोमलाक्षराणां बहूनां मध्ये परुषाक्षरविन्यासेन बन्धस्य गाढतया यत् सहृदयहृद्यत्वं तदेव सौकुमार्यपदवाच्यं माणिक्यखचितमुक्तादामवत् इति सुधीभिर्विभाव्यम्।। 69।।

अस्य उदाहरणमाह—**मण्डलीति**।। कलापिनः मयूराः जीमूतमालिनि काले वर्षासु बर्हाणि पुच्छानि मण्डलीकृत्य विस्तार्य मधुरगीतिभिः मधुरगीतिसदृशस्वनैः इत्यर्थः कण्ठैः उपलक्षिताः सन्तः विशेषणे तृतीया। प्रनृत्यन्ति। अत्र मकारककारादीनां कोमलाक्षराणां मध्ये डकार-रकारादियुक्ताक्षराणां परुषाणां निवेशात् रचनेयं सौकुमार्यमाश्रयति। अत्र च कलापिषु नर्तकव्यवहारसमारोपात् समासोक्तिरलङ्कारः। तदुक्तं दर्पणकारेण, 'समासोक्तिः समैर्यत्र कार्यलिङ्ग-विशेषणैः। व्यवहारसमारोपः प्रस्तुतेऽन्यस्य वस्तुनः।।' इति।। 70।।

इत्यनूर्जित एवार्थो नालंकारोऽपि तादृशः।
सुकुमारतयैवैतदारोहति सतां मनः ।।71।।
दीप्तमित्यपरैर्भूम्ना कृच्छ्रोद्यमपि बध्यते।
न्यक्षेण क्षपितः पक्षः क्षत्रियाणां क्षणादिति ।।72।।

The meaning here is not striking nor is there any striking *Alaṅkāra* embellishment. It is only by *Sukumāratā* this gets into (*i.e.* is approved by) the minds of the good.

By others are composed passage like यक्षेण क्षपितः पक्षः क्षत्त्रियाणां क्षणात् which are difficult to pronounce under the impression that they constitute grandeur.

उक्तरूपसौकुमार्यस्य गुणत्वमनङ्गीकुर्वतो नव्यान् प्रत्याह—**इतीति**।। इति उक्तविधः अर्थः मण्डलीकृत्येति पद्यप्रतिपाद्य इत्यर्थः न ऊर्जितः न तेजस्वल एव न अतिमनोरम इत्यर्थः, अलङ्कारश्च समासोक्तिरूपः तादृशः वैचित्र्यजनकः न, तथापि एतत् पद्यं सुकुमारतया तादृशसौकुमार्यगुणयुक्ताक्षरविन्यासेन सतां सामाजिकानां न तु साधारणानामिति ध्वनिः मनः आरोहति आश्रयति मोहयतीति यावत्। अयं भावः अर्थालङ्कारौ हि अन्यविधौ पदार्थौ गुणस्तु न तथा, यतः अर्थस्य अलङ्कारस्य च बोधनात् पूर्वमेव गुणकृतवैशिष्टयं प्रतीयते गुणस्य विन्यासविशेषरूपत्वात्। उक्तञ्च, 'तया कवितया किं वा तया वनितया तथा। पदविन्यासमात्रेण यया न ह्रियते मनः'।। इति। 'असति गुणवैचित्र्ये अर्थालङ्कारौ न शोभेते अतएवोक्तं भोजराजेन, 'अलंकृतमपि श्रव्यं न कायं गुणवर्जितम्'। अन्यच्च, 'यदि भवति 'वचश्च्युतं गुणेभ्यो वपुरिव यौवनबन्ध्यमङ्गनायाः। अपि जनदयितानि दुर्भगत्वं नियतमलङ्करणानि संश्रयन्ते' इति।। 71।।

रसविशेषे सौकुमार्यमनङ्गीकुर्वता मतं दर्शयति—**दीप्तमिति**।। अपरैः गोडीयव विभिः वीरादिषु रसेषु दीप्तिरौज्ज्वल्यं तद्युक्तं तद्ध्यञ्जकमित्यर्थः दीप्तं समुत्तेजनमिति यावत् पदं कृच्छ्रेण कष्टेन उद्यम् उच्चार्यमपि भूम्ना बाहुल्येन बध्यते विरच्यते। गौडीया हि वीररसादिध्वनौ परुषाक्षरविन्थान तद्व्यञ्जनस्य हृद्यतया सौकुमार्यं न अङ्गीकुर्वते इति भावः। यथा न्यक्षेण नेत्रहीनेन अन्येनेत्यर्थः धृतराष्ट्रेण क्षणात् अल्पेनैव कालेन क्षत्रियाणां पक्षः समूहः

अर्थव्यक्तिरनेयत्वमर्थस्य हरिणोद्धृता।
भूः खुरक्षुण्णनागासृग्लोहितादुदधेरिति।।73।।
मही महावराहेण लोहितादुद्धृतोदधेः।
इतीयत्येव निर्दिष्टे नेयत्वमुरगासृजः।।74।।

Explicitness of sense is where there is no need to bring in other words; as in हरिणीद्धृता भूः खुरक्षुण्णनागासृग्लो हितादुदधः।

But where this alone is expressed मही महावराहेण लोहितादुद्धृतोदधेः them उरगासृजः has not to be brought in.

समग्रक्षत्रियकुलमित्यर्थः। क्षपितः नाशितः कुरुक्षेत्रयुद्धे इति शेषः। अत्र वीररसवर्णनायां तादृशश्रुतिकटुपरुषवर्णप्रयोग एव चमत्कारमातनोतीत्येवंविधे प्रयोगे सौकुमार्यत्यागो गुण एवेति ध्येयम्। वैदर्भास्तु ईदृशेऽपि प्रयोगे सौकुमार्यमाद्रियन्ते यथा 'कुतमनुमतं दृष्टं व यैरिदं गुरुपातकं मनुजपशुभिः निर्भर्यादैः भवद्भिरुदायुधैः। नरकरिपुणा सार्धं तेषां समीककिरीटिनामयमहमसृङ्मांसैः करोमि दिशां बलि'मिति। अत्र रोद्रेऽपि रसे न अतिपरुषाक्षराणि विन्यस्तानि।। 72।।

अर्थव्यक्तिं नाम गुणं सोदाहरणमाह—**अर्थव्यक्तिरिति**।। अर्थस्य अनेयत्वम् अध्याहारादिकष्टकल्पनामन्तरेण प्रयुक्तपदेभ्य एवोपस्थितिरित्यर्थः अर्थव्यक्तिः। उक्तञ्च क्रमदीश्वरेण, 'यावद्वाच्याभिधानं यत्तदर्थव्यक्तिलक्षणम्'। इति। इयञ्च शब्दमात्रगा अर्थगायास्तु स्वभावोक्त्यलङ्कारेण परिगृहीतत्वात् न पृथगुक्तिः। तदुक्तं दर्पणकारेण, 'अर्थव्यक्तिः स्वभावोक्त्यलङ्कारेण तथा पुनः' इति। अपरे तु पदानां झटित्यर्थबोधकत्वं शाब्दीमर्थव्यक्तिमाहुः। यदुक्तम् 'अर्थव्यक्तिः पदानां हि झटित्यर्थसमर्पणम्' इति। यथा हरिणा वराहरूपिणा विष्णुना खुरैः स्वीयैः इति भावः क्षुण्णानां नागानां पन्नगानां रसातलवासिनाम् असृग्भिः शोणितैः लोहितात् रक्तत् उदधेः समुद्रात् भूः पृथ्वी उद्धृता ऊर्ध्व नीता। अत्र यावन्त एव शब्दास्तावतामेव अर्थाः विना कष्टकल्पनां प्रतीयन्ते इति।। 73।।

अनेयत्वमर्थव्यक्तिमुक्त्वा तद्विपरीतं नेयत्वं दर्शयति—**महीति**।। महावराहेण

नेदृशं बहु मन्यन्ते मार्गयोरुभयोरपि।
न हि प्रतीतिः सुभगा शब्दन्यायविलङ्घिनी।।73।
उत्कर्षवान् गुणः कश्चित् यस्मिन्नुक्ते प्रतीयते।
तदुदाराह्वयं तेन सनाथा काव्य (सर्व) पद्धतिः।।76।।

Such (bringing in) is not liked by either school (*Mārga*). For, the meaning is not clear and the laws of words are transgressed.

What is called Udāra by which all sequence (of words) find their excellence where when the sequence (of word) is uttered its excellent quality is clear.

उरगासृजः पन्नगशोणितात् हेतोः लोहितात् उदधेः महीं उद्धृता, इतीयति एवं प्रकारे निर्दिष्टे प्रयुक्ते सति नेयत्वं भवति। तथाहि उरगासृज इत्युक्ते कथमिति हेतोः आकाङ्क्षणीयत्वात् खुरक्षुण्णेत्यंशस्य अध्याहारः कर्तव्यः अन्यथा आर्थस्य स्फुटता न स्यात् इति भावः।। 74।।

अत्र उभयोरपि मार्गयोः वैमत्यं दर्शयति—**नेति**।। उभयोरपि वैदर्भीगौड्योः मार्गयोः रीतिविशेषयोः कवय इति शेषः ईदृशं पूर्वोक्तरूपं नेयत्वयुक्तं वाक्यं न बहु मन्यन्ते न आद्रियन्ते। हि यतः शब्दन्यायः शाब्दबोधनियमः तस्य विलङ्घिनी व्यतिक्रमसाधनी प्रतीतिः अध्याहारादिकष्टकल्पनेन ज्ञानमित्यर्थः। नु सुभगा न साध्वीत्यर्थः।। 75।।

औदार्यं गुणं निरूपयति—**उत्कर्षेति**।। यस्मिन् वाक्ये उक्ते कथिते सति कश्चित् उत्कर्षवान् वर्णनीयस्य विषयस्य उत्कर्षप्रतिपादको लोकोत्तरचमत्कारकः गुणः धर्मविशेषः प्रतीयते बुध्यते तत् उदाराह्वयम्। औदार्यगुणयुक्तं तेन उदारत्वगुणेन काव्यपद्धतिः गौडवैदर्भीया काव्यरीतिः सनाथा पूर्णा उत्कर्षवतीति भावः। इदञ्च अर्थगतम्। शब्दगतन्तु विकटत्वलक्षणं विकटत्वञ्च पदानां नृत्यत्प्रायत्वं यथा 'स्वचरणविनिविष्टैः नूपुरैः नर्तकीनां भणिति रणितमासीत् तत्र चित्रं कलञ्च' इति विश्वनाथः।। 76।।

अर्थिनां कृपणा दृष्टिस्त्वन्मुखे पतिता सकृत्।
तदवस्था पुनर्देव नान्यस्य मुखमीक्षते।।77।।
इति त्यागस्य वाक्येऽस्मिन्नुत्कर्षः साधु लक्ष्यते।
अनेनैव पथान्यत्र समानन्यायमूह्यताम्।।78।।
श्लाघ्यैर्विशेषणैर्युक्तमुदारं कैश्चिदिष्यते।

(As in)

अर्थिनां कृपणा दृष्टिस्त्वन्मुखे पतिता सकृत्।
तदवस्था पुनर्देव नान्यस्य मुखमीहते।।

In this sentence, the excellence of *Tyāga* (giving) is well seen. In this same manner, the rules or law (of words) can be guessed.

By some is desired *Udāra* by the conjunction of excellent adjectives, *e.g.* लीलाम्बुजं, क्रीडासरः, हेमाङ्गदः etc.,

---

उदारत्वस्य उदारहणं दर्शयति–**अर्थिनामिति**।। हे देव! अर्थनां कृपणा दीना दृष्टिः त्वन्मुखे असकृत् वारंवारं पतिता पुनः किन्तु तदवस्था दीनेत्यर्थः अन्यस्य मुखं न ईक्षते। एतेन राज्ञ एतादृशी प्रभूतदानशक्तिर्यत् दात्रन्तरोपसर्पणमर्थिनां नास्तीति सूचितं सहृदयानाम् अतिशयेन चमत्कारीति हृदयमिति।। 77।।

इतीति।। इति उक्तरूपे त्यागस्य दानस्य अस्मिन् वाक्ये उत्कर्षः राजकीय दानस्य इति शेषः साधुः सम्यक् लक्ष्यते प्रतीयते। साधु इत्यत्र खल्विति पाठे खलु निश्चितमित्यर्थः। अन्यत्रापि पद्ये अनेन एव पथा रीत्या समानः सदृशः न्यायः नियमः यत्र तत् यथा तथा ऊह्यतां विभाव्यताम् एताम् एव रीतिमवलम्ब्य पद्यं विरच्यतामित्यर्थः।। 78।।

मतभेदं दर्शयति–**श्लाघ्येरिति**।। श्लाघ्यैः विशेष्यस्य उत्कर्षाधायकत्वेन सामाजिकमनोरमैः विशेषणैः बहुवचनात् एकस्य द्वयोः वा विशेषणयोः सद्भावे न अयं गुण इति सूचितम्। युक्तं समन्वितं वाक्यम् उदारम् औदार्यगुणयुक्तं

यथा लीलाम्बुजक्रीडासरोहेमाङ्गदादयः।।79।।

ओजः समासभूयस्त्वमेतद्गद्यस्य जीवितम्।
पद्येऽप्यदाक्षिणात्यानामिदमेकं परायणम्।।80।।

Ojas is in abundance of compound words. This is the soul of *Gadya* (prose;) in verse *Padya* also for the non-Southerners this alone is the goal.

कैश्चित् कविभिरिष्यते स्वमते तु अपुष्टार्थतादोषपरिहारेण परिकरालङ्कारस्य कीर्तनेन च अस्य ग्रहणात् न पृथगुक्तिरिति भावः। यथा लीलाम्बुजक्रीडासरो हेमाङ्गदादयः। लीलाम्बुज इत्यत्र लीलेति विशेषणेन तदुपयोगिनो वर्णकारसौरभ्यातिशयस्य, क्रीडासर इति कथिते तत्र क्रीडार्थककमलकैरवादिजनितशोभादिकस्य तथा हेमाङ्गदेत्युक्ते अङ्गदस्य हेमनिर्मितत्वेन सुदृश्यत्वादिकस्य प्रतीतिः सहृदय-मनोहारिणीति विभावनीया।। 79।।

ओजोगुणं निरूपयति–**ओज इति**।। समासः द्वयोर्बहूनां वा पदानाम् एकीकरणं तस्य भूयस्त्वं बाहुल्यं दीर्घता इत्यर्थः बहुभिः पदैः समास इति यावत् ओजः एतत् गद्यस्य पूर्वोक्तस्य प्रबन्धविशेषस्य जीवितं प्राणभूतम्। इदञ्च उभयोरपि मार्गयोः सामान्यम्। अदाक्षिणात्यानां दाक्षिणात्यव्यतिरिक्तानां गोडानाम् इत्यर्थः पद्येऽपि इदम् एकम् अद्वितीयं परायणं परमा गतिः तेषां बन्धगाढताप्रियत्वादिति भावः। इदञ्च शब्दगतं समासस्य शब्दमात्रगतत्वात्। केचित्तु ओजः प्रौढिः सा च पञ्चविधा यथा 'पदार्थे वाक्यरचनं वाक्यार्थे च पदाभिधा। प्रौढिर्व्याससमासौ च साभिप्रायत्वमस्य चे'ति। तत्र पदार्थे वाक्यरचनं यथा चन्द्र इत्येकस्मिन् पदार्थे वक्तव्ये अत्रेर्नयनसमुत्थं ज्योतिरिति वाक्यरचनम्। वाक्यार्थे पदाभिधा यथा निदाघशीतलहिमकालोष्णशरीरा सुकुमारी वस्योपिदिति वाक्यार्थे वक्तव्ये वरवर्णिनीति पदाभिधानम्। एवमेकस्य वाक्यार्थस्य किञ्चिद्विशेषाभिधित्सया बहुवाक्यैरभिधानं व्यासः बहुवाक्यप्रतिपाद्यस्य एकवाक्येन प्रतिपादनं समासः, एतत् चतुर्विधं प्रौढिरूपमोजः शब्दगुणः, साभिप्रायन्तु अर्थगुण इत्याहुः।। 80।।

तद्गुरूणां लघूनां च बाहुल्याल्पत्वमिश्रणैः।
उच्चावचप्रकारं तद्दृश्यमाख्यायिकादिषु।।81।।

अस्तमस्तकपर्यस्तसमस्तार्कांशुसंस्तरा।
पीनस्तनस्थितातात्रवस्त्रेवाभाति वारुणी।।82।।

इति पद्येऽपि पौरस्त्या बध्नन्त्योजस्विनीर्गिरः।

It (*Ojas*) is of different varieties according to compound words being many or a few or neither this can be seen in *Ākhyāyikās*.

अस्तमस्तकपर्यस्तसमस्तार्कांशुसंस्तरा।
पीनस्तनस्थितातात्रवस्त्रेवाभाति वारुणी।।

Thus, even in verse do the Easterners compose, words which have *Ojas*. Others desire the *Ojas* of words which

---

तदिति।। तत् समासभूयरत्वरूपम् ओजः गुरूणां महाप्राणाक्षराणां लघूनाम् अल्पप्राणाक्षराणाञ्च बाहुल्येन क्वचित् अल्पत्वेन क्वचित् मिश्रणेन च क्वचित् उच्चावचप्रकारं बहुविधं तत् आख्यायिकादिषु गद्यग्रन्थेषु दृश्यं लक्षणीयम्। गौडीयानान्तु पद्यग्रन्थेऽपि सूर्यशतकादौ समासबाहुल्यं पूर्वमुक्तमवधेयम् इति।।81।।

गौडाभिमतं पद्येऽपि समासभूयस्त्वप्रकारं दर्शयति–**अस्तमिति।।** अस्तमस्तके अस्ताचलशृङ्गे पर्यन्ताः पतिताः समस्ता ये अर्कांशवः सूर्यकिरणाः तैः संस्तरः आच्छादनं यस्याः तादृशी वारुणी वरुणाधिष्ठिता दिगिति शेषः। पीनस्तने स्थितम् आताम्रम् ईषत् लोहितं सायंकालीनसौरकिरणस्य तथात्वात् इति भावः कम्रं कमनीयं वस्त्रं यस्याः तथाभूता कामिनीव राजते इति शेषः। अत्र द्वयो अप्यर्धयोः समासबाहुल्यम्।।82।।

इतीति।। पौरस्त्याः गौडवासिनः इति पूर्वोक्तप्रकारे पद्येऽपि ओजस्विनीः समासबहुलाः गिरः बध्नन्ति। अन्ये तु पण्डिताः गिरां वाचाम् अनाकुलाम् अत्र भावनिर्देशः, अनाकुलत्वमित्यर्थः दीर्घसमासादीनां झटिति प्रतीतेरन्तरायत्वात्

अन्ये(प्य)त्वनाकुलं हृद्यमिच्छन्त्योजो गिरां यथा।।83।।
पयोधरतटोत्सङ्गलग्नसंध्यातपांशुका ।
कस्य कामातुरं चेतो वारुणी न करिष्यति।।84।।
कान्तं सर्वजगत्कान्तं लौकिकार्थानतिक्रमात्।

---

do not lead to confusion and which are charming; as in

पयोधरतटोत्संगलग्नसन्ध्यातपांशुका।
कस्य कामातुरं चेतो वारुणी न करिष्यति।।

Kāntam is what attracts the entire world by not straying beyond the ordinary meanings of words. And it exists in dialogues as well as in descriptions.

तद्राहित्यरूपमिति यावत् हृद्यं सहृदयमनोहारि च ओजः इच्छन्ति तथा च समासस्य दीर्घत्वम् अल्पत्वम् अभावो वा तु श्रोतृणां बुद्धेरनागुलत्वसम्पादनेन तन्मनोहारित्वम् ओजःपदार्थ इति निष्कर्षः। ।83।।

अत्र उदाहरति—**यथेति**।। पयोधरो मेघ एव स्तनः स एव तटः प्रदेशः तस्य उत्सङ्गे लग्नं सन्ध्यातपः सायंकालीनसौरकिरण एवं अंशुकं यस्याः तादृशी वारुणी कस्य चेतः कामातुरं न करिष्यति इत्यन्वयः। अत्र पूर्वार्धे समासबाहुल्यमपि पूर्ववत् न श्रोतृबुद्धिमाकलयति परं श्रोत्रमनोहरत्वेन चमत्कारातिशयमुग्धां करोतीति विभावनीयम्।। 84।।

कान्तिगुणं निरूपयति—**कान्तमिति**।। लौकिकस्थ लोकसिद्धस्य अर्थस्य अनतिक्रमात् अत्यागात् तन्मात्रस्यैव वर्णनात् इत्यर्थः सर्वजगतां कान्तं साधारणमनोरममित्यर्थः। पद्यं कान्तं कान्तिगुणविशिष्टं तथाच सहृदयमनोरञ्जकलोकसिद्धवस्तुवर्णनमेव कान्तिगुण इति। उक्तञ्च क्रमदीश्वरेण यथा, 'वर्णनात्युक्तिशून्या या सा कान्तिरभिधीयते' इति। इयमर्थगा विना अर्थानुसन्धानमस्याः प्रतीतिविरहात्। तच्च कान्तिमत् वाक्यं वार्ता

तच्च वार्ताभिधानेषु वर्णनास्वपि दृश्यते।।85।।

गृहाणि नाम तान्येव तपोराशिर्भवादृशः।
संभावयति यान्यैवं पावनैः पादपांसुभिः।।86।।

अनयोरनवद्याङ्गि स्तनयोर्जृम्भमाणयोः।
अवकाशो न पर्याप्तस्तव बाहुलतान्तरे।।87।।

"Those alone are homes which sages like you, whose treasure is penance, honour by the holy dust of their feet."

"Lady of faultless features, to these expanding breasts there is no space left (for expansion) between these two creepers of your arms."

अनामयप्रियालापः 'अनामयप्रियालापो वर्तिर्वार्ता च कथ्यते' इति वचनात् तस्या अभिधानेषु कथनेषु तथा वर्णनासु वस्तुस्वरूपमात्रनिरूपणेषु दृश्यते अनामय-प्रियालापेषु वर्णनासु च यथावत् सत्यनिरूपणस्यैव औचित्यात् अयथावर्णने लौकिकव्यवहारविसंवादः स्यादिति भावः। केचित्तु वार्ताभिधानेषु इतिहासवर्णनेषु, इतिहासानां यथावद्वर्णनस्य एव औचित्यात् अयथावर्णने असत्यताप्रतिभासनेन विनेयानां प्रवृत्त्यसम्भवात् प्रबन्धस्य रामादिवत् प्रवर्तितव्यं न रावणादिवत् इत्युपदेशपर्यवसायित्वानुपपत्तेरित्याहुः।। 85।।

वार्ताभिधाने कान्तिं दर्शयति—**गृहाणीति**।। तानि एव गृहाणि गृहपदवाच्यानि प्रशंसनीयानि गृहाणि इत्यर्थः, तपोराशिः भवादृशः पावनैः पादपांसुभिः चरणरजोभिः यानि सम्भावयति संशोधयति। अत्र गृहपदेन लक्षणया प्रशस्तगृहं महात्मजनपदस्पर्शेन च स्थानस्य प्राशस्त्यञ्च लोकसिद्धमेव प्रतीयत इति अवधेयम्।। 86।।

वर्णनायां कान्तिं दर्शयति—**अनयोरिति**।। हे अनवद्याङ्गि सुन्दरि जृम्भमाणयोः वर्धमानयोः अनयोः स्तनयोः तव बाहुलतान्तरे वक्षसि अवकाशः स्थानं न पर्याप्तः न प्रभूतः स्तनयोरतिपीनोन्नततया वक्षसश्च क्षुद्रतया यथेष्टस्थानालाभात् इति भावः। अत्र स्तनयोरतिपीनत्ववर्णनं लोकसिद्धमिति विभावनीयम्।। 87।।

इति संभाव्यमेवैतद्विशेषाख्यानसंस्कृतम्।
कान्तं भवति सर्वस्य लोकयात्रानुवर्तिनः।।88।।
लोकातीत इवात्यर्थमध्यारोप्य विवक्षितः।
योऽर्थस्तेनातितुष्यन्ति विदग्धा नेतरे जनाः।।89।।
देवधिष्ण्यमिवाराध्यमद्यप्रभृति नो गृहम्।

Fools, not other people, delight in what is composed by using extreme exaggeration beyond the scope of world usage.

"From today onwards our house is to be worshipped as a temple as all sin has been entirely washed away by dust falling from your feet."

"By *Brahma*, *Ākāśa* has been created small without

उक्तयोः पद्ययोः कान्तिं सङ्घटयति–**इतीति**।। इति पूर्वोक्तश्लोकद्वयप्रतिपाद्यं वस्तु सम्भाव्यमेव भवितुमर्हति एव न तु प्रौढोक्त्या कल्पनीयम्। एतच्च विशेषाख्यनेन विशेषस्य उत्कर्षस्य आख्यनेन कथनेन संस्कृतं शोभितं सत् लोकयात्रानुवर्तिनः लौकिकाचारपरायणस्य सर्वस्य जनस्य कान्तं मनोरमं भवति। कान्तत्वमेव गुणपदार्थः न तु लोकसिद्धवस्तुवर्णनमात्रं कान्तिः तथात्वे सूर्योऽस्तं याति गौः शेते इत्यादेरपि कान्तिमतत्त्वात् काव्यात्वापत्तिः गुणालङ्कारादिमत्त्वस्यैव काव्यत्वादिति सुधीभिर्विभाव्यम्।। 88।।

निरुक्तकान्तौ गौडानां वैमत्यमाह–**लोकेति**।। इवशब्दोऽत्र अप्यर्थकः। अत्यर्थम् अतिशयेन लोकातीतः अलौकिकः अपि योऽत्यर्थः अध्यारोप्य कल्पयित्वा विवक्षितः वक्तुमिच्छया प्रयुक्त इत्यर्थः। तेन विदग्धाः सहृदयाभिमानिन इति सोल्लुण्ठनोक्तिः गौडीया इत्यर्थः अतितुष्यन्ति तेषां प्रौढोक्तिप्रियत्वात् इति भावः। इतरे जनाः वैदर्भीयाः कवयः न तेषां यथावद्वर्णनप्रियत्वादिति भावः।। सुतरामुक्तलक्षणा कान्तिर्गौडैः न अङ्गीक्रियते इति फलितार्थः।। 89।।

वार्तायां निरुक्तकान्तेर्वैपरीत्यं वर्णयति–**देवेति**।। अद्यप्रभृति नोऽस्माकं गृहं युष्माकं पादरजःपातेन चरणरेणुपातेन धौतं निश्शेषं समस्तं किल्बिषं पातकं

युष्मत्पादरजः पातधौतनिःशेषकिल्बिषम् ।।90।।
अल्पं निर्मितमाकाशमनालोच्यैव वेधसा।
इदमेवंविधं भावि भवत्याः स्तनजृम्भणम् ।।91।।
इदमत्युक्तिरित्युक्तमेतद्गौडोपलालितम् ।
प्रस्थानं प्राक्प्रणीतं तु सारमन्यस्य वर्त्मनः ।।92।।

---

taking into his consideration that the expansion of your breasts would be like this."

These are indeed proper on the special occasions; and in those cases they become *kāntam* for all who follow the world usage.

(Otherwise), this is called *Atyukti* and it is in vogue among the Gauḍas; the former mode of composition is the basis of the other school.

यस्य तथाभूतं सत् देवधिष्ण्यं देवतास्थानमिव आराध्यं सेवनीयं भविष्यति इति शेषः। अत्र महात्मनां चरणरजः स्पर्शे गृहस्य पावनत्वं लोकसिद्धमपि देवावासस्येव आराध्यकीर्तनमारोपितमिति कान्तिविपर्ययोऽवगन्तव्यः।। 90।।

वर्णनायां निरुक्तकान्तेवैपरीत्यं वर्णयति—**अल्पमिति**।। भवत्याः स्तनयो-र्जृम्भणं वृद्धिः एवंविधं व्यापकमित्यर्थः भावि भविष्यति इदम् अनालोच्यैव वेधसा विधात्रा आकाशम् अल्पं निर्मितम्। अत्र विधातुरनालोचनपूर्विका आकाशनिर्मितिरतिशयोक्तिविजृम्भितैव न तु लोकप्रसिद्धेति विभाव्यम्।। 91।।

इदमिति।। इदम् ईदृशं काव्यम् अत्युक्तिः इति उक्तं कथितं कविभिः इति शेषः। उक्तञ्च भोजराजेन यथा, 'लौकिकार्थमतिक्रम्य प्रस्थानं यत्र वर्ण्यते। तदत्युक्तिरिति प्रोक्तं गौडानां मनसो मुदे।।' इति। एतत् पद्यं गौडैः कविभिः उपलालितं हृद्यतया गृहीतं। प्राक् पूर्वं कथितं प्रस्थानं लोकसिद्धवस्तुवर्णनरूपं प्रकृष्टं स्थानं स्थितिर्मर्यादा इति यावत् अन्यस्य वर्त्मनः वैदर्भीयस्य मार्गस्य सारं मनोहरम्। अयमेव गौडवैदर्भयोर्भेद इति भावः।। 92।।

अन्यधर्मस्ततोऽन्यत्र लोकसीमानुरोधिना।
सम्यगाधीयते यत्र स समाधिः स्मृतो यथा।।93।।
कुमुदानि निमीलन्ति कमलान्युन्मिषन्ति च।

Where the characteristic of one object is applicable to other objects without offending world usage, and is so applied thereto, that (embellishment) is *Samādhi*; as in "The water lies (*Kumudas*) slumber" "the lotuses wake up." In these (sentences) by using verbs apt for the action (of the lotuses and lilies) the action (of the eyes) is conveyed to the hearer.

समाधिं सोदाहरणं निरूपयति–**अन्यधर्म इत्यादि**।। लोकसीमानुरोधिना लोकस्थितिमनुवर्तमाननेन जनेन अन्यस्य अपरस्य अप्रकृतस्य यो धर्मः गुणाक्रियादिः ततः तस्मात् अन्यत्र तद्भिन्ने प्रकृते इत्यर्थः यत्रेति अव्ययं यत् इत्यर्थः सम्यक् आधीयते आरोप्यते स समाधिः सम्यगाधानरूपत्वात् तदाख्यो गुण इत्यन्वयः। तथाच प्रकृते वस्तुनि अप्रकृतस्य धर्मारोपो लोकसिद्धः सहृदयचमत्कारको गुणः समाधिरिति फलितार्थः। धर्मः इत्यनेन धर्मिणः समारोपे न अयं गुणस्तत्रातिशयोक्तिरलङ्कार एवेति सूच्यते।। 93।।

कुमुदेति।। यथा कुमुदानि उत्पलानि निमीलन्ति कमलानि उन्मिषन्ति विकासन्ते च प्रभातवर्णनमिदं दिवाकुमुदनिमीलनस्य कमलोन्मेषस्य च कविसमयप्रसिद्धत्वात्। अत्र निमीलनोन्मेषौ अप्रकृतस्य नेत्रस्य धर्मौ कुमुदकमलयोः सङ्कोचविकासतादात्म्येन आरोपितौ सादृश्यातिशयमहिम्ना लोकसिद्धौ च। एतदेव स्वयं निर्दिशति–इतीति। इति उक्ताभ्यां नेत्रक्रियाभ्यां निमीली नोन्मेषाभ्यां सह अध्यासात् अभिन्नत्वे इति शेषः सङ्कोचविकासाभ्यां तद्वाचिनतयोः निमीलनोन्मेषयोः वाचिनी प्रतिपादिका श्रुतिः निमीलन्तीत्यादि तत्तत्–क्रियावाचकः शब्द इत्यर्थः। लब्धा प्राप्ता। अयञ्च अर्थगत एव प्रकृतेऽर्थे अप्रकृतस्यार्थस्यैव आरोपादिति। अन्ये तु समाधिरर्थदृष्टिरूपोऽर्थगुण एव स च द्विविधः अयोनिरन्यच्छायायोनिश्च। तत्र अयोनिरर्थः कविप्रसिद्धिमन्तरेणापि

इति नेत्रक्रियाध्यासाल्लब्धा तद्वाचिनी श्रुतिः ।।94।।

निष्ठ्यूतोद्गीर्णवान्तादि गौणवृत्तिव्यपाश्रयम् ।
अतिसुन्दरमन्यत्र ग्राम्यकक्षां विगाहते ।।95।।

Words like 'spit,' 'belch' and 'vomit' and the like are very pleasing when they are applied to other objects (*i.e.*, as suggestive) only; otherwise they plunge into vulgarity.

स्वकपोलकल्पितः यथा सद्यो मुण्डितमत्तहूनचिबुकप्रस्पर्द्धिनारङ्गकमिति अत्र हूनचिबुकेन सह नारङ्गकस्य औपम्यभावः केनापि न प्रदर्शितः। केवलं स्वबुद्धया उद्भावितः। अन्यच्छायायोनिः कविसमयप्रसिद्धोऽपि किञ्चित् वैचित्र्यभावेन रचितः। यथा 'निजनयनप्रतिबिम्बैरम्बुनि बहुशा प्रतारिता कापि। नीलोत्पलेऽपि विमृशति करमर्पयितुं कुसुमलावी' इति अत्र नयननीलोत्पलयोः साम्यं कवि प्रसिद्धमपि किञ्चिद्वैचित्र्येण विरचितम् इत्याहुः। अन्यैस्तु शब्दगुणोऽपि समाथिरुक्तः स च आरोहावरोहक्रमरूप एव आरोहस्तु अनुप्रासादिना वाचामुत्कर्षः, अवरोहस्तदसद्भावादपकर्षः तयोः क्रमः वैरस्यानावहो विन्यासः यथा 'चञ्चद्भुजभ्रमितचण्डगदाभिघातसंचूर्णितोरुयुगलस्य सुयोधनस्य। स्त्यानावनद्धघनशोणितशोणपाणिस्तंसयिष्यति कचांस्तव देवि! भीमः'।। इत्यत्र पादत्रये बन्धस्य गाढता, चतुर्थपादे तु अपकर्षः सोऽपि तीव्रप्रयत्नोच्चार्यतया न वैरस्यमावहतीति समाहितश्च ।। 94 ।।

समाधिं गौणलक्षणाक्रान्तं दर्शयति—**निष्ठ्यूतेति** ।। निष्ठ्यूतम् उद्गीर्णं वान्तम् इत्यादिपदं गौणी या वृत्तिर्लक्षणा गुणयोगात् इति भावः, सैव व्यपाश्रयः विशिष्टः आश्रयो यस्य तत् मुख्यार्थसदृशेऽर्थे प्रयुक्तमित्यर्थः अतिसुन्दरम् अतिमनोरमं तदेव समाधिस्थानमिति भावः। अन्यत्र तदभावे गौणवृत्त्याश्रयाभावे इत्यर्थः ग्राम्यकक्षां ग्राम्यतादोषकालुष्यं विगाहते लभते, तथाच मुख्यार्थे प्रयुक्तं निष्ठ्यूतादिपदं ग्राम्यमेव लाक्षणिकेऽर्थे तु तादात्म्यारोपात् गुणवदिति फलितार्थः।

पद्मान्यर्कांशुनिष्ठ्यूताः पीत्वा पावकविप्रुषः।
भूयो वमन्तीव मुखैरुद्गीर्णारुणरेणुभिः।।96।।
इति हृद्यमहृद्यं तु निष्ठीवति वधूरिति।
युगपन्नैकधर्माणामध्यासश्च स्मृतो यथा।।97।।

Lotus flowers having drunk of the sparks of fire spit by solar rays seem to vomit them again from their open mouths as red dust (pollen).

The above is agreeable ; not so to say " the bride spits." The simultaneous application of many characteristics is likewise considered (to constitute *Samādhi*) for example.

उक्तमर्थमुदाहरति–**पद्मानीति**।। पद्मानि अर्कांशुनिष्ठयूताः सूर्यमयूखनिक्षिप्ताः पावकविप्रुषः अग्निस्फुलिङ्गान् पीत्वा उद्गीर्णा अरुणा रेणवः परागाः यैः तादृशैः मुखैः विशेषणे तृतीया। भूयः पुनःपुनः वमन्तीव। सायंकालीनपवनासङ्गेन स्खलत्परागाणां पद्मानां वर्णनमिदम्। अत्र निष्ठ्यूतोद्गार्णशब्दौ देहिककफादिनिक्षेपे शक्तौ अपि सामान्यनिक्षेपरूपेऽर्थे लाक्षणिकौ सन्तौ सहृदयहृदयङ्गमतां प्राप्ताविति समाधिरव्याहतः। वमन्ति इवेत्युतवेक्षायामपि न ग्राम्यता प्रत्युत समाधिगुणयोगात् गुण एवेति पूर्वोक्तगौणवृत्तिपदस्य उत्प्रेक्षोपलक्षकत्वमव-गन्तव्यम्।। 96।।

इतीति।। इति पूर्वोक्तं निष्ठ्यूतादिपदं हृद्यं गोणलक्षणयोगेन समाधिसत्त्वादिति भावः। वधूः निष्ठीवति कफादिकं त्यजतीति वाक्यन्तु अहृद्यं ग्राम्यतादोषकलुषितया सहृदयानाम् अप्रियम्। तत्र नैकधर्माणां बहूनाम् अस्यधर्माणां युगपत् समकालमेव न तु कालभेदेन अन्यत्र अध्यासः समारोपश्च स्मृतः। तथाच एकस्य अन्यधर्मस्य अन्यस्मिन्, तथा बहूनामपि अन्यधर्माणामन्यत्र समारोपः समाधिरिति फलितार्थः।। 97।।

गुरुगर्भभरक्लान्ताः स्तनन्त्यो मेघपङ्क्तयः।
अचलाधित्यकोत्सङ्गमिमाः समधिशेरते।।98।।

उत्सङ्गशयनं सख्याः स्तननं गौरवं क्लमः।
इतीमे गर्भिणीधर्मा बहवोप्य(न्य)त्र दर्शिताः।।99।।

The ranges of clouds slept on the laps (the slopes) of the mountain, weary with the weight of advanced pregnancy and moaning (from pain).

Sleeping on the lap of a friend, moaning, weight and weariness all these many characteristic attributes of a pregnant woman are suggested here.

उक्तमर्थमुदाहरति—**गुर्विति**।। गुरवः महत्यः स्थूलकलेबरा इत्यर्थः उभयत्र समानम्। तथा गभर्रस्य अन्तवर्तिजलपूरस्य अन्यत्र कुक्षिस्थजीवस्य भरेण क्लान्ताः मन्थराः स्तनन्त्यः गर्जन्त्यः अन्यत्र क्लान्तिजनितशब्दविशेषं कुर्वत्यः इमा मेघपङ्क्तयः अचलस्थ पर्वतस्य अधित्यका ऊर्ध्वभूमिः, 'उपत्यकाद्रेरासन्ना भूमिरुर्ध्वमधित्यका' इत्यमरः। तस्या उत्सङ्गं मध्यभागम् अन्वत्र सख्याः क्रोद्धं समधिशेरते। अन्यत्र मेघपङ्क्तिधर्मेषु गर्भिणरीधर्माणां बहूनां युगपदव्यासात् वैचित्र्यातिशयः सहृदयहृदयहारीति भाव्यम् अलङ्कारश्च समासोक्तिरिति।।98।।

उक्तश्लोके गर्भिणीधर्मं दर्शयति—**उत्सङ्गेति**।। अत्र उक्ते श्लोके सख्या उत्सङ्गशयनं स्तनंन गौरवं क्लम इति उक्तरूपा इमे बहवः गर्भिणीधर्माः दर्शिताः आरोपितत्वेनेति शेषः। यदि च 'स्तनितं गर्जितं मेघनिर्घोषे' इत्याद्यमरोक्त्या स्तननशब्देन मेघगर्जितमेव बुध्यते तथापि शब्दमात्रार्थकस्तनधातुनिष्पन्नत्वेन स्तनन्त्य इति पदस्य गर्भिण्यास्तादृशेऽपि शब्दप्रयोगो युज्यते। अन्यच्च मञ्जीरादिषु रणितप्रायं पक्षिषु च कूजितप्रभृति स्तनितमणितादि सुरते मेघादिषु गर्जितप्रमुखमिति वचनान्तरेण स्तनितशब्दस्य सुरतवाचकत्वमपि सिद्धं तस्मात्। स्तनधातोः केवलं मेघगर्जित्मेवार्थो न अपितु सामान्यशब्दमात्रमपि। ननु शब्दमात्रार्थकतायां

तदेतत्काव्य सर्वस्वं समाधिर्नाम यो गुणः।
कविसार्थः समग्रोऽपि तमेनमनुगच्छति।।100।।
इति मार्गद्वयं भिन्नं तत्स्वरूपनिरूपणात्।

The *guṇa* or characteristic of poetry called *samādhi* is the very treasure-house and constitutes the entire wealth of poetry. The entire group of poets follows (and uses) this characteristic.

Thus, the schools are divided in the demonstration of the nature of truth. Their subdivisions as established by individual poets, it is not possible to state.

सिद्धायामपि कथं स्तनन्त्य इति पदेन गर्भिण्या असाधारणशब्दविशेषस्य उपपत्तिरिति गर्भिण्या अन्येषाम् असाधारणधर्माणाम् अन्तःपातात् अस्यापि अस्यापि गर्भिणीधर्मत्वस्य युक्तत्वात् वैचित्र्यजनकत्वेन अतीव हृद्यत्वात् इति विवेचनीयम्।। 99।।

उपसंहरति—**तदिति**।। तत् तस्मात् उक्तप्रकारेण अतीववैचित्र्यावहत्वात् समाधिर्नाम यो गुणः एतत् काव्यस्य सर्वस्वं वनं सारभूतमित्यर्थः। समग्रः अपि सकलः कविसार्थः कविसम्प्रदायः गौडीयः वैदर्भीयो वा इत्यर्थः तं तथाभूतम् एनं समाधिम् अनुगच्छति एतदनुसारेण काव्ये प्रवर्तते इत्यर्थः। यदि च एतेषां गुणानां दशानां मध्ये केचित् तत्तद्दोषाभावरूपतया केचिच्च अलंकृतिरूपतया नव्यैः अनादृताः केवलं त्रय एव गुणा दर्शिताः यथा, माधुर्यौजःप्रसादाख्यास्त्रयस्ते न पुनर्दश इति तथापि प्राचां मतमनुसृत्य ग्रन्थकृतोक्ता इति अवधेयम्।। 100।।

इत्थं गौडवैदर्भयोर्भेदं वर्णयित्वा उपसंहरति—**इतीति**।। इति उक्तप्रकारेण तयोः गौडवैदर्भयोः स्वरूपनिरूपणात् लक्षणकीर्तनात् मार्गद्वयम् उल्लिखितरीतिद्वयं भिन्नं परस्परविलक्षणम्। तद्भेदाः ताभ्यां मार्गाभ्यां भेदाः भिन्ना इत्यर्थः 'कृदभिहितो भावो द्रव्यवत् प्रकाशते' इति न्यायात्। लाटपाञ्चालादयः

तद्भेदास्तु न शक्यन्ते वक्तुं प्रतिकविस्थिताः ।।101।।

इक्षुक्षीरगुडादीनां माधुर्यस्यान्तरं महत्।
तथपि न तदाख्यातुं सरस्वत्यापि शक्यते।।102।।

नैसर्गिकी च प्रतिभा श्रुतं च बहु निर्मलम्।
अमन्दश्चाभियोगोऽस्याः कारणं काव्यसंपदः ।।103।।

There are great differences between the sweetness of sugarcane and of milk and of sugar and of such things, even so, it is not possible even for *Sarasvatī* to describe the differences between them.

Inborn intuitive intellectual power, listening to many pure compositions and assiduous application, all this is the cause of this wealth of poetry.

प्रतिकवि तत्तद्देशीयकविषु स्थिताः तु किन्तु ते वक्तुं न शक्यन्ते अतिविस्तारादिति भावः। अथवा तद्भेदाः तयोः गौडवैदर्भयोः भेदाः अन्तर्गतविशेषा इत्यर्थः।। 101।।

उक्तमर्थं दृष्टान्तेन समर्थयति—**इक्ष्विति**।। इक्षुक्षीरगुडादीनामपि माधुर्यस्य अन्तरं भेदः तथा महत् अतिविस्तरमित्यर्थः यथा सरस्वत्यांपि किमु वक्तव्यमन्येषामिति भावः। वाग्देव्यापि तत् आख्यातुं कथयितुं न शक्यते। एवं काव्यमार्गाणां मधुरिम्णः आनन्त्यात् अनिर्वचनीयतया भेदद्वयमेव विशिष्य निरूपितमिति तात्पर्यार्थः।। 102।।

इत्थं काव्यस्वरूपं निरूप्य तत्कारणमाह—**नैसर्गिकीति**।। नैसर्गिकी स्वभावसिद्धा प्रतिभा स्फुरन्ती मतिः बहु नानाविधं निर्मलं विशुद्धं श्रुतं शास्त्रज्ञानं लोकाचारादिज्ञानञ्च तथा अमन्दः प्रगाढः अभियोगः अभिनिवेशश्च एतत् त्रयम् अस्याः काव्यसम्पदः काव्यरूपायाः सम्पत्तेः कारणं हेतुः, कारणमिति एकवचननिर्देशेन समस्तस्यैव कारणता न तु प्रत्येकस्य इति सूचितम्। उक्तञ्च प्रकाशकारेण, "शक्तिर्निपुणता लोकशास्त्रकाव्याद्यवेक्षणात्। काव्यज्ञशिक्षयाभ्यास

न विद्यते यद्यपि पूर्ववासना-
गुणानुबन्धि प्रतिभानमद्भुतम्।
श्रुतेन यत्नेन च वागुपासिता
ध्रुवं करोत्येव कमप्यनुग्रहम्।।104।।

Even though the wonderful *Pratibhā,* (the intuitive faculty of intelligence, which flows from earlier latent *vāsanās* (impressions) be known not to exist at all, the Lady of Speech certainly bestows a sort of *Anugraha* (favour) on her votary who woos her with learning and assiduity.

इति हेतुस्तदुद्भवे।।' इति त्रयः समुदिता न तु व्यवस्ताः तस्य काव्यस्य उद्भवे निर्माणे समुल्लासे च हेतुर्न तु हेतव इति। केचित् तु प्रतिभा एव काव्यकरणं व्युत्पत्तिस्तु तस्य चारुत्वे हेतुः, अभ्यासो वृद्धिहेतुश्च प्रतिभा च क्वचित् स्वतः प्रसरति क्वचित् वा देवानुग्रहात् भाविकवीनां बालानां सत्यामपि प्रतिभायां काव्यानुदयात् कालस्य तत्सहकारित्वमङ्गीकार्यमित्याहुः। उक्तश्च, 'कवित्वं जायते शक्तेर्वर्धतेऽभ्यासयोगतः। तस्य चारुत्वनिष्पत्तौ व्युत्पत्तिस्तु गरीयसी।।' इति सर्वमनवद्यम्।। 103।।

उक्तकारणानां सर्वेषामभावेऽपि यत्नवतां शास्त्रानुशीलनपराणां कथञ्चित् फलसिद्धिरित्याशयेनाह–नेति।। यद्यपि पूर्ववासना प्राक्तनसंस्कारः स्वाभाविकी शक्तिरित्यर्थः तथा अद्भुतम् अलौकिकं गुणानुबन्धि वैचित्र्यावहं प्रतिभानं सुचिक्कणा बुद्धिः न विद्यते, तथापि श्रुतेन शास्त्रानुशीलनेन काव्यज्ञोपदेशेन वा यत्नेन अभिनिवेशेन उपासिता सेविता वाक् ध्रुवं निश्चितं कमपि अनुग्रहं करोति एव अवश्यमेव काव्यनिर्माणे किञ्चित् सामर्थ्यमातनोति इत्यर्थः। सम्यक् सामर्थ्ये तु उक्तत्रितयमेव हेतुरिति न परस्परं विरोध इति।। 104।।

तदस्ततन्द्रैरनिशं सरस्वती
श्रमादुपास्या खलु कीर्तिमीप्सुभिः।
कृशे कवित्वेऽपि जनाः कृतश्रमाः
विदग्धगोष्ठीषु विहर्तुमीशते।।105।।

।। इति आचार्यदण्डिनः कृतौ काव्यादर्शे मार्गविभागो नाम प्रथमः परिच्छेदः।।

Therefore indeed by those who seek Fame has *Sarasvatī* to be perpetually appeased with great attention and care setting aside (all) sloth; for to those who have thus toiled, it is possible to commingle in delight in assemblies of scholars, although their poetic merits are little.

उपसंहरति–**तदिति**।। तत् तस्मात् अस्ततन्द्रैः अस्ता तन्द्रा येषां तैः आलस्यरहितैः इत्यर्थः कीर्तिं कवित्वजनितयशः ईप्सुभिः जनैः इति शेषः श्रमात् परिश्रमेण अनिशं सरस्वती खलु निश्चयेन उपास्या सेव्या, अवश्यमेव शास्त्रं परिशीलितव्यमिति भावः। कथमित्याह–कृश इति। कवित्वेन काव्यकरणसामर्थ्ये कृशे अल्पेऽपि कृतश्रमाः कृतशास्त्रपरिशीलनप्रयासा जनाः विदग्धगोष्ठीषु कविसमाजेषु विहर्तुम् ईशते प्रभवन्ति। अल्पस्यापि अस्य ज्ञाने करणे च ऐहिकामुत्रिकफलसिद्धिर्भवति, 'एकः सुप्रयुक्तः सम्यक् ज्ञातः स्वर्गे लोके च कामधुग् भवती'ति श्रुतिः।। 105।।

इति श्रीजीवानन्दविद्यासागर भट्टाचार्यविरचितायां काव्यादर्शटीकायां प्रथमः परिच्छेदः।

।।श्रीः।।

।। काव्यादर्शः।।

KĀVYĀDARŚA

द्वितीयः परिच्छेदः

काव्यशोभाकरान् धर्मानलङ्कारान् प्रचक्षते।
ते चाद्यापि विकल्प्यन्ते कस्तान् कार्त्स्न्येन वक्ष्यति।।1।।

Section II

They give the names of *Alaṅkāras* to the characteristics, which render *kāvyas* attractive. These characteristics are even to-day diversified anew; who then can treat of them exhaustively?

परिच्छेदेऽस्मिन् अलङ्कारान् निरूपयिष्यन् प्रथमं तेषां सामान्यलक्षणं निरूपयति–**काव्यशोभाकरानिति**।। काव्यस्य पूर्वोक्तलक्षणस्य शोभा सौन्दर्यं तत्तद्विशेषकृतचमत्कारजनकवैचित्र्यमित्यर्थः तत्करान् तत्साधनानि धर्मान् गुणविशेषान् अलङ्कारान् प्रचक्षते वदन्ति कवय इति शेषः। यथा हारकुण्डलादयः शरीरं शोभयन्ति तथा अनुप्रासोपमादयः काव्यशरीरभूतौ शब्दार्थौ शोभ्यन्तीति भावः। पूर्वोक्तगुणास्तु काव्यस्यान्तःशोभाधायकाः अलङ्कारास्तु बाह्यशोभाकरा इति गुणालङ्कारपदार्थयोर्भेद इति ध्येयम्। ते च अलङ्कारा अद्यापि विकल्प्यन्ते विविधरूपेण उद्भाव्यन्ते कविभिरिति शेषः, अतः कः पण्डितः तान् कार्त्स्न्येन साकल्येन वक्ष्यति निरूपयिष्यति न कोऽपि निरूपयितुं शक्ष्यतीत्यर्थः, उक्तिवैचित्र्यस्यैवालङ्कारत्वात् तस्य च कल्पनैकमूलत्वात् कल्पनायाश्च कदाप्यविरामात् इति भावः।। 1।।

किन्तु बीजं विकल्पानां पूर्वाचार्यैः प्रदर्शितम्।
तदेव परिसंस्कर्तुमयमस्मत्परिश्रमः।।2।।

काश्चिन्मार्गविभागार्थमुक्ताः प्रागप्यलङ्क्रियाः।
साधारणमलङ्कारजातमन्यत् प्रदर्श्यते।।3।।

स्वभावाख्यानमुपमा रूपकं दीपकावृती।

But the rudiments of these divergent characteristics have been indicated by the old masters. This effort is merely to formulate those rudiments again.

Some *alaṅkāras* have already been mentioned (by us) for the purpose do distinguishing between the *mārgas* (schools). The entirety of the (remaining) *alaṅkāras* which are common (to all the schools) is now expounded).

The old masters have shown the following *alaṅkāras* (figures of speech :—Realistic expression, simile,

---

किन्त्विति।। किन्तु विकल्पानां विविधकल्पनानां बीजं मूलं सादृश्यम् उपमेत्यादिसामान्यलक्षणं पूर्वाचार्यैः प्रदर्शितं निरूपितं यत् उपजीव्य नव्यानां वैचित्र्यभेदेन नानाकल्पना इति भावः। तदेव पूर्वाचार्यप्रदर्शितबीजीभूतम् अलङ्कारलक्षणम् इत्यर्थः परिसंस्कर्त्तुं सम्यक् स्फुटीकर्तुम् अयम् अस्माकं परिश्रमः प्रयासः।। 12 ।।

काश्चिदिति।। कश्चित् अलंक्रियाः अलङ्कारा श्रुत्यनुप्रासादयः मार्गविभागार्थं रीतिविभेददर्शनार्थं प्रागपि पूर्वमेव उक्ताः, इदानीमन्यत् साधारणं सामान्यं सर्वसम्मतमित्यर्थः अलङ्कारजातं प्रदर्श्यते निरूप्यते।। 13 ।।

अलङ्कारान् निर्दिशति–**स्वभावेत्यादि**।। स्वभावाख्यानं स्वभावोक्तिः, दीपकञ्च आवृतिरावृत्तिश्च ते दीपकावृती, समासः समासोक्तिः, अतिशयः

आक्षेपोऽर्थान्तरन्यासो व्यतिरेको विभावना।।4।।
समासातिशयोत्प्रेक्षा हेतुः सूक्ष्मो लवः क्रमः।
प्रेयो रसवदूर्जस्वि पर्यायोक्तं समाहितम्।।5।।
उदात्तापह्नुतिश्लेषविशेषास्तुल्ययोगिता।
विरोधाप्रस्तुतस्तोत्रे व्याजस्तुतिनिदर्शने।।6।।
सहोक्तिः परिवृत्त्याशीः सङ्कीर्णमथ भाविकम्।
इति वाचामलङ्कारा दर्शिताः पूर्वसूरिभिः।।7।।
नानावस्थं पदार्थानां रूपं साक्षात् विवृण्वती।
स्वभावोक्तिश्च जातिश्चेत्याद्या सालङ्कृतिर्यथा।।8।।

---

metaphor, light, repetition, objection, illustrative citation, differentiation, cause terseness, hyperbole, conceit, reason, subtlety, minuteness, sequence, felicity, provoking sentiment, vigour, paraphrase, unison, sublimity, denial, paronomasia, speciality, equation, direct praise, concealed praise, conjunctive expression, exchange, benediction, confusion and expressiveness.

Realistic expression also called *Jāti* or group description is the first *alaṅkāra* and describes the actual forms of different conditions of objects : as in.

अतिशयोक्तिः, समाहितं समाधिः, अप्रस्तुतस्तोत्रम् अप्रस्तुतप्रशंसा, इति उक्तप्रकारेण नामतो निर्दिष्टाः स्वभावोक्त्यादिभाविकपर्यन्ताः पञ्चत्रिंशत्संख्यकाः वाचां वाक्यानाम् अलङ्कारा पूर्वसूरिभिः प्राचीनकविभिः दर्शिताः, वाचाम् इत्यनेन वाक्यगता एवैते अलङ्कारा इति सूचितम्।। 4–7।।

स्वभावोक्ति निरूपयति—**नानेति**।। स्वभावोक्तिश्च जातिश्च इति नामद्वयवती आद्या प्रथमा सर्वाग्रा वा यथार्थनिरूपणसारत्वादिति भावः। पदार्थानां जातिगुणक्रियाद्रव्याणां नाना अवस्था दशा यस्य तादृशं रूपं प्रकारं साक्षात् प्रत्यक्षमिव विवृण्वती प्रदर्शयन्ती सा प्रसिद्धा अलंकृतिः अलङ्कारः, तथाच

तुण्डैराताम्रकुटिलैः पक्षैर्हरितकोमलैः।
त्रिवर्णराजिभिः कण्ठैरेते मञ्जुगिरः शुकाः॥9॥

कलक्वणितगर्भेण कण्ठेनाघूर्णितेक्षणः।
पारावतः परिभ्रम्य रिरंसुश्चुम्बति प्रियाम्॥10॥

"Here are these parrots of sweet speech, with red curved beaks, with feathers of tender green hue and with shining tri-coloured throats."

"The pigeon, desirous of sporting (with its beloved) and rolling its eyes (in passion) and with its throat full of tremulous cooing kisses its beloved."

पदार्थानां नानावस्थस्वरूपस्य वैचित्र्येण वर्णनं स्वभावोक्तिरिति निष्कर्षः। एकरूपाया अवस्थायाः कीर्तने न अयमलङ्कारः वैचित्र्याभावात्। वैचित्र्यस्य एव अलङ्कारत्वात् इति सूच्यते। यथा 'अम्भोदमुदितं दृष्ट्वा मुदा नृत्यन्ति बर्हिण' इत्यत्र वस्तु स्वरूपनिरूपणेऽपि वैचित्र्याभावात् न अलङ्कारता। उक्तञ्च प्रकाशकारेण यथा– 'स्वभावोक्तिस्तु डिम्भादेः स्वक्रियारूपवर्णनम्' इति। यथेति परोक्तस्य उदाहरणस्य सूचकम्॥8॥

प्रथमं जातौ उदाहरति–**तुण्डैरिति**॥ एते मञ्जुगिरः मधुरप्रलापिनः शुकाः आताम्राणि आलोहितानि कुटिलानि च तैः तुण्डैः मुखैः, हरिताः पालाशवर्णाः कोमलाश्चतैः पक्षैः तथा त्रयाणां वर्णानां हरितरक्तधूसराणां राजयः रेखाः येषु तादृशैः कण्ठैः सर्वत्र विशेषणे तृतीया। उपलक्षिता इत्यर्थः। अत्र शुकजातेः तादृशतुण्डत्वादिकम् असाधारणधर्मः वर्णनावैचित्र्येण साक्षादिव प्रतीयते इति जातिगता स्वभावोक्तिः॥9॥

क्रियायामुदाहरति–**कलेति**॥ कलं मधुरं क्वणितं गर्भे यस्य तादृशेन कण्ठेन विशेषणे तृतीया, पारावतः आघूर्णिते ईक्षणे नेत्रे यस्य तथाभूतः रिरंसुः रन्तुमिच्छुः सन् परिभ्रम्य प्रियां चुम्बति। पारावतानामुक्तविधचुम्बनं स्वाभाविकमिति क्रियागता स्वभावोक्तिरिति अवगन्तव्यम्॥10॥

बध्नन्नङ्गेषु रोमाञ्चं कुर्वन् मनसि निर्वृतिम्।
नेत्रे चामीलयन्नेष प्रियास्पर्शः प्रवर्तते।।11।।

कण्ठे कालः करस्थेन कपालेनेन्दुशेखरः।
जटाभिः स्निग्धताम्राभिराविरासीत् वृषध्वजः।।12।।

जातिक्रियागुणद्रव्यस्वभावाख्यानमीदृशम्।

"I am having the touch of my beloved now which makes my hair stand on end, caused, happiness in my mind and makes my eyes close (in happiness)."

"Śiva, whose banner is the bull, appeared with the black spot on his throat, holding the skull in his hand, wearing the moon as his crest and with matted hair, dark and tawny."

Such is realistic expression of species (*Jāti*), of action (*Kriyā*), of characteristic (*Guṇa*) and of substance (*Dravya*).

गुणोदाहरणं दर्शयति–**बध्नन्निति**।। एष प्रियायाः स्पर्शः अङ्गेषु रोमाञ्चं बध्नन् जनयन् मनसि निर्वृतिं सातिशयानन्दं कुर्वन् तथा नेत्रे निमीलयन् मुद्रयंश्च प्रवर्तते प्रसरति। अत्र स्पर्शो गुणः।। 11।।

द्रव्योदाहरणं दर्शयति–**कण्ठे इति**।। कण्ठे कण्ठदेशे कालः नीलः कण्ठे कालशब्दः अलुक्तत्पुरुषनिष्पन्नः। करस्थेन कपालेन स्निग्धताम्राभिः जटाभिरिति च विशेषणे तृतीया। इन्दुशेखरः चन्द्रचूडः वृषध्वज आविरासीदित्यन्वयः। अत्र वृषध्वजशब्दो द्रव्यवाचकः संज्ञाशब्दस्य द्रव्यवाचकत्वात् इति वृषध्वजगता-साधारणधर्मस्य कीर्तनात् द्रव्यगता स्वभावोक्तिरिति।। 12।।

स्वभावोक्तिमुपसंहरन्नाह–**जातीति**।। अत्र द्रव्यपदेन संज्ञावाचकचैत्र-मैत्रादीनां ग्रहणं न तु क्षित्यादेः तस्य जातिपदेन एव उपादानात्। जातिक्रियागुणद्रव्याणां स्वभावाख्यानं स्वभावोक्तिः ईदृशम् एवम्प्रकारम् अनयैव

शास्त्रेष्वस्यैव साम्राज्यं काव्येष्वप्येतदीप्सितम्।।13।।

यथा कथञ्चित् सादृश्यं यत्रोद्भूतं प्रतीयते।
उपमा नाम सा तस्याः प्रपञ्चोऽयं निदर्श्यते।।14।।

अम्भोरुहमिवाताम्रं मुग्धे! करतलं तव।

It (realistic expression) alone is supreme in the field of sciences (*śāstras*); and it is desired even in literature (*kāvyas*).

Where any kind of similarity is felt in anything that *alaṅkāra* is called smile (*upamā*). Its full scope is here illustrated.

"Innocent girl! the palm of your hand is red like the

रीत्या स्वभावो वर्णनीय इति भाव। अस्यैव अलङ्कारस्य शास्त्रेषु काव्यतन्त्रेषु साम्राज्यम् आधिपत्यं काव्यशास्त्रेषु अस्यैव बहुलप्रचार इत्यर्थः एतच्च काव्येषु ईप्सितं प्रियं कवीनामिति शेषः, कवयः स्वभावोक्तिमेव विशेषेण आद्रियन्ते इति भावः।। 13।।

उपमां निरूपयति—**यथेति**।। यत्र काव्यधर्मे यथाकथञ्चित् येन केनापि प्रकारेण उद्भूतं सादृश्यं प्रतीयते सा उपमा नाम, तथाच काव्यनिविष्टम-लौकिकचमत्कारजनकं सादृश्यमुपसेति तात्पर्यं चमत्कारित्वाद्भावे नायमलङ्कारः यथा गौरिव गवय इत्यादि। उक्तञ्च रसगङ्गाधरे, 'सादृश्यं सुन्दरं वाक्यार्थो-पस्कारकम् उपमालंकृतिरि'ति। व्याख्यातञ्च तत्रैव सुन्दरमिति सादृश्यविशेषणं सौन्दर्यचमत्कृत्याधायकत्वं चमत्कृतिश्च आनन्दविशेष इति। तस्याः प्रपञ्चः विस्तरः विविधभेदः अयं वक्ष्यमाणरूपः निदर्श्यते प्रदर्श्यते।। 14।।

धर्मोपमाख्यभेदमुदाहरति—**अम्भोरुहीमति**।। हे मुग्धे! तव करतलम् अम्भोरुहमिव कोकनदमिव आताम्रम् आलोहितम्। इति उक्तवाक्ये साक्षात्

इति धर्मोपमा साक्षात् तुल्यधर्मप्रदर्शनात्।।15।।
राजीवमिव ते वक्त्रं नेत्रे नीलोत्पले इव।
इयं प्रतीयमानैकधर्मा वस्तूपमैव सा।।16।।
तवाननमिवोन्निद्रमरविन्दमभूदिति ।
सा प्रसिद्धेर्विपर्यासात् विपर्यासोपमेष्यते।।17।।

---

lotus." This is exactly the simile of quality (*Dharmopamā*); for it plainly indicates the quality which is similar.

"Your face is like a lotus; (your) two eyes blue lilies." This is simile of object (*Vastūpama*); for the common quality is to be inferred (from the object compared with).

"The lotus bloomed like your face" is a transposed simile (*Viparyāsopama*); for, the well-known order is here reversed.

आताम्रमिति पदोपात्तस्य तुल्यधर्मस्य साधारणधर्मस्य आतम्रात्वस्य प्रदर्शनात् कीर्तनात् धर्मोपमा।। 15।।

वस्तूपमां लक्षयति—**राजीवमिति**।। ते तव वक्त्रं मुखं राजीवं पद्ममिव तथा नेत्रे नीलोत्पले इव। प्रतीयमानः गम्यमानः न तु अभिधीयमानः एकः सामान्यः धर्मः यस्यां सा तथाविधा इयम् अलंकृतिः वस्तूपमा इव वस्तुनारूपमानोपमेययोः एवोपादानात्। एवञ्च सामान्यधर्माप्रयोगेऽपि स्फुटमौपम्यप्रतीतौ एव इयमलंकृतिः न तु स्फुटप्रतीतौ इति बोद्धव्यम्।। 16।।

विपर्यासोपमां लक्षयति—**तवेति**।। उन्निद्रम् अरविन्दं तवाननमिव उन्निद्रं विकसितमभूत्। इत्यत्र प्रसिद्धेः विपर्यासात् वैपरीत्यात् सा प्रसिद्धा विपर्यासोपमा इष्यते कविभिरिति शेषः। तथाच प्रस्तुतानां मुखादीनाम् उपमेयत्वम् अप्रस्तुतानां चन्द्रादीनाम् उपमानत्वमेव प्रसिद्धिः। तां विहाय प्रस्तुतानां मुखादीनाम् अत्युत्कर्षप्रतिपादनाय उपमानत्वस्य चन्द्रादीनाञ्च उपमेयत्वस्य च कल्पनं विपर्यासोपमा इति बोद्धव्यम्। दर्पणकारस्तु इयं प्रतीपालङ्कार इत्याह। यथा,

तवाननमिवाम्भोजमम्भोजमिव ते मुखम्।
इत्यन्योन्योपमा सेयमन्योन्योत्कर्षशंसिनी।।18।।

त्वन्मुखं कमलेनैव तुल्यं नान्येन केनचित्।
इत्यन्यसाम्यव्यावृत्तेरियं सा नियमोपमा।।19।।

"Like your face is the lotus; like the lotus is your face." This is the simile of mutuality (*Annyonyopamā*) and it expresses the excellences each of the other.

"Your face is equalled only by the lotus and by nothing else." Thus is the simile of exclusive determination (*Niyamopamā*); for this excludes the similarity of other things.

'प्रसिद्धस्योपमानस्योपमेयत्वप्रकल्पनम्। निष्फलत्वाभिधानं वा प्रतीपमिति कथ्यते'।। इति। उदाहृतञ्च तेनैव, यत्त्वन्नेत्रसमानकान्ति सलिले मग्नं तदिन्दीवरं मेघैरन्तरितः प्रिये! तव मुखच्छायानुकारी शशी। सेऽपि त्वद्गमनानुकारिगतयस्ते राजहंसा गतास्त्वत्सादृश्यविनोदमात्रमपि मे दैवेन न क्षम्यते।। 17।।

अन्योन्योपमां निरूपयति–तवेति।। अम्भोजं तव आननमिव ते मुखम् अम्भोजमिव। इत्यत्र अन्योन्यस्य परस्परस्य अम्भोजोपमानत्वेन मुख्यस्य मुखोपमानत्वेन अम्भोजस्य इत्यर्थः य उत्कर्षः वैचित्र्यं तस्यं शंसिनी सूचयित्री सा प्रसिद्धा इयम् अन्योन्योपमा, एतेन पर्यायेण उपमानोपमेयभावस्य एव एतत् अलङ्कारविषयत्वमवधेयं तस्यैव वैचित्र्यजनकत्वात् मुखमम्भोजञ्च तुल्यमित्यादौ तथाप्रतीतौ अपि वैचित्र्याभावात् न अयमलङ्कारः। दर्पणकारस्तु एतामेव उपमेयोपमामाह–यथा, 'पर्यायेण द्वयोरेतत् उपमेयोपमा मता'इति।। 18।।

नियमोपमां लक्षयति–त्वदिति।। त्वन्मुखं कमलेन एव तुल्यम् अन्येन केनापि नेति अत्र अन्यस्य साम्यं सादृश्यं तस्य व्यावृत्तिः निरासः तस्याः हेतोः इयं सा प्रसिद्धा नियमोपमा, उपमानबाहुल्यम् उपमेयस्यापकर्षं गमयति तद्व्यावृत्त्या एकेन प्रकृष्टतमेन सादृश्यकल्पनात् उत्कर्षातिशयः समधिकवैचित्र्यम् आवहतीति ध्येयम्।। 19।।

पद्मं तावत् तवान्वेति मुखमन्यच्च तादृशम्।
अस्ति चेदस्तु तत्कारीत्यसावनियमोपमा।।20।।
समुच्चयोपमाप्यस्ति न कान्त्यैव मुखं तव।
ह्लादनाख्येन चान्वेति कर्मणेन्दुमितीदृशी।।21।।
त्वय्येव त्वन्मुखं दृष्टं दृश्यते दिवि चन्द्रमाः।

"The lotus, it imitates your face; it another similar face there be, it also does likewise." This is the simile of indetermination (*Aniyamopamā*).

There is what is called *Samuccayopamā,* (the multiple simile) such is "Your face emulates the moon not merely by its splendour but also by its work of causing delight."

This is (an example of) the Hyperbolic simile (*Atiśayopamā*)! "Your face is seen only in you; the moon is

---

अनियमोपमां निरूपयति—**पद्ममिति**।। पद्मं तावत् तव मुखम् अन्वेति अनुकरोति, अन्यच्च तादृशं पद्मवत् सुन्दरं वस्तु चन्द्रादि तत्कारि तव मुखानुकारि अस्ति चेत् अस्तु। इत्यत्र असौ अनियमोपमा पद्मस्य तदन्यस्य च यस्य कस्यचित् अपि उपमेयत्वकल्पनात् कल्पनायाश्च नियमाभावात् इति।। 20।।

समुच्चयोपमामाह—**समुच्चय इति**।। तव मुखं कान्त्यैव केवलया कान्त्या न, ह्लादनाख्येन प्रह्लादनजनकेन कर्मणा च चकारः समुच्चयद्योतकः, इन्दुं चन्द्रम् अन्वेति अनुगच्छति अनुकरोतीत्यर्थः। इति ईदृशी एवम्प्रकारः समुच्चयोपमा अपि अस्ति, ईदृशीत्यनेन केवलगुणकेवलक्रियासमुच्चये वा साधारणसमुच्चयेऽपि वा अयमलङ्कारो बोद्धव्यः।। 21।।

अतिशयोपमां निरूपयति—**त्वयीति**।। तव मुखं त्वयि एव दृष्ट, चन्द्रमाः दिवि आकाशे दृश्यते, इयती आश्रयनिबन्धना एव भिदा प्रभेदः मुखचन्द्रमसोरिति शेषः, न अन्या न गुणक्रियादिकृता इति भावः, असौ अतिशयोपमा, भिन्नाश्रयत्वेन

इयत्येव भिदा नान्येत्यसावतिशयोपमा ।।22।।

मय्येवास्या मुखश्रीरित्यलमिन्दोर्विकत्थनैः ।
पद्मेऽपि सा यदस्त्येवेत्यसावुत्प्रेक्षितोपमा ।।23।।

यदि किञ्चित् भवेत् पद्मं सुभ्रु! विभ्रान्तलोचनम् ।
तत् ते मुखश्रियं धत्तामित्यसावद्भुतोपमा ।।24।।

---

seen in the sky. This is the only difference and there is no other (difference)."

This is (an example of) the simile of conceit (*Utprekṣopamā*)! "Enough of the vaunts of the moon; in me alone is the splendour of her face; for that (splendour) is (seen) certainly even in the lotus."

This is (an example of) the simile of wonder; (*Adbhutopamā*) 'Lady with beautiful eyelashes! If the lotus

---

औपम्यस्य सातिशयचमत्कारित्वात् । अत्र साम्यमिव आदिशब्दाप्रयोगात् व्यङ्ग्यं न च अत्र रूपकध्वनिः, आश्रयभेदेन अभेदप्रतीतेरभावादिति ध्येयम् ।। 22 ।।

उत्प्रेक्षितोपमां लक्षयति–**मयीति** ।। अस्या मुखश्रीः मुखकान्तिः मुखसदृशकान्तिरित्यर्थः मयि एव न अन्यत्र, इन्दोः चन्द्रस्य इति एवं विकत्थनैः आत्मश्लाघनैः अलं, यत् यस्मात् सा कान्तिः पद्मेऽपि अस्ति पद्ममपि तत्सदृशकान्तीत्यर्थः असौ उत्प्रेक्षितोपमा, इन्दौ आत्मश्लाघाया अतात्त्विकत्वेन नायकस्य चाटूक्त्या तथा सम्भावितत्वात् सम्भावनायाश्च उत्प्रेक्षात्वात् इति । साम्यञ्च अत्र व्यङ्ग्यम् ।। 23 ।।

अद्भुतोपमामाह–**यदीति** ।। हे सुभ्रु ! यदि पद्मं विभ्रान्तलोचनं विघूर्णितनयनं भवेत्, तत् तदा ते तव मुखश्रियं वदनकान्तिं धत्तां धारयतु । इत्यत्र असौ अद्भुतोपमा, यद्यर्थवलेन सादृश्यस्य समधिकचमत्कारद्योतनात् उक्तञ्च 'यत्रोपमेयधर्माः स्युरुपमानेऽधिरोपिताः । चमत्कारविधानार्थं तामाहुरद्भुतोपमाम्' ।। इति ।

शशीत्युत्प्रेक्ष्य तन्वङ्गि! त्वन्मुखं त्वन्मुखाशया।
इन्दुमप्यनुधावामीत्येषा मोहोपमा स्मृता॥25॥
किं पद्ममन्तर्भ्रान्तालि किं ते लोलेक्षणं मुखम्?।
मम दोलायते चित्तमितीयं संशयोपमा॥26॥

---

has somewhat of (your) rolling eyes, then it will have the splendour of your face."

"O lady of slender limbs! Fancying your face to be the moon and eager to reach your face, I ran even after the moon."—This is considered to be (an example) of the simile of delusion (*Mohopamā*).

"Which is the lotus with bees rolling inside? Which is your face with the rolling eyes? My mind is extremely wavering between the two." This is (an example of) the simile of doubt (*Saṁśayopamā*).

प्रकाशकारस्तु एनामतिशयोक्तिमाह—यथा, 'निगीर्याध्यवसानन्तु प्रकृतस्य परेण यत्। प्रस्तुतस्य यदन्यत्वं यद्यर्थोक्तौ च कल्पनम्'॥ इति। उदाहृतञ्च विश्वनाथेन यथा, यदि स्यान्मण्डले सक्तमिन्दोरिन्दीवरद्वयम्। तदोपमीयते तस्या वदनं चारुलोचनम्'॥24॥

मोहोपमां निरूप्यति—**शशीति**॥ हे तन्वङ्गि कृशाङ्गि! तव तव मुखं शशीति उत्प्रेक्ष्य सम्भाव्य भ्रान्त्या अभिन्नं बुध्वा इत्यर्थः तव मुखाशया वदनस्पृहया इन्दुमपि अनुधावामि। इत्यत्र मोहोपमा स्मृता कविभिरिति शेषः मोहेन इन्दोर्मुखत्वेन ज्ञानात्। तथोचोक्तं, 'प्रतियोगिनमारोप्य तदभेदेन कीर्तनम्। उपमेयस्य यन्मोहोपमासौ भ्रान्तिमद्वचः'। इति। दर्पणकारस्तु एनां भ्रान्ति मदलङ्कारमाह—यथा, 'साम्यादतस्मिंस्तद्बुद्धिर्भ्रान्तिमान् प्रतिमोत्थितः' इति। साम्यञ्चात्र व्यङ्ग्यम्॥25॥

संशयोपमां निरूपयति—**किमिति**॥ अन्तर्भ्रान्ते अली यस्य तत् पद्मं किम्? ते तव लोले चञ्चले ईक्षणे नेत्रे यस्मिन् तत् मुखं किम्? मम चित्तम् इति इत्थं

न पद्मस्येन्दुनिग्राह्यस्येन्दुलज्जाकरी द्युतिः।
अतस्त्वन्मुखमेवेदमित्यसौ निर्णयोपमा।।27।।
शिशिरांशुप्रतिस्पर्धि श्रीमत् सुरभिगन्धि च।
अम्भोजमिव ते वक्त्रमिति श्लेषोपमा स्मृता।।28।।

This is (an example of) the simile of certainty; (*Nirṇayopamā*). "The splendour which puts the moon to shame is not in the lotus which is afraid of the moon; therefore, this is certainly your face."

"Your face is like the lotus, excelling the moon (in being opposed to the moon) and having splendour (having the goddess Śrī) and emitting a fragrant smell (fragrant with pollen)"—This is considered as (an example of) the paronomasiac simile (*Śleṣopamā*).

दोलायते संशेते। इयं संशयोपमा संशयस्य औपम्यपर्यवसायित्वात्। दर्पणकारस्तु एनां सन्देहालङ्कारमाह—**यथा**, 'सन्देहः प्रकृतेऽन्यस्य संशयः प्रतिभोत्थित' इति। अत्रापि साम्यं व्यञ्जनया गम्यते।। 26।।

निर्णयोपमां निरूपयति—**नेति**।। इन्दुना निग्राह्यस्य निगृहीतस्य तिरस्कृतस्य इत्यर्थः पद्मस्य द्युतिः इन्दुलज्जाकरी न पराजितस्य पराजेतृलज्जाजनकत्वादिति भावः। अतः इदं तव मुखमेव न पद्मं तव मुखस्यैव इन्दुपराजेतृत्वात् इति भावः। असौ निर्णयोपमा निर्णयेन उपमानोपमेययोः सादृश्यावगमात्। मुखं वा पद्मं वा इत्यादिसंशयात् पर निश्चयज्ञान एवायमलङ्कारो बोद्धव्यः। उक्तञ्च, 'उपमेयस्यं 'उपमेयस्य संशय्य निश्चयान्निश्चयोपमा' इति।। 27।।

श्लेषोपमां निरूपयति—**शिशिरेति**।। ते वक्त्रं वदनम् अम्भोजमिव शिशिरांशुप्रतिस्पर्धि शिशिरांशुः चन्द्रः प्रतिस्पर्धी विरोधी यस्य तत् श्रीमत् सुश्रीकं तथा सुरभिगन्धि च विशेषणत्रयम् उभयत्र समानम्। अथवा वक्त्रपक्षे शिशिरांशुप्रतिस्पर्धिनी या श्रीः शोभा तद्वत्। इत्यत्र श्लेषोपमा स्मृता कविभिरिति शेषः' श्लेषेण उपमानोपमेयगततत्तत्साधर्म्यस्य द्योतनात् श्लेषश्च अत्र अर्धश्लेष एव समानोपमायाः शब्दश्लेषविषयत्वादिति।। 28।।

सरूपशब्दवाच्यत्वात् सा समानोपमा यथा।
बालेवोद्यानमालेयं सालकाननशोभिनी।।29।।
पद्मं बहुरजश्चन्द्रः क्षयी ताभ्यां तवाननम्।
समानमपि सोत्सेकमिति निन्दोपमा स्मृता।।30।।

The simile of exactness (*Samānopamā*) is where the same collocation of letters is applicable (to both the objects). Such is :—

"This girl is like a circle of groves *which we attractive with plantations of Śāla trees* (who is attractive with her face and dark tresses of hair).

"The lotus is full of many faults (pollens). The moon is consumptive (wanes); although your face is similar to them, yet it is proud (of its freedom from faults)." This is considered *Nindopamā* (or the simile involving contempt).

समानोपमां लक्षयति—**सरूपेति**।। सरूपशब्दैः समानरूपैः श्लेषात् भिन्नैरपि अभिन्नवत् प्रतीयमानैः शब्दैः वाच्यत्वात् साधर्म्यस्य प्रतिपाद्यत्वात् सा प्रसिद्धा समानोपमा, यथाशब्दः उदाहरणप्रदर्शनार्थः। इयम् उद्यानमाला उपवनराजिः बाला कामिनीव सालकाननशोभिनी सालानां वृक्षभेदानां काननेन वनेन समूहेन इत्यर्थः शोभते इति तथोक्ता, अन्यत्र सालकम् अलकालंकृतं यत् आननं तेन शोभते इति अत्र साधारणधर्मस्य सालकाननशोभित्वस्य शब्दश्लेषेण द्योतनात् शब्दश्लेषमूलैवेयं दोषगुणालंकाराणां शब्दार्थगतत्वव्यवस्थितेः शब्द-परिवृत्तिसहत्वासहत्वमेव मूलम् अत्र सालकाननेत्यत्र सर्जकाननेति परिवृत्तौ न श्लेषः, पूर्वत्र शिशिरांशु इत्यत्र शीतगु इति परिवृत्तावपि न क्षतिरिति सुधीभिर्भाव्यम्।। 29 ।।

निन्दोपमां लक्षयति—**पद्ममिति**।। पद्मं बहुरजः परागपूर्णं रजोगुणबहुलश्च, चन्द्रश्च क्षयी क्षयरोगी, पक्षान्तरे क्षयशीलश्च, अतः आननं समानमपि साधर्म्यान्तरेण तुल्यमपि ताभ्यामिति शेषः सोत्सेकं समधिकोत्कर्षशालि। इत्यत्र निन्दोपमा

ब्रह्मणोऽप्युद्भवः पद्मश्चन्द्रः शम्भुशिरोधृतः।
तौ तुल्यौ त्वन्मुखेनेति सा प्रशंसोपमोच्यते।।31।।

चन्द्रेण त्वन्मुखं तुल्यमित्याचिख्यासु मे मनः।
स गुणो वास्तु दोषो वेत्याचिख्यासोपमां विदुः।।32।।

"The lotus is the birth-place of Brahmā; the moon is worn on the head by Śambhu. They two are (however only) equal to your face"—this is known as *Praśaṁsopamā* (or the simile involving praise).

"My mind is desirous of saying 'Your face equals the moon; be it praise or blame'." This they consider is *Acikhyāsopamā* (or the simile involving a desire to express).

स्मृता, उपमाननिन्दया साम्यस्य कीर्तनात्। साम्यमात्रपर्यवसायित्वादस्य व्यतिरेकात् भेदः व्यतिरेके तु भेद एव पर्यवसानमिति बोध्यम्।। 30।।

प्रशंसोपमां निरूपयति—**ब्रह्मण इति**।। पद्मः ब्रह्मणोऽपि उद्भवः उत्पत्तिस्थानं नारायणस्य नाभिकमलजातत्वात्, तथा चन्द्रः शम्भुशिरोधृतः तौ पद्मचन्द्रौ त्वन्मुखेन तुल्यौ इति पद्मचन्द्रयोः प्रशंसितयोरपि त्वन्मुखसादृश्येन प्रशंसातिशयात् मुखस्य च समधिकोत्कर्षव्यञ्जनात् प्रशंसोपमा उच्यते। अत्र मुखस्य उपमेयत्व-प्रसिद्धावपि, उपमानत्वकल्पनात् प्रतीपालङ्कारोऽपि। यदुक्तं, 'प्रसिद्धस्योपमान-स्योपमेयत्वप्रकल्पनम्। निष्फलत्वाभिधानं वा प्रतीपमिति कथ्यते'।। इत्यनयोः सङ्करः। स्वमते विपर्यासोपमा च मुखस्योपमानतया प्रसिद्धोपमेयखण्डनादिति तयोः सङ्कर इति, पद्म इति पुंस्त्वनिर्देशेन अप्रयुक्ततादोषश्चेति बोध्यम्।। 31।।

आचिख्यासोपमां लक्षयति—**चन्द्रेणेति**।। त्वन्मुखं चन्द्रेण तुल्यम् इति आचिख्यासु आख्यातुमिच्छु मे मनः। स आख्यानाभिलाषः गुणो वा दोषो वा अस्तु इत्यत्र आचिख्यासोपमां विदुः। आख्यानकामनाविषयत्वेन मुखस्य चन्द्रेण उपमितत्वेऽपि गुणो वा दोषो वा इति कथनम् अधिकचमत्कारित्वं द्योतयतीति बोध्यम्।। 32।।

शतपत्रं शरच्चन्द्रस्त्वदाननमिति त्रयम्।
परस्परविरोधीति सा विरोधोपमा मता।।33।।

न जातु शक्तिरिन्दोस्ते मुखेन प्रतिगर्जितुम्।
कलङ्किनो जडस्येति प्रतिषेधोपमैव सा।।34।।

मृगेक्षणाङ्कं ते वक्त्रं मृगेणैवाङ्कितः शशी।

"The lotus the autumnal moon and your face,—these are mutually opposed to one another". This is considered *Virodhopamā* (or the simile involving opposition).

"The moon has never the power to compete with your face; because of its faults (spots) and its being insensible (of its being inert matter),—this is certainly *Pratiṣedhopamā* (or an example of the simile involving exclusion).

Your face is marked by the eyes of the deer; the moon is marked by the deer itself; Even so, this (moon) is only

---

विरोधोपमां निरूपयति–**शतपत्रमिति**।। शतपत्रं पद्मं शरच्चन्द्रः शारदीयचन्द्रः तव आननञ्च एतत् त्रयं परस्परविरोधि अन्योन्यस्पर्धि शतपत्रे शोभिते चन्द्रस्य मालिन्यं चन्द्रे च शोभिते शतपत्रस्य मालिन्यं प्रसिद्धं तवानने शोभिते च द्वयोरेव मालिन्यं स्यादिति वाग्वैचित्र्यशालिनी। सा प्रसिद्धा विरोधोपमा।। 33।।

प्रतिषेधोपमामाह–**नेति**।। इन्दोः चन्द्रस्य ते तव मुखेन जातु कदाचित् प्रतिगर्जितुं प्रतिस्पर्धितुं सदृशीभवितुम् इत्यर्थः। शक्तिः सामर्थ्यं नास्ति, यतः कलङ्किनः तथा जडस्य, इत्यत्र प्रतिषेधोपमा सादृश्यप्रतिषेधेन अधिकवैचित्र्य-प्रकटनात् निन्दोपमायां निन्दया, इह तु प्रतिषेधेन इत्यनयोर्भेदः।। 34।।

चटूपमां निरूपयति–**मृगेक्षणेति**।। ते वक्त्रं मृगस्य ईक्षणाभ्याम् अवयवविशेषाभ्याम् अङ्कं चिह्नितं, शशी तु मृगेण सर्वावयवसम्पन्नेनेति भावः।

तथापि सम एवासौ नोत्कर्षीति चटूपमा।।35।।
न पद्मं मुखमेवेदं न भृङ्गौ चक्षुषी इमे।
इति विस्पष्टसादृश्यात् तत्त्वाख्यानोपमैव सा।।36।।
चन्द्रारविन्दयोः कान्तिमतिक्रम्य मुखं तव।
आत्मनैवाभवत्तुल्यमित्यसाधारणोपमा ।।37।।

---

equal (to your face) and not surpassing it." This is *caṭupamā* (or the simile involving witty expression).

"This is not a lotus, but really a face; these two are not bees but eyes." This is certainly (an example of) *Tattvakhyānopamā* (or the simile of truthful expression, because of the similarity being expressed.)

"Your face transcending the regions of the moon and of the lotus was equalled only by itself." This is *asādhāraṇopamā* (or the simile of transcendence.)

अङ्कितः। तथापि अधिकसामग्रीसत्त्वेऽपि असौ सम एव तव मुखेनेति शेषः न उत्कर्षी नाधिकवैचित्र्यजनकः। इत्यत्र चटुः प्रियोक्तिः तद्घटितत्वात् चटूपमा अत्र सत्यपि उत्कर्षकारणे न उत्कर्ष इति प्रतिपादनात् विशेषोक्तिः। तदुक्तं दर्पणकारेण, 'सति हेतौ फलाभावो विशेषोक्तिस्तथा द्विधा' इति तन्मूला च। इयं समधिकवैचित्र्यं द्योतयति नान्यथा, सर्वत्रैवोपमाभेदेषु चाटूक्तिसद्भावादिति ध्येयम्।। 35।।

तत्त्वाख्यानोपमां लक्षयति–**नेति**।। इदं पद्मं न मुखमेव भृङ्गौ भ्रमरौ न इमे चक्षुषी नेत्रे, इत्थं विशेषेण सादृश्यस्य स्पष्टत्वात् सुव्यक्तत्वात् सा प्रसिद्धा तत्त्वाख्यानोपमा इयमिति शेषः भ्रमनिरासेन तत्त्वस्य आख्यानात् निर्णयोपमायां तत्त्वाख्यानस्य संशयपूर्वकत्वं इह तु भ्रान्तिपूर्वकत्वं इत्यनयोर्भेदः।। 36।।

असाधारणोपमां लक्षयति–**चन्द्रेति**।। तव मुखं चन्द्रारविन्दयोः कान्तिं शोभाम् अतिक्रम्य आत्मनैव तुल्यम् अभवत् इति असाधरणोपमा, चन्द्रपद्मयोः

सर्वपद्मप्रभासारः समाहृत इव क्वचित्।
त्वदाननं विभातीति तामभूतोपमां विदुः।।38।।
चन्द्रबिम्बादिव विषं चन्दनादिव पावकः।
परुषा वागितो वक्त्रादित्यसम्भावितोपमा।।39।।

"Your face shines as if in a certain place us focussed the splendour of all the lotuses." They, consider this *Adbhūtopamā* (or the simile involving impossibility).

"Like poison (issuing) from the moon's disc like lotuses issuing from sandalwood tree, from this face issues harsh language". This is *asambhāvitopamā* (or the simile involving statements contrary to Nature).

कान्त्यतिक्रमेण प्रकृतस्य मुखस्य आत्मनैव साम्यकीर्तनेन च औपम्यस्य असाधारणत्वात्। दर्पणकारस्तु एनामनन्वयाख्यमलङ्कारमाह। यथा, 'उपमानो-पमेयत्वमेकस्यैव त्वनत्वयः, इति। एवञ्च द्वयोः साम्यमुपमा न तु एकस्य इति बोद्धव्यम्।। 37।।

अभूतोपमां निरूपयति–**सर्वेति**।। त्वदाननं क्वचित् सर्वेषां पद्मानां प्रभासारः कान्तिपुञ्जः समाहृत इव विभाति, इत्यत्र ताम् अभूतोपमां विदुः, प्रभासारसमाहरणस्य तत्त्वतः अभूतत्वात् सम्भावनया औपम्यस्य कीर्तनाच्च। दर्पणकारस्तु इमाम् उत्प्रेक्षालङ्कारमाह–यथा, 'भवेत् सम्भावनोत्प्रेक्षा प्रकृतस्य परात्मना' इति। प्रापञ्चस्तु प्रकृते अप्रकृतस्य धर्मिणः सम्भावनमुत्प्रेक्षां, इह तु धर्मस्य सम्भावनया द्वयोः साम्यमित्यनयोः भेदः।। 38।।

असम्भावितोपमां निरूपयति–**चन्द्रेति**।। इतः अस्मात् वक्त्रात् परुषा वाक् चन्द्रबिम्बात् विषमिव, चन्दनात् पावक इव, इति अत्र उपमाभ्यां विष-पावकनिःसरणमिव वदनात् परुषवाङ्निःसरणस्य असम्भावितत्वात् असम्भावितोपमा।। 39।।

चन्दनोदकचन्द्रांशुचन्द्रकान्तादिशीतलः ।
स्पर्शस्तवेत्यतिशयं बोधयन्ती बहूपमा ।।40।।

चन्द्रबिम्बादिवोत्कीर्णं पद्मगर्भादिवोद्धृतम् ।
तव तन्वङ्गि! वदनमित्यसौ विक्रियोपमा ।।41।।

"The touch of your body has the coolness of sandal, of water, of the lunar ray, of the moonstone and the rest". This is *bahūpamā* (or the multiple simile) suggesting (as it does) the super-excellence (of the object).

"O Lady of slender limbs! your face is as it were piled up or as it were drawn out from the core of the lotus." This is *vikriyopamā* (or the simile of alteration from Nature).

बहूपमां लक्षयति–**चन्दनेति** ।। तव स्पर्शः चन्दनवत् उदकवत् चन्द्रांशुवत् चन्द्रकान्तवत् आदिपदेन एंवविधपदार्थवत् शीतल इति अतिशयम् अधिकशैत्यम् अधिकवैचित्र्यं वा बीधयन्ती द्योतयन्ती बहूपमा। एकस्य उपमानबाहुल्यकीर्तनात् बहुपदेन। द्वयोरप्युपमानयोः सद्भावे न इयमुपमा वैचित्र्याणाम् अबाहुल्यात् इति बोध्यम्। दर्पणकारस्तु इमां मालोपमामाह–यथा, 'मालोपमा यदेकस्योपमानं बहु दृश्यते' इति।। 40।।

विक्रियोपमां लक्षयति–**चन्द्रेति** ।। हे तन्वङ्गि। तव वदनं चन्द्रबिम्बात् उतकीर्णमिव, अथवा पद्मगर्भात् उद्धृतमिव इति अत्र चन्द्रबिम्बपद्मगर्भौ प्रकृतीभूतौ वदनस्य प्रस्तुतस्य ताभ्याम् उत्कीर्णत्वात् उद्धृतत्वात् वा विकृतिभाव प्रतिपादनात् विक्रियोपमा। उक्तञ्च, 'उपमेयस्य यत्र स्यादुपमानविकारता। प्रकृतेर्विकृतेः साम्यात् तामाहुर्विक्रियोपमाम्।। इति। अत्र च उत्कीर्णत्वोद्धृतत्वयोः धर्मयोः उत्प्रेक्षणात् धर्मिणोश्च साम्यप्रतीतेरुपमैव न तु उत्प्रेक्षा तस्याः धर्मिगतत्वेन कीर्तनात् इति बोध्यम्।। 41।।

पूष्ण्यातप इवाह्नीव पूषा व्योम्नीव वासरः।
विक्रमस्त्वय्यधाल्लक्ष्मीमिति मालोपमा मता।।42।।

वाक्यार्थेनैव वाक्यार्थः कोऽपि यद्युपमीयते।
एकानेकेवशब्दत्वात् सा वाक्यार्थोपमा द्विधा।।43।।

त्वदाननमधीराक्षमाविर्दशनदीधिति ।

"Victory has bestowed grace on you, as the rays on the sun, the sun on the day, and the day on the sky." This is considered *Mālopamā* (or the simile in series).

Where a certain thing is compared by the meaning of one sentence being compared with the meaning of another sentence, then it is *vākyārthopamā* into two forms according as the word *Eva* occurs once only or often.

"Your face, with the tender eyes and displaying shining

मालोपमां निरूपयति–**पूष्णीति**।। पूष्णि सूर्ये आतप इव, अह्नि दिवसे पूषा सूर्यं इव, ज्योम्नि आकाशे वासरः दिवसः इव विक्रमः त्वयि लक्ष्मीं अधात्। इत्यत्र मालायां यथा एकेन पुष्पेण अपरस्य पुष्पस्य योगः, तथा उपमानानां। परस्परसम्बन्धात् मालोपमा, एवंविधवैचित्र्ये एव अस्याः सत्त्वात्, बहूपमायाश्च केवलमुपमानबाहुल्यात् अनयोर्भेदः।। 42।।

वाक्यार्थोपमां लक्षयति–**वाक्यार्थेनेति**।। वाक्यं पदसमुदायः तस्यार्थः वाक्यार्थः तेन कोऽपि अपरो वाक्यार्थः यदि अनुमीयते सा वाक्यार्थोपमा-वाक्यार्थयोरुपमानोपमेयत्व कीर्तनात्, सा द्विधा एकानेकेवशब्दत्वात् क्वचिदकेव-शब्दघटिता, क्वचिच्च अनेकेवशब्दघटिता इति।। 43।।

एकेवशब्दां वाक्यार्थोपमामुदाहरति–**त्वदिति**।। अधीरे चञ्चले अक्षिणी यत्र तत्, आविर्भवन्त्यः दशनानां दीधितयो यत्र तादृशं तव आननं भ्रमन्तरौ भृङ्गौ

भ्रमद्भृङ्गमिवालक्ष्यकेसरं भाति पङ्कजम्।।44।।

नलिन्या इव तन्वङ्ग्यास्तस्याः पद्ममिवाननम्।
मया मधुव्रतेनेव पायं पायमरम्यत।।45।।

वस्तु किञ्चिदुपन्यस्य न्यसनात् तत्सधर्मणः।
साम्यप्रतीतिरस्तीति प्रतिवस्तूपमा यथा।।46।।

---

brilliance of teeth, shines like a lotus flower which displays (shining) filaments and wherein bees hover."

"I, like a honey-bee again and again enjoy the face, which resembled a lotus, of the lady of the slender limbs, who was like a lotus pond."

Having made in regard to one thing a statement, expressing the similarity in another thing which has the same quality so that there is a recognition of the similarity between the two is *Prativastūpamā* (or the simile stating the object compared), for example :—

यत्र तत् तथा आलक्ष्या ईषल्लक्ष्याः केसराः किञ्जल्काः यस्य तादृशं पङ्कजमिव भाति। अत्र पूर्वार्धवाक्यं परार्धेन एकेवशब्दघटितेन उपमीयते।। 44।।

अनेकेवशब्दामुदाहरति—**नलिन्या इति**।। नलिन्या इव तस्याः तन्वङ्ग्याः पद्ममिव आननं मधुव्रतेनेव मया पायं पायं पुनः पुनः पीत्वा अरम्यत। अत्र नलिन्या पद्ममिव इति वाक्येन तन्वङ्ग्या आननमिवेति वाक्यार्थस्य उपमितत्वात् अनेकेवशब्दघटितत्वाच्च अनेकेवशब्दा वाक्यार्थोपमा इति बोध्यम्।। 45।।

प्रतिवस्तूपमां निरूपयति—**वस्त्विति**।। किञ्चित् वस्तु किमपि प्रकृतम् उपन्यस्य तस्य सधर्मणः समानधर्मस्य कस्यचित् अप्रकृतस्य न्यसनात् प्रकृतस्य समर्थनाय उपादानात् साम्प्रतीतिः सादृश्यबोधो भवति इति इत्थं या साम्यप्रतीतिः प्रतिवस्तूपमा इत्यन्वयः। दर्पणकारस्तु इमाम् अलङ्कारान्तरमाह—यथा, 'प्रतिवस्तूपमा सा स्यात् वाक्ययोर्गम्यसाम्ययोः। एकोऽपि धर्म सामान्यो यत्र निर्दिश्यते पृथक्'।। इति। यथेति वक्ष्यमाणोदाहरणप्रदर्शनार्थम्।। 46।।

नैकोऽपि त्वादृशोऽधापि जायमानेषु राजसु।
ननु द्वितीयो नास्त्येव पारिजातस्य पादपः।।47।।
अधिकेन समीकृत्य हीनमेकक्रियाविधौ।
यत् ब्रुवन्ति स्मृता सेयं तुल्ययोगोपमा यथा।।48।।

"Not even one among the kings that are taking birth now is like you; certainly there is no second thing comparable with the *pārijāta* tree."

What they (the poets) say, making an inferior thing equal to a superior thing in the performance of the same act, is considered *Tulyayogopamā* (or the simile of equalising); which is as follows :—

उदारहणं दर्शयति—**नेति**।। जायमानेषु राजसु मध्ये अद्यापि त्वादृशः तव सदृशः एकोऽपि नास्ति, ननु भोः पारिजातस्य पादपः वृक्षः द्वितीयो नास्त्येव। अत्र सदृशो नास्ति द्वितीयो नास्तीति साधारणधर्म एव पुनरुक्तिभिया शब्दान्तरेण उपन्यस्तः, साम्यञ्चात्र गम्यमिति दर्पणकारेण अस्या वैधर्म्येणापि उदाहरणं दर्शितम्। यथा, 'चकोर्य एव चतुराश्चन्द्रिकापानकर्मणि। विनावन्तीर्न निपुणाः सुदृशो रतनर्मणि'।। अत्र चातुर्यनैपुण्याभ्यामपि वाक्यद्वयस्य साम्प्रतीतिरस्तीति बोध्यम्।। 47।।

तुल्ययोगोपमां लक्षयति—**अधिकेनेति**।। एकक्रियाविधौ एकजातीय-क्रियाविधाने हीनं न्यूनं वस्तु अधिकेन अधिकगुणेन समीकृत्य यत् ब्रुवन्ति सा इयं तुल्ययोगोपमा क्रियायामधिकहीनगुणयोः समीकरणादित्यर्थः। तथाच एक जातीयक्रियया प्रस्तुताप्रस्तुतयोः साम्यकीर्तनं तुल्ययोगोपमा इति लक्षणम्। यथेति उदाहरणप्रदर्शनार्थम्।। 48।।

दिवो जागर्ति रक्षायै पुलोमारिर्भवान् भुवः।
असुरास्तेन हन्यन्ते सावलेपास्त्वया नृपाः।।49।।
कान्त्या चन्द्रमसं धाम्ना सूर्यं धैर्येण चार्णवम्।
राजन्ननुकरोषीति सैषा हेतूपमा मता।।50।।
त लिङ्गवचने भिन्ने न हीनाधिकतापि वा।

"Indra (the enemy of Puloma) is alert for the sake of protecting Heaven; and you for (the sake of protecting) the Earth; by him Asuras are killed; by you the turbulent king."

O, prince, you emulate by your splendour the moon; by your glory the sun; by your Majesty the ocean"—such a thing is considered *hetūpamā* (or the simile involving a statement of the reasons).

Where wise men are not displeased thereby, difference in *liṅga* (or gender) or *vacana* (or number) or inferiority or

---

तुल्ययोगोपमामाह—**दिव इति**।। पुलोमारिः इन्द्रः दिवः स्वर्गस्य रक्षायै, भवान् भुवः पृथिव्याः रक्षायै जागर्ति, तेन इन्द्रेण असुराः हन्यन्ते, त्वया सखलेपाः गर्वितः नृपाः हन्यन्ते। अत्र हीनस्य प्रस्तुतस्य राज्ञः गुणाधिकेन इन्द्रेण एकजातीयक्रियाकरणेन समीकरणात् तुल्ययोगोपमा इति।। 49।।

हेतूपमां उदाहरति—**कान्त्येति**।। सुगभम्। अत्र राज्ञः चन्द्रादिभिः सादृश्यस्य कान्त्यादिहेतुकत्वात् एषा हेतूपमा इति।। 50।।

इत्थमुपमां तद्भेदांश्च निरूप्य प्रसङ्गतस्तद्गतान् दोषान् विवक्षुः तेषाञ्च कदाचित् अदूषकत्वमाह—**नेति**।। यत्र धीमतां सामाजिकानाम् उद्वेगः प्रतीतिविघात, न भवसि तादृशे भिन्ने पृथग्भूते लिङ्गवचने तथा हीनाधिकता हीनपदत्वम् अधिकपदत्वं वा उपमादोषाय न अलं न प्रभवन्तीत्यर्थः। दोषाश्च प्राचीनैरुक्तः। यथा 'हीनाधिकत्वं वचनलिङ्गभेदो विपर्ययः। असादृश्यासम्भवौ च दोषाः सप्तोपमागता' इति। हीनाधिकता च उपमानस्य उपमेयापेक्षया इति बोध्यम्।

उपमादूषणायालं यत्रोद्वेगो न धीमताम्।।41।।

स्त्रीव गच्छति षण्डोऽयं वक्तयेषा स्त्री पुमानिव।
प्राणा इव प्रियोऽयं मे विद्या धनमिवार्जिता।।52।।

---

superiority (in the comparison) is not sufficient for the condemnation of a simile.

"This eunuch walks like a woman; this woman talks like a man; this person is dear to me like my vital breaths; learning has been acquired by me as if it were wealth."

लिङ्गवचनव्यत्यासे साधर्म्यस्य उभयान्वयाभावेन साम्यस्य साम्यप्रतीतिः, हीनतायाम् उपमानस्य अपकृष्टत्ववबोधात् प्रस्तुतस्य उपमेयस्य अनुत्कर्षः, अधिकपदत्वे च उपमेयस्य निकृष्टत्वप्रतीतिरेतदेव दोषकारणं, यत्र तु एतानि कारणानि न सन्ति तत्र एतेषां न दोषावहत्वमिति भावः। केचित् तु कालपुरुष-विध्यादिभेदानपि उपमादोषानाहुः उदाहरन्ति च क्रमेण। यथा, 'काप्यभिख्यात-योरासीत् व्रजतोः शुद्धवेश्ययोः। हिमनिर्मुक्तयोर्योगे चित्राचन्द्रमसोरिव।। अत्र चित्राचन्द्रमसोरभिख्याया न अतीतत्वम् अपितु सार्वकालिकत्वम्। लतेव राजसे तन्वि! अत्र लतापक्षे राजते इति योज्यम्। 'चिरं जीवतु ते सूनुर्मार्कण्डेयमुनिर्यथा' इति। अत्र मार्कझडेयमुनिर्यथा जीवतीति प्रयोज्यम्। एते दोषाश्च प्रायशः कविभिरगणिता इति बोध्यम्।। 51।।

लिङ्गवचनभेदस्य अदूषकत्वं दर्शयति—**स्त्रीति**।। अयं षण्डः स्त्रीव गच्छति, एषा स्त्री पुमानिव वक्ति। अत्र क्रियाद्वयस्य साधारणधर्मस्य उभयत्रान्वयात् लिङ्गभेदेऽपि न दोषः। अयं जनः मे प्राणा इव प्रियः, तथा विद्या धनमिव आर्जिता। इत्येतयोरुपमानयोः वचनभेदेऽपि साधारणधर्मद्वयस्य वचनविपरिणामेन अन्वये धीमतां न प्रतीतिव्याघात इति न दोषावसरः। एवमुभयत्र अन्वययोग्य-क्रियया वचनभेदेऽपि न दोषः। यथा, 'तद्वेशोऽसदृशोऽन्याभिः स्त्रीभिर्मधुरताभृतः। दधते स्म परां शोभां तदीया विभ्रमा इव'।। अत्र दधते इति क्रियापदं धाधातोर्बहुवचननिष्पन्नं तथा दधधातोरेकवचननिष्पन्नश्चेति उभयत्रान्वये न कश्चिद्बाधः। एवमन्यान्यपि महाकविप्रयुक्तानि सन्तीति अवधेयम्।। 52।।

भवानिव महीपाल! देवराजो विराजते।
अलमंशुमतः कक्षामारोढुं तेजसा नृपः।।53।।

इत्येवमादौ सौभाग्यं न जहात्येव जातुचित्।
अस्त्येव क्वचिदुद्वेगः प्रयोगे वाग्विदां यथा।।54।।

"O, protector of the earth, like you shines the king of the gods. (Or) The king on account of his glory is able to ascend to the (high) rank of the sun."

Things like this never lose in charm. But there is certainly somewhat of displeasure (caused) to those who know the language, by such statements as these :

हीनतायामधिकातायाञ्च दोषाभावं दर्शयति—**भवानिति**।। हे महीपाल! देवराजः भवानिव विराजते। अत्र उपमानस्य राज्ञः मनुष्यत्वात् उपमेयदेव-राजापेक्षया न्यूनत्वं स्वतः सिद्धमपि राज्ञः लोकपालांशसम्भूतया न अत्यन्तं वैरस्यम् आवहतीति न दोषः, राज्ञश्च लोकपालांशसम्भूतत्वे प्रमाणं यथा 'अष्टानां लोकपालानां वपुर्धारयते नृपः' इति। इयन्तु विपर्यासोपमालंकृतिः अस्याञ्च प्रायशः एवं दोषः सम्भवतीति बोध्यम्। अपिच, 'उत्सङ्गितकुरङ्गोऽयमृक्षमण्डलमध्यगः। विधुर्व्याघ्र इवाभाति हन्तुं विरहदुर्बलान्'।। इति। अत्र श्लिषविशेषणेन निकृष्टस्यापि व्याघ्रस्य उपमानत्वं न दोषायेति। नृपः तेजसा अंशुमतः सूर्यस्य कक्षां सादृश्यमिति यावत् आरोढुम् अलं समर्थः। अत्र नृपस्य उपमानम् अंशुमान् देवत्वादधिक इति। एवमन्यत्रापि द्रष्टव्यम्। 53।।

इतीति।। इत्येवमादौ उत्कर्षं एवमादिप्रयोगे जातुचित् कदाचित् सौभाग्यम् न जहाति एव, क्वचित् प्रयोगे तु वाग्विदां विदुषाम् उद्वेगः प्रतीति व्याघातः अस्ति। यथेति उदाहरणार्थम्।। 54।।

हंसीव धवलश्चन्द्रः सरांसीवामलं नभः।
भर्त्तृभक्तो भटः श्वेव खद्योतो भाति भानुवत्॥55॥
ईदृशं वर्ज्यते सद्भिः कारणं तत्र चिन्त्यताम्।
गुणदोषविचाराय स्वयमेव मनीषिभिः॥56॥
इववत् वा यथाशब्दाः समाननिभसन्निभाः।
तुल्यसङ्काशनीकाशप्रकाशप्रतिरूपकाः ॥57॥

"The moon is white like a lady swan; the sky is clear like the lakes; the servant is devoted like a dog to his master, the glow-worm shines like the sun."

Such statements are avoided by the wise. You may yourself find out the reason therefore; for in the case of the wise, an inquiry about excellences and errors of the language is by their own selves.

The words. *iva, vat, vā, yathā, samāna, nibha, sannibhā, tulya, saṅkāśa, nīkāśa, prakāśa, pratirūpaka, pratipakṣa, pratidvandvin, pratyanīka, virodhin, sadṛk, sadṛśa, saṁvādi,*

उदाहरणति—**हंसीवेति**।। चन्द्रः हंसीव धवलः, नभः सरांसीव अमलं, भटः सैनिकः श्वा इव भर्त्तृभक्तः, स्वाम्यनुरक्तः तथा खद्योतः भानुवत् भाति। अत्र याथक्रमम् उपमानानां लिङ्गभेदः वचनभेदः न्यूनत्वम् अधिकत्वञ्च सामाजिकानां वैरस्यमावहतीति एतेषां दूषकत्वं नैयायिकमिति भावः।। 55।।

उपसंहरति—**ईदृशमिति**।। सद्भिः सुधीभिः ईदृशं काव्यं वर्ज्यते त्यज्यते न प्रयुज्यते नाद्रियते च इति भावः। मनीषिभिः सहृदयैः स्वयमेव तत्र वर्जने गुणदोषविचाराय चिन्त्यताम्।। 56।।

उपमाप्रतीतिरभिधया लक्षणया व्यञ्जना च भवतीति तस्या। वाचकादीनि निरूपयति—**इवेत्यादि**।। इवाद्युपमान्ताः शब्दाः वाचकाः, वदिति, कल्पदेश्य देशीया इति च तद्धितप्रत्ययाश्च वाचकेषु अन्तर्भवन्ति। वा इत्यस्योपलक्षणत्वात्

प्रतिपक्षप्रतिद्वन्द्विप्रत्यनीकविरोधिनः ।
सदृक्सदृशसंवादिसजातीयानुवादिनः ॥58॥
प्रतिबिम्बप्रतिच्छन्दसरूपसमसम्मिताः ।
सलक्षणसदृक्षाभसपक्षोपमितोपमाः ॥59॥
कल्पदेशीयदेश्यादिप्रख्यप्रतिनिधी अपि।
सवर्णतुलितौ शब्दौ ये चान्यूनार्थवादिनः॥60॥
समासश्च बहुव्रीहिः शशाङ्कवदनादिषु।
स्पर्धते जयति द्वेष्टि दुह्यति प्रतिगर्जति॥61॥

---

sajātīyā, anuvādin, pratibimbat, praticchanda, sarūpa, sama, sammitā, salakṣaṇa, sadṛkṣabha, sapakṣa, upamita, upamā, kalpa, deśīya, deśya etc., *prakhya* and *pratinidhī* also ; and the two words *savarṇa* and *tulita* and all those words which express the idea that there is nothing wanting (to equalise) and the *Bahuvrīhi samāsa* or compound word as in *śaśāṅka-vadanā* and verbs like, 'emulates,' 'conquers', 'hates,' 'is malicious towards', is opposed to', 'is vexed towards,' 'looks down in disdain', 'troubles', 'despises', 'redicules,' 'mixes with', 'laughs at', 'is jealous of', 'is envious of',

---

च शब्दोऽपि तस्यापि औपम्यवाचित्वात्। निभादयः शब्दाः समासान्तर्गता एव निर्दिश्यन्ते। अन्यूनार्थवादिनः औहनार्थ वाचकाः। समासश्च बहुव्रीहिः, कर्मधारयश्चेति वक्तव्यम्, यथा, पुरुषव्याघ्र इत्यादि। शशाङ्क इव वदनं यस्या इति बहुव्रीहौ मध्यमपदलोपः। स्पर्धते इत्याद्यसूयतीत्यन्ताः शब्दाः लक्षकाः तस्या मुष्णातीत्यादिनिषेधतीत्यन्ताः व्यञ्जकाः। तच्छीलमिति, तस्य शीलं

आक्रोशत्यवजानाति कदर्थयति निन्दति।
विडम्बयति सन्धत्ते हसतीर्ष्यत्यसूयति।।62।।
तस्य मुष्णाति सौभाग्यं तस्य कान्तिं विलुम्पति।
तेन सार्धं विगृह्णाति तुलां तेनाधिरोहति।।63।।
तत्पदव्यां पदं धत्ते तस्य कक्षां विगाहते।
तमन्वेत्यनुबध्नाति तच्छीलं तन्निषेधति।।64।।
तस्य चानुकरोतीति शब्दाः सादृश्यसूचकाः।
उपमायामिमे प्रोक्ताः कवीनां बुद्धिसौख्यदाः।।65।।

इत्युपमाचक्रम्।

'steels his grace from', 'deprives of its splendour', 'shares with him', 'is raised in the balance against,' 'steps into its place', 'enters into its sphere', 'follows it', 'is bound up with it', 'is made up of its quality', 'repudiates it', 'imitates it',—these words are indicative of similarity; these are stated under the section on simile in order to delight the intellect of the poets.

Here ends the sub-section on simile.

स्वभावमित्यर्थः अनुबध्नाति अनुकरोति इत्यर्थः। तत् तच्छीलमित्यर्थः निषेधति तद्वत् आचरितुं वारयति इत्यर्थः। इमे कवीनां बुद्धिसौख्यदा मनःसौख्यविधायिनः सादृश्यसूचकाः सादृश्यबोधकाः शब्दाः उपमायां प्रोक्ताः निर्दिष्टाः औपम्यद्योतनाय प्रयुज्यन्ते इत्यर्थः।। 57-64।।

।। इति उक्तरूपम् उपमायाश्चक्रं प्रकरणमित्यर्थः।।

उपमैव तिरोभूतभेदा रूपकमुच्यते।
यथा बाहुलता पाणिपद्मं चरणपल्लवः।।66।।
अङ्गुल्यः पल्ल्वान्यासन् कुसुमानि नखार्चिषः।

Simile itself where the difference is implicit is called the metaphor, for example, arm-creeper, palm-lotus, foot-tendrill.

"The fingers were tendrils; the radiant finger nails were the flowers; the two arms were two creepers and you, actually moving before us, are the Vernal Grace."

सम्प्रति रूपकं निरूप्यते—**उपमेति**।। तिरोभूत अन्तर्भूतः भेदः प्रकृताप्रकृतयोः विशेषज्ञानं यत्र तादृशी उपमा एव रूपकम् उच्यते कविभिः इति शेषः। तथाच उपमानोपमेययोः अभेदप्रतीतिपूर्वकसाम्यं रूपकमिति लक्षणम् उपमायान्तु अभेदप्रतीतिर्नास्तीत्यनयोर्भेदः। इह तु अभेदप्रतीतिः साध्यरूपा, अतिशयोक्तौ च सिद्धरूपेति अनयोर्भेदश्च बोद्धव्यः। यथा, बाहुलतेत्यादि बाहुरेव लता बाहुलता, पाणिरेव पद्मं पणिपद्मं, चरण एव पल्लवः चरणपल्लवः। अत्र रूपककर्मधारयः व्यासे यथा, बाहुरेव लतेत्यादि। अत्र बाहौ लतात्वारोपः बाहुलता इवेत्याद्युपमापेक्षया समधिकं वैचित्र्यम् आवहति इति बोध्यम्। मुखचन्द्रं पश्यामीत्यादौ मुखं चन्द्र इव इत्युपमितसमासस्य तथा मुखमेव चन्द्र इति रूपकसमासस्यापि सम्भवात् उभयोः सङ्कर इति। यत्र तु साधर्म्यं उपमेये मुख्यतया, उपमाने तु उपचरितत्वेन स्थितं तत्र उपमायाः प्राधान्यं यत्र च उपमाने मुख्यतया, उपमेये च उपचारेण स्थितं तत्र रूपकस्य प्राधान्यं यथा, मुखचन्द्रं चुम्बतीत्यादौ उपमा एव तथा मुखचन्द्रः प्रकाशते इत्यादौ रूपकमेव न तु उभयोः सङ्कर इति बोध्यम्।। 66।।

व्यस्तरूपकस्य उदाहरणमाह—**अङ्गुल्य इति**।। त्वं नः अस्माकं प्रत्यक्षचारिणी परिदृश्यमाना वसन्तश्रीः। तथाहि, ते अङ्गुल्यः पल्लवानि, नखार्चिषः कुसुमानि, बाहू लते। अत्र लिङ्गभेदप्रदर्शनेन। रूपके लिङ्गभेदो न

बाहू लते वसन्तश्रीस्त्वं नः प्रत्यक्षचारिणी।।67।।

इत्येतदसमस्ताख्यं समस्तं पूर्वरूपकम्।
स्मितं मुखेन्दोर्ज्योत्स्नेति समस्तव्यस्तरूपकम्।।68।।

ताम्राङ्गुलिदलश्रेणि नखदीधितिकेसरम्।

This is called *asamasta* or separate-words metaphor. The metaphors given before *i.e.* in 66 are *samasta* or compound-word metaphors, yours smile is the moonlight of the face-moon. This is *samasta-vyasta-rūpakam,* or compound-word-separate-words metaphor.

Your-foot-lotus with its row of petals of red toes and with the filaments of the radiations of the toe nail is worn on the head by kings.

दोषावह इति सूच्यते। कदाचित् वचनभेदोऽपि न दोषाय। यथा, शास्त्राणि चक्षुर्नवमित्यादि। अत्र शास्त्राणि इत्यनेन सर्वशास्त्रज्ञानस्य लाभात् ज्ञानस्य च एकजातीयत्वात् बहुवचनान्तमपि एकवचनान्तवत् भासते। अनीदृशस्थाने तु दोषाय। यथा, मुखं पद्मानीत्यादि।। 67।।

इतीति।। इतिपूर्वोक्तमेतत् अङ्गुल्य इत्यादि असमस्ताख्यम् असमस्तरूपकम् इत्यर्थः, तत्पूर्वरूपकन्तु बाहू लतेत्यादि। समस्तरूपकम्। स्मितं मृदुहास्यं मुखेन्दोः मुखमेव इन्दुः तस्य ज्योस्ना इति। समस्तव्यस्तरूपकम् उभयमिश्ररूपकम् इत्यर्थः। तथाच, स्मितं ज्योस्ना इति व्यस्तं मुखेन्दोरिति समस्तम्।। 68।।

सकलरूपकं निरूपयति—**ताम्रेति।।** ताम्राङ्गुलय एव दलश्रेणयः यस्य तथा नखानां दीधितयः किरणा एव केसरा यस्य तादृशं भवच्चरण एव पङ्कजं तत् भूपालैः मूर्ध्नि ध्रियते। अत्र अङ्गुल्यादौ दलादित्वं दलश्रेणित्वं तथा पादे चरणे पद्मतां पङ्कजत्वम् आरोप्य तस्य पङ्कजस्य योग्ये स्थाने शिरसि इत्यर्थः विन्यासात्

ध्रियते मूर्ध्नि भूपालैर्भवच्चरणपङ्कजम्।।69।।

अङ्गुल्यादौ दलादित्वं पादे चारोप्य पद्मताम्।
तद्योग्यस्थानविन्यासादेतत् सकलरूपकम्।।70।।

अकस्मादेव ते चण्डि! स्फुरिताधरपल्लवम्।
मुखं मुक्तारुचो धत्ते घर्माम्भःकणमञ्जरीः।।71।।

मञ्जरीकृत्य घर्माम्भः पल्लवीकृत्य चाधरम्।

This is a complete metaphor because of the attribution of petal etc., to finger etc., and of lotus to the foot and because of the indication of the place fit for it.

"For no reason whatsoever, O irate lady! Your face with its lower-lip-petal quivering, bears flower bunches of drops of perspiration which have the sheen of pearls."

Hereafter converting the drops of perspiration into bunches of flowers and the lower-lip into a petal, the face has not been converted into anything and hence this is

---

धारणात् एतत् सकलरूपकं सम्पूर्णरूपकं सर्वावयवस्य रूपणात्। अत्र मूर्ध्नि धारणरूपस्य साधारणधर्मस्य उपमाने पङ्कज एव औचित्यात् रूपकसमासः न तु उपमितसमासः उपमेयस्य चरणस्य मूर्ध्नि धारणायोग्यत्वात् इत्युक्तमेव प्राक्। दर्पणकारन्तु इदं साङ्गरूपकमाह–यथा 'अङ्गिनो यदि साङ्गस्य रूपणं साङ्गमेव तत्' यथा, 'रावणावग्रहक्लान्तमिति वागमृतेन सः। अभिवृष्य मरुच्छस्य कृष्णमेधस्तिरोदधे'।। इति।। 69–70।।

अवयवरूपकं निरूपयति–**अकस्मादित्यादि**।। हे चण्डि अतिकोपने! 'चण्डस्त्वत्यन्तकोपन' इत्यमरः। ते तव मुखम् अकस्मादेव स्फुरितः कम्पितः अधर एव पल्लवः यत्र तादृशं सत् मुक्तानां रुच इव रुचः कान्तयो यासां तादृशीः घर्माम्भसां कणा इव मञ्जर्यः ताः धत्ते धारयति।। अत्र घर्माम्भः मञ्जरीकृत्य

नान्यथाकृतमत्रास्यमतोऽवयवरूपकम् ॥73॥

वल्गितभ्रु गलद्घर्म जलमालोहितेक्षणम्।
विवृणोति मदावस्थामिदं वदनपङ्कजम्॥73॥

अविकृत्य मुखाङ्गानि मुखमेवारविन्दताम्।
आसीत् गमितमत्रेदमतोऽवयविरूपकम्॥74॥

---

avayava-rūpakam (or metaphor in the component parts or limbs).

"Flashing eyebrows and trickling drops of perspiration and with red eyes,—this face-lotus bespeaks state of intoxication."

Here without convertion parts of the face (by metaphors) the face alone has been converted into a lotus. This therefore is *Avayavi-rūpakam* (or metaphor in the whole object and not in the component parts).

मञ्जरीत्वेन आरोप्य तथा अधरं पल्लवीकृत्य पल्लवत्वेन आरोप्य आस्यं मुखं न अन्यथाकृतं पद्मत्येन न आरोपितम्। अतः अवयवमात्ररूपणात् अवयवरूपकम्। मुखे पद्मत्वारोपस्तु अर्थवशात् उन्नेयः। दर्पणकारस्तु इदमेवदेशविवर्तिरूपक माह–यथा, 'यत्र कस्यचिदार्थत्वमेकदेशविवर्ति तत्' इति॥ 71-72॥

अवयविरूपकं निरूपयति–**वल्गितेति**॥ वल्गिते भ्रुवौ यत्र तत् चलितभ्रूयुगलं गलन्ति धर्मजलानि यस्मात् तादृशं तथा अलोहिते आरक्ते ईक्षणे यस्य तथाभूतम् इदं वदनमेव पङ्कजं मदावस्थां मद्यपानजनितां दशां विवृणोति–अत्र मुखानि अविकृत्य पङ्कजाङ्गत्वेन अनारोप्य मुखमेव अरविन्दतां गमितं पङ्कजत्वेन आरोपितम्, अतः अवयविमात्रस्य रूपणात् अवयविरूपकमिदम्। अत्र उपमा एव साधीयसी न रूपकं साधारणधर्मस्य भ्रूवल्गनादिकस्य उपमेये सवदने एव मुख्यतया वर्तनात् पङ्कुजे च उपचरितत्वात् अतः वदनमम्बुजम् इति पाठ एव साधीयानिति सुधीभिः विचार्यम्। दर्पणकारस्तु इदं निरङ्गरूपकमाह॥73-44॥

मदपाटलगण्डेन रक्तनेत्रोत्पलेन ते।
मुखेन मुग्धः सोऽप्येष जनो रागमयः कृतः।।75।।

एकाङ्गरूपकञ्चैतदेवं द्विप्रभृतीन्यपि।
अङ्गानि रूपयन्त्यत्र योगायोगौ भिदाकरौ।।76।।

स्मितपुष्पोज्वलं लोलनेत्र भृङ्गमिदं मुखम्।
इति पुष्पद्विरेफाणां सङ्गत्या युक्तरूपकम्।।77।।

"By your face which has red eye-blue-lotuses, and which has cheeks red with intoxication even this person has been attracted and made full of colour (love)."

This is *ekāṅga-rūpakam* or metaphor in one of the component parts; thus, we have metaphor in two component parts, etc., and in this matter, (*yoga*) conjunction and (*Ayoga*) disjunction are causes of further differentiation).

"This is resplendent with smile-flowers and has rolling eye-bees." This is *yukta-rūpakam* (or metaphor of conjunction), because of the bringing together of the flowers and the bees.

अवयवरूपकस्य विशेषान् दर्शयति—**मदेत्यादि**।। स एष जनोऽपि ते तव मदेन पाटलै गण्डौ यस्य तेन तथा रक्ते नेत्रे एव उत्पले यस्य तादृशेन मुखेन मुग्धः तथा रागमयः अनुरागपूर्ण इत्यर्थः कृत इत्यन्वयः। अत्र रक्तनेत्रोत्पलेनेति एकाङ्गमात्ररूपणात् एकाङ्गरूपकमिदम्। एवं यत्र अङ्गद्वयेन रूपणं तत्र द्वयङ्गरूपकम्। एवं त्र्यङ्गरूपकादि। अत्र अवयवरूपके अङ्गानि रूपयन्ति अप्रस्तुतत्वेन आरोपयन्ति न तु अङ्गिनम् इति शेषः, अतः अङ्गस्य अङ्गयोः अङ्गानां वा योगः अयोगश्च भिदाकरौ भेदकौ।। 75–76।।

अथ युक्तरूपकं निरूपयति—**स्मितेति**।। स्मितमेव पुष्पं स्मितपुष्पं तेन उज्वलं लोले नेत्रे एव भृङ्गौ यत्र तादृशम् इदं मुखमित्यत्र पुष्पद्विरेफाणां सङ्गत्य। योगेन स्मिते पुष्पत्वस्य नेत्रे भ्रमरस्य समारोपेणेत्यर्थः युक्तरूपकमिदम्।। 77।।

इदमार्द्रस्मितज्योत्स्नं स्निग्धनेत्रोत्पलं मुखम्।
इति ज्योत्स्नोत्पलायोगादयुक्तं नाम रूपकम्।।78।।

रूपणादङ्गिनोऽङ्गानां रूपणारूपणाश्रयात्।
रूपकं विषमं नाम ललितं जायते यथा।।79।।

मदरक्तकपोलेन मन्मथस्त्वन्मुखेन्दुना।
नर्तितभ्रूलतेनालं मर्दितुं भुवनत्रयम्।।80।।

"This face has cooling smile-moonlight and has dark eye-blue lotuses". This is known as the *Ayuktaṁ-rūpakam* (or metaphor of disjunction or mixed metaphor), because moonlight and the *Utpala* do not fit in with each other.

By metaphor in the total object and metaphor in some of the component parts and no metaphor in other parts, a delightful form of metaphor known as *Viṣamaṁ rūpakam* (or incomplete metaphor) is got; as in this.

"With your face-moon which has cheeks red with intoxication and dancing eye-brow-creepers the God of Love is able to put to rout the three worlds."

अयुक्तरूपकमाह—**इदमिति**।। सार्द्रं स्मितमेव ज्योत्स्ना यत्र तत् तथा स्निग्धे नेत्रे एव उत्पले पद्मे यत्र तादृशं मुखं इत्यत्र ज्योस्नोत्पलायोगात् ज्योत्स्नया उत्पलस्य अयोगात् भिन्नकालीनत्वादुभयोरिति भावः, अयुक्तं नाम रूपकम्।। 78।।

विषमरूपकमुदाहरति—**रूपणादिति**।। अङ्गिनः रूपणात् तथा अङ्गानां तदवयवानां रूपणारूपणात् कस्यचिदङ्गस्य रूपणात् कस्यचित् वा अरूपणात् ललितं सुन्दरं वैचित्र्यजनकमित्यर्थः विषमं नाम रूपणं जायते, यथा मदेन रक्तौ कपोलौ यस्य येन तथ नर्तिते भ्रुवौ एव लते यत्र तादृशेन त्वन्मुखमेव इन्दुस्तेन, मन्मथः भुवनत्रयं मर्दितुं जेतुम् अलं समर्थः। अङ्गिनि मुखे इन्दुत्वारोपः तथा तदङ्गीभूतयोर्भ्रुवोः लतात्वारोपः कपोलयोस्तु नारोप इति वैषम्यम्।। 79-80।।

हरिपादः शिरोलग्नजह्नुकन्याजलांशुकः।
जयत्यरनिःशङ्कसुरानन्दोत्सवध्वजः ।।81।।
विशेषणसमग्रस्य रूपं केतोर्यदीदृशम्।
पादे तदर्पणादेतत् सविशेषणरूपकम्।।82।।
न मीलयति पद्मानि न नभोऽप्यवगाहते।
त्वन्मुखेन्दुर्ममासूनां हरणायैव कल्पते।।83।।
अक्रिया चन्द्रकार्याणामन्यकार्यस्य च क्रिया।

"The foot of Hari is the banner of the festival of joy of the *Devas* who are no longer afraid of Asuras and which has, at its top as pennon, the waters of Jāhnavi (the Ganges)."

Where the appearance of the banner is thus described completely by an adjective and that metaphor applied to the foot (of Hari) it is known as *Saviśeṣaṇa-rūpakam* (or metaphor with an adjective).

"It does not cause the lotuses to close nor does it pass through the heavens. Your face-moon appears therefore to have been intended only for taking away my life."

Because the non-performance of the functions of the moon and performance of the function of another object

---

सविशेषणरूपकं निर्दिशति—हरीति।। शिरसि अग्रभागे लग्नं जह्नुकन्याया गङ्गाया जलमेव अंशुकं श्वेतवसनाञ्चलं यस्य सः तथा असुरेभ्यः निःशङ्का ये सुराः देवाः बलिदीमनात् इति भावः तेषामानन्दोत्सवस्य ध्वजः हरिपादः वामनचरणः जयति। विशेषणसमग्रस्य सविशेषणस्य केतोर्ध्वजस्य यत् ईदृशम् उक्तरूपं रूपं, पादे चरणे अर्पणात् आरोपात् सविशेषणरूपकमिदम्।।81-82।।

विरुद्धरूपकं निरूपयति—नेत्यादि।। तव मुखमेव इन्दुः पद्मानि न मीलयति न सङ्कोचयति अप्रकाशादिति भावः, नभश्च आकाशञ्च न अवगाहते न उत्तिष्ठति

अत्र सन्दर्श्यते यस्माद् विरुद्धं नाम रूपकम्।।84।।
गाम्भीर्येण समुद्रोऽसि गौरवेणासि पर्वतः।
कामदत्वाच्च लोकानामसि त्वं कल्पपादपः।।85।।
गाम्भीर्यप्रमुखैरत्र हेतुभिः सागरो गिरिः।
कल्पद्रुमाश्च क्रियते तदिदं हेतुरूपकम्।।86।।

---

is indicated here, this is known as *Viruddhaṁ* (or metaphor expressing difference or opposition).

"You are in depth (of character) an ocean; you are in stability, a mountain; and because you give whatever is desired by the people you are the *Kalpaka* tree."

The ocean, the mountain and the *kalpaka* tree are here in this illustration made metaphors by stating the reason, as depth, etc. So, this is *hetu-rūpakam* (or metaphor with a statement of the reason).

अवनतत्वात् इति भावः। केवलं मम असूनां प्राणनां हरणाय एव कल्पते यतते। मानिनीं प्रत्युक्तिरियम्। अत्र चन्द्रस्य आरोप्यमाणस्य कार्याणां पद्मनिमीलनादीनामक्रिया अननुष्ठानं प्रत्युत अन्यस्य यमस्य कार्यस्य प्राणहरणरूपस्य क्रिया यस्मात् सन्दर्श्यते तस्मात् इदं विरुद्धं नाम रूपकम् उपमेयस्य मुखस्य उपमानाभिन्नतया उपमानकार्यकारित्वस्य एवौचित्यात् तदन्यकार्यंकरणाच्च विरोधावभास इति बोध्यम्।। 83-84।।

हेतुरूपकं निरूपयति-**गाम्भीर्येणेत्यादि**।। गाम्भीर्येण दुरवगाहाशयत्वेन समुद्रः असि, गौरवेण सारवत्तया पर्वतः असि, तथा लोकानां कामतत्वात् कल्पपादपः असि, सर्वत्र हेतौ तृतीया। अत्र गाम्भीर्यप्रमुखैः हेतुभिः उपमेये सागरः गिरिः तथा कल्पद्रुमः क्रियते आरोप्यते तत् तस्मात् हेतुनिबन्धनारोपणात् हेतुरूपकमिदम्।। 85-86।।

राजहंसोपभोगार्हं भ्रमरप्रार्थ्यसौरभम्।
सखि! वक्त्राम्बुजमिदं तवेति श्लिष्टरूपकम्।।87।।

इष्टं साधर्म्यवैधर्म्यदर्शनद् गौणमुख्ययोः।
उपमाव्यतिरेकाख्यं रूपकद्वितयं यथा।।88।।

अयमालोहितच्छायो मदेन मुखचन्द्रमाः।

"Friend, this your face-lotus is worthy of being enjoyed by royal swans (excellent kings) and has a fragrance desired by bees (lovers)." This is *śliṣṭa-rūpakam* (or panoromasiac metaphor).

There are two classes of metaphors desired (by poets) which are known as metaphor stating similarity and metaphor stating contrast because they indicate respectively the similarity and the contrast between the principal and the secondary objects, thus.

"This face-moon which bears a red shadow on account

श्लिष्टरूपकं निरूपयति–**राजेति**।। हे सखि! तव इदं वक्त्रमेव अम्बुजं राजहंसः राजश्रेष्ठः हंसविशेषश्च तस्य उपभोगार्हं सम्भोगयोग्यं भ्रमरः कामुकः षट्पदश्च तस्य प्रार्थ्यं स्पृहणीयं सौरभं यस्य तादृशं, 'राजहंसस्तु कादम्बे कलहंसे नृपोत्तमे। भ्रमरः कामुके भृङ्गे' इति च मेदिनी। इत्यत्र श्लिष्टरूपकं साधारणधर्मस्य राजहंसोपभोगार्हत्वादिरूपस्य श्लेषमूलकत्वात्।। 87।।

उपमानरूपकं व्यचतिरेकरूपकञ्च निरूपयति–**इष्टमिति**।। गुणयोगात् आरोप्यमाणः चन्द्रादिर्गौणः आरोपविषयः मुखादिश्च मुख्यः तयोः साधर्म्यदर्शनात्। साधारणधर्मयोगात् उपमारूपकं वैधर्म्ययोगात् व्यतिरेकरूपकम् इष्टं कविभिः इति शेषः। यथेति इति शेषः। यथेति उदाहरणार्थम्। 88।।

उपमारूपकमुदाहरति–**अयमिति**।। मदेन मद्यपानेन आलोहितः आरक्ता छाया यस्य तादृशः अयं मुखमेव चन्द्रमाः सन्नद्धः समुज्जबलः उदयरागः

सन्नद्धोदयरागस्य चन्द्रस्य प्रतिगर्जति।।89।।
चन्द्रमाः पीयते देवैर्मया त्वन्मुखचन्द्रमाः।
असमग्रोऽप्यसौ शश्वदयमापूर्वमण्डलः।।90।।
मुखचन्द्रस्य चन्द्रत्वमित्थमन्योपतापिनः।
न ते सुन्दरि! संवादीत्येतदाक्षेपरूपकम्।।91।।

---

of intoxication outrivals the moon red at moonrise."

"The moon is drunk by the gods by me your face-moon (is drunk). This (moon) is never full, but this is ever a full circle."

"O, lovely lady! to your face-moon, moonness does not fit in, for it scorches others thus"—This is *ākṣepa-rūpakam* (or metaphor with an objection).

उदयकालीनलौहित्यं यस्य तथाभूतस्य चन्द्रस्य प्रतिगर्जति, चन्द्रस्येति कर्मणि षष्ठी। तथाभूतं चन्द्रं स्पर्धते न तु अनुकरोतीत्यर्थः। अत्र चन्द्राभिन्नतया आरोपविषयस्य मुखस्य औपम्यसूचकप्रतिगर्जनरूपसाधर्म्यसम्बन्धात् उपमारूपकममिदम्।। 89।।

व्यतिरेकरूपकमुदाहरति–**चन्द्रमा इति**।। देवैः असमग्रोऽपि असौ चन्द्रमाः शश्वत् पीयते, मया तु आपूर्णमण्डलः सम्पूर्णप्रकाशः अयं तव मुखमेव चन्द्रमाः पीयते। अत्र मुख्यगौणयोर्मुखचन्द्रयोः सम्पूर्णत्वासम्पूर्णत्वरूपवैधर्म्ययोगात् व्यतिरेकरूपकमिदम्। अयञ्च व्यतिरेकः उपमेयस्य उपमानात् समाधिकमुत्कर्षं वयञ्जयति।। 90।।

आक्षेपरूपकं निरूपयति–**मुखेति**।। हे सुन्दरि! अन्योपतापिनः कमलसन्तापकस्य अथवा विरहिजनपीडकस्य चन्द्रस्य इति शेषः, चन्द्रत्वं ते तव मुखमेव चन्द्रः तस्य संवादि नानुकारकं न सदृशमित्यर्थः। चन्द्रः परोपतापकरः त्वन्मुखन्तु सर्वाह्लादकमिति भावः। एतत् आक्षेपो निन्दा, चन्द्रस्य उपमान भूतस्य परपीडकत्वेन निन्दापकटनात् आक्षेपाख्यं रूपकम्।। 91।।

मुखेन्दुरपि ते चण्डि! मां निर्दहति निर्दयम्।
भाग्यदोषात् गमैवेति तत्समाधानरूपकम्।।92।।

मुखपङ्कजरङ्गेऽस्मिन् भ्रूलता नर्तकी तव।
लीलानृत्यं करोतीति रम्यं रूपकरूपकम्।।93।।

नैतन्मुखमिदं पद्मं न नेत्रे भ्रमराविमौ।
एतानि केसराण्येव नैता दन्तार्चिषस्तव।।94।।

"O cruel lady! even your face-moon scorches me pitilessly on account of my ill-fortunes alone."—This is *samādhāna-rūpakam* (or metaphor with the objection answered).

"In this face-lotus-theatre, your eye-brow-creeper dense use performs a playful dance." This is the delightful *rūpaka-rūpakam* (or metaphor on metaphor).

"This is not a face, this is a lotus. These are not two

समाधानरूपकं निर्दिशति—**मुखेन्दुरिति**।। हे चण्डि! कोपने ममैव भाग्यदोषात् ते मुखमेव इन्दुरपि मां निर्दयं निर्दहति तापयति। इति अत्र समाधानात् भाग्यदोषान्ममेति स्वयं हेतुवादप्रदर्शनात् एतत् सामाधानरूपकम्।। 92।।

रूपकरूपकं लक्षयति—**मुखेति**।। अस्मिन् तव मुखमेव पङ्कजं तदेव रङ्गः नृत्यशाला तस्मिन् भ्रूरेव लता सा एव नर्तकी लीलानृत्यं करोति एतत् रम्यम् अतिमनोहरं रूपकरूपकं रूपितस्यापि रूपणात्, तथा च प्रथमं मुखे पङ्कजत्वारोपः तदनन्तरञ्च मुखपङ्कजे रङ्गत्वारोपः एवं भ्रुवि लतात्वारोपः तदनन्तरं लतायां नर्तकीत्वारोप इति। इदञ्च समासे एव बोध्यम्, असमासे तु एकस्मिन् बहूनामारोपे हेतुमति हेतुरूपकम् अहेतुके मालावयविरूपकमिति।। 93।।

तत्वापह्नवरूपकं निरूपयति—**नेत्यादि**।। एतत् तव मुखं न पद्मं, न नेत्रे इमौ भ्रमरौ, एतानि केसराणि किञ्जल्काः एता दन्तार्चिषः न अत्र मुखादित्वं

मुखादित्वं निवर्त्त्यैव पद्मादित्वेन रूपणात्।
उद्भावितगुणोत्कर्षं तत्त्वापह्नवरूपकम्।।95।।
न पर्यन्तो विकल्पानां रूपकोपमयोरतः।
दिङ्मात्रं दर्शितं धीरैरनुक्तमनुमीयताम्।।96।।

रूपकचक्रम्।

---

eyes, these are two bees; these are not the radiations of your teeth; they are certainly filaments (of flowers)."

Because "face" and the rest are denied and lotus and the rest are used as metaphor, this is (an example of) *Tattvapahnava-rūpakam* (or metaphor with a denial of truths) which serves to heighten the quality indicated.

There is no end to the varieties of metaphor and simile; therefore only the direction has been indicated; what is left unsaid may be inferred by the able (poets).

Thus, ends the sub-section on metaphor.

मुखत्वादिकं निवर्त्य प्रतिषिध्य एव पद्मादित्वेन पद्मत्वादित्वेन रूपणात् मुखादिषु पद्मत्वादिभिरध्यासात् एतत् उद्भावितः व्यञ्जितः गुणस्य उपमेयगतस्य उत्कर्षः वैचित्र्यातिशयः यत्र तत् तत्त्वापह्नवरूपकं तत्त्वस्य याथार्थ्यस्य मुखत्वादिकस्य अपह्नवमूलकत्वादित्यर्थः। दर्पणकारस्तु इदमपह्नुतिमेवाह–यथा–प्रकृतं प्रतिषिध्यान्यस्थापनं स्यादपह्नुतिरि'ति। रूपकलक्षणञ्च निरपह्नुतिरेवाह। यथा, 'रूपकं रूपितारोपो विषये निरपह्नवे' इति।। 94–95।।

रूपकं संहरति–**नेति**।। रूपकस्य उपमायाश्च विकल्पानां विशेषाणां पर्यन्तः शेषः न अस्तीति शेषः, अतः दिङ्मात्रं प्रदर्शनमात्रं मया इति शेषः, अनुक्तम् अकथितं धीरेः धीमद्भिः अनुमीयताम् अनुमानेन ज्ञायताम्।। 96।।

रूपकाणां चक्रं संहतिः इदमिति शेषः।

जातिक्रियागुणद्रव्यवाचिनैकत्र वर्तिना।
सर्ववाक्योपचारश्चेत् तमाहुर्दीपकं यथा।।97।।
पवनो दक्षिणः पर्णं जीर्णं हरति वीरुधाम्।
स एवावनताङ्गीनां मानभङ्गाय कल्पते।।98।।

If by remaining in one place, a word, indicating *jāti*, (the genus), *kiryā* (action), *guṇa* (quality) or *dravya* (the subject-matter), can help the entire sentence, then it is called *Dīpakam* (Light).

"The southern *breeze* carries (before it) the faded leaf of creepers. That same (breeze) serves to destroy the pride of ladies with tender limbs." This is (an example of *Jāti-dīpakam* at the beginning).

अथ दीपकमाह—**जातीति**।। एकत्र प्रबन्धस्य यस्मिन् कस्मिंश्चित् अंशे आदावन्ते मध्ये वा इत्यर्थः वर्तिना स्थितेन जातिवाचकेन क्रियावाचकेन गुणवाचकेन वा द्रव्यवाचकेन एकेन पदेन यदि सर्वस्य वाक्यस्य प्रबन्धघटकस्य उपचारः उपकारः अन्वयोपपत्तिरित्यर्थः। यदि भवति तं दीपकम् आहुः दीपस्य एकदेशस्थितस्य अपि देशान्तरीयपदार्थप्रकाशनवत् अस्य सर्वोपकारक-पदमूलकत्वात् इति भावः। दर्पणकारस्तु 'अप्रस्तुतप्रस्तुतयोर्दीपकन्तु निगद्यते। अथ कारकमेकं स्यादनेकासु क्रियासु'चे ति लक्षणमाह।। 97।।

तत्र जातिगतदीपकमुदाहरति—**पवन इति**।। दक्षिणः पवनः वीरुधां लतानां जीर्णं पर्णं पत्रं हरति। स एव पवनः अवनताङ्गीनां मानभङ्गाय कल्पते प्रभवति तस्य अतीवोद्दीपकत्वात् इति भावः। अत्र पूर्वार्धवाक्ये पवन इति जातिवाचकं पदम् उत्तरार्धवाक्ये च स एवेति तच्छब्दपरामर्शात् पवन एव अवगम्यते अतः एकेन पवनेन पद्यस्थसर्वपादैरेव समन्वयात् जातिगतं दीपकमिदम्।। 98।।

चरन्ति चतुरम्भोधिवेलोद्यानेषु दन्तिनः।
चक्रवाकाद्रिकुञ्जेषु कुन्दभासो गुणाश्च ते।।99।।
श्यामलाः प्रावृषेण्याभिर्दिशो जीमूतपङ्क्तिभिः।
भुवश्च सुकुमाराभिर्नवशाद्वलराजिभिः।।100।।
विष्णुना विक्रमस्तेन दानवानां विभूतयः।

"The elephants *traverse* the gardens on the shores of the four ocean as your excellences which shine like *kunda* flowers traverse the bowers on the cakravāka hill." (This is an example of *kriyā-dīpakam* at the beginning).

"The regions of the quarters *are dark* with rows of clouds of the rainy season, and the regions of the earth (are dark) with patches of soft meadows of tender grass." (This is (an example of) *guṇa-dīpakam* at the beginning).

By *Viṣṇu* placing His foot the glories of the *dānavas* (demons) were driven away somewhere and from

---

क्रियादीपकमाह—**चरन्तीति**।। दन्तिनः दिग्गजाः ते तव कुन्दभास शुभ्राः गुणाश्च चतुरम्भोधिवेलोद्यानेषु तथा चक्रवाकाद्रिकुञ्जेषु चरन्ति, तव यशांसि विश्वव्यापकानीतिभावः। अत्र एकेन चरन्तीति क्रियापदेन चकारबलयोगात् उभयार्धयोः वाक्यान्वयोपपत्तेः क्रियादीपकमिदम्।। 99।।

गुणदीपकमाह—**श्यामला इति**।। दिशः प्रावृषेण्याभिः वार्षिकीभिः जीमूतपङ्क्तिभिः मेघराजिभिः भुवश्च सुकुमाराभिः कोमलाभिः नवशाद्वलराजिभिः श्यामलाः। अत्र श्यामला इति गुणवाचकेन दिश इति पदस्य तथा चाकारबलयोगात् भुव इति पदस्य समन्वयात् गुणदीपकमिदम्।। 100।।

द्रव्यदीपकमाह—**विष्णुनेति**।। विक्रमस्थेन त्रिविक्रमेण विष्णुना दानवानां बलिप्रभृतीनां विभूतयः क्वापि नीताः, तथा दैवतानाम् इन्द्रादीनाम् ऋद्धयः

क्वापि नीताः कुतोऽप्यासन्नानीता दैवतर्धयः ।।101।।

इत्यादिदीपकान्युक्तान्येवं मध्यान्तयोरपि।
वाक्ययोर्दर्शयिष्यामः कानिचित्तानि तद्यथा ।।102।।

नृत्यन्ति निचुलोत्सङ्गे गायन्ति च कलापिनः।
बध्नन्ति च पयोदेषु दृशो हर्षाश्रुगर्भिणीः ।।103।।

---

somewhere the good fortunes of the Devatās (gods) were brought back. (This is an example of *dravya-rūpakam* at the beginning).

Thus, have been stated the *ādi-dīpakam* (or Lights at the beginning of sentences). Similarly in the middles and ends of sentences also, we will show a few instances. They are as follows :—

In the neighbourhood of the *Nicula* trees, *peacocks* dance and sing and fix their eyes full of tears of joy on the clouds. (This is an example of *Jāti-dīpakam* in the middle).

कुतोऽपि आनीता आसन्निति। अत्र विष्णुनेति एकव्यक्तिवाचितया द्रव्येण पूर्ववाक्ये अन्वितेऽपि पुनरुत्तरवाक्येन अन्वयात् द्रव्यरूपकमिदम्।। 101 ।।

इत्थमादिदीपकान्युक्त्वा मध्यान्तयोरपि दीपकानि वक्तुं प्रतिजानीते–

इतीति।। इति उक्तप्रकारेण आदिदीपकानि आदिपदगतानि जात्यादिदीपकानि उक्तानि, एवं आदिदीपकवत् मध्यान्तयोरपि वाक्ययोः कानिचित् तानि दीपकानि दर्शयिष्यामः यथेति वक्ष्यमाणोदाहरणार्थम्।। 102 ।।

जातिमतमध्यदीपकमाह–**नृत्यन्तीति**।। कलापिनः मयूराः निचुलस्य स्थलवेतसस्य उत्सङ्गे अधोभागे नृत्यन्ति, गायन्ति केकाध्वनिं कुर्वन्ति तथा पयोदेषु मेघेषु हर्षाश्रुगर्भिणीः आनन्दबाष्पवाहिनीः दृशः चक्षूंषि बध्नन्ति। अत्र मध्यवाक्यगतेन कलापिन इति पदेन चकारबलात् वाक्यान्तरान्ययात् कलापिन इत्यस्य जातिवाचकत्वाच्च जातिगतमध्यदीपकमिदम्।। 103 ।।

मन्दो गन्धवहः क्षारो वह्निरिन्दुश्च जायते।
चर्चाचन्दनपातश्च शस्त्रपातः प्रवासिनाम्।।104।।
जलं जलधरोद्गीर्णं कुलं गृहशिखण्डिनाम्।
चलञ्च तडितां दाम बलं कुसुमधन्वनः।।105।।
त्वया नीलोत्पलं कर्णे स्मरेणास्त्रं शरासने।

Fragrant breeze *becomes* unpleasant and the moon (becomes) fire and throwing sandal-paste on the body (becomes) the throwing of weapon, in the case of persons in exile. This is an example of *kriyā-dīpakam* in the middle.

Water raining from the clouds, crowd of the domestic peacocks and the quivering streak of lightning are (form) the *forces* of Cupid. (This is an example of *guṇa-dīpakam* at the end).

By you, the blue lotus flower in the ear, by Cupid the arrow in his bow and by me, my mind on death, these

---

क्रियागतमध्यदीपकमाह—**मन्द इति**।। मन्दः मृदुः गन्धवहः वायुः क्षारः तीक्ष्णः असह्य इत्यर्थः, इन्दुश्च वह्निः अग्निः चर्चा शैत्यक्रिया, तद्रूपः चन्दनपातः चन्दनानुलेपनं च शस्त्रपातः जायते, प्रवासिनां विरहिणामिति सर्वत्र योज्यम्। अत्र मध्यवाक्यगतेन जायते इति क्रियापदेन सर्ववाक्यान्वयात् क्रियागत-मध्यदीपकमिदम्। गुणद्रव्यगते मध्यदीपके यथायथमूहनीये इति।। 104।।

जातिगतमन्तदीपकमाह—**जलमिति**।। जलधरोद्गीर्णं जलं वृष्टिरित्यर्थः गृहशिखण्डिनां गृहमयूराणां कुलं तथा चलं चञ्चलं तडितां दाम एतत् त्रयं कुसुमधन्वनः कामस्य बलं सैन्यम् उद्दीपकत्वात् एतेषाम् इति भावः। अत्र बलमिति जातिवाचकेन अन्तवाक्यस्थेन पदेन सर्ववाक्यसमन्वयात् जातिरस्तान्त-दीपकमिदम्।। 105।।

क्रियागतान्तदीपकमाह—**त्वयेति**।। त्वया कर्णे नीलोत्पलं स्मरेण कामेन शरासने अस्त्रं, मयापि मरणे चेतः चित्तम् एतत् त्रयं समं युगपत् कृतम्। मानिनीं

मयापि मरणे चेतस्त्रयमेतत् समं कृतम्।।106।।
शुक्लः श्वेतार्चिषो वृद्ध्यै पक्षः पञ्चशरस्य सः।
स च रागस्य रागोऽपि यूनां रत्युत्सवश्रियः।।107।।
इत्यादिदीपकत्वेऽपि पूर्वपूर्वव्यपेक्षिणी।
वाक्यमाला प्रयुक्तेति तन्मालादीपकं मतम्।।108।।

---

three have been simultaneously *fixed.* (This is an example of *kriyā-dīpakam* at the end).

The bright fortnight is for the increase of the moon; that (moon) is for (the increase of) Love; that (Love) is for (the increase of) love; and love is for (the increase of) the festive joy of young people.

Thus even in *ādi-dīpakam* (Light in the beginning) a series of sentences each of which refers to the previous one is given. This is considered *mālā-dīpakam* (or Light in series).

प्रति नायकस्य उक्तिरियं। अन्तवाक्यस्थेन कृतमति क्रियापदेन सर्ववाक्यसमन्वयात् क्रियागतान्तदीपकमिदम्। गुणद्रव्यगते अन्तदीपके तु स्वयमूहनीये।। 106।।

अथ मालादीपकमाह—शुक्ल इत्यादि।। शुक्लः पक्षः श्वेतार्चिषः श्वेतकिरणस्य चन्द्रस्य वृद्ध्यै भवति, सः पक्षः पञ्चशरस्य कामस्य वृद्ध्यै, स च कामः रागस्य अनुरागस्य वृद्ध्यै रागोऽपि यूनां तरुणानां रत्युत्सवे श्रियः वृद्ध्यै। इति अत्र आदिदीपकत्वेऽपि आदिवाक्यस्थेन शुक्लः पक्षः इति जातिगुणवाचकेन सर्ववाक्यान्वयेऽपीत्यर्थः पूर्वपूर्वव्यपेक्षिणी पूर्वपूर्ववाक्यमपेक्षमाणा पूर्वपूर्व-वाक्यमपेक्षमाणा वाक्यमाला वाक्यसमूहः प्रयुक्ता इति वैचित्र्यातिशयात् इति भावः मालादीपकं मतम्। तथाच उक्तदीपकस्य पूर्वपूर्वसापेक्षोत्तरोत्तरवाक्यगतत्वं मालादीपकमिति तात्पर्यम्।। 107-108।।

अवलेपमनङ्गस्य वर्धयन्ति बलाहकाः।
कर्शयन्ति तु धर्मस्य मारुताद्धूतशीकराः।।109।।
अवलेपपदेनात्र बलाहकपदेन च।
क्रिये विरुद्धे संयुक्ते तद्विरुद्धार्थदीपकम्।।110।।
हरत्याभोगमाशानां गृह्णाति ज्योतिषां गणम्।
आदत्ते चाद्य मे प्राणानसौ जलधरावली।।111।।

The pride of Cupid, the clouds add to; and with particles of moisture wafted by the wind (they) keep down the (pride of) heat.

Here, by the word *pride* and by the word *cloud* two contrary actions are joined together; therefore it is *viruddhārtha-dīpakam* (or Light with contrary meanings).

It *deprives* the regions of the quarters of their vastness; (it) *captures* (within itself) the multitude of stars, and (it) *takes away* to-day my vital breaths-*this series of clouds.*

विरुद्धार्थदीपकं निरूपयति—**अवलेपमिति**।। बलाहका मेघाः अनङ्गस्य कामस्य अवलेपं वर्धयन्ति, धर्मस्य ग्रीष्मस्य तु अवलेपं कर्शयन्ति ग्रीष्मं कृशीकुर्वन्तीत्यर्थः। मरुतोद्धूतशीकरा इति बलाहका इति पदस्य विशेषणम्। अत्र अवलेपपदेन बलाहकपदेन च वर्धनकर्शनरूपक्रिययोः कर्मभूतेन कर्मभूतेन कर्मभूतेन च विरुद्धे वर्धनकर्शनरूपे क्रिये संयुक्ते अन्विते, तत् तस्मात् विरुद्धार्थदीपकमिदम्। एतच्च आदिवाक्येन अवलेपमिति पदेन बलाहका इति पदेन च सर्ववाक्यान्वयात् बलाहकस्य जातिवाचकत्वात् अवलेपस्य च गुणवाचित्वात् आदिगतजातिदीपकयोः सङ्करः इति ध्येयम्।। 109–110।।

एकार्थदीपकमुदाहरति—**हरतीत्यादि**।। असौ जलधरावली आशानां दिशाम् आभोगं विस्तारं हरति, ज्योतिषां गणं गृह्णाति, अद्य मे मम प्राणांश्च आदत्ते। अत्र

अनेकशब्दोपादानात् क्रियैकैवात्र दीप्यते।
यतो जलधरावल्या तस्मादेकार्थदीपकम्।।112।।

हृद्यगन्धवहास्तुङ्गास्तमालश्यामलत्विषः ।
दिवि भ्रमन्ति जीमूता भुवि चैते मतङ्गजाः।।113।।

अत्र धर्मैरभिन्नानामभ्राणां दन्तिनां तथा।

Because by the use of different words, (viz., deprives, captures, takes away) one and the same action of the series of clouds is here made bright (illumined); therefore (this is) *Ekārtha-dīpakam* (or Light with one sense with the *dīpakam* word at the end).

The clouds which *carry pleasant fragrances* and which *despise the dark colour of tamala roam about high* in the sky; and also these elephants (which have the pleasant odour of rut, which are tall and which outvie the dark colour of *tamāla*) roam about on the *earth.*

Here, the connection between the *clouds* and the *elephants* both of which are not different from each other in their *dharmas* (characteristics) is because of their roaming

---

अनेकेषां शब्दानां हरति गृह्णाति आदत्ते इति क्रियावाचकानाम् उपादानात् ग्रहणात् अपिरत्र ऊहनीयः। यतः जलधरावल्याः एका एव क्रिया एकार्थकत्वात् त्रयाणामेव क्रियावाचकपदानामिति भावः दीप्यते, तस्मात् एकार्थदीपकमिदम्।। 111–112।।

श्लिष्टार्थदीपकमुदाहरति–**हृद्येति**।। हृद्यः शीतलत्वात् मनोरमः गन्धवहो येषु ते, इति जीमूतविशेषणम्। हृद्यं गन्धं मदजनितं वहन्तीति तथोक्ता इति मतङ्गजविशेषणम्। हृद्यगन्धवहाः तमालवत् श्यामलाः त्विषः कान्तयः येषां तादृशाः जीमूताः दिवि आकाशे, एते मतङ्गजाश्च भुवि भ्रमन्ति। अत्र धर्मैः

भ्रमणेनैव सम्बन्ध इति श्लिष्टार्थदीपकम्॥114॥

अनेनैव प्रकारेण शेषाणामपि दीपके।
विकल्पानामवगतिर्विधातव्या विचक्षणैः॥115॥

इति दीपकचक्रम्।

अर्थावृत्तिः पदावृत्तिरुभयावृत्तिरेव च।
दीपकस्थान एवेष्टमलङ्कारत्रयं यथा॥116॥

---

about. This is called *śliṣṭārtha-dīpakam* (or Light with panoromasia).

In this manner the distinctions about the remaining varieties also of *dīpakam* are to be made by the wise.

Thus, ends the sub-section on *Dīpakaṁ* or Light.

The repetition in meaning, the repetition in word, the repetition in both,—these three *alaṅkāras* are desired in the place of *dīpakam* : Thus :

साधारणैः हृद्यगन्धवहत्वादिभिः अभिन्नानाम् अभ्राणां तथा दन्तिनाम् एकया भ्रमणक्रियया एव वाक्यद्वये सम्बन्ध इति श्लिष्टार्थदीपकं हृद्यगन्धवहत्वं-रूपश्लिष्टार्थस्य प्रकटनात् इति भावः॥ 113-114॥

दीपकं संहरति—**अनेनेति**॥ अनेन एव प्रकारेण वैचित्र्यविशेषवशेन दीपके शेषाणाम् उक्तावशिष्टानां विकल्पानां भेदानाम् अवगतिः ज्ञानं विचक्षणैः सुधीरैः विधातव्या॥ 115॥

इति उक्तविधं दीपकानां चक्रं समूहः।

अथ आवृत्तिं निरूपयति—**अर्थावृत्तिरिति**॥ दीपकस्थाने दीपकस्य सम्भवे अर्थावृत्तिः पदावृत्तिः उभयावृत्तिश्च इदम् अलङ्कारत्रयम् इष्टं कविभिरिति शेषः। अर्थस्य एकस्य वाक्यार्थस्य आवृत्तिः वाक्यान्तरे पुनरुपस्थितिः पदावृत्तिः वाक्यान्तरीयपदस्य वाक्यान्तरे पुनरुपस्थितिः, उभयावृत्तिः वाक्यार्थस्य पदस्य

विकसन्ति कदम्बानि स्फुटन्ति कुटजद्रुमाः।
उन्मीलन्ति च कन्दल्यो दलन्ति ककुभानि च।।117।।
उत्कण्ठयति मेघानां माला बृन्दं कलापिनाम्।
यूनाञ्चोत्कण्ठयत्येषः मानसं मकरध्वजः।।118।।

The *kadamba* trees *are putting forth flowers,* the *kuṭaja* trees are *blossoming;* the *kandalis are* opening their eyes; the *kakubhas are sprouting*. This is (an example of repetition in meaning).

The serried cloud *make* the *crowd of peacocks* stretch their necks (in expectation) and Cupid (who has fish as banner) *creates a longing* in the minds of the young people. (This is an illustration of repetition in Word as *utkaṇṭhayati* is repeated with different meanings).

च वाक्यान्तरे पुनरुपस्थितिः। दीपके तु वाक्यान्तरे तत्पदस्यानुपादानेऽपि वाक्यान्तरीयपदस्य अनुषङ्गादिना अन्वयनिर्वाहः इह तु तदर्थकपदान्तरस्य तत्पदस्यैव वा पुनरुपादानमित्यनयोर्भेदः। भोजराजेन तु आवृत्तित्रयं दीपकस्यैव भेद इत्युक्तम्। यथा दीपकनिरूपणे–'अर्थावृत्तिः पदावृत्तिरुभयावृत्तिरावली। सम्पुटं रसना माला चक्रवालञ्च तद्भिदा'।। इति।। 116।।

अर्थावृत्तिमुदाहरति–**विकसन्तीति**।। कदम्बानि विकसन्ति कुटजद्रुमाः स्फुटन्ति, कन्दल्यः उन्मीलन्ति ककुभानि दलन्ति। वर्षावर्णनमिदम्। अत्र विकसन्तीत्यादिपदं भिन्नप्रकृतिकमपि एकार्थत्वेनेति अर्थस्य पुनरावर्तनात् अर्थावृत्तिरियम्।। 117।।

पदावृत्तिमाह–उत्कण्ठयतीति।। मेघानां माला कलापिनां वृन्दम् उत्कण्ठ-यति, एषः यूनां मानसम् उत्कण्ठयति च मेघानाम् उद्दीपकत्यात् इति भावः। अत्र प्रथमम् उत्कण्ठयति इति पदस्य आनन्दोदयात् दिदृक्षया उद्ग्रीवकरण-रूपोऽर्थः, अपरम् उत्कण्ठयतीति पदस्य औत्सुक्यवशीकरणरूपोऽर्थः तस्मात् उत्कण्ठयतीति पदमात्रस्य पुनरावृत्तिः न तु अर्थस्येति पदावृत्तिः।। 118।।

जित्वा विश्वं भवानत्र विहरत्यवरोधनैः।
विहरत्यप्सरोभिस्ते रिपुवर्गो दिवं गतः॥119॥

इत्यावृत्तिगणः।

प्रतिषेधोक्तिराक्षेपस्त्रैकाल्यापेक्षया त्रिधा।
अथास्य पुनराक्षेप्यभेदानन्त्यादनन्तता॥120॥

"Having conquered the Universe, your honour *sports* here with the ladies of the harem and the entirety of your enemies have gone to Heaven to sport with the *apsarās*. (This is an example of *ubhayavṛtti* or repetition in both word and meaning).

Thus, ends the subsection on *Āvṛtti* or repetition.

Ākṣepa (or objection) is a statement of denial and according to the three divisions of time (past, present and future) it is divided three-fold; and again its variety is endless, if the difference in the objection is considered.

उभयावृत्तिमाह—**जित्वेति**॥ अत्र भुवि भवान् विश्वं जित्वा अवरोधनैः अन्तःपुरिकाभिः विहरति, ते तव रिपुवर्मः दिवं गतः सन् अप्सरोभिर्विहरति युद्धमरणे स्वर्गलाभादप्सरःप्राप्तिरिति भावः। अत्र विहरतीति पदस्य तदर्थस्य च उत्तरवाक्ये पुनरावृत्तेः उभयावृत्तिरिति बोध्यम्॥ 119॥

इति उक्तप्रकारः आवृत्त्यलङ्कारस्य गणः प्रभेद इत्यर्थः।

आक्षेपं निरूपयति—**प्रतिषेधेति**॥ प्रतिषेधस्य उक्तिः कथनं न तु तत्त्वतः प्रतिषेधः, तात्त्विकत्वे वैचित्र्याभावात् अलङ्कारत्वाभवप्रसङ्गात् इति भावः। आक्षेपः प्रतिषेधाभास इत्यर्थः। उक्तञ्च आग्नेयपुराणे, 'प्रतिषेध इवेष्टस्य यो विशेषाभिधित्सया, तमाक्षेपं ब्रुवन्ती'ति। स च त्रैकाल्यापेक्षया त्रैकालिकवस्तुगतत्वेन त्रिधा वर्तमानाक्षेपः अतीताक्षेपः भविष्यदाक्षेप इति अस्य च त्रिविधस्यापि आक्षेपस्य पुनः आक्षेपस्य आक्षेपविषयस्य भेदात् अनन्तता अनन्तप्रभेद इत्यर्थः॥ 120॥

अनङ्गः पञ्चभिः पुष्पैर्विश्वं व्यजयतेषुभिः।
इत्यसम्भाव्यमथवा विचित्रा वस्तुशक्तयः।।121।।

इत्यनङ्गजयायोगबुद्धिर्हेतुबलादिह ।
प्रवृत्तैव यदाक्षिप्ता वृत्ताक्षेपः स ईदृशः।।122।।

कुतः कुवलयं कर्णे करोषि कलभाषिणि!।
किमपाङ्गमपर्याप्तमस्मिन् कर्मणि मन्यसे?।।123।।

"The God of Love conquers the Universe with (only) five flowers as arrows; this is impossible; or why the powers of things are wonderful."

In the above, the idea of the impossibility for reasons given or the victory of Love which has taken place is objected to; *vṛttākṣepa* (or objection about the past) is like this.

"Lady of the sweet voice! why do you place the

वृत्ताक्षेपं निर्दिशति–**अनङ्ग इत्यादि**।। अनङ्ग कामः इषुभिर्बाणभूतैः पञ्चभिः पुष्पैः अरविन्दादिभिः। उक्तञ्च, 'अरविन्दमशोकञ्च चूतञ्च नवमल्लिका। नीलोत्पलञ्च पञ्चैते पञ्चबाणस्य सायकाः'।। इति विश्वं व्यजयत विजितवान् इति असम्भाव्यम् अविश्वास्यमित्यर्थः। तथाच विजेतुस्तावदनङ्गत्वं बाणानाञ्च पञ्चसंख्यता तेषाञ्च पुष्पमयत्वं न तु दृढत्वं जेतव्यञ्च प्रकाण्डपदार्थो विश्वमिति विजयोऽश्रद्धेय ऐवति भावः। अथवा वस्तूनां पदार्थानां शक्तयः विचित्राः अचिन्त्यस्वरूपाः, वस्तुशक्त्या सर्वमेव सम्भाव्यते इति तत्त्वम्। इत्यत्र प्रवृत्ता जाता अनङ्गस्य विश्वळ्यासम्भाव्यत्वबुद्धिः हेतुबलात् वस्तुशक्तेः यत् आक्षिप्ता प्रतिषिद्धा, अतः ईदृशः एष इत्यर्थः सः प्रसिद्धः वृत्ताक्षेपः वृत्तस्य अतीतस्य सञ्जातस्य इत्यर्थः असम्भवबुद्धिरूपस्य आक्षेप इति।। 121-122।।

वर्तमानाक्षेपमुदाहरति–**कुत इत्यादि**।। हे कलभाषिणि! कर्णे कुवलयं नीलोत्पलं करोषि धारयसि कुतः कस्मात् अस्मिन् कर्मणि कर्णशोभाकर्मणि

स वर्तमानाक्षेपोऽयं कुर्वत्येवासितोत्पलम्।
कर्णे काचित् प्रियेणैवं चाटुकारेण रुध्यते।।124।।
सत्यं ब्रवीमि न त्वं मां द्रष्टुं वल्लभ! लप्स्यसे।
अन्यचुम्बनसंक्रान्तलाक्षारक्तेन चक्षुषा।।125।।
सोऽयं भविष्यदाक्षेपः प्रागेवातिमनस्विनी।
कदाचिदपराधोऽस्य भावीत्येवमरुन्ध यत्।।126।।

---

kuvalaya in the ear? In this work (of destroying me) do you consider a mere side glance of your eyes not enough?"

This is *vartamānākṣepa* (or objection about the present); for a lady who is placing the blue *utpala* flower in her ear is thus cleverly obstructed by her lover.

"I speak the truth; you will not be able, my lord, to see me with your eye, red like lac, because of having kissed another (lady)."

This is *bhaviṣyadākṣepa* (or objection about the future); for a sensitive woman thus prevents in advance her lover's transgression at some future time.

अपाङ्गं किम् अपर्याप्तम् अक्षमं मन्यसे? अपाङ्गेनैव कर्णशोभासम्पादनात् कुवलयधारणं व्यर्थमिति भावः। सः अयं वर्तमानाक्षेपः, यतः असितोत्पलं नीलोत्पलं कर्णे कुर्वती एव न तु कृतवती वा करिष्यन्ती काचित् नायिका चाटुकारेण प्रियेण एवं रुध्यते प्रतिषिध्यते। अतोऽत्र वर्तमानस्य असितोत्पल-धारणस्य आक्षेपात् वर्तमानाक्षेप इति भावः।। 123-124।।

भविष्यदाक्षेपमाह—**सत्यमित्यादि**।। हे वल्लभ! सत्यं ब्रवीमि, त्वम् अन्यस्या नायिकायाः चुम्बनेन संक्रान्तया लाक्षया रक्तेन चक्षुषा मां द्रष्टुं न लप्स्यसे मद्दर्शनं न प्राप्स्यसीत्यर्थः। अत्र अतिमनस्विनी अतिमानवती काचित् नायिका कदाचित् अस्य नायकस्य अपराधो भावो भविष्यतीति आशङ्क्य यत् एवं नायकम् अरुन्ध नायिकान्तरप्रसक्तौ निषिद्धवती अतः अयं स प्रसिद्धः भविष्यतः नायिकान्तरानुरागस्य आक्षेपात् प्रतिषेधात् भविष्यदाक्षेप इति निष्कर्षः।। 125-126।।

तव तन्वङ्गि! मिथ्यैव रूढमङ्गेषु मार्दवम्।
यदि सत्यं मृदून्येव किमकाण्डे रुजन्ति माम्।।127।।

धर्माक्षेपोऽयमाक्षिप्तमङ्गनागात्रमार्दवम्।
कामुकेन यदत्रैवं कर्मणा तद्विरोधिना।।128।।

सुन्दरी सा न वेत्येष विवेकः केन जायते।
प्रभामात्रं हि तरलं दृश्यते न तदाश्रयः।।129।।

"O, lady of slender limbs! Softness is falsely attributed to your limbs; if it be true that they are soft, then why do they cause me pain all over?"

This is *dharmākṣepa* (or objection to the attribute); for here the softness of the limbs of a girl is objected to by a lover, because of the contrary action (towards him).

"Whether she is a beautiful woman or not, how could the truth about this be born? For, only a quivering streak of splendour is seen and not the object of which it is an attribute."

आक्षेपस्य भेदानामानन्त्येऽपि कतिचित् भेदान् दर्शयिष्यन् प्रथमं धर्माक्षेपमाह–तवेत्यादि।। हे तन्वङ्गि! तव अङ्गेषु मार्दवं रूढं स्थितं मिथ्यैव, यदि सत्यं तव अङ्गानि मृदूनि एव, तदा अकाण्डे अकारणं मां किं रुजन्ति तापयन्ति। अत्र कामुकेन एवम् उक्तिनैपुण्येन इत्यर्थः तद्विरोधिना मार्दवविरोधिना कर्मणा तापनरूपेण अङ्गनाया गात्रस्य मार्दवम् आक्षिप्तं प्रतिषिद्धं तस्मात् अयं धर्मस्य मार्दवरूपस्य आक्षेपात् धर्माक्षेपः।। 127–128।।

धर्म्याक्षेपमुदाहरति–सुन्दरीत्यादि।। अत्र सा सुन्दरी नायिका वर्तते इति शेषः न वा इत्येषः विवेकः निश्चयज्ञानं केन कथं जायते न कथमपीत्यर्थः, हि यतः तरलं चञ्चलम् इतस्ततः विसृमरमित्यर्थः प्रभामात्रं दृश्यते, तस्य प्रभामात्रस्य

धर्म्याक्षेपोऽयमाक्षिप्तो धर्मी धर्मं प्रभाह्वयम्।
अनुज्ञायैव यद्रूपमत्याश्चर्यं विवक्षता।।130।।
चक्षुषी तव रज्येते स्फुरत्यधरपल्लवः।।
भ्रुवौ च भुग्नौ न तथाप्यदुष्टस्यास्ति मे भयम्।।131।।
स एष कारणाक्षेपः प्रधानं कारणं भियः।

This is *dharmyākṣepa* (or objection to the object which has the attribute); because mentioning the attribute of "splendour" the object of the attribute is objected to with a view to point out the wonder of its form.

"Your two eyes are red (with passion); the tendril of your lower lip quivers; and the two eye-brows are knit (in anger); and even then there is no fear for me who am blameless."

This is *kāraṇākṣepa* (or objection about the cause); for

आश्रयः आधारभूता नायिका न अत्र अत्याश्चर्यं रूपं विवक्षता नायकेन प्रभाह्वयं प्रभारूपं धर्मम् अनुज्ञाय एव संस्थाप्यैव धर्मी तदाश्रयभूता नायिका आक्षिप्तः प्रतिषिद्ध इति अयं धर्म्याक्षेपः।। 129-130।।

कारणाक्षेपमुदाहरति—**चक्षुषी इत्यादि**।। तव चक्षुषी रज्यते आरक्ते भवतः, अधरः पल्लव इव स्फुरति, भ्रुवौ च भुग्नौ वक्रीकृतौ, तथापि भयकारणे सत्यपीत्यर्थः अदुष्टस्य निरपराधस्य मे भय नास्ति। अत्र पटीयसा सुनिपुणेन प्रियेण मिथः प्रधानं कारणं स्वापराधः निजकृतदोषः यत् यस्मात् निषिद्धः अतः एषः स प्रसिद्धः कारणाक्षेपः। अत्र न भयम् अस्तीति कथनेन भयरूपकार्यस्य प्रतिषेधात् अयं कार्याक्षेपश्चैत्यनयोः सङ्करः। विभावना च स्फुटतया लक्ष्यते, 'विभावना विना हेतुं कार्योत्पत्तिर्यदुच्यते' इति तल्लक्षणात् अतस्त्रयाणामेव सङ्कर इति ज्ञेयम्।। 131-132।।

स्वापराधो निषिद्धोऽत्र यत् प्रियेण पटीयसा।।132।।

दूरे प्रियतमः सोऽयमागतो जलदागमः।

दृष्टाश्च फुल्ला निचुला न मृता चास्मि किन्विदम्।।133।।

कार्याक्षेपः स कार्यस्य मरणस्य निवर्तनात्।

तत्कारणमुपन्यस्य दारुणं जलदागमम्।।134।।

न चिरं मम तापाय तव यात्रा भविष्यति।

---

the chief cause of fear, *viz.*, one's own guilt is here objected to by the clever lover.

"My dearest lover is far away and this rainy season is arrived; the *niculā* flowers are seen blossoming and yet I am not dead. How is this ?"

This is *kāryākṣepa* (or objection as to result) because of the denial of the result, *viz.* death, after stating its cause, the cruel rainy season.

"Your journey (hence) will not be for my sorrow for

कार्याक्षेपं दर्शयति–दूरे इत्यादि।। प्रियतमः दूरे तिष्ठति इति शेषः, सः अयं जलदागमः वर्षासमयः आगतः, यतः फुल्लाः निचुलाः स्थलवेतसाः दृष्टाश्च, तथापि न मृता च अस्मि, न वितर्के, किमिदम् अत्यसम्भाव्यमिदम् इति भावः, विरहिण्युक्तिरियम्। अत्र तस्य कारणं दारुणं जलदागमम् उपन्यस्य कार्यस्य मरणस्य निवर्तनात् प्रतिषेधात् सः प्रसिद्धः कार्याक्षेपोऽयम्। अत्र सति कारणे फलस्य मरणस्य अभावकीर्तनात् विशेषोक्तिरपि। तदुक्तं दर्पणकारेण, 'सति हेतौ फलाभावो विशेषोक्तिस्तथा द्विधा' इति तदनयोः सङ्करः इति बोध्यम्।। 133–134।।

अनुज्ञाक्षेपमुदाहरति–नेत्यादि।। तव यात्रां प्रवासगमनं मम चिरं तापाय न भविष्यति, विरहेण मम झटिति प्राणात्ययस्य अवश्यम्भावादिति भावः। यदि त्वं यास्यसि तदा यातव्यं याहीत्यर्थः, ते तव अत्र मद्विषये आशङ्कया अलम्। अत्र विरहवेदनया मरणं सूचयन्त्या कयाचित् अनुज्ञामुखेन विदेशागमनानुमत्या

यदि यास्यसि यातव्यमलमाशङ्कयाऽत्र ते।।135।।
इत्यनुज्ञामुखेनैव कान्तस्याक्षिप्यते गतिः।
मरणं सूचयन्त्यैव सोऽनुज्ञाक्षेप उच्यते।।136।।
धनञ्च बहु लभ्यं ते सुखं क्षेमञ्च वर्त्मनि।
न च मे प्राणसन्देहस्तथापि प्रिय! मास्म गाः।।137।।
इत्याचक्षाणया हेतून् प्रिययात्रानुबन्धिनः।

---

long; if you are going, you must go; but enough of any fear of yours about (what will happen) here."

Thus by means of an *anujñā* (or permission) the departure of the lover is objected to by the lady (indicating) her death; so this is called *anujñākṣepa* (or objection in the form of apparent permission).

"Much wealth will be obtainable by you and on the way both happiness and safety (will attend you); and there is no doubt about my life (*i.e.* I will certainly die if you depart). Even so, my dear, please do not go away."

एव कान्तस्य गतिः विदेशगमनम् आक्षिप्यते निषिध्यते, अतः सः अनुज्ञाक्षेप इत्युच्यते।। 135–136।।

प्रभुत्वाक्षेपमुदाहरति—**धनञ्चेत्यादि**।। हे प्रिय! ते विदेशगमने इति अध्याहार्यं बहु धनं सुखञ्च तथा वर्त्मनि पथि क्षेमं कुशलञ्च लभ्यम्, अत्र च मे प्राणसन्देहः न तव शीघ्रप्रत्यसागमनस्य बहुधनलाभस्य च सम्भवादिति भावः, तथापि मा स्मागाः मा गच्छ अत्र प्रिययात्रायाः प्रियस्य विदेशगमनस्य अनुबन्धिनः पोषकान् हेतून् आचक्षाणया कीर्तयन्त्या कयाचित् स्वाधीनपतिकया इति शेषः प्रभुत्वेन स्वाधीनतया एव पतिः रुद्धः विदेशगमनात् निवर्तितः तस्मात् एषः प्रभुत्वाक्षेप उच्यते।। 137–138।।

अनादराक्षेपमुदाहरति—**जीवितेत्यादि**।। हे कान्त! मम जीविताशा जीवनेच्छा बलवती दीर्घकालं जीवितुमिच्छामि इत्यर्थः धनाशा मम दुर्बला तव विदेशगमने

प्रभुत्वेनैव रुद्धस्तत् प्रभुत्वाक्षेप उच्यते।।138।।

जीविताशा बलवती धनाशा दुर्बला मम।
गच्छ वा तिष्ठ वा कान्त! स्वावस्था तु निवेदिता।।139।।

असावनादराक्षेपो यदनादरवद्वचः।
प्रियप्रयाणं रुन्धत्या प्रयुक्तमिह रक्तया।।140।।

गच्छ गच्छसि चेत् कान्त! पन्थानः सन्तु ते शिवाः।

Thus by a lady stating the reasons which do not prevent her lover's departure, he is prevented by a mere word of command; this is called *prabhutvākṣepa* (or objection by way of command).

"Desire to live is strong in me and desire for riches is weak in me; beloved! either go or stay (as you choose); the condition (of my mind) has been represented (to you)."

This is *anādarākṣepa* (or objection involving sullen indifference) because words are here used by a loving lady in sullen indifference for preventing the departure of her lover.

"Beloved! if you are going, go; and may your path be

धनलाभो भविष्यति इत्येषा आकाङ्क्षा मम नास्तीत्यर्थः अतः गच्छः वा तिष्ठ, स्वस्य अवस्था अभिप्राय इत्यर्थः निवेदिता कथिता। इह रक्तया अनुरागिण्या प्रियप्रयाणं पत्युर्विदेशगमनं रुन्धत्या वारयन्त्या कयाचित् यत् यस्मात् अनादरवत् अनास्थाव्यञ्जकं वचः प्रयुक्तम् अतः असौ अनादराक्षेप इति।। 139-140।।

आशीर्वचनाक्षेपमुदाहरति–**गच्छेत्यादि**।। हे कान्त! गच्छसि चेत् गच्छ, ते तव पन्थानः शिवाः निर्विघ्नाः सन्तु, किन्तु, यत्र भवान् गतः तत्रैव ममापि जन्म भूयात्, अयं भावः तव गमनानन्तरमेव मम मरणं भविष्यति मृतायाश्च अवश्यं

ममापि जन्म तत्रैव भूयाद् यत्र गतो भवान्।।141।।

इत्याशीर्वचनाक्षेपो यदाशीर्वादवर्त्मना।

स्वावस्थां सूचयन्त्यैव कान्तयात्रा निषिध्यते।।142।।

यदि सत्यैव यात्रा ते काप्यन्या मृग्यतां त्वया।

अहमद्यैव रुद्धास्मि रन्ध्रापेक्षेण मृत्युना।।143।।

इत्येष परुषाक्षेपः परुषाक्षरपूर्वकम्।

---

pleasant; and my birth be only in that place whither you are going."

Thus is *aśīrvacanākṣepa* (or objection in the form of a blessing); for, by way of blessing the lover his departure is objected to by the lady indicating the condition of her mind.

"If your journey must indeed be, then let some other lady be sought out by you; I am even now caught by *mṛtyu* (death) who is ever on the look-out for an opportunity."

This is *paruṣākṣepa* (or objection by means of cruel words) because the departure of the lover is objected

---

जन्म भविता तत्तु तव सन्निधौ भवति चेत् पुनस्त्वद्दर्शनं लप्स्ये इति। अत्र आशीर्वादवर्त्मना आशीर्वचनरीत्या स्वावस्थां सूचयन्त्या कान्तया यत् यस्यात् कान्तस्य यात्रा विदेशगमनं निषिध्यते अतः अयम् आशीर्वचनाक्षेपः।। 141–142।।

परुषाक्षेपमुदाहरति—**यदीत्यादि**।। यदि ते तव यात्रा विदेशगमनं सत्यैव, तदा त्वया अन्या कापि प्रियतमा मृग्यताम् अन्विष्यताम्। अहं रन्ध्रापेक्षेण छिद्रानुसन्धायिना मृत्युना अद्यैव न तु कालान्तरे, रुद्धा आक्रान्ता अस्मि, अद्यैव मम मृत्युर्भविष्यति इति भावः। इत्यत्र प्रेमनिघ्नया अनुरागवशवर्तिन्य कयाचित्

कान्तस्याक्षिप्यते यस्मात् प्रस्थानं प्रेमनिघ्नया ।। 144 ।।

गन्ता चेत् गच्छ तूर्णं ते कर्णौ यान्ति पुरारवाः ।
आर्तबन्धुमुखोद्‌गीर्णाः प्रयाणपरिपन्थिनः ।। 145 ।।

साचिव्याक्षेप एवैष यदत्र प्रतिषिध्यते ।
प्रियपयाणं साचिव्यं कुर्वत्येवानुरक्तया ।। 146 ।।

गच्छेति वक्तुमिच्छामि त्वत्प्रियं मत्प्रियैषिणी ।

---

to by a lady, overwhelmed by love, by means of harsh words.

"If you are going, go quickly, before the wailings, proceeding from the mouths of bereaved relations which will obstruct your departure, reach your ears."

This is *sācivyākṣepa* (or objection by way of advice); for here the departure of the lover is objected to by the beloved under the guise of giving advice.

परुषाक्षरपूर्वकं निष्ठुरवचनमुक्त्वा इत्यत्र यस्मात् कान्तस्य प्रस्थानं विदेशगमनम् आक्षिप्यते निषिध्यते अतः एष परुषाक्षेपः ।। 143–144 ।।

साचिन्याक्षेपमुदाहरति—**गन्तेत्यादि** ।। हे कान्त ! गन्ता गामी चेत गमिष्यसि यदीत्यर्थः भविष्यदर्थे तृन् । तूर्णं गच्छ आर्तानां शोकाकुलानां 'मन्मरणेनेति भावः, बन्धूनां मुखोद्गीर्णा मुखोच्चरिताः प्रयाणपरिपन्थिनः विदेशयात्राप्रतिरोधिनः रवाः मन्मृत्युसूचका वर्णाः ते कर्णौ पुरा यान्ति श्रवणगोचरीभविष्यन्ति इत्यर्थः । पुरायोगे भविष्यदर्थे लट् । अत्र अनुरक्तया कयाचित् साचिव्यं सहायतां तूर्णं गच्छेत्यनेनेति भावः । कुर्वत्या यत् यस्मात् प्रियप्रयाणं प्रियस्य विदेशयात्रा प्रतिषिध्यते अत एव साचिव्याक्षेपः ।। 145–146 ।।

यत्नाक्षेपं निरूपयति—**गच्छेत्यादि** ।। त्वत्प्रियं तव अनुकूलं गच्छ इति वचः वक्तुम् इच्छामि, किन्तु मुखात् मा गा इति मत्प्रियैषिणी वाणी निर्गच्छति

निर्गच्छति मुखाद्वाणी मागा इति करोमि किम्।।147।।

यत्नाक्षेपः स, यत्नस्य कृतस्यानिष्टवस्तुनि।
विपरीतफलोत्पत्तेरानर्थक्योपदर्शनात् ।।148।।

क्षणं दर्शनविघ्नाय पक्ष्मस्पन्दाय कुप्यतः।
प्रेम्णः प्रयाणं त्वं ब्रूहि मया तस्येष्टमिष्यते।।149।।

सोऽयं परवशाक्षेपो यत्प्रेमपरतन्त्रया।

"Anxious to utter what will please you I desire to say 'go'; but out of my mouth the word comes which seeks to please me,—'don't go'; what can I do?"

This is *yatnākṣepa* (or objection involving an effort) because of its exhibiting the futility by producing contrary result when effort is made about an undesired object.

"Inform my feeling of love, which gets angry even if the winking of the eye prevents ray seeing you for a moment, of your departure : what is liked by it (the feeling of love) is also liked by me."

किं करोमि तव गृहे अवस्थानस्यैव मत्प्रियत्वात् इति भावः। अत्र अनिष्टवस्तुनि गच्छेति गमनविधाने कृतस्यापि यत्नस्य विपरीतस्य फलस्य मा गा इति वाणीनिःसरणरूपस्य उत्पत्तेः जातत्वात् आनर्थक्योपदर्शनात् अनर्थसम्भवद्योतनात् विदेशगमनमाक्षिप्ये इति अयं यत्नाक्षेपः।। 147–148।।

परवशाक्षेपमुदाहरति–**क्षणमित्यादि**।। हे कान्त! त्वं क्षणं व्याप्य दर्शनविघ्नाय दर्शनप्रतिबन्धकाय पक्ष्मस्पन्दाय कुप्यतः पक्ष्माणं यात्रानुमतिं ब्रूहि प्रार्थय, मया तस्य प्रेम्ण, इव इष्टम् इष्यते। प्रेमाधीनाया मम अनुज्ञया अलं प्रेम्णः अभिमतश्चेत् तव गमनं तर्हि गच्छेति भावः। प्रयाणानुमतिं कामयमानं पतिं प्रति कस्याश्चिदुक्तिरियम्। यत्र पेमपरतन्त्रतया नायिकया अत्यार्थस्य प्रेमानु–

तया निषिध्यते यात्रेत्यन्यार्थस्योपदर्शनात्।।150।।

सहिष्ये विरहं नाथ! देह्यदृश्याञ्जनं यथा।
यदक्तनेत्रां कन्दर्पः प्रहर्तुं मां न पश्यति।।151।।

दुष्करं जीवनोपायमुपन्यस्योपरुध्यते।
पत्युः प्रस्थानमित्याहुरुपायाक्षेपमीदृशम्।।152।।

This is *paravaśākṣepa* (or objection involving a statement of being overpowered); because the journey is prevented by a lady overpowered by love indicating the object (by which she is overpowered).

"Lord, I will endure the separation; give me the unguent which makes one invisible; by smearing which in my eyes, Cupid who smiles (me with arrows) may not see me."

By stating an impossible remedy for sustaining life, the departure of the husband is prevented; this they say, will be *upāyākṣepa* (or objection stating a remedy).

मतिग्रहणरूपस्य उपदर्शनात् उपदेशात् यात्रा कान्तस्य विदेशगमनं निषिध्यते इति अयं सः प्रसिद्धः परवशाक्षेपः।। 149-150।।

उपायाक्षेपमाह—साहित्ये इत्यादि।। हे नाथ! तव विरहं सहिष्ये, मम अदृश्याञ्जनम् आदर्शनजनकं कज्जलविशेषं देहि, किं तत इत्याह—यदिति। कन्दर्पः येन कज्जलेन अक्ते लिप्ते नेत्रे यस्याः तादृशीं मां प्रहर्तुं न पश्यति, तव विरहे कन्दर्पो मां व्यथयिष्यति, यदि तस्याशङ्का न स्यात् तदा तव प्रयाणे न हानिरिति भावः। अत्र दुष्करं जीवनोपायं कामादर्शनजनकसिद्धाञ्जनविशेषदानरूपं जीवनोपायमुपन्यस्य तदसम्भवात् पत्युः प्रस्थानं विदेशयात्रा उपरुध्यते प्रतिषिध्यते इति ईदृशम् उपायाक्षेपम् आहुः कवय इति शेषः।। 151-152।।

प्रवृत्तैव प्रयामीति वाणी वल्लभ! ते मुखात्।
अयतापि त्वयेदानीं मन्दप्रेम्णा ममास्ति किम्।।153।।

रोषाक्षेपोऽयमुद्रिक्तस्नेहनिर्यन्त्रितात्मना।
संरब्धया प्रियारब्धं प्रयाणं यन्निषिध्यते।।154।।

मुग्धा कान्तस्य यात्रोक्तिश्रवणादेव मूर्च्छिता।
बुध्वा वक्ति प्रियं दृष्ट्वा किं चिरेणागतो भवान्।।155।

"My lord, from your mouth has issued the word 'I go'; even if you do not go what have I to do now with one whose love is so dull?"

This is *roṣākṣepa* (or objection involving anger); because the journey begun by the lover is objected to by a lady who is upset by overwhelming love and thrown into a passion.

"A simple maiden falls into a swoon on merely hearing word about the departure of her lover; and awakening

---

रोषाक्षेपमुदाहरति–**प्रवृत्तैवेत्यादि**।। हे वल्लभ! ते तव मुखात् प्रयामि गच्छामि इति वाणी प्रवृत्ता उच्चरिता एव ईदृशे प्रेम्णि तव प्रयाणं दूरापास्तं, तदर्थकवाणीनिःसरणमपि असम्भवमिति भावः, अतः अनुरागस्तादृशोऽपि त्वया शिथिलीकृत इत्याशयेनाह–अयतेति। इदानीं मन्दप्रेम्णा शिथिलितानुरागेण अयता गच्छतापि त्वया मम किम् अस्ति न किमपि प्रयोजनमस्तीत्यर्थः। अयतेति इण् गतावित्यस्मात् भौवादिकात् निष्पन्नम्। अत्र उद्रिक्तेन अतिरिक्तेन स्नेहेन प्रेम्णा नियन्त्रितः आक्रान्तः आत्मा यस्यास्तादृश्या संरब्धया कुपितया कयाचित् प्रियेण आरब्धम् उद्युक्तं प्रयाणं प्रियकृतविदेशगमनोद्योग इत्यर्थः यत् यस्मात् निपिध्यते अतः अयं रोषाक्षेपः।। 143–154।।

मूर्च्छाक्षेपं निरूपयति–**मुग्धेत्यादि**।। काचित् मुग्धा कान्तस्य यात्राया विदेशगमनस्य उक्तिश्रवणात् एव न तु विदेशगमनात् मूर्च्छिता मोहं प्राप्ता, अथ

इति तत्कालसम्भूतमूर्च्छयाक्षिप्यते गतिः।
कान्तस्य कातराक्ष्या यन्मूर्च्छाक्षेपः स ईदृशः ।।156।।
नाघ्रातं न कृतं कर्णे स्त्रीभिर्मधुनि नार्पितम्।
त्वद्द्विषां दीर्घिकास्वेव विशीर्णं नीलमुत्पलम्।।157।।
असावनुक्रोशाक्षेपः सानुक्रोशमिवोत्पले।

(from the swoon) she sees her lover and says 'Have you at least come back?"

Thus, the departure of the lover is objected by the swooning on the occasion by the lady of timid eyes; *mūrcchākṣepa* (or objection involving a swoon) is like this.

"The blue *utpala* flower has not been smelt; has not been placed in the ear by women nor has it been put in honey; it has merely wasted itself in the long *utpala* ponds of (your) enemies."

This is *anukrośākṣepa* (or objection involving pity);

बुद्वा संज्ञां लब्ध्वा बुध्वेति पाठे सञ्जातचैतन्या प्रियं दृष्ट्वा वक्ति भवान् किं कथं चिरेण आगतः, एतादृशं विलम्बं कृत्वा कथमागतोऽसीत्यर्थः। इत्यत्र तत्काले गमनश्रवणकाले सम्भूता मूर्च्छा यस्याः तया कातराक्ष्या मुग्धया कान्तस्य गतिः यत् आक्षिप्यते निषिध्यते स ईदृशः मूर्च्छाक्षेपः।। 155-156।।

अनुक्रोशाक्षेपं निरूपयति–नेत्यादि।। तव द्विषां शत्रूणां स्त्रीभिः नीलम् उत्पलं न आघ्रातं न कर्णे कृतं च, न अर्पितं सुतरां दीर्घिकासु एव विशीर्णं विशुष्कम्। अत्र राजविषया रतिर्ध्वन्यते, तेषां पराजयेन मरणात् पलायनाच्चेति भावः। अत्र उत्पले सानुक्रोशमिव सदयमिव तस्य उत्पलस्य योग्यं वर्म स्त्रीजनकर्तृकाघ्राणादिकं व्यावर्त्य निषिध्य शोच्याया अवस्थायाः अनुपभोगेन

व्यावर्त्यं कर्म तद्योग्यं शोच्यावस्थोपदर्शनात्।।158।।

अमृतात्मनि पद्मानां द्वेष्टरि स्निग्धतारके।
मुखेन्दौ तव सत्यस्मिन्नपरेण किमिन्दुना।।159।।

इति मुख्येन्दुराक्षिप्तो गुणान् गौणेन्दुवर्तिनः।
तत्समान् दर्शयित्वेह श्लिष्टाक्षेपस्तथाविधः।।160।।

---

because of the pitiful description of the piteous condition of the *utpala* flower after stating its proper functions.

"When there is your face-moon which is nectarine, (which has nectar) which outvies the lotuses (which makes the lotuses shrink away) and which has soft eyes (which has the stars as beloved objects), of what use is this other moon?"

Here the principal moon is objected to by showing the similar characteristics which the secondary moon has; *śliṣṭākṣepa* is in this manner.

वापीषु विशीर्णतारूपाया उपदर्शनात् प्रदर्शनात् असौ अनुक्रोशाक्षेपः।। 157–158।।

श्लिष्टत्काक्षेपमुदाहरति–**अमृतात्मनीत्यादि**।। अमृतस्येव आत्मा स्वभावो यस्य तादृशे परमाह्लादके इत्यर्थः अन्यत्र अमृतं जलं तदात्मके, पद्मानां द्वेष्टरि पराजयकारिणि, अन्यत्र सङ्कोचकत्वात् शत्रौ तथा स्निग्धे तारके अक्षिकनीनिके यस्य तस्मिन् तव अस्मिन् मुखेन्दौ सति अपरेण इन्दुना किं न किमपि प्रयोजनमस्तीत्यर्थः। इत्यत्र तत्समान् तस्य मुखेन्दोः सदृशान् गौणम् आरोपितं यत् इन्दुः मुखमित्यर्थः तद्वर्तिनः तदीयान् गुणान् दर्शयित्वा मुख्यः इन्दुः आक्षिप्तः प्रतिषिद्धः इत्यतः तथाविधः तादृशः श्लिष्टाक्षेपः अयम् अस्य श्लेषमूलकत्वात् इति भावः।। 159–160।।

अर्थो न सम्भृतः कश्चिन्न विद्या काचिदर्जिता।
न तपः सञ्चितं किञ्चिद् गतञ्च सकलं वयः।।161।।

असावनुशयाक्षेपो यस्मादनुशयोत्तरम्।
अर्थार्जनादेर्व्यावृत्तिर्दर्शितेह गतायुषा।।162।।

किमयं शरदम्भोदः किंवा हंसकदम्बकम्।
रुतं नूपुरसंवादि श्रूयते तन्न तोयदः।।163।।

इत्ययं संशयाक्षेपः संशयो यन्निवर्त्त्यते।

"No wealth has been amassed; no branch of learning has been acquired; on power (of penance) has been accumulated and all the years have gone."

This is *anuśayākṣepa* (or objection involving remorse) because here the denial of amassing wealth, etc., has been indicated by an aged person with an expression of remorse.

"Is this an autumnal could? Or is it a herd of swans? A cry resembling the tinkling of the anklet is heard; therefore it is not a cloud."

अनुशयाक्षेपमुद्दिशति–**अर्थ इति**।। कश्चित् अर्थः धनं न सम्भृतः, काचित् विद्या च न अर्जिता, किञ्चित् तपः न सञ्चितं सकलं वयश्च गतम्। अत्र यस्मात् अनुशयोत्तरं पश्चात्तापबहुलं यथा तथा गतायुषा जनेन अर्थार्जनादेः व्यावृत्तिः अभावः दर्शिता तस्मात् अयन् अनुशयाक्षेपः।। 161–162।।

संशयाक्षेपमुदाहरति–**किमित्यादि**।। अयं किं शरदम्भोदः, शरत्कालीनः जलापगमात् शुभ्रः मेघः, किंवा हंसानां कदम्बकं समूहः किन्तु नूपुरसंवादि नूपुरध्वनिसदृशं रुतं श्रूयते, तस्मात् तोयदः मेघः न। अत्र अस्पृष्टा घनजातिर्येन

धर्मेण हंससुलभेनास्पृष्टघनजातिना।।164।।
चित्रमाक्रान्तविश्वोऽपि विक्रमस्ते न शाम्यति।
कदा वा दृश्यते तृप्तिरुदीर्णस्य हविर्भुजः।।165।।
अयमर्थान्तराक्षेपः प्रक्रान्तो यन्निवार्यते।
विस्मयोऽर्थान्तरस्येह दर्शनात् तत् सधर्मणः।।166।।

This is *saṁśāyākṣepa* (or objection involving an expression of doubt); for the doubt is removed by stating a characteristic which is in a swan but which has no connection with clouds.

"It is a wonder that your prowess is not satisfied although it has traversed beyond the Universe, or why, when is satisfaction seen of the growing fire."

This is *arthāntarākṣepa* (or objection by stating another example) because the wonder caused by valour is denied by showing another example with a similar characteristic.

तादृशेन हंससुलभेन केवलहंससम्बन्धिना धर्मेण तादृशरुत्तेन यत् यस्मात् संशयः निवर्त्त्यते तस्मात् अयं संशयाक्षेपः।। 163-164।।

अर्थान्तराक्षेपमुद्दिशति–**चित्रमिति**।। ते तव विक्रमः आक्रान्तं विश्वं येन तादृशोऽपि न शाम्यति एतत् चित्रमाश्चर्यम्। वा अथवा उदीर्णस्य उदीप्तस्य हविर्भुजः अग्नेः तृप्तिः कदा दृश्येत न कदापि इत्यर्थः। इह अत्र तत्सधर्मणः तस्य विक्रमस्य धर्मणः समानधर्मस्य अर्थान्तरस्य हविर्मुक्तृप्त्यभा व रूपस्य दर्शनात् प्रदर्शनात् प्रकान्तः चित्रमिति पादेन प्रस्तुतः विस्मयः। यत् निवार्यते, अयम् अर्थान्तराक्षेपः अर्थान्तरेण प्रस्तुतस्याक्षेपात्। अत्र राजविषयिणी रतिर्ध्वन्यते।। 165-166।।

न स्तूयसे नरेन्द्र! त्वं ददासीति कदाचन।
स्वमेव मत्वा गृह्णन्ति यतस्त्वद्धनमर्थिनः।।167।।
इत्येवमादिराक्षेपः हेत्वाक्षेप इति स्मृतः।
अनयैव दिशान्योऽपि विकल्पः शक्य ऊहितुम्।।168।।

इति आक्षेपचक्रम्।।

ज्ञेयः सोऽर्थान्तरन्यासो वस्तु प्रस्तुत्य किञ्चन।

"Oh king, you are not praised at any time that you give; because mendicants take your wealth thinking it their own".

This and the like *ākṣepa* (or objection) are considered *hetvākṣepa* (or objection with a reason). In this manner other varieties can also be inferred.

Here ends the sub-section on Objection.

In describing a certain object, the citation of another object which is capable of conveying the same meaning

---

हेत्वाक्षेपमुद्दिशति—**नेत्यादि**।। हे नरेन्द्र! त्वं ददासीति कृत्वा कदाचन न स्तूयसे, यतः अर्थिनः तव धनं स्वं निजस्वत्वास्पदीभूतमेव बुध्वा इति शेषः गृह्णन्ति। एतेन राज्ञोऽतीव दानशीलत्वं सूचितम्। इत्यत्र स्वमेवेति हेतुवशात् प्रस्तुतराजस्तवस्य आक्षेपात् हेत्वाक्षेपः अयम् आक्षेपस्य हेतुसाध्यत्वात्। अनया एव दिशा रीत्या अन्योऽपि विकल्पः आक्षेपस्य भेदः ऊहितुं निरूपयितुं शक्यः धीमद्भिरिति शेषः। कारणाक्षेपे तु कारणस्यैव आक्षेप इह तु कारणेन आक्षेप इत्यनयोर्भेद इति बोध्यम्।। 167-168।।

इति उक्तरूपम् आक्षेपालङ्काराणां चक्रं समूहः।

अर्थान्तरन्यासमाह—**ज्ञेय इति**।। किञ्चन किमपि वस्तु प्रकृतं प्रस्तुत्य उपन्यस्य तस्य साधने प्रमाणीकरणे समर्थस्य अन्यस्य अप्रकृतस्य वस्तुनः

तत्साधनसमर्थस्य न्यासो योऽन्यस्य वस्तुनः ।।169।।
विश्वव्यापी विशेषस्थः श्लेषाविद्धोविरोधवान् ।
अयुक्तकारी युक्तात्मा युक्तायुक्तो विपर्ययः ।।170।।
इत्येवमादयो भेदाः प्रयोगेष्वस्य लक्षिताः ।

(as the original object) must be considered *arthāntara-nyāsa* (or Illustrative Citation).

In the use of this (figure of speech), varieties beginning with the following are to be seen *viśvavyāpī* (universally applicable), *viśeṣastha* (special) *śleṣaviddha* (panoro-masiac), *virodhavān* (having opposition), *ayuktakārī* (incongruous), *yuktātmā* (fitting), *yuktāyukta* (partly incongruous and partly fitting), and *viparyaya* (contrary).

विषयस्य कीर्तनं सः अर्थान्तरन्यास ज्ञेयः। अत्र प्रस्तुत्य इति क्त्वाप्रत्ययेन प्रथमं प्रकृतस्य कीर्तनं ततस्तत्समर्थकस्य उपन्यास इति सूचितम्। कदाचित् वैपरीत्यमपि दृश्यते। भोजराजेन स विपरीतार्थान्तरन्यासोऽभिहितः। यथा, 'प्रतिकूलतामुपगते हि विधौ विफलत्वमेति बहुसाधनता। अवलम्बनाय दिनभर्तुरभून्न पतिष्यतः करसहस्रमपी'ति। अत्र पूर्वार्धवाक्यं परार्धस्य समर्थकमपि प्रागुपन्यस्तम्। वस्तुतस्तु पूर्वोक्तस्य परोक्तस्य वा अप्रस्तुतेन समर्थनमर्थान्तरन्यास इति निष्कर्षः। अत्र समर्थ्यसमर्थकयोः सामान्यविशेषभावः कार्यकारणभावश्च साधर्म्येण वैधर्म्येण वा भवतीति दर्पणकारः। यथा, 'सामान्यं वा विशेषेण विशेषस्तेन वा यदि। कार्यञ्च कारणेनेदं कार्येण च समर्थ्यते। साधर्म्येणेतरेणार्थान्तरन्यासोऽष्टधा ततः'।। इति। उदाहरणन्तु यथायथमूहनीयम् इति।। 169।।

अर्थान्तरन्यासस्य भेदानाह—**विश्वव्यापीत्यादि**।। विश्वव्यापी सर्वतः सम्भवशीलः, विशेषस्यः असर्वगः श्लेषाविद्धः श्लिष्टपदान्वितः, विरोधवान् प्रकृतविरोधी, अयुक्तकारी अनुचितकार्यकर्त्ता युक्तात्मा औचित्ययुक्तः, युक्तायुक्तः

उदाहरणमालैषां रूपव्यक्तौ निदर्श्यते।।171।।

भगवन्तौ जगन्नेत्रे सूर्याचन्द्रमसावपि।
पश्य गच्छत एवास्तं नियतिः केन लङ्घ्यते।।172।।

पयोमुचः परीतापं हरन्त्येव शरीरिणाम्।
नन्वात्मलाभो महतां परदुःखोपशान्तये।।173।।

A series of illustrations of these is given below for understanding their different forms.

"Behold; the sun and the moon, the two great ones who are the eyes of the world, even they set; who indeed can transgress the Law"; (This is an example of Universal Applicable citation or *viśvavyāpi*).

"The clouds certainly take away the fatigue of (all) men; what is gained by great men is always for relieving the sorrows of other." (This is an example *viśeṣastha*).

कियदंशेन युक्तः कियता वा अयुक्तः, तथा विपर्ययः वैपरीत्यगुणयुक्तः। अस्य अर्थान्तरन्यासस्य प्रयोगेषु इत्येवमादयः एवम्प्रकाराः भेदाः विशेषाः लक्षिताः अनुभूताः एषाम् उक्तभेदानां तादृशानाम् अन्येषाञ्च रूपस्य स्वरूपस्य व्यक्तौ व्यक्तीकरणे वक्ष्यमाणा उदाहरणमाला निदर्श्यते।। 170–171।।

विश्वव्यापिनमुदाहरति–**भगवन्ताविति**।। भगवन्तौ षडैश्वर्यशालिनौ जगतां नेत्रे नयनस्वरूपौ सूर्याचन्द्रमसौ अपि का कथा अन्येषामिति अपिना सूच्यते। अस्तं गच्छत एव, पश्य। इममर्थं समर्थयति नियतिरिति–। केन नियतिर्भाग्यं लङ्घ्यते अतिक्रम्यते न केनापीत्यर्थः। अत्र चतुर्थपादवाक्यरूपस्य समर्थकस्य विश्वव्यापित्वं ब्रह्मादिकीटपर्यन्तानां सर्वेषामेव नियत्यधीनत्वात् इति सामान्येन पूर्वोक्तत्रिपादगतवाक्यस्य विशेषस्य समर्थनात् विश्वव्यापिनामर्थान्तरन्यासः।। 72।।

विशेषस्थमुदाहरति–पयोमुच इति।। पयोमुचः जलदाः शरीरिणां परीतापं हरन्त्येव। उक्तमर्थं समर्थयति–नन्विति महताम्, आत्मलाभः जन्मग्रहणं परेषां

उत्पादयित लोकस्य प्रीतिं मलयमारुतः।
ननु दाक्षिण्यसम्पन्नः सर्वस्य भवति प्रियः।।174।।
जगदानन्दयत्येष मलिनोऽपि निशाकरः।
अनुगृह्णाति हि परान् सदोषोऽपि द्विजेश्वरः।।175।।

"The *southern* breeze causes delight to the world; one who is with *dākṣiṇya* (or sympathy) becomes certainly the friend of all. (This is an example of *śleṣaviddha*).

"This moon although it has spots pleases the world; for the Lord of *Dvijas* (the twice-born) the moon, although he has faults, does good to others". (This is an example of *virodhavān*).

दुःखस्य उपशान्तये नाशाय ननु निश्चितम्। अत्र महताम् इत्युक्तेर्न साधारणप्राणिनामिति विशेषलाभात् उत्तरवाक्यरूपेण सामान्येन पूर्ववाक्यरूपस्य विशेषस्य समर्थनात् विशेषस्थनामार्थान्तरन्यास।। 173।।

श्लेषाविद्धमुदाहरति—**उत्पादयतीति**।। मलयमारुतः लोकस्य प्रीतिम् उत्पादयति। तथाहि, दाक्षिण्यसम्पन्नः दाक्षिण्येन दक्षिणदिक् सम्पर्केण मलयस्य दाक्षिणात्यत्वात् इति भावः। अन्यत्र औदार्येण सम्पन्नः युक्तः लोकः सर्वस्य प्रियो भवति ननु। अत्र श्लेषमूलत्वेनैव उत्तरवाक्यस्य पूर्ववाक्यसमर्थनात् श्लेषाविद्धनामार्थान्तरन्यासः।। 174।।

विरोधवन्तमुदाहरति—**जगदिति**।। एष निशाकरः मलिनोऽपि सकलङ्कोऽपि जगत् आनन्दयति। तथाहि। द्विजेश्वरः ब्राह्मणश्रेष्ठः सदोषोऽपि परान् अन्यान् अनुगृह्णाति उपदेशदानदिना इति भावः। अत्र निशाकरस्यापि द्विजराजत्वेन द्विजेश्वरानुग्रहरूपेण सामान्येन विशेषस्य समर्थनं तच्च सदोषत्वानु-ग्राहकत्वरूपयोर्विरुद्धधर्मयोः साामनाधिकरण्यात् विरोधयुक्तमिति विरोधवद-र्थान्तरन्यासः।। 175।।

मधुपानकलात् कण्ठान्निर्गतोऽप्यलिनां ध्वनिः।
कटुर्भवति कर्णस्य कामिनां पापमीदृशम्।।176।।
अयं मम दहत्यङ्गमम्भोजदलसंस्तरः।
हुताशनप्रतिनिधिर्दाहात्मा ननु युज्यते।।177।।
क्षिणोतु कामं शीतांशुः किं वसन्तो दुनोति माम्।

"The sound proceeding from the throats of the bees softened by their drinking honey yet becomes harsh to the ear of lovers; for their sin is such." (This is an example of *ayuktakārī).*

"This bed of lotus petals burns my body; it is certainly fitting that one who resembles the fire should burn". (This is an example of *yuktātmā).*

"Let the (cool-rayed) moon, if he please, torment me; why does the Spring also cause me pain? The work done

---

अयुक्तकारिणमुदाहरति—**मध्विति**।। मधुपानेन कलात् मधुरात् अलिनां भ्रमराणां कण्ठात् निर्गतोऽपि ध्वनिः कामिनां कर्णस्य कटुर्भवति। तथाहि, पापम् ईदृशं दुःखदमित्यर्थः। एतेन कामित्वस्य पापत्वमुक्तम्। अत्र पापस्य दुःखकर रूपसामान्येनार्थेन मधुरस्यापि भ्रमरध्वनिरूपविशेषस्य समर्थनात् तस्य अयुक्तत्वात् अयुक्तकारिनामार्थान्तरन्यासः।। 176।।

युक्तात्मानमुदाहरति—**अयमिति**।। अयं हुताशनप्रतिनिधिः अग्निसदृशः अम्भोजानां पद्मानां दलैः संस्तरः शय्या मम अङ्गं दहति। तथाहि, दाहः दाहकता आत्मा स्वभावः दाहकत्वरूपा प्रकृतिरित्यर्थः अग्नेरिति शेषः युज्यते, अत्र. पद्मदलरूपशय्यायाः हुताशनप्रतिनिधित्वेन अङ्गदाहकत्वं युक्तम् इति सामान्येन विशेषस्य समर्थनात् युक्तात्मनार्थान्तरन्यासः।। 177।।

युक्तायुक्तमुदाहरति—**क्षिणोत्वित्यादि**।। शीतांशुः कामं क्षिणोतु पीडयतु, तस्य कलङ्कित्वात् परपीडनं युक्तमिति भावः, वसन्तः किं कथं मां दुनोति

मलिनाचरितं कर्म सुरभेर्नन्वसाम्प्रतम्।।178।।

कुमुदान्यपि दाहाय किमयं कमलाकरः।
न हीन्दुगृह्येषूग्रेषु सूर्यगृह्यो मृदुर्भवेत्।।179।।

इत्यर्थान्तरन्यासचक्रम्।।

---

by people with blemishes (spots) does not fit in with persons who shed fragrance around them." (This is an example of *yuktāyukta*).

"Even the night lotuses are for burning me. How much more this pond of lotuses? When the friends of the moon are burning hot, will the friends of the sun be soft and cool?" (This is an example of *viparyāya*).

Here ends this sub-section on *arthāntara-nyāsa* (of Illustrative Citation).

तापयति। तथाहि, सुरभेः सुविख्यातनामधेयस्य अथच वसन्तस्य, मधौ कामदधायाञ्च 'विख्याते सुरभिर्द्वयोरि'ति कोषः। मलिनेन पापिना आचरितं कर्म परपीडनरूपम् असाम्प्रतम् [illegible] अपकर्मकरणेन अयुक्तत्वं अपकृष्टस्य अपकर्मकरणेन युक्तत्वम् इति युक्तायुक्तनामार्थान्तरन्यासः। सुरभेरित्यस्य शिलष्टत्वेन च श्लेषाविद्धोऽपीऽत्यनयोः सङ्करः।। 178।।

विपर्ययमुदाहरति—**कुमुदानीति**।। कुमुदान्यपि अतिशीतलान्यपीत्यर्थः, दाहाय, दाहकानीत्यर्थः, अयं कमलानामकाः पद्मानीत्यर्थः किं का कथा पद्मेषु सूर्यगृह्यत्वात् नातिशीतेषु इत्यर्थः, इन्दुगृह्येषु चन्द्रपक्षेषु उग्रेषु दाहकेषु इत्यर्थः सूर्यगृह्यः सूर्यपक्षः न हि मृदुः भवेत् यस्य इन्दुपक्षोऽपि क्लेशावहः तस्य सूर्यपक्षस्य क्लेशावहत्वं किमु वक्तव्यमिति भावः। अत्र अयुक्तस्य कुमुदस्यापि अयुक्तकरणात् विपर्ययनामायमर्थान्तरन्यासः। स च इन्दुगृह्यसूर्यगृह्यपदघटितवाक्यरूपसामान्येन पूर्वार्धवाक्यरूपविशेषः, समर्थित इत्यवधेयम्।। 179।।

इति उक्तरूपम् अर्थान्तरन्यासस्य चक्रं समूहः।

शब्दोपात्ते प्रतीते वा सादृश्ये वस्तुनोर्द्वयोः।
तत्र यद् भेदकथनं व्यतिरेकः स कथ्यते।।180।।
धैर्यलावण्यगाम्भीर्यप्रमुखैस्त्वमुदन्वतः ।
गुणैस्तुल्योऽसि भेदस्तु वपुषैवेदृशेन ते।।181।।

When the similarity between two objects has been suggested or expressed in words, a statement of the difference between them is called *vyatireka* (or differentiation). It is expounded hereunder :

"You equal the sun by the qualities of courage, splendour, majesty, etc.; the only difference is your having a body like this."

व्यतिरेकमाह–**शब्दोपात्ते इति**।। द्वयोर्वस्तुनोः उपमानोपमेययोः सादृश्ये शब्दोपात्ते साधारणधर्मप्रतिपादकशब्दप्रयोगेण बोधिते वा प्रतीते साधारणधर्म-वाचकशब्दानुपादानात् व्यञ्जनया सूचिते सति तत्र तयोरित्यर्थः षष्ठ्यर्थे सप्तमी। यत् भेदकथनं विशेषप्रतिपादनं स व्यतिरेकः कथ्यते। तथाच उपमानोपमेययोः उत्कर्षापकर्षद्योतकवैशिष्ट्यकथनं व्यतिरेकः इत्युक्तम् अत एवोक्तं विश्वनाथेन यथा, 'आधिक्यमुपमेयस्योपमानान्यूनताथवा। व्यतिरेकः' इति। तत्र उत्कर्षोदा-हरणानि वक्ष्यमाणानि, अपकर्षोदाहरणं दर्पणकारेणोक्तम्। यथा, 'क्षीणः क्षीणोऽपि शशी भूयोभूयोऽभिवर्धते नित्यम्। विरम प्रसीद सुन्दरि यौवनमनिवर्ति यातन्तु'।। अत्र उपमेयस्य यौवनस्य उपमानात् चन्द्रादचिरस्थायित्वेनापकर्षः।। 180।।

तत्रैकव्यतिरेकमाह–**धैर्येत्यादि**।। धैर्यम् अनौद्धत्यम् अनतिक्रान्तवेलत्वञ्च, लावण्य सौन्दर्यं लवणममत्वञ्च गाम्भीर्यं दुखगाहस्वभावत्वम्। अगाधत्वञ्च। इत्यादिभिर्गुणैः त्वम् उदन्वतः समुद्रस्य तुल्योऽसि केवलम् ईदृशेन अतिमनोहरेण इत्यर्थः वपुषा शरीरेण ते तव भेदः उदन्वत इति शेषः। अत्र एकत्र उपमेये एव वर्तिना स्थितेन धर्मेण अतिमनोहरवपुष्मत्त्वरूपेण उभयवर्तिनः उपमेयोप-मानस्थितस्य भेदस्य उपमेयोत्कर्षस्य उपमानापकर्षस्य चेत्यर्थः प्रतीतिविषयप्राप्ते प्रतीतत्वात् इत्यर्थः अयम् एकव्यतिरेकः, एकमात्रगतधर्मस्य एव उभयोर्भेदकत्वात् इति भावः।। 181।।

इत्येकव्यतिरेकोऽयं धर्मेणैकत्र वर्तिना।
प्रतीतिविषयप्राप्तेर्भेदस्योभयवर्तिनः ।।182।।
अभिन्नवेलौ गम्भीरावम्बुराशिर्भवानपि।
असावञ्जनसङ्काशस्त्वन्तु चामीकरद्युतिः ।।183।।
उभयव्यतिरेकोऽयमुभयोर्भेदकौ गुणौ।
कार्ष्ण्यं पिशङ्गता चोभौ यत् पृथग्दर्शिताविह।।184।।

This is *eka vyatireka* (or a single differentiation); for by a single attribute being shown to be in only one of the objects, the difference between the two objects is made obvious.

"Your honour and the Ocean keep the bounds intact (not passing beyond the limits set, as shore) and majestic (deep); but this (ocean) shines like black unguent, whereas you shine like gold".

This is *ubhaya-vyatireka* (or mutual differentiation); for, the qualities which cause the difference in both the objects (*viz.*, the darkness and golden colour) have been separately pointed out here.

उभयव्यतिरेकमुदाहरति–**अभिन्नेत्यादि**।। अम्बुराशिः भवान् अपि उभौ अभिन्नवेलौ अनतिक्रान्तमर्यादौ तथा गम्भीरौ दुरवगाहस्वभावः अगाधश्च इत्यर्थः। किन्तु असौ अम्बुराशिः अञ्जनसङ्काशः सामुद्रिकजलस्य कृष्णत्वादिति भावः, त्वं तु चामीकरद्युतिः काञ्चनवर्णः अतिसुन्दर इत्यर्थः। इह उभयोः उपमानोपमेययोः कार्ष्ण्यं पिशङ्गता च इमौ उभौ भेदकौ भेदसाधने गुणौ यत् पृथक् दर्शितौ, अतः अयम् उभयव्यतिरेकः उभयनिष्ठत्वादनयोर्भेदकयोरिति भावः।। 183–184।।

त्वं समुद्रश्च दुर्वारौ महासत्त्वौ सतेजसौ।
अयन्तु युवयोर्भेदः स जडात्मा पटुर्भवान्।।185।।
स एव श्लेषरूपत्वात् सश्लेष इति गृह्यताम्।
साक्षेपश्च सहेतुश्च दर्श्यते तदपि द्वयम्।।186।।

"You and the ocean are both irresistible (difficult to cross) and of great courage (have great animals living in it), and splendour (has the *badava* fire); this only is the difference between you two; he is dull of spirit (an inanimate object) whereas you are clever."

This is to be understood as *saśleṣa* (or panoromasiac) *vyatireka;* because it has the panoromasiac form; then there is *sākṣepa vyatireka* (differentiation with objection) and *sahetu vyatireka* (differentiation with reason). These two also will be illustrated (in verses (187-188 respectively).

सश्लेषव्यतिरेकमुदाहरति–त्वमित्यादि।। त्वं समुद्रश्च दुर्वारौ दुर्धर्षः अवार्यवेगश्च, महासत्त्वौ सत्त्वगुणाधिकः प्रबलजलजन्तुश्च, सतेजसौ महाप्रतापः सवाडवानलश्च प्रत्यर्थः, अयन्तु युवयोः भेदः स समुद्रः जडात्मा जलमयस्वरूपः अन्यत्र शीतलस्वभावः, भवांस्तु पटुः सुनिपुणः अन्यत्र अतिवेगवान्। अत्र भेदकयोः धर्मयोः श्लेषरूपत्वात् शिलष्टत्वात् इत्यर्थः एषः सश्लेषव्यतिरेक इति न च अत्र साधारणधर्माणां श्लिष्टत्वे सश्लेषव्यतिरेक इति वाच्यं तथात्वे सर्वत्रैव सश्लेषव्यतिरेकत्वप्रसङ्गात् क्वचित् शब्दश्लेषस्य क्वचिद्वा अर्थश्लेषस्य सद्भावस्य दुर्वारत्वात् इति सुधीभिर्भाव्यम्' पुनश्च अस्य भेदद्वयं दर्श्यते साक्षेपः सहेतुश्च, उदाहरणे तु अनयोर्वक्ष्यमाणे इति।। 185–186।।

स्थितिमानपि धीरोऽपि रत्नानामाकरोऽपि सन्।
तव कक्षां न यात्येव मलिनो मकरालयः।।187।।

वहन्नपि महीं कृतस्नां सशैलद्वीपसागराम्।
भर्तृभावाद् भुजङ्गानां शेष त्वत्तो निकृष्यते।।188।।

शब्दोपादानसादृश्यव्यविरेकोऽयमीदृशः ।

"Although it has a status (a fixed position) and is unperturbed and is the treasure-house of precious things, the dirtful (full of faults) ocean cannot rise to your height."

"Although he bears the entire world with the hills and the islands and the ocean (on his head), the serpent *Śeṣa* is inferior to you because of his being lord of *Bhujaṅgas* (serpents or the licentious).

Expressed *Sādṛśya-vyatireka* is like the above; there is

साक्षेपव्यतिरेकमुदाहरति—**स्थितिमानिति**।। मकरालयः समुद्रः यतः मलिनः, अतः स्थितिमान् अनुल्लङ्घितमर्यादः अपि, धीरोऽपि गभीरोऽपि अत्यत्र दुरवगाहस्वभावोऽपि तथा रत्नानाम् आकरः उत्पत्तिस्थानमपि अन्यत्र गुणरत्नानाम् आधारोऽपि इत्यर्थः तव कक्षां सादृश्यं न यात्येव न प्राप्नोति एव। अत्र उपमानगतेन मालिन्यरूपधर्मेण साम्यप्राप्तेराक्षेपात् साक्षेपव्यतिरेकः।। 187।।

सहेतुव्यतिरेकमाह—**वहन्निति**।। सशैलद्वीपसागरां कृत्स्नां समग्रां महीं वहन्नपि शेषः अनन्तः भुजङ्गानां पन्नगानाम् अथच विटानां, 'भुजङ्गो विटसर्पयोः' इति कोषः। भर्तृभावात् स्वामित्वात् त्वत्तः निकृष्यते निकृष्टो भवति। अत्र भुजङ्गपतित्वरूपधर्मस्य त्वदपेक्षया उपमानभूतानन्तापकर्षे हेतुत्वकीर्तनात् सहेतुव्यतिरेकः।। 188।।

इत्थं शब्दोपात्तसादृश्यव्यतिरेकमुक्त्वा प्रतीयमानसादृश्यं निरूपयति—**शब्दोपादानेति**।। शब्दस्य साधारणधर्मवाचकस्य उपादानेन यत् सादृश्यं तस्य

प्रीतयमानसादृश्योऽप्यस्ति सोऽप्यभिधीयते।।189।।
त्वन्मुखं कमलञ्चेति द्वयोरप्यनयोर्भिदा।
कमलं जलसंरोहि त्वन्मुखं त्वदुपाश्रयम्।।190।।
अभ्रूविलासमस्पृष्टमदरागं मृगेक्षणम्।
इदन्तु नयनद्वन्द्वं तव तद्गुणभूषितम्।।191।।

---

also inferential *sādṛśya-vyatireka* which will be illustrated.

"Your face and the lotus—the difference between the two is that the lotus grows in water and your face is in you."

"The eye of the deer is not adorned with an eye-brow (like yours); and it is not tinged red with passion (of love). This pair of your eyes is adorned with these attributes."

व्यतिरेक: अयं पूर्वोक्तप्रकारः। प्रतीयमानं सादृश्यं यत्र तादृशोऽपि व्यतिरेकोऽस्ति अधुना सः अभिधीयते इत्यन्वयः।। 189।।

त्वन्मुरामिति।। तव मुखं कमलञ्च, अनयोर्द्वयोः भिदा भेदः, कमलं जलसंरोहि जलजं त्वन्मुखन्तु त्वुदपाश्रयं त्वदेकाधानम्। अत्र साधर्म्यस्य अप्रयोगेऽपि मुखकमलयोः साम्यं प्रसिद्धिवशात् प्रतीयते इति प्रतीयमान-व्यतिरेकः।। 190।।

अभ्रूविलासेति।। मृगस्य ईक्षणं नयनम् अभ्रूविलासं भ्रूविलासरहितं तथा अस्पृष्टः मदरागो येन तादृशम् अप्राप्तमष्पानजनितलौहितत्यमित्यर्थः, तव इदं नयनद्वयन्तु तद्गुणभूषितं भ्रूविलासयुक्तं स्पृष्टमदरागञ्च इत्यर्थः। अत्र उप्रमान मृगेक्षणोपमेयनयनद्वयानां विरुद्धधर्मवत्त्वमेव दर्शितं सादृश्यं प्रतीयमान-व्यतिरेकः।। 191।।

पूर्वस्मिन् भेदमात्रोक्तिरस्मिन्नाधिक्यदर्शनम्।
सदृशव्यतिरेकश्च पुनरन्यः प्रदर्श्यते।।192।।
त्वन्मुखं पुण्डरीकञ्च फुल्ले सुरभिगन्धिनी।
भ्रमद्भ्रमरमम्भोजं लोलनेत्रं मुखन्तु ते।।193।।
चन्द्रोऽयमम्बरोत्तंसो हंसोऽयं तोयभूषणम्।

In the earlier illustration (verse 190) the difference alone is stated; in this illustration (verse 191) the additional attribute is pointed out; yet another variety of *sādṛśya-vyatireka* will be described.

"Your face and the lotus, both are in bloom and both have fragrance; but the lotus has bees which move about; your face has eyes that roll about."

This moon is the cret ornament of the sky; this swan is an ornament of the waters; this sky has the stars as garland;

उक्तोदाहरणयोः फलं दर्शयति–**पूर्वस्मिन्निति**।। पूर्वस्मिन् उदाहरणे त्वन्मुखमित्यत्र भेदमात्रस्य उपमानोपमेययोर्भेदकधर्ममात्रस्य उक्तिः, न तु उत्कर्षस्य अपकर्षस्य वा, भेदश्च द्विधा विरुद्धधर्माध्यासः कारणभेदश्च, अत्र तु कारणभेद एवेति बोध्यम्। अस्मिन् अव्यवहिते उदाहरणे अभ्रूविलासमियत्र आधिक्यस्य उपमानोपमेययोर्निकर्षोत्कर्षरूपस्य दर्शनम् अत्र तु विरुद्धधर्माव्यास एव भेदकारणमित्यवधेयम्। अन्यश्च सदृशव्यतिरेकः प्रदर्श्यते उदाह्रियते।। 192।।

सदृशव्यतिरेकं शाब्दमुदाहरति–**त्वन्मुखमिति**।। तव मुखं पुण्डरीकं पद्मञ्च फुल्ले विकसिते, फुल्लत्वमेकत्र स्मितशोभितत्वम् अन्यत्र प्रकाशमात्रं, तथा सुरभिगन्धिनी, अत्र फुल्लत्वसुरभिगन्धित्वयोः साधारण्यात् सादृश्यमत्र शाब्दम्। अम्भोजं भ्रमन्तः भ्रमरा यस्मिन् तत्, ते मुखन्तु लोले नेत्रे यस्मिन् तादृशम्। अत्र असामान्यमपि भ्रमद्भ्रमरवत्त्वं लोलनेत्रत्वञ्च प्रायशः सदृशमेव न तु विरुद्धमिति सदृशव्यतिरेकोऽयं शाब्दः।। 193।।

सदृशव्यतिरेकमार्थमुदाहरति–**चन्द्र इति**।। अयम् अम्बरोत्तंसः आकाशभूषणं

नभो नक्षत्रमालीदमुत्फुल्लकुमुदं पयः ।।194।।
प्रतीयमानशौक्ल्यादिसाम्ययोश्चन्द्रहंसयोः ।
कृतः प्रतीतशुद्ध्योश्च भेदोऽस्मिन् वियदम्भसोः ।।195।।
पूर्वत्र शब्दवत् साम्यमुभयत्रापि भेदकम् ।
भृङ्गनेत्रादितुल्यं तत् सदृशव्यतिरेकता ।।196।।

---

this expanse of water has blossoming *kumuda* flowers."

In this (verse 194) distinction is made between the moon and the swan both of which are inferred to be pure as well as between the sky and the expanse of water, similarity between which in the matter of *saukṣma* (or pervasiveness) is inferred.

In the earlier verse (verse 193) the similarity is expressed as well as the difference in regard to both the objects; and because the similarity exists between the bee and the eye, etc., this is *sadṛśa-vyatireka.*

चन्द्रः, अयं हंसः तोयस्य भूषणम्, इदं नभः आकाशं नक्षत्रमालि ताराविराजितं, पयश्च उत्फुल्लानि कुमुदानि यस्मिन् तादृशम्। नभो नक्षत्रमालीदमिदमुत्कुमुदं पथ इति च पाठः क्वचित् दृश्यते। अत्र चन्द्रहंसयोराकाशपयसोश्च उपमानोपमेययोः सादृश्यमर्थतः प्रतीयते इति सदृशव्यतिरेक आर्थः।। 194।।

प्रतीयमानेति।। अस्मिन् चन्द्रोऽयमित्यत्र उदाहरणे प्रतीयमानं वाचकशब्दा-प्रयोगात् आर्थं शौक्ल्यादिसाम्यं ययोः तादृशयोः चन्द्रहंसयोः प्रतीता प्रसिद्धा शुद्धिर्ययोस्तथाभूतयोः वियदम्भसोः आकाशजलयोः उपमानोपमेययोः भेदः कृतः दर्शित इति सादृशस्य शब्दानुपात्तत्वात् सदृशव्यतिरेक आर्थ इति भावः।।

पूर्वत्रेति।। पूर्वत्र पूर्वस्मिन् त्वन्मुखमित्यत्र उदाहरणे उभयत्रापि उपमानोपमेययोरुभयोरपीत्यर्थः शब्दवत् शब्दोपात्तं साम्यं भेदकं, भृङ्गनेत्रादि-भ्रमद्भ्रमरत्वं लोलनेत्रत्वञ्च तुल्यं बिम्बानुबिम्बतया सादृश्यबोधकं, तत् तस्मात् सदृशव्यतिरेकः शाब्द इति भावः।। 196।।

अरत्नालोकसंहार्यमवार्यं सूर्यरश्मिभिः।
दृष्टिरोधकरं यूनां यौवनप्रभवं तमः।।197।।
सजातिव्यतिरेकोऽयं तमोजातेरिदं तमः।
दृष्टिरोधितया तुल्यं भिन्नमन्यैरदर्शि यत्।।198।।

व्यतिरेकचक्रम्।

प्रसिद्धहेतुव्यावृत्त्या यत् किञ्चित् कारणान्तरम्।

"The darkness born of youth in young men blinds their eyes and cannot be removed by solar rays; nor can it be removed by a heap of resplendent jewels."

This is *sajāti-vyatireka* (or differentiation from its class); for this darkness is similar with the other darknesses in blinding the eyes, and its difference from the other darknesses has been shown,

Here ends the sub-section on *vyatireka* (or differentiation).

Where after denying the generally accepted causes, another cause is stated. Whether that cause is stated as

---

सजातिव्यतिरेकं दर्शयति—**अरत्नेति**।। यूनां यौवनप्रभवं तमः मोहः अन्धकारश्च अरत्नालोकसंहार्यं रत्नानाम् आलोकेन असंहार्यं हर्तुमशक्यं सूर्यरश्मिभिः अवार्यम् तथा दृष्टिः चक्षुः ज्ञानञ्च तस्या रोधः आवरणं तत्करम्। अत्र श्लेषेण तमः पदोपात्तयोर्मोहान्धकारयोर्विरुद्धधर्मत्वकीर्तनेऽपि दृष्टिरोधकत्व-साम्यात् सजातिव्यतिरेकः।। 197।।

सजातिव्यतिरेकं घटयति—**सजातीति**।। यत् यस्मात् दृष्टिरोधितया तुल्यम् इदं तमः मोहरूपम् अन्यैः साधारणधर्मैः रत्नालोकहार्यत्वादिभिः तमोजातेः अन्धकारजातितः भिन्नम् अदर्शि प्रदर्शितम्, अतः अयं सजातिव्यतिरेकः।। 198।।

विभावनां निरूयति—**प्रसिद्धेति**।। यत्र वैचित्र्ये प्रसिद्धस्य विख्यातस्य हेतोः कारणस्य व्यावृत्त्या अभावप्रदर्शनेन यत् किञ्चित् कारणान्तरं वा स्वाभाविकत्वं

यत्र स्वाभाविकत्वं वा विभाव्यं सा विभावना।।199।।

अपीतक्षीबकादम्बमसंमृष्टामलाम्बरम् ।
अप्रसादितशुद्धाम्बु जगदासीन्मनोहरम्।।200।।

अनञ्जिताऽसिता दृष्टिभ्रूरनावर्जिता नता।

---

natural or whether it is attributed, then that (*alaṅkāra)* is called *vibhāvanā* (or Attributed Cause).

The world was captivating, with pure water not allowed to become clear (by artificial means) and with *kadamba* swans in exuberant spirits although they have not drunk (wine) and with the sky spotlessly clear although it has not been wiped clean.

"Beautiful lady! this your lower lip is red though not painted; your eye is dark although it is not smeared with

---

स्वतस्सिद्धत्वं विभाव्यं विशेषेण अभिनिवेशेन भाव्यं चिन्तनीयं सा विभावना। तथाच, प्रसिद्धं हेतुमन्तरेण फलोत्पत्तिदर्शनात् तस्य यत् किञ्चित् गूढ कारणान्तरस्य वा तदनुपपत्त्या स्वाभाविकत्वस्य वा भावनावैचित्र्यं विभावनेति बोध्यम्। दर्पणकारस्तु, 'विभावना विना हेतुं कार्योत्पत्तिर्यदुच्यते' इत्याह।। 199।।

कारणान्तरविभावनामाह—**अपीतेति**।। जगत् अपीताः अकृतमधुपानाः अथच क्षीबाः मत्ताः कादम्बाः हंसविशेषा यस्मिन् तत्, असंमृष्टं मार्जन्या अपरिष्कृतम् अथच अमलं निर्मलम् अम्बरम् आकाशं यस्मिन् तत्, तथा अप्रसादितं केनाप्यपरिष्कृतम् अथच शुद्धम् अम्बु जलं यस्मिन् तथाभूतम् अतः एव अतिमनोहरम् आसीदित्यन्वयः। अत्र प्रसिद्धस्य क्षीबत्वकारणस्य पानस्य, अमलत्वकारणस्य मार्जनस्य, शुद्धिकारणस्य प्रसादनस्य असद्भावेऽपि तत्तत्फलोत्पत्तिः शरत्कालरूपं कारणान्तरं विभावयतीति कारणान्तर-विभावना।। 200।।

स्वाभाविकत्वे विभावनामाह—**अनञ्जितेति**।। हे सुन्दरि! तव दृष्टिः अनञ्जिता अञ्जनेन अननुलिप्तापि श्यामला, भ्रूः अनावर्जिता अनाकृष्टापि नता वक्रीकृता,

अरञ्जितोऽरुणश्चायमधरस्तव सुन्दरि!।।201।।
यदपीतादिजन्यं स्थात् क्षीबत्वाद्यन्यहेतुजम्।
अहेतुकञ्च तस्येह विवक्षेत्यविरुद्धता।।203।।
वक्त्रं निसर्गसुरभि वपुरव्याजसुन्दरम्।

black unguent; and your eye-brow is curved although it is not bent (by anybody)."

Not caused by drinking, etc., exuberance of spirits, etc., are due to other causes or are without causes; as other causes are intended to be pointed out no contradiction is intended.

"Your face *naturally* smells fragrant; your body is *without any special cause* beautiful, the moon is (my) enemy

अयमधरश्च अरञ्जितोऽपि अरुणः अत्र प्रसिद्धमसितत्वकारणम् अञ्जनं वक्रताकारणं मार्जनम् अरुणताकारणं रञ्जनं तदभावेऽपि तत्तत्फलोपपत्तिः स्वाभाविकत्वमेव भावयतीति स्वाभाविकत्वविभावना।। 201।।

उक्तयोरुदाहरणयोर्लक्षणं सङ्गमयन् विरोधं परिहरति—**यदिति**।। पूर्वोदाहरणे अपीतादिजन्यं पानाद्यजन्यमित्यर्थः क्षीबत्वादि अन्तहेतुजं शरत्कालरूप-कारणान्तरजन्यं, द्वितीयोदाहरणे अञ्जितत्वाद्यजन्यम् असितत्वादि अहेतुकं स्वाभाविकम्। इह उदाहरणद्वये तस्य अन्यहेतुजत्वस्य अहेतुकत्वस्य च विवक्षा वक्तुमिच्छा इत्यतः अविरुद्धता विरोधाभावः। अयं भावः कारणाभावे कथं कार्योत्पत्तिः, कारणत्वस्य कार्याव्यवहितपूर्ववर्तित्वनियमात् कार्यत्वस्य कारणाव्यवहितोत्तरवर्तित्वनियमाच्च अतः आपाततः विरोधावगतावपि वक्तुरिच्छावशात् कारणान्तरस्य स्वभावरूपालौकिककारणस्य चानुसन्धानात् वैचित्र्यजनकत्वाच्च विरोध इति सुधीभिर्विवेच्यम्।। 202।।

पूर्वं स्वभावस्यार्थत्वमुक्तं सम्प्रति शाब्दं स्वाभाविकत्वमुदाहरति—**वक्त्रमित्यादि**।। वक्त्रं मुखं निसर्गेण स्वभावेन सुरभि सुगन्धि, वपुः शरीरम्

अकारणरिपुश्चन्द्रो निर्निमित्तासुहृत् स्मरः ।।203।।

निसर्गादिपदैस्त्र हेतुः साक्षान्निवर्तितः ।

उक्तश्च सुरभित्वादि फलं तत् सा विभावना ।।204।।

इति विभावनाचक्रम् ।

वस्तु किञ्चिदभिप्रेत्य तत्तुल्यस्यान्यवस्तुनः ।

उक्तिः संक्षेपरूपत्वत् सा समासोक्तिरिष्यते ।।205।।

---

without any reason; and *without any excuse.* Cupid takes away my life."

Here, by the word; *Nisarga* (naturally), etc. actual causes are denied; but the effects fragrance, etc., are stated; so this is also *vibhāvanā* (attributed cause).

Here ends the sub-section on *vibhāvanā*
(or attributed cause).

Having in mind a certain object, the statement about mother object which is similar (to it) is because of its making for terse expression called "terseness in expression" or *samāsokti.*

अव्याजेन अकपटेन सुन्दरं स्वभावसुन्दरं न तु आहार्यशोभयेत्यर्थः, चन्द्रः अकारणरिपुः अहेतुकशत्रुः तथा स्मरः कामः निर्निमित्तासुहृत् अकारणशत्रुः अत्र निसर्गादिपदैः साक्षात्प्रत्यक्षीभूतः लौकिक इत्यर्थः हेतुः निवर्तितः, सुरभित्वादिरूपं फलञ्च उक्तं, तत् तस्मात् सा प्रसिद्धा शब्दगतस्वाभाविकत्वलक्षणा विभावना इति।। 203–204।।

इति उक्तरूपं विभावनाचक्रं विभावनासमूहः।

समासोक्तिमाह—**वस्तु इति**।। किञ्चित् किमपि वस्तु अभिप्रेत्य संकल्प्य तत्तुल्यस्य तत्सदृशस्य अन्यस्य वस्तुनः उक्तिः कथनं सा संक्षेपरूपत्वात् संक्षेपेण उक्तत्वात् समासोक्तिरिष्यते संक्षेपस्यैव समासत्वादिति। अयं भावः, द्वयोः प्रस्तुताप्रस्तुतयोः शब्देन प्रतिपादने भूयान् विस्तारः, स च न वैचित्र्यमावहतीति

पिबन्मधु यथाकामं भ्रमरः फुल्लपङ्कजे।
अप्यसन्नद्धसौरभ्यं पश्य चुम्बति कुट्मलम्।।206।।
इति प्रौढाङ्गनाबद्धरतिलीलस्य रागिणः।
कस्याञ्चिदपि बालायामिच्छज्ञवृत्तिर्विभाव्यते।।207।।
विशेष्यमात्रभिन्नापि तुल्याकारविशेषणा।

"Drinking honey from the blossomed lotus to its heart's content, lo, the bee proceeds to kiss the opening bud although it has as yet no fragrance."

Here, the suggestion is that a certain lover, engaged in sporting with a grown-up lady entertains a desire for another very young girl also.

Tulyakaraviśeṣana (or having a similar attribute) is a variety of *samāsokti* where the objects of the attributes alone

---

एकस्याप्रस्तुतस्य शब्देन प्रतिपादने व्यञ्जनया प्रस्तुतार्थस्य बोधनमतीवचमत्कारपदवीमारोहतीति संक्षेपोक्तिरिति। उक्तञ्च ध्वनिकृता, 'वाच्योऽर्थो न तथा स्वदते प्रतीयमानः स यथे'ति। दर्पणकारस्तु 'समासोक्तिः समैर्यत्र कार्यलिङ्गविशेषणैः। व्यवहारसमारोपः प्रस्तुतेऽन्यस्य वस्तुनः' इत्याह।। 205।।

समासोक्तेः कार्यलिङ्गविशेषणघटितत्वात् प्रथमं कार्यघटितां समासोक्तिमुदाहरति–**पिबन्नित्यादि**।। भ्रमरः फुल्लपङ्कजे विकसितारविन्दे यथाकामं मधु पिबन् असन्नद्धसौरभ्यम् अजातमधुगन्धम् अपि कुटूमलं चुम्बति पश्य। इत्यत्र प्रौढायाम् अङ्गनायाम् आबद्धा रतिलीला येन तादृशस्य रागिणः अनुरागवतः कामिनः कस्याञ्चित् बालायां मुग्धायाम् इच्छावृत्तिः अभिलाषोदयः विभाव्यते ध्वन्यते इति अप्रस्तुतात् भ्रमरकार्यात् प्रस्तुतस्य कामुककार्यस्य प्रतीतिः।। 206-207।।

विशेषणघटितभेदं दर्शयति–**विशेष्येति**।। विशेष्यमात्रं विशेष्यपदमात्रं भिन्नं श्लेषाभावात् एकमात्रबोधकं यत्र सा तुल्याकारविशेषणा तुल्याकारं श्लेषवशात्

अस्त्यसावपराप्यस्ति भिन्नाभिन्नविशेषणा।।208।।

रूढमूलः फलभरैः पुष्णन्नशिमर्थिनः।
सान्द्रच्छायो महावृक्षः सोऽयमासादितो मया।।209।।

अनल्पविटपाभोगः फलपुष्पसमृद्धिमान्।
सुच्छायः स्थैर्यवान् दैवादेष लब्धो मया द्रुमः।।210।।

---

are different. There is another variety which is known as *bhinnābhinnaviśeṣaṇa* (or where the attributes are partly the same and partly different).

"There has been reached by me, this great tree which has its roots firm in the ground and which day and night pleases the mendicants with its burden of fruits and which gives a cool shade."

"Having a large expanse of branches and being full of fruits and floors and *giving good shade* and *being firmly fixed to the ground*, this tree has by me been obtained by good luck."

वाच्यव्यङ्ग्योभयधर्मबोधकं विशेषणं यत्र सा इत्येकविधा अस्ति, अपरा च भिन्नश्च विशेषणं यत्र तादृशी इति द्वितीयाऽपि अस्ति।। 208।।

यथाक्रममुदाहरणे दर्शयति–**रूढ इति**।। रूढं प्रवृद्धं मूलं शिफा मूलधनञ्च यस्य सः, फलानां भरैः समूहैः बहुभिर्धनैश्च अर्थिनः पुष्णन् प्रतिपालयन्, तथा सान्द्रा घना छाया अनातपप्रदेशः कान्तिश्च यस्य तादृशः सः प्रसिद्ध अयं महान् वृक्षः मया आसादितः प्राप्तः।। 209।।

अनल्पेति।। अनल्पः, बहुलः विटपानां शाखानाम् आभोगः विस्तारः यस्य सः, फलानां पुष्पाणाञ्च समृद्धिः विद्यते यस्य सः शोभना छाया अनातपप्रदेशः कान्तिश्च यस्य सः, तथा स्थैर्यवान् स्थैर्यं सारवत्त्वं तद्वान् दृढप्रतिज्ञश्च। उक्तञ्च, 'व्यवसायादचलनं स्थैर्यं विघ्ने महत्यपी'ति। एवम्भूतः एषः द्रुमः मया दैवात् लब्धः।। 210।।

उभयत्र पुमान् कश्चिद् वृक्षत्वेनोपवर्णितः।
सर्वे साधारणा धर्माः पूर्वत्रान्यत्र तु द्वयम्॥211॥
निवृत्तव्यालसंसर्गो निसर्गमधुराशयः।
अयमम्भोनिधिः कष्टं कालेन परिशुष्यते॥212॥
इत्यपूर्वसमासोक्तिः पूर्वधर्मनिवर्तनात्।

In both the above instances, a certain person is described as a tree; in the earlier illustration all the attributes are common; in the latter only two of them are common (*viz.*, having shade and being fixed to the ground) to all trees.

"Alas, this ocean which is free from the association from serpents (of wicked men) and which is naturally sweet (sweet at heart) is gradually drying up as time passes."

This is *apūrva-samāsokti* (or terseness in expression indicating a thing different from what it is compared with before); because it denies the attribute already existing (in

---

उभयत्र लक्षणं सङ्गमयति–**उभयत्रेति**। उभयत्र पद्ययोः कश्चित् पुमान् वृक्षत्वेन उपवर्णितः, पूर्वत्र उदाहरणे सर्वे धर्माः साधारणा श्लेषमूलत्वात् विशेष्यपदमात्रं श्लेषस्पर्शाभावात् भिन्नमिति। परत्रोदाहरणे तु द्वयम् आद्याद्वितीये विशेषणे श्लेषाभावात् भिन्ने, तृतीयचतुर्थे श्लेषोपष्टम्भात् अभिन्ने इति भिन्नाभिन्नविशेषणत्वम्॥211॥

अपूर्वसमासोक्तिमुदाहरति–**निवृत्तेत्यादि**। निवृत्तः व्यलानां सर्पाणां खलानाञ्च संसर्गः यस्मात् सः निसर्गेण स्वभावतः मधुराणां सुमिष्टजलानामाशयः आधारः अन्यत्र मधुरः मनोरमः आशयो यस्य सः, अयम् अम्भोनिधिः कालेन समयेन

समुद्रेण समानस्य पुंसो व्यापत्तिसूचनात्।।213।।

इति समासोक्तिचक्रम्।।

विवक्षा या विशेषस्य लोकसीमातिवर्तिनी।
असावतिशयोक्तिः स्यादलङ्करोत्तमा यथा।।214।।

मल्लिकामालधारिण्यः सर्वाङ्गीणार्द्रचन्दनाः।

---

the ocean, and because it indicates the straitened condition of a person who is comparable to the ocean (in majesty).

Here ends the sub-section on *samāsokti* (or terse expression).

Expression, transgressing the limits of usage, about a particular thing is *atiśayokti* (or hyperbole) the best of *alaṅkāras;* it is thus.

"The *abhisārikas* (or lovers who go out to meet each other) are not to be seen in the moonlight, wearing as they do, white silk garments and having their body smeared

---

यमेन च परिशुष्यते शोषं नीयते विनाशते च कष्टं कष्टकरमेतदित्यर्थः। इत्यत्र पूर्वधर्मयोः व्यालसंसर्गित्वलवणजलत्वयोः निवर्तनात् अनुपादानेन तद्वैपरीत्य-धर्मयोः कीर्तनादित्यर्थः समुद्रेण समानस्य पुंसः व्यापत्तिसूचनात् विनाशद्योतनात् अपूर्वा पूर्वविपरीता समासोक्तिरियमित्यन्वयः।। 212-213।।

अतिशयोक्तिमाह—**विवक्षेति**।। विशेषस्य प्रस्तुतवस्तुगतस्य उत्कर्षस्य लोकसीमा लोकमर्यादा तस्या अतिवर्तिनी अलौकिकचमत्कारशालिनी या विवक्षा उक्तिः, अत्र स्वार्थे सन्प्रत्ययो बोद्धव्यः। असौ अलङ्कारेषु उत्तमा सर्वालङ्कारश्रेष्ठा इत्यर्थः, अतिशयोक्तिः स्यादित्यन्वयः। उक्तञ्चाग्निपुराणे, 'लोकसीमातिवृत्तस्य वस्तुधर्मस्य कीर्तनम्। भवेदतिशयो नाम सम्भवोऽसम्भवो द्विधे'ति।। 214।।

अतिशयोक्तिमुदाहरति—**मल्लिकेति**।। अभिसारिकाः कान्तार्थिन्यः, 'कान्तार्थिनी तु या याति सङ्केतं साभिसारिके'ति। मल्लिकानां माला मल्लिकामालं तस्य धारिण्यः, सर्वाङ्गीणं सर्वाङ्गव्याप्तम् आर्द्रं चन्दनं यासां ताः, तथा क्षौमं

क्षौमवत्यो न लक्ष्यन्ते ज्योत्स्नायामभिसारिकाः ।।215।।

चन्द्रातपस्य बाहुल्यमुक्तमुत्कर्षवत्तया।
संशयातिशयादीनां व्यक्तौ किञ्चिन्निदर्श्यते।।216।।

स्तनयोर्जघनस्यापि मध्ये मध्यं प्रिये! तव।
अस्ति नास्तीति सन्देहो न मेऽद्यापि निवर्तते।।217।।

---

all over with fresh sandal and wearing wreaths of *mallikā* flowers."

Here the abundance of moonlight is indicated by a statement of its excellence (over the whiteness of silk etc.) Somewhat will be pointed out here about the distinctions like *saṁśayātiśaya* (or hyperbole involving doubt, etc.)

"Oh my beloved! between your breasts and your hips, whether your waist exists or not—this my doubt is not cleared even to-day."

पट्टवसनं विद्यते यासां ताः परिहितश्वेतपट्टवसना इत्यर्थः अतएव ज्योत्स्नानां न लक्ष्यन्ते। अत्र ज्योत्स्नावर्णनस्य प्रस्तुतत्वात् तस्याः श्वेतत्वं मल्लिकामालादि-कृतनायिकाश्वेतत्वाभिन्नतया वर्णनात् समधिकत्वेन प्रतीयते, अथवा तादृशरजन्याम् अभिसारिकाणामलक्ष्यत्वासम्भवेऽपि अलक्ष्यत्वकथनात् प्रस्तुतायाः ज्योत्स्नायाः श्वेतत्वस्य सम्यगुत्कर्षः प्रतीयते।। 215।।

उक्तोदाहरणे लक्षणं योजयति—**चन्द्रातपस्येति**।। अत्र चन्द्रातपस्य ज्योत्स्नायाः उत्कर्षवत्त्या बाहुल्यं गाढत्वमुक्तम्। इदानीं संशयातिशयादीनां व्यक्तौ व्यक्तीकरणे किञ्चित् निदर्श्यते इत्यन्वयः।। 216।।

संशयातिशयोक्तिमुदाहरति—**स्तनयोरिति**।। हे प्रिये! तव मध्यं स्तनयोः विपुलयोरिति शेषः, जघनस्यापि विपुलस्येति शेषः मध्ये अस्ति वा नास्ति इति सन्देहः मे मम अद्यापि अस्तीति ज्ञाने सत्यपीत्यर्थः न निवर्तते। अत्र तथा विधसंशयस्य अभावनीयत्वेऽपि तत्कल्पनात् मध्यदेशस्यातिक्षीणत्वं ध्वन्यन्ते इति संशयमूलातिशयोक्तिः।। 217।।

निर्णेतुं शक्यमस्तीति मध्यं तव नितम्बिनि!।
अन्यथा नोपपद्येत पयोधरभरस्थितिः ॥218॥

अहो विशालं भूपाल! भुवनत्रितयोदरम्।
माति मातुमशक्योऽपि यशोराशिर्यदत्र ते ॥219॥

अलङ्कारान्तराणामप्येकमाहुः परायणम्।

"Lady with large hips, it is possible to conclude that you have a waist; otherwise your heavy breasts cannot remain where they are."

"Oh, king, it is a wonder; the expanse of the three worlds is so wide as to measure your fame which cannot (ordinarily) be measured."

Among the many *alaṅkāras,* they say that this one is the most important,—the statement which is

---

निर्णयातिशयोक्तिमुदाहरति—**निर्णेतुमिति**॥ हे नितम्बिनि! तव मध्यं निर्णेतुं शक्यम् अस्ति अन्या पयोधरयोः स्तनयोः भरतस्य स्थितिः न उपपद्येत मध्यं नास्ति चेत् कथं पयोधरौ तदुपरि वर्तेताम्। अत्र पयोधरयोर्निरवलम्बनस्थित्यनुपपत्तेः मध्यदेशस्य अस्तित्वनिर्णयासम्बन्धेऽपि तत्कल्पनेन अतिक्षीणत्वनिर्णयात् निर्णयातिशयोक्तिरियम्॥ 218॥

आश्रयाधिक्ये अतिशयोक्ति दर्शयति—**अहो इति**॥ हे भूपाल! भुवन त्रितयोदरं त्रिभुवनाभोग इत्यर्थः विशालम् अहो इति आश्चर्यसूचकमव्ययम्। यद् यस्मात् अत्र त्रिभुवनोदरे मातुमशक्योऽपि ते यशोराशिः माति पर्याप्ततां गच्छति। अत्र आश्रयस्य त्रिभुवनोदरस्य विशालत्वप्रतिपादनेन आश्रितस्य यशोराशेराधिक्यवर्णनात् आश्रयाधिक्यातिशयोक्तिः॥ 219॥

अस्या अलङ्कारोत्तमत्त्वं दर्शयति—**अलङ्कारेति**॥ वाशीशमहितां वाक् पतिपूजिताम् इमाम् अतिशयाह्वयाम् अतिशयाख्याम् उक्तिम् अतिशयोक्तिमित्यर्थः

वागीशमहितामुक्तिमिमामतिशयाह्वयाम्।।220।।

इति अतिशयोक्तिचक्रम्।

अन्यथैव स्थिता वृत्तिश्चेतनस्येतरस्य वा।
अन्यथोत्प्रेक्ष्यते यत्र तामुत्प्रेक्षां विदुर्यथा।।221।।

---

called hyperbole and which is honoured by all masters of speech.

Here ends the sub-section on *atiśayokti* (or hyperbole).

When the condition or action Ran animate or inanimate object is in a particular manner and it is fancied (by the poet) in a different manner they call that (figure of speech) *Utprekṣā* (or Conceit) : It is as follows :

अलङ्कारान्तराणाम् अन्येषाम् अलङ्काराणाम् अपि एकं परायणम् परमाश्रयम् आहुः कवय इति शेषः, अस्य एव वैचित्र्यातिशयामहिम्ना सर्वेषामलङ्काराणां प्रादुर्भावादिति भावः, वैचित्र्यातिशयाभावे विद्यमानानामपि उपमादीनां नालङ्कारता यथा गौरिव गवय इत्यादि। उक्तञ्च, 'कस्याप्यतिशयास्योक्तिरित्यन्वर्थविचारणात्। प्रायेणामी अलङ्कारा भिन्ना नातिशयोक्तितः' इति।। 220।।

अथोत्प्रेक्षां निरूपयति–**अन्यथेति**।। चेतनस्य इतरस्य अचेतनस्य वा प्रस्तुतस्य अन्यथा अन्येन प्रकारेण स्थिता वृत्तिः स्वाभाविकी वृत्तिः गुणक्रियादिश्च यत्र वैचित्र्ये अन्यथा अन्यप्रकारेण अपस्तुतस्वरूपत्वेन उत्प्रेक्ष्यते सम्भाव्यते तामुत्प्रेक्षां विदुः। यत्रेत्यत्र यत्त्विति पाठे क्रियाविशेषणम्। यदुत्प्रेक्षणमित्यर्थः। उक्तञ्च प्रकाशकारेण, 'सम्भावनमथोत्प्रेक्षा' इति। सम्भावनं हि उत्कटकोटिकः संशयः, तच्च प्रस्तुतस्य निगरणेन भवति, निगरणञ्च क्वचित् प्रस्तुतस्य अनुपादानं क्वचिदुपात्तस्यापि अधःकरणम्। यथा, 'विषयस्यानुपादानेऽप्युपादानेऽपि सूरयः। अधःकरणमात्रेण निगीर्णत्वं प्रचक्षते' इति। दर्पणकारस्तु 'भवेत् सम्भावनोत्प्रेक्षा प्रकृतस्य परात्मना। वाच्या प्रतीयमाना से'ति लक्षणं कृत्वा जातिगततया चास्या विविधभेदानाह।। 221।।

मध्यन्दिनार्कसन्तप्तः सरसीं गाहते गजः।
मन्ये मार्तण्डगृह्याणि पद्मान्युद्धर्तुमुद्यतः।।222।।
स्नातुं पातुं बिसान्यत्तुं करिणो जलगाहनम्।
तद्वैरनिष्क्रयायेति कविनोत्प्रेक्ष्य वर्ण्यते।।223।।
कर्णस्य भूषणमिदं ममायतिविरोधिनः।

"The elephant gets down to the pond, fatigued by the hot mid-day sun; I think that it is to attempt to pluck off the lotuses who are wives of the sun."

The poet describes the elephant descending to the water for bathing, drinking and eating the tendrils, by poetically conceiving it as due to its enemical attitude.

"This decoration of the ear stands in the way of expansion (of the eye). Thus, (thinking) probably, by your eye the *utpala* flower in your ear is besieged."

चेतनगतामुत्प्रेक्षामुदाहरति–**मध्येति**।। मध्यन्दिनार्केण मध्याह्नसूर्येण सन्तप्तः गजः सरसीं गाहते अवतरति। अत्रोत्प्रेक्ष्यते मन्ये इति, मार्तण्ड गृह्यानि सूर्यपक्षान् पद्मानि उद्धर्तुम् उन्मूलयितुम् उद्यतः इति मन्ये सम्भावयामीत्यर्थः। अत्र सन्तप्तस्य चेतनस्य गजस्य स्नानपानाद्यर्थकतया स्थितं सरोऽवगाहनं शत्रुपक्षोद्धरणार्थत्वेनोत्प्रेक्षितम्। मन्ये इति पदमुत्प्रेक्षाव्यञ्जकम्। अत्र च सन्तापकस्य प्रतीकाराक्षमेण गजेन तत्पक्षस्योद्धरणात् प्रत्यनीकालङ्कारः। तदुक्तं, 'प्रत्यनीकमशक्तेन प्रतीकारे रिपोर्यदि। तदीयस्य तिरस्कारस्तस्यैवोत्कर्षसाधक' इति। तदनयोः सङ्कर इति कैश्चिदुक्तं तन्न मनोरमं। तत्पक्षोद्धरणस्य सम्भावनामात्रविषयत्वेन अतात्विकत्वात्, यत्र तत्पक्षापकारस्तात्विकस्तत्रैव तदलङ्कार इति सुधीभिश्चिन्तनीयम्।। 222।।

लक्षणं घटयति–**स्नातुमिति**।। करिणः स्नातुं पातुं बिसानि च अत्तुं। भक्षयितुं जलगाहनं कविना तस्य वैरनिष्क्रयाय इति उत्प्रेक्ष्य सम्भाव्य वर्ण्यते।। 223।।

अचेतनगतामुत्प्रेक्षामुदाहरति–**कर्णस्येत्यादि**।। तव दृष्ठ्या मम आयतिः दैर्घ्यं तस्य विरोधिनः बाधकस्य कर्णस्य इदं भूषणम् इति कर्णोत्पलंविलङ्घ्यते

इति कर्णोत्पलं प्रायस्तत्व हृष्ट्या विलङ्घ्यते।।224।।
अपाङ्गभागपातिन्या दृष्टेरंशुभिरुत्पलम्।
स्पृश्यते वा न वेत्येवं कविनोत्प्रेक्ष्य वर्ण्यते।।225।।
लिम्पतीव तमोऽङ्गानि वर्षतीवाञ्जनं नभः।
इतीदमपि भूयिष्ठमुत्प्रेक्षालक्षणान्वितम्।।226।।

Thus is it described by the poet by way of conceit that the *utpala* flower is touched almost by the glances of the eye which fall from out of its corners.

"The darkness spreads as it were over my limbs like an unguent; the sky, as it were, rains unguent." This also is full of the qualities of *utprekṣā*."

प्रायः निजांशुभिः ताड्यते इव, प्राय इति उत्प्रेक्षाव्यञ्जकम्। अत्र अपाङ्गभागपातिन्याः आकर्णायतायाः दृष्टेः अंशुभिः उत्पलं स्पृश्यते वा न वा इति। असन्नति विषयश्चमत्कारजनकत्वेन कविना उत्प्रेक्ष्य सम्भाव्य वर्ण्यते। उत्प्रेक्षाद्योतकेवादिप्रयोगाभावेऽपि क्वचित् प्रतीयमानोत्प्रेक्षा भवतीत्युक्तं दर्पणकारेण। उदाहृतञ्च तेनैव। यथा, तन्वङ्ग्याः स्तनयुग्मेन मुखं न प्रकटीकृतम्। हाराय गुणिने स्थानं न दत्तमिति लज्जयेति। अत्र स्तनयोरचेतनत्वेन लज्जाया असम्भवात् लज्जयेवेत्युत्प्रेक्षा।। 224-225।।

लिम्पतीति।। श्लोकार्धमिदम् : 'असत्पुरुषसेवेव दृष्टिर्विफलतां गतो'त्यपरार्धं मृच्छकटिकनाटके वर्षावर्णनप्रकरणोक्तम्। तमः अन्धकारम् अङ्गानि शरीराणि लिम्पतीव, नभः आकाशम् अञ्जनं वर्षतीव। इतीदमपि पद्यार्धं भूयिष्ठं सम्यक् उत्प्रेक्षाया लक्षणेन अन्वितं युक्तम्। अत्र अचेतनस्य तमसः व्यापनरूपो धर्मः लेपनत्वेन तथा तादृशस्य तमसः सम्पातरूपो धर्मो नमःकर्तृकाञ्जन-वर्षणरूपत्वेन सम्भावित इति उभयत्रैव विषयस्यानुपादानम्।। 226।।

केषाञ्चिदुपमाभ्रान्तिरिव श्रुत्येव जायते।
नोपमानं तिङन्तेनेत्यतिक्रस्याप्तभाषितम्।।227।।
उपमानोपमेयत्वं तुल्यधर्मव्यपेक्षया।
लिम्पतेस्तमसश्चासौ धर्मः कोऽत्र समीक्ष्यते।।228।।

By some (writers), the statement is made under the delusion that this is *upamā* or simile, ignoring the statements of *āptas* (or authoritative writers) that a simile cannot be in verbs.

Between the object compared and the object with which it is compared (in a simile) there must be a similar *dharma* (or attribute): whereas it is seen here (in the above illustration) this (common) attribute between the words "लिम्पति and तमः."

मन्ये शङ्के इत्यादि पदप्रयोगे एवोत्प्रेक्षा इव प्रयोगेतूपमैवेति केषाञ्चिन्मतं दूषयति–**केषाञ्चिदिति**।। इह लिम्पतीति पद्ये इवश्रुत्या इवशब्दप्रयोगेण तिङन्तेन उपमानं न इति आप्तानां प्राभाणिकानां सुधियां भाषितं वचनम् अतिक्रम्य अनादृत्य केषाञ्चित् अज्ञानामित्यर्थः उपमाभ्रान्तिः उपमालङ्कारः एवात्रेति भ्रमः जायते इत्यन्वयः। अयं भावः उपमानस्य सिद्धत्वं उत्प्रेक्षायाः साध्यत्वञ्च उभयोर्भेदकम्। उपमायाम् उपमानस्य सिद्धत्वमावश्यकम् इह तु साध्यत्वम्। तथाच तिङन्त-पदप्रतिपाद्यस्य लेपनस्य वर्षणस्य च साध्यत्वान्नात्रोपमाशङ्केति। उक्तञ्च 'सिद्धमेव समानार्थमुपमानं विधीयते। तिङन्तार्थन्तु साध्यत्वादुपमानं न जायते' इति।

उपमाशङ्कानिरासाय युक्तिमपि दर्शयति–**उपमानोपमेयत्वमिति**।। तुल्यधर्मस्य समानगुणादिरूपसाधारणधर्मस्य व्यपेक्षया अनुरोधेन उपमानोपमेयत्वं भवतीति शेषः। अत्र लिम्पतेः लिम्पतीति क्रियावाचकस्य पदस्य, नामत्वानु करणात् षष्टीति बोध्यम्। तमसश्च असौ धर्मः साधारण इत्यर्थः। कः समीक्ष्यते लक्ष्यते न कोऽपीत्यर्थः तस्तात् साधर्म्याभावाच्च नोपमाशङ्केति भावः।।228।।

यदि लेपनमेवेष्टं लिम्पतिनमि कोऽपरः।
स एव धर्मो धर्मी चेत्युन्मत्तोऽपि न भाषते।।229।।
कर्ता यद्युपमानं स्यात् न्यग्भूतोऽसौ क्रियापदे।

If the anointing is considered the common attribute, how is *'limpati'* different from it?

"That the same (act) of anointing is considered both as the attribute and the object which has that attribute, not even a madcap will say.

If the agent is considered to be the object of comparison,

पुनश्चापत्तिमुद्भावयन् खण्डयति—**यदीति**।। यदि लेपनमेव इष्टं साधारणधर्मतया अभिलषितं तदा लिम्पतिः नाम अपरः साधारणधर्मवान् उपमानरूपो धर्मीत्यर्थः कः न कोऽपीत्यर्थः। वैयाकरणैर्व्यापारस्यैव विशेष्यतया तिङन्तपदप्रतिपाद्यत्वेनोक्तत्वात्। तदुक्तं, 'फलव्यापारयोर्धातुराश्रये तु तिङ स्मृताः। फले प्रधानं व्यापारस्तिङर्थस्तु विशेषण' मिति। तथाच, लिपनस्यैव धर्मित्वं न तु धर्मत्वमिति व्यक्तीकृतम्। लिम्पतिरित्यत्र अनुकरणे प्रथमेति बोध्यम्। ननु एकस्यैव लेपनस्य धर्मित्वं धर्मत्वन्नास्तु इत्याशङ्क्याह—स एवेति। स एव लिम्पतिरेव धर्मो धर्मी चेति उन्मत्तोऽपि वातुलोऽपि न भाषते, उन्मत्तेनापि एकस्य धर्मित्वं धर्मत्वं नोच्यते का कथा सुधियामिति भावः।। 229।।

पुनरप्यापत्तिं खण्डयति—**कर्तेति**।। यदि कर्ता तिङा प्रतिपाद्यः लेपनरूप-व्यापाराश्रयः उपमानं स्यात् तमस उपमानत्वेन मन्येत, तदपि न इति शेषः, यतः असौ कर्ता क्रियापदे व्यापाररूपे न्यग्भूतः विशेषणत्वात् तिरस्कृतः, तिङर्थस्य विशेषणत्वं पूर्वमुक्तम्। न हि विशेषणमुपमानं भवति विशेषणस्य साध्यतया उपमानस्य सिद्धतया सर्वसम्मतत्वादिति भावः। तथाहि, स्वक्रियायाः लेपनरूपायाः साधने। व्यग्रः व्यापृतः असौ कर्ता अन्यत् कार्यान्तरम् अपेक्षितुं द्रष्टुं साधयितुमित्यर्थः न अलं न समर्थः। अयं भावः, एकस्याधीनो यथा अन्यस्य कार्यं न कर्तुं शक्नोति तथा एकस्य विशेषणतया अधीनः, कर्ता अन्यस्य उपमान-रूपविशेषणतामाप्तुं न प्रभवतीति। उक्तञ्च दीधितिकारेण, 'इतरविशेषण-

स्वक्रियासाधनव्यग्रो नालमन्यदपेक्षितुम्।।230।।

यो लिम्पत्यमुना तुल्यं तम इत्यपि शंसतः।
अङ्गानीति न सम्बद्धं सोऽपि मृगयः समो गुणः।।231।।

यथेन्दुरिव ते वक्त्रमिति कान्तिः प्रतीयते।
न तथा लिम्पतौ लेपादन्यदत्र प्रतीयते।।232।।

---

that (agent) is only implied in the verb and is not sufficient for doing the other task (of simile) assigned to it.

If it be stated that with this *limpati* darkness is compared, even then there is no connection with the 'limbs'; and the common quality has to be searched out.

In the statement "your face is like the moon," splendour is inferred; not so from the word *limpati;* by anointing, some other quality alone is here inferable.

त्वेनोपस्थितस्यान्यत्र विशेषणत्वेनान्वयायोगादि'ति। अतो नात्र कर्तुरुपमानत्वं सङ्गच्छत इति।। 230।।

तिङर्थप्राधान्यवादिनैयायिकमतानुसारिणीमपि आपत्तिं खण्डयति—**य इति**।। यो लिम्पति, तमः अमुना तुल्यम्, अत्र यददः शब्दप्रयोग उपमानोपमेयत्वसूचकः इत्यपि शंसतः कथयतः वादिनः मते इति शेषः, अङ्गानि इति कर्मपदं न सम्बद्धं व सङ्गतम् उपमेयतमःकर्तृकतदन्वययोग्यक्रियान्तराभावात् उपमेयांशे अनन्वयाच्चेति। ननु अङ्गकर्मकलेपनकर्तृ तम इत्येवं शाब्दबोधे का क्षतिरिति चेत् तत्राह—स इति। सः समः साधारणः गुणोऽपि मृग्यः अन्वेष्टव्यः अवश्यं वाच्य इत्यर्थः तदप्रयोगे उपमाया असम्भवादिति भावः।। 231।।

ननु साधारणधर्माप्रयोगे लुप्तोपमापि भवतीति चेत् तत्राह—**यथेति**।। ते वक्त्रम् इन्दुरिव इत्यत्र यथाकान्तिः सौन्दर्यं साधारणधर्मतया प्रतीयते अत्रलिम्पतौ लेपात् अन्यत् किमपि तथा तद्वत् न प्रतीयते तथाच, साधारणधर्मा प्रयोगेऽपि यत्र सादृश्यस्य प्रसिद्धतया साधारणधर्मस्य स्फुटत्वं तत्रैव लुप्तोपमा, अत्र तु तमसः लेपनकर्तुश्च न तथात्वमिति न काचित् विप्रतिपत्तिरिति भावः।। 232।।

तदुपश्लेषणार्थोऽयं लिम्पतिर्ध्वान्तकर्तृकः।
अङ्गकर्मा च पुंसैवमुत्प्रेक्ष्यत इतीष्यताम्।।233।।
मन्ये शङ्के ध्रुवं प्रायो नूनमित्येवमादिभिः।
उत्प्रेक्षा व्यज्यते शब्दैरिवशब्दोऽपि तादृशः।।234।।

इति उत्प्रेक्षाचक्रम्।

हेतुश्च सूक्ष्मलेशौ च वाचामुत्तमभूषणम्।

Therefore let it be understood that this *limpati,* conveying the meaning of smearing and causing darkness (thereby), is fancied to be the act (of smearing) on the body of a person.

The word *manye* (I consider), *śaṅke* (I imagine), *dhruvaṁ* (decidedly), *prāyāḥ* (mostly) *nūnaṁ* (certainly)—by-such like words is *utprekṣā* indicated.; the word *iva* is also such a word.

Thus ends the sub-section on *utprekṣā* (or Conceit).

Reason (*hetu*) and subtlety and minuteness (*sūkṣma* and *leśa*) constitute the best *alaṅkāras* of words; the *hetu* is

---

उपसंहरति—**तदिति**।। तत् तस्मात् उपश्लेषणं व्यापनमेव अर्थो यस्य तथाभूतः ध्वान्तकर्तृकः तमःकर्तृकः तथा अङ्गकर्मा अयं लिम्पतिः लेपनक्रिया पुंसा कविनिबन्धनवक्त्रा उत्प्रेक्ष्यते सम्भाव्यते इति इष्यताम् इष्टत्वेन गृह्यताम्। तथाच, तमःकर्तृकमङ्गष्यापनम् उत्प्रेक्षाया विषयः लेपनञ्च विषयि, ततश्च प्रस्तुतस्तमोव्यापनरूपो विषयः अप्रस्तुततादृशलेपनरूपविषयित्वेन उत्प्रेक्ष्यते न तूपमानभूतेन तेन उपमीयते इति भाव्यम्।। 233।।

इवशब्दस्य उत्प्रेक्षाया व्यञ्जकत्वमाह—**मन्ये इति**।। मन्ये इत्यादिभिः शब्दैः उत्प्रेक्षा व्यज्यते, इवशब्दोऽपि तादृश उत्प्रेक्षाव्यञ्जक इत्यर्थः।। 234।।

हेतुसूक्ष्मलवाख्यानलङ्कारानुद्दिशति—**हेतुरिति**।। हेतुः सूक्ष्मः तथा लेशः लवः इत्युद्देशवाक्येनोक्तः एते त्रयः वाचाम् उत्तमभूषणम् उत्कृष्टालङ्काराः

कारकज्ञापकौ हेतू तौ चानेकविधौ यथा।।235।।
अयमान्दोलितप्रौढवन्दनद्रुमपल्लवः ।
उत्पादयति सर्वस्य प्रीतिं मलयमारुतः।।236।।
प्रीत्युत्पादनयोग्यस्य रूपस्यात्रोपबृंहणम्।

---

twofold, *kāraka* and *jñāpaka* (or Causal Reason and Reason which helps to know). These two classes are again divided into many; for example :

"This southern breeze which wafts to and from the tender leaves of the full grown sandal trees causes delight to all."

Here by a figure of speech the idea is elaborated of the statement which enables the causing of delight;

एतेषामलङ्कारत्वमनङ्गीकुर्वतो भामहादीन् प्रति कटाक्षोक्तिरियम्। तत्र हेतू द्विविधौ कारकः ज्ञापकश्च हेतुत्वञ्च, सिषाधयिषितार्थसाधकत्वम्। उक्तञ्च 'सिषाधयिषितार्थस्य हेतुर्भवति साधकः। कारको ज्ञापक इति द्विधा सोऽप्युपजायते। प्रवर्तते कारकाख्यः प्राक् पश्चात् कार्यजन्मतः। पूर्वः शेष इति ख्यातस्तयोरेव विशेष्यता। कार्यकारणभावाद्वा स्वभावाद्वा नियामकात्। अविनाभावनियमादविनाभावदर्शनात्। ज्ञापकस्य च भेदोक्तिर्वेद्या पूर्वोक्तिदर्शनात्' इति। भोजराजेनाप्युक्तं, 'यः प्रवृत्तिं निवृत्तिञ्च प्रयुक्तिञ्चान्तराविशन्। उदासीनोऽपि वा कुर्यात् कारकं तं प्रचक्षते। द्वितीया च तृतीया च चतुर्थी सप्तमी च यम्। क्रियानाविष्टमाचष्टे लक्षणं ज्ञापकञ्च सः' इति। तौ च कारकज्ञापको अनेकविधौ बहुप्रकारौ उदाहरणेषु ज्ञातव्यौ इति शेषः अस्मिंश्च हेत्वलङ्कारे मतान्तरोक्तस्य काव्यलिङ्गस्य कार्यकारणभावोक्तार्थान्तरन्यासस्य तथा अनुमानस्य अन्तर्भावात् न पृथगुक्तिरिति बोध्यम्। दर्पणकारस्तु 'अभेदेनाभिधा हेतुर्हेतोर्हेतुमता सहे'ति लक्षणमाह। स चास्मिन् मते अतिशयोक्तिरेवेति ध्येयम्।। 235।।

कारकहेतुमुदाहरन्नाह—**अयमित्यादि**।। अयम् आन्दोलिताः आधूताः प्रौढाः परिणताः चन्दनद्रुमस्य पल्लवा येन तादृशः मलयमारुतः सव्रस्य प्रीतिम् उत्पादयति। अत्र मलयमारुतस्य प्रीत्युत्पादने कारकत्वम् आन्दोलितेत्यादि-

अलङ्कारतयोद्दिष्टं निवृत्तावपि तत्समम्।।237।।
चन्दनारण्यमाधूय स्पृष्ट्वा मलयनिर्झरान्।
पथिकानामभावाय पवनोऽयमुपस्थितः।।238।।
अभावसाधनायालमेवम्भूतो हि मारुतः।
विरहज्वरसम्भूतमदनाग्न्यातुरे जने।।239।।

---

the same holds good with respect to a cause which destroys.

"This breeze has started blowing, for putting an end to the existence of the travellers, after touching the water-falls of the Malaya hill and after having blown through in a sandal-wood forest."

With regard to a person who does not like the delightful breeze because of the fatigue caused by the feverishness or separation (from his beloved), such a breeze is capable of accomplishing his destruction.

विशेषणवत्तया समधिकं वैचित्र्यमावहति सहृदयानामिति। अत्र प्रीत्युत्पादन-योग्यस्य रूपस्य वैचित्र्यजनकतया कीर्तनम् अलङ्कारतया उद्दिष्टं कथितं तत् उपबृंहणं निवृत्तावपि निषेधेऽपि समं तुल्यम्। यथा, 'मुग्धे! तव मुखामोदलोलुपो मधुपो मधुपो भ्रमन्। कर्णिकाकमलं फुल्लमपि नाभिसरत्यय'मिति। अत्र अभिसरणक्रियाया निषेधः।। 236-237।।

पूर्वं भावसाधने उदाहरणं दर्शयित्वा इदानीम् अभावसाधनाय उदाहरति-**चन्दनेति**।। अयं पवनः चन्दनारण्यं चन्दनवनम् आधूय कम्पयित्वा, तथा मलयनिर्झरान् स्पृष्ट्वा पथिकानाम् अभावाय नाशाय उपस्थितः तादृशस्य पवनस्य विरहिणामतीव दुःसहत्वादिति भावः।। 238।।

अभावेति।। एवम्भूतः उक्तगुणसमन्वितः मारुतः विरहज्वरेण सम्भूताः यः मदनाग्निः तेन आतुरे जने यत्र षष्ठ्यर्थे सप्तमी। तादृशस्य जनस्य इत्यर्थः अभावसाधनाय अलं समर्थः, अत्र अभावसाधको हेतुरिति भावः।। 239।।

निर्वर्त्ये च विकार्ये च हेतुत्वं तदपेक्षया।
प्राप्ये तु कर्मणि प्रायः क्रियापेक्षैव हेतुता।।240।।
हेतुर्निर्वर्त्तनीयस्य दर्शितः शेषयोर्द्वयोः।
दत्त्वोदाहरणद्वन्द्वं ज्ञापको वर्णयिष्यते।।241।।

In regard to the object which is caused and in regard to an object which is affected and modified by the cause, Reason is obvious. In regard to the action which is to be reached (inferred by the cause), the Reason is inferred and generally the figure of speech, Reason, is merely in the inference of action.

Examples of a *hetu* which causes (a result) have been shown; of the remaining two forms of *hetu* we shall give a pair of examples and then the *jñāpaka* will be described.

हेतुत्वस्य क्रियाकर्मोभयापेक्षिता, तत्र क्रियापेक्षित्वे उदाहृतं सम्प्रति कर्मापेक्षित्वमाह—**निर्वर्त्ये चेति**।। निर्वर्त्ये च विकार्ये च कर्मणि तदपेक्षयाः हेतुत्वं तत्तत्कर्मापेक्षी हेतुरित्यर्थः, प्राप्ये तु कर्मणि प्रायः बाहुल्येन हेतुता क्रियापेक्षैव क्रियापेक्षी हेतुरित्यर्थः। तत्र निर्वत्तर्यं पूर्वमसदेव क्रियया जन्यम् अथवा पूर्वं सदेव क्रियया प्रकाश्यमानमिति द्विविधम्। यथा, कटं करोति, पुत्रं प्रसूते इत्यादि। विकार्यं क्रियया रूपान्तरमापाद्यमानम्। यथा, काष्टं दहति सुवर्णं कुण्डलं करोति इत्यादि। दहति भस्मीकरोतीति भस्मैव काष्ठस्य रूपान्तरं बोध्यम्। उक्तञ्च यदसज्जायते पूर्वं जन्मनां यत् प्रकाशते। तन्निर्वर्त्त्यं विकार्यञ्च कर्म द्वेधा व्यवस्थितम्। प्रकृत्युच्छेदसम्भूतं किञ्चित् काष्ठादिभस्मवत्। किञ्चिद् गुणान्त-रोत्पत्त्या सुवर्णादिविकारवत् इति।। प्राप्यन्तु क्रियाव्याप्तमेव न तु विकृत्यादि-गुणान्तरितम्। तदुक्तं 'क्रियाकृतविशेषाणां सिद्धिर्यत्र न गम्यते। दर्शनादनुमानाद्वा तत् प्राप्यमिति कथ्यते' इति। जैमरास्तु अनीप्सितमपि कर्मेच्छन्ति यथा, दुःसंसर्गं परिहरतीत्यादि। अत्रापि क्रियापेक्षो हेतुरिति बोध्यम्।। 240।।

हेतुरिति।। निर्वर्तनीयस्य कर्मणः हेतुः दर्शितः अयमान्दोलितेत्याद्युदाहरणे इति शेषः। शेषयोः उक्तवशिष्टयोः द्वयोः विकार्यप्राप्ययोरित्यर्थः उदाहरणद्वन्द्वं

उत्प्रवालान्यरण्यानि वाप्यः संफुल्लपङ्कजाः।
चन्द्रः पूर्णश्च कामेन पान्थदृष्टेर्विषं कृतम्।।242।।
मानयोग्यां करोमीति प्रियस्थानस्थितां सखीम्।
बाला भ्रूभङ्गजिह्माक्षी पश्यति स्फुरिताधरा।।243।।

"The groves have the leaves of trees sprouting the wells and ponds have full-grown lotuses and the moon is full; but by (adverse) fate all these are converted into poison to the eye of the traveller." (This is an example of *vikārya Hetu* or Reason which causes a modification or conversion).

"The young maiden, thinking of training herself so that she may be fit to show her anger towards her lover) looks with quivering lower lip and with eyes severe on account of the knitting of the eyebrows at her (lady) companion who stands in the palace of a lover." (This is an example of *kriyāpekṣā Hetu*).

दत्वा दर्शयित्वा ज्ञापको हेतुः वर्णयिष्यते। प्रतिज्ञेयं शिष्याणामुत्कण्ठावारणायेति बोध्यम्।। 241।।

विकार्यहेतुं दर्शयति—**उत्प्रवालानीति**।। अरण्यानि उत्प्रवालानि उद्गत-पल्लवानि, वाप्यः दीर्घिकाः संफुल्लानि पङ्कजानि यासु ताः, तथा चन्द्रः पूर्णश्च, अतः कामेन पान्थदृष्टेः पथिकनयनस्य विषं कृतम् उक्तानामेव त्रयाणामतीवो-द्दीपकतया सन्तापकत्वादिति भावः। अत्र उक्तत्रयं विषं कृतं विषीभावरूपं विकारमापादितमिति आरोपरूपवैचित्र्यस्यैव हेत्वलङ्कारत्वम् अनेवंविधे सुवर्णं कुण्डलं करोतीत्यादौ विकारस्य सत्यतया वैचित्र्याभावान्नालङ्कारतेति बोध्यम्।। 242।।

प्राप्यहेतुं दर्शयति—**मानयोग्यामिति**।। बाला मुग्धा काचित् भ्रुवोर्भङ्गेन जिह्मे अक्षिणी यस्याः साः तथा स्फुरितः कम्पितः अधरो यस्यास्तादृशो सती मानयोग्यां मानाभ्यासम् 'अभ्यासः खुरली योग्ये' त्यमरमाला। करोमीत्यभिप्रेत्येति शेषः प्रियस्य स्थाने सकाशे स्थितां सखीं पश्यति निरीक्षते। अत्र सखीमिति प्राप्यकर्मापेक्षी बालायास्तादृशसकोपनिरीक्षणे हेतुरिति बोध्यम्।। 243।।

गतोऽस्तमर्को भातीन्दुर्यान्ति वासाय पक्षिणः ।
इतीदमपि साध्वेव कालावस्थानिवेदने ।।244।।

अवध्यैरिन्दुपादानामसाध्यैश्चन्दनाम्भसाम् ।
देहोष्मभिः सुबोधं ते सखि! कामातुरं मनः ।।245।।

इति लक्ष्याः प्रयोगेषु रथ्या ज्ञापकहेतवः ।

"The sun has set; the moon shines (in the heavens) the birds have gone to their nest." This too is a good example of *Hetu* as it indicates the time (of day).

"From the feverishness of your limbs which is not removed by the rays of the moon and which is not allayed by sandal-water, my dear friend, it is obvious that your mind is afflicted by love."

Thus used, the reasons for inference (the *Jñāpaka Hetu*) and delightful; examples will be given of Reasons of non-existence (*Abhāva Hetu*).

ज्ञापकहेतुमुदाहरति—**गत इति**।। अर्कः अस्तं गतः, इन्दुः भाति, पक्षिणः वासाय वासस्थानाय यान्ति गमनार्थयोगे कर्मणि चतुर्थी। इति उक्तरूपम् इदं गतोऽस्तमर्क इत्यादिकं कालावस्थायाः कालविशेषस्य सन्ध्या इत्यर्थः निवेदने ज्ञापने साधु एव वैचित्र्यजनकत्वात् उत्कृष्टोपाय इत्यर्थः, अर्कस्यास्तमितत्वादिः ज्ञापको हेतुः, ज्ञाप्या च सन्ध्या अत्र तु ज्ञाप्यस्य अशब्दत्वात् प्रतीयमानत्वम्। सन्ध्या वर्तते इत्यादौ तु नालङ्कारता वैचित्र्याभावादिति बोध्यम्।। 244।।

ज्ञाप्यस्य शाब्दत्वे उदाहरति—**अवध्यैरिति**।। हे सखि! ते तव कामातुरं विरहाकुलं मनः इन्दुपादानां चन्द्रकिरणानाम अवध्यैः अनाश्यैः, तथा चन्दनाम्भसां चन्दनाक्तजलानाम् असाध्यैः अप्रतिकार्यैः देहस्य उष्मभिः सन्तापैः सुबोधं सुखेन ज्ञेयम्। अत्र कामतुरं मनोरूपं ज्ञाप्यं शब्दं देहतापाश्च ज्ञापकाः। अत्र च वैचित्र्यविशेषवत्त्वमेवास्यालङ्कारस्य विषय इति।। 245।।

इतीति।। इति एवंरूपाः ज्ञापकहेतवः रम्याः सहृदयचमत्कारकाः प्रयोगेषु

अभावहेतवः केचिद् व्याह्रियन्ते मनोहराः।।246।।
अनभ्यासेन विद्यानामसंसर्गेण धीमताम्।
अनिग्रहेण चाक्षाणां जायते व्यसनं नृणाम्।।247।।
गतः कामकथोन्मादो गलितो यौवनज्वरः।

"By non-practice of different branches of knowledge, by no commingling with learned people and by not controlling the sense, sorrow is born to men". (This is an example of *Prāgabhāva* or Previous Non-existence).

"Gone is the infatuation for tales of love; the fever of youth has slipped away; delusion is destroyed completely and the thirst of the senses has left; the mind is set on holy living (or on the holy stage of life). (Here the non-existences

---

कवीनां निबन्धेषु लक्ष्याः ज्ञातव्याः अभावरूपाः मनोहराः केचित् हेतवश्च व्याह्रियन्ते उच्यन्ते।। 246।।

अभावरूपाश्च हेतवश्चतुर्विधाः प्रागभावः ध्वंसाभावः अन्योन्याभावः अत्यन्ताभावश्चेति मनसि कृत्वा क्रमेण उदाहरिष्यन् प्रथमं प्रागभावमाह– **अनभ्यासेनेति**।। विद्यानाम् अनभ्यासेन अशिक्षया, धीमतां साधूनाम् असंसर्गेण तथा अक्षाणाम् इन्द्रियाणाम् अनिग्रहेण असंयमेन हेतुना नृणां व्यसनं स्त्रीपानाद्यष्टादशविधं दुष्प्रवृत्तिरिति यावत् जायते। उक्तञ्च मनुना व्यसनप्रस्तावे, 'मृगयाक्षो दिवास्वप्नः परीवादः स्त्रियो मदः। तौर्यत्रिकं वृथाट्या च कामजो दशको गणः। पैशुन्यं साहसं द्रोह ईर्ष्यासूयार्थदूषणम्। वाग्दण्डजञ्च पारुष्यं क्रोधजोऽपि गणोऽष्टक' इति। अत्र पूर्वं विद्याभ्यासाद्यभावे व्यसनोत्पत्तिरिति विद्याभ्यासादीनां व्यसनं प्रति प्रागभावरूपहेतुत्वम्।। 247।।

प्रध्वंसमुदाहरति–**गत इति**।। कामकथया उन्मादः उन्मत्तता गतः, यौवनज्वरः गलितः, मोहः अज्ञानं गतः तृष्णा वासना च्युता, अतः पुण्याश्रमे

गतो मोहश्च्युता तृष्णा कृतं पुण्याश्रमे मनः ।।248।।

वनान्यमूनि व गृहाण्येता नद्यो न योषितः ।
मृगा इमे न दायादांस्तन्मे नन्दति मानसम् ।।249।।

अत्यन्तमसदार्याणामनालोचितचेष्टितम् ।
अतस्तेषां विवर्धन्ते सततं सर्वसम्पदः ।।250।।

---

of infatuation, etc., are simultaneously set out along with the setting of the mind on holy life. Therefore, this is an example of Present Non-existence (*Hetu*).

"There are forests, not houses; these are rivers, not women; these are antelopes, not gannets; therefore my mind is happy." This is an example of *Etaretarābhāva* or Mutual (Non-existence).

"Acting without thinking is absolutely non-existent in *Āryas* hence it is that all good fortunes increase for ever for them." (This is an example of *Atyantābhāva* or Absolute Non-existence).

संन्यासाश्रमे मनः कृतम् अर्पितम्। अत्र कामकथादीनां ध्वंसरूपस्य अभावस्य पुण्याश्रमगमने हेतुत्वम्।। 248।।

अन्योन्याभावमुदाहरति–**वनानीति**।। अमूनि वनानि, गृहाणि न, एता नद्यः योषितः न, इमे मृगाः, दायादाः न, तत् तस्मात् मे मम मानसं नन्दति, गृहाश्रमाद् वानप्रस्थाश्रमं गतस्योक्तिरियम् अत्र वनगृहादीनाम् अन्योन्यभेदेन मानसनन्दने अन्योन्याभावरूपहेतुत्वम्।। 249।।

अत्यन्ताभावमुदाहरति–**अत्यन्तमिति**।। आर्याणां साधूनाम्, अनालोचित-चेष्टितम् अविमृश्यकारित्वम् अत्यन्तम् असत् अविद्यमानं नास्तीत्यर्थः, अतस्तेषां सर्वसम्पदः सततं विवर्धन्ते। अत्र अविमृश्यकारिताया अत्यन्ताभावः सर्वसम्पद्वृद्धौ हेतुरिति।। 250।।

उद्यानसहकाराणामनुद्भिन्ना न मञ्जरी।
देयः पथिकनारीणां सतिलः सलिलाञ्जलिः ।।251।।

प्रागभावादिरूपस्य हेतुत्वमिह वस्तुनः।
भावाभावस्वरूपस्य कार्यस्योत्पादनं प्रति।।252।।

दूरकार्यस्तत्सहजः कार्यानन्तरजस्तथा।

"Bunches of blossoms have not remained without blossoming on the mango trees of pleasure garden; handfuls of water with sesame seeds may therefore be offered to the wives of travellers (who have not returned). This is an example of *Abhāvābhāva* or non-existence of non-existence (or *Double Negation).*

Here (in the above axample) *Reason* lies in the accomplishing of the effect (*viz.,* the death of the wives of travellers) by an object which was previously non-existent and which non-existence has become non-existence.

The *Hetus* or *Reasons* are innumerable and varied like *Dūrakārya* or where the effect is produced at a distant place;

सम्प्रति अभावाभावरूपं हेतुं दर्शयति—**उद्यानेति**।। उद्यानसहकाराणाम् उपवनचूतानां मञ्जरी न अनुद्भिन्ना अपितु उद्भिन्ना, अतः पथिकनारीणां प्रोषितभर्त्तृकाणां सतिलः सलिलाञ्जलिः देयः, चूतमञ्जर्युद्भेदेन वसन्तोदयात् तस्य च सातिशयोद्दीपकत्वात् तादृशीनां मरणमुपस्थितमिति ध्वन्यते। अत्र मञ्जरीणामुद्भेदाभावस्य अभावरूपो हेतुरिति अभावाभावस्य हेतुत्वम्।। 251।।

अभावहेतुमुपसंहरति—**प्राणिति**।। इह उदाहरणेषु इत्यर्थः। भावाभाव-स्वरूपस्य भावरूपस्य अभावरूपस्य च कार्यस्य उत्पादनं प्रति प्रागभावादिरूपस्य वस्तुनः विषयस्य हेतुत्वं दर्शितमिति शेषः।। 252।।

अधुना चित्राख्यहेतुभेदान् निर्दिशति—**दूरकार्य इति**।। दूरे कार्यं यस्य सः, तत्सहजः तेन कार्येण सह जातः, कार्यान्तरजः कार्यान्तरं जातः, अयुक्तकार्यः

अयुक्तयुक्तकार्यौं वेत्यसंख्याश्चित्रहेतवः ।।253।।
तेऽमी प्रयोगमार्गेषु गौणवृत्तिव्यपाश्रयाः ।
अत्यन्तसुन्दरा दृष्टास्तदुदाहृतयो यथा ।।254।।
त्वदपाङ्गाह्वयं जैत्रमनङ्गास्त्रं यदङ्गने!
मुक्तं तदन्यतस्तेन सोऽप्यहं मनसि क्षतः ।।255।।

---

sahaja, or where the effect is produced alongside the object; *kāryānantaraja* where different effect is produced; *ayuktakārya,* or producing contrary effect; *yuktakārya* where a proper effect is produced.

All these which are dependent upon the nature of the qualities are in their applications found to be very beautiful: therefore examples are given below :

"Oh maiden, the conquering arrow of Cupid, which is called the side-glance of your eye is let go; by reason of that at another place, this person is (*i.e.* I am) wounded heart. (This is an example of *Dūrakārya*).

व्युक्तम् अनुचितं कार्यं यस्य सः, तथा युक्तकार्यः युक्तम् उचितं कार्यं यस्य सः, इति एवंप्रकाराः असंख्याः संख्यातीताः बहुविधा इत्यर्थः चित्रहेतवः चित्राख्याः हेतवः। उक्तञ्च भोजराजेन, 'क्रियायाः कारणं हेतुः कारको ज्ञापकस्तथा। अभाव श्रियहेतुश्च चतुर्विध इहेष्यते' इति।। 253।।

तेऽमीति।। ते पूर्वोक्ता अमी चित्रहेतवः गौणी या वृत्तिः सादृश्यनिबन्धना लक्षणा सैव व्यपाश्रयः अवलम्बनं येषां तादृशाः तादृशलक्षणा वृत्तिनिबन्धनाः प्रयोगाणां निबन्धानां मार्गेषु रीतिषु अत्यन्तसुन्दराः अतिमनोहराः दृष्टाः, यथा तेषामुदाहृतयः उदाहरणानि वक्ष्यमाणानीत्यर्थः।। 245 ।।

दूरकार्यमुदाहरति–**त्वदपाङ्गाह्वयमिति**।। हे अङ्गने! चार्वङ्गि! यत् तत् प्रसिद्धं जैत्रं जयसाधनं तव अपाङ्गाख्यम् अपाङ्गरूपम् अनङ्गस्य कामस्य अस्त्रम् अन्यतः अन्यस्मिन् जने मुक्तं पातितं त्वयेति शेषः तेन अस्त्रेण सः लक्ष्यभूतः

आविर्भवति नारीणां वयः पर्यस्तशैशवम्।
सहैव विविधैः पुंसामङ्गजोन्मादविभ्रमैः।।256।।
पश्चात् पर्यस्य किरणानुदीर्णं चन्द्रमण्डलम्।
प्रागेव हरिणाक्षीणामुदीर्णो रागसागरः।।257।।

(Proper) age of women comes after the passing of childhood, along with the various confusion caused by the agitation of love in the minds of men. (This is an example of *sahaja*).

"The rising of the *maṇḍala* (or disc) of the moon afterwards spreading its rays all around; even before that, the ocean of love of fawneyed maiden has begun to ebb (to rise). This is an example of *kāryānantaraja*).

जनः तथा अहमपि अलक्ष्यभूत इत्यर्थः मनसि क्षतः विद्धः। अत्र अस्त्रस्य लक्ष्यवेधरूपं कार्यं सन्निहितम् अलक्ष्यवेधरूपन्तु दूरवर्ति, इति हेतोरस्त्रस्य दूरकार्यत्वं तस्य चासम्भवाच्चित्रमिति।। 255।।

तत्सहजमुदाहरति—**आविर्भवतीति**।। नारीणां पर्यस्तं निराकृतं शैशवं येन तादृशं वयः यौवनमित्यर्थः पुंसां विविधैः अङ्गजेन कामेन यः उन्मादः तस्य विभ्रमैः सहैव आविर्भवति। अत्र नारीणां यौवनरूपस्य हेतोस्तत्कार्यभूतपुरुषविभ्रमैः सहाविर्भावात् तत्सहजत्वं तच्च कार्यकारणयोर्यौगपद्येन वैचित्र्यातिशयसूचनात् चित्रम्।। 256।।

कार्यानन्तरजमुदाहरति—**पश्चादिति**।। हरिणाक्षीणां रागसागरः प्रेमानुराग-समुद्रः प्रागेव उदीर्णः उच्छलितः स्फीत इत्यर्थः, पश्चात् किरणान् पर्यस्य उत्क्षिप्य चन्द्रमण्डलम् उदीर्णम् उदीरितम्। अत्र चन्द्रोदयस्य रागोद्दीपकत्वात् कारणस्य सत्कार्यस्य च रागस्य पश्चाज्जाततत्वेन कार्यानन्तरजत्वं तच्च कार्यकारण-योरग्रपश्चाद्भावप्रतिपादनेन समधिकं वैचित्र्यमावहतीति चित्रम्।। 257।।

राज्ञां हस्तारविन्दानि कुट्मलीकुरुते कुतः।
देव! त्वच्चरणद्वन्द्वरविबालातपः स्पृशन्।।258।।
पाणिपद्मानि भूपानां सङ्कोचयितुमीशते।
त्वत्पादनखचन्द्राणामर्चिषः कुन्दनिर्मलाः।।259।।

"How is it, oh Lord, that the hand-lotuses of kings close up at the touch of the red young suns of your feet." This is an example of *ayukta*).

"The hand-lotuses of kings are closing their petals because of the rays of the moons of your toe-nails which are pure and white like *kunda* flowers. (This is an example of *yukta*).

अयुक्तकार्यमुदाहरति–**राज्ञामिति**।। हे देव! तव चरणद्वन्द्वमेव रविः तस्य बालातपः नवोदितार्कमयूखः अत्र चरणरागे बालातपत्वारोपात् अतिशयोक्तिरूपालङ्कारो व्यज्यते। राज्ञां हस्ता एव अरविन्दानि तानि स्पृशन् कुतः कुटूमलीकुरुते मुकुलीकरोतीत्यर्थः बालातपस्पर्शात् अरविन्दानां विकास एव भवति न तु सङ्कोचः, अत्र कारणस्य तस्य तत्सङ्कोचरूपकार्यमयुक्तमिति अयुक्तकार्यत्वं तच्च राजविषयकरतिभावस्य सातिशयचमत्कारविषयत्वात् अतिमनोरममिति चित्रम्।। 258।।

युक्तकार्यमुदाहरति–**पाणिपद्मानीति**।। कुन्दनिर्मलाः कुन्दपुष्पधवलाः तव पादनखरूपचन्द्राणाम् अर्चिषः भूपानां पाणिरूपाणि पद्मानि सङ्कोचयितुम् ईशते प्रभवन्ति। अत्र चन्द्रकिरणरूपकारणस्य पद्मनिमीलनकार्यं युक्तं तच्च राजविषयिणो रतिभावस्य व्यञ्जकतया सातिशयां चमत्कृतिपदवीमारीहतीति चित्रम्।। 259।।

इति हेतुविकल्पानां दर्शित गतिरीदृशी।

इति हेतुचक्रम्।

इङ्गिताकारलक्ष्योऽर्थः सौक्ष्म्यात् सूक्ष्म इति स्मृतः ।। 260 ।।

कदा नौ सङ्गमो भावीत्याकीर्णे वक्तुमक्षमम्।
अवेक्ष्य कान्तमबला लीलापद्मं न्यमीलयत्।।261।।

पद्मसम्मीलनादत्र सूचितो निशि सङ्गमः।

Thus is shown the path of diversities of *Hetu*.

Thus, ends the sub-section on *Hetu*.

Where the meaning is indicated delicately by *iṅgita* (or facial gesture) and *ākāra* (or the condition of the body) then it is considered to be *sūkṣma* (or subtlety).

Unable to ask amidst the crowd of people "when will our union be," the delicate lady looked at her lover and closed the petals of the lotus (which she carried in her hand) in sport.

हेतुमुपसंहरति—**इतीति**।। हेतोर्विकल्पानां प्रभेदानाम् इति पूर्वोक्तप्रकारा गतिः दर्शिता। अनयैव रीत्या अन्येऽपि प्रभेदाः ज्ञातव्या इति भावः।

इति हेतुचक्रम्।

अथ सूक्ष्मं निरूपयति—इङ्गितेति।। अभिप्रायप्रकाशकचेष्टाविष्कारः 'इङ्गितं हृद्गतो भावः' इति विश्वः। आकारः अवस्थाविशेषव्यञ्जकमुखरागादिः 'स्यादाकारोऽङ्गवैकृत'मिति वोपालितः। एताभ्यां लक्ष्यः अनुमेयः अर्थः विषयः सौक्ष्म्यात् दुर्ज्ञेयत्वात् सूक्ष्म इति स्मृतः। प्रकाशकारस्तु, कुतोऽपि लक्षितः सूक्ष्मोऽप्यर्थोऽन्यस्मै प्रकाश्यते। धर्मेण केनचित् यत्र तत् सूक्ष्मं परिचक्षते।। इत्याह। 'संलक्षितस्तु सूक्ष्मोऽर्थ आकारेणेङ्गितेन वा। कयापि सूच्यते भङ्ग्या यत्र सूक्ष्मं तदुच्यत' इति दर्पणकारः।। 260 ।।

इङ्गितलक्ष्यं सूक्ष्ममुदाहरति—**कदेत्यादि**।। कदा कस्मिन् समये नौ आवयोः सङ्गमो भावी इति आकीर्णे जनबहुले स्थाने वक्तुमक्षमं कान्तम् अवेक्ष्य अबला

आश्वासयितुमिच्छन्त्या प्रियमङ्गजपीडितम्।।262।।
मदर्पितदृशस्तस्या गीतगोष्ठ्यामवर्धत।
उद्दामरागतरला छाया कापि मुखाम्बुजे।।263।।
इत्यनुद्भिन्नरूपत्वात् रत्युत्सवमनोरथः।
अनुल्लङ्घ्यैव सूक्ष्मत्वमभूदत्र व्यवस्थितः।।264।।

इति सूक्ष्मम्।।

Here (in the above example) by the closing of the petals of the lotus is delicately indicated 'meeting at night' by a lady who desired to assure happiness to her lover who was tormented by love.

"In her face-lotus a sort of hue, brimming with rising feelings of love spread as she sang in the music-hall her eye (turned towards you.)

Here (in the above example) the desire for sexual enjoyment is not expressed in transgression (of modesty) and hence its Subtlety is established.

Thus, ends the sub-section on Subtlety.

कामिनी लीलापद्मं क्रीडाकमलं न्यमीलयत् समक्रोचयत्। अत्र अङ्गजपीडितं कामार्तं प्रियम् आश्वासयितुम् इच्छन्त्या अनया कामिन्या पद्मसम्मीलनात् निशि रात्रौ सङ्गमो भावीति शेषः सूचितः। पद्मनिमीलनमिह इङ्गितं निशि प्रियसङ्गम-रूपसूक्ष्मोऽर्थ बोध्यम्, अस्य च सहृदयचमत्कारितया अलङ्कारत्वमवगन्तव्यम्।

आकारलक्ष्यं सूक्ष्मं दर्शयति–**मदर्पितदृश इति**।। गीतगोष्ठ्यां सङ्गीतसंसदि मयि अर्पिते दृशौ यया तादृश्याः तस्याः मुखाम्बुजे उद्दामः अतिप्रवृद्धः यः रायः रमणाभिलाषः तेन तरला विकस्वरा कापि अनिर्वचनीया छाया कान्तिः अवर्धत, अत्र मुखच्छायावैलक्षण्येन नायिकाया रत्युत्सवाभिलाषस्य लक्षितत्वात् सूक्ष्मत्वम्।।263।।

नन्वत्र तादृशमनोरथस्य सुध्यक्ततैव कथं तर्हि सूक्ष्मत्वमित्याशङ्क्याह–इतीति।। अत्र रत्युत्सवमनोरथः अनुद्भिन्नरूपत्वात् आकारलक्षितत्वेन स्फुटतया

लेशो लेशेन निर्भिन्नवस्तुरूपनिगूहनाम्।
उदाहरणमेवास्य रूपमाविर्भविष्यति।। 265।।
राजकन्यानुरक्तं मां रोमोद्भेदेन रक्षकाः।
अवगच्छेयुराज्ञातमहो शीतानिलं वनम्।।266।।

Leśa (or Minuteness) is a delicate veiling by a slight reference to a thing disclosed. Its form will be clearly seen by citing examples.

"The warders will find out from my hairs standing on end my love for the Princess; ah, I see; how cold is the breeze from the grove."

प्रतीयमानत्वाभावात् सूक्ष्मत्वम् अनुल्लङ्घ्यैव अपरित्यज्यैव व्यवस्थितः वर्णितः अभूदित्यन्वयः। तथाच तादृशी मुखच्छाया अवश्यमेव रत्युत्सवमनोरथं व्यञ्जयतीति न तावन्नियमः अन्यविधमनोरथेऽपि तत् सम्भवात् अतोऽत्र विशेषपर्यालोचनया तादृशसुनिपुणो लक्षयिता कथञ्चित् इममर्थं लक्षयितुं शक्नोतीति सूक्ष्मालङ्कारस्यावकाश इति बोध्यम्।। 264।।

इदानीमुद्देशवाक्यप्राप्तलवापरपर्यायं लेशं निरूपयति—**लेश इति**।। लेशेन किञ्चिन्मात्रतया निर्भिन्नस्य प्रकटितस्य वस्तुनः यद् रूपं तस्य निगूहनं गोपनं लेशः, उदाहरणम् एव अस्य अलङ्कारस्य रूपं स्वरूपम् आविर्भविष्यति प्रकाशिष्यते। इममेव व्याजोक्तिं वदन्ति केचित्। यथा, 'व्याजोक्तिश्छद्म-नोद्भिन्नवस्तुरूपनिगूहनम्' इति। अपह्नुतौ लेशनिर्भिन्नावस्तुन, मापह्नवः, इह तु तथेत्यनयोर्भेदः।। 265।।

अनिष्टसम्भावनायां लेशमुदाहरति—**राजकन्येति**।। रोमोद्भेदेन रोमहर्षेण, राजकन्याया दर्शनजनितेनेति भावः। मां राजकन्यायाम् अनुरक्तंम् अभिलाषुकं रक्षकाः राजान्तःपुररक्षिणः अवगच्छेषुः, सम्भावनायां विधिलिङ्। आ ज्ञातम्, आ इति सम्भ्रमद्योतकमव्ययम्। ज्ञातं विदितं निगूहनप्रकारो ज्ञायत इत्यर्थः। ज्ञातमिति वर्तमाने क्तप्रत्ययः। अहो वनं शीतः अनिलः यत्र तत्, शीतानिलस्पर्शेन रोमाञ्चोदय इति भावः। अत्र रोमोद्भेदस्य शीतानिलजत्वेन अनुरागनिगूहनं वैचित्र्यमावहतीति अस्यालङ्कारत्वम्।। 266।।

आनन्दाश्रु प्रवृत्तं मे कथं दृष्ट्वैव कन्यकाम्।
अक्षि मे पुष्परजसा वातोद्धूतेन दूषितम्।।267।।
इत्येवमादिस्थानेऽयमलङ्कारोऽतिशोभते ।
लेशमेके विदुर्निन्दां स्तुतिं वा लेशतः कृताम्।।268।।
युवैष गुणवान् राजा योग्यस्ते पतिरूर्जितः।

"How is it that even on merely seeing the girl, tears of gladness (issue from my eyes). My eye is irritated by the pollen of flowers wrafted by the breeze."

"In such like examples this *alaṅkāra* is exceedingly graceful; one set of people think of *Leśa* as two-fold; *Nindā* (or despise) and *Stuti* (or praise) slightly made.

This king is young, is full of good qualities and a fit

लज्जायां लेशमुदाहरति–**आनन्दाश्रु इति**।। कन्यकां दृष्ट्वैव मे मम कथम् आनन्दाश्रु प्रवृत्तम् अत्र कन्यादर्शनेन अनुरागोदयात् आनन्दाश्रुप्रवृत्तिर्लज्जाकरीति भावः। अत्र निगूहनप्रकारमाह-अक्षीति। वातोद्धूतेन पवनचालितेन पुष्परजसा कुसुमपरागेण मे अक्षि दूषितम्। अत्र आनन्दाश्रुणोऽक्षिदूषणजत्वप्रतिपादनेन अनुरागः संवृत्त इति।। 267।।

अस्यालङ्कारत्वं प्रतिपादयन्नाह–**इतीति**।। इत्येवमादिस्थाने एवमाद्युदाहरणे अयम् अलङ्कारः अतिशोभते सहृदयचमत्कारितया समुल्लसति। एके पण्डिताः लेशं लेशतः छलेन कृतां निन्दां वा स्तुतिं व्याजस्तुतिमित्यर्थः विदुः। तदुक्तं, 'दोषस्य यो गुणीभावो दोषीभावो गुणस्य यः। स लेशः स्यात् ततो नान्या व्याजस्तुतिरपीष्यत' इति। अनेनैव व्याजस्तुत्यलङ्कारोऽभिहित इति भावः।। 268।।

स्तुतिव्याजेन निन्दामाह–**युवेति**।। एष राजा युवा गुणवान् तथा ऊर्जितः विक्रान्तः, अतः ते तव योग्यः पतिः। यस्य मनः कामोत्सवादपि रणोत्सवे सक्तम्। स्वयंवरां कन्यां प्रति तत्सख्या उक्तिरियम्। अत्र द्वितीयार्धे महावीरत्वेन

रणोत्सवे मनः सक्तं यस्य कामोत्सवादपि।।269।।

वीर्योत्कर्षस्तुतिर्निन्दैवास्मिन् भावनिवृत्तये।

कन्यायाः कल्पते भोगान्निर्विविक्षोर्निरन्तरम्।।270।।

चपलो निर्दयश्चासौ जनः किन्तेन मे सखि!।

आगःप्रमार्जनायैव चाटवो येन शिक्षिताः।।271।।

---

and proper Lord for you; his mind is set on the pleasures of battle even more than on the pleasures of love."

This praise of the excessive valour (of the king in this verse) is intended to indicate despise only for his turning away (from the idea of love) and is addressed to a maiden (his beloved) desirous of endless enjoyment.

"This person is fickle and heartless; my friend, why do you have anything to do with him, whose clever words are designed merely to wipe off faults (of his)."

स्तुतिर्बोधितापि कामोत्सवे अनासक्तत्वप्रतिपादनव्याजेन तव सम्भोगसुखं दुर्लभम् अतो नायं वरणीय इति द्योतयतीति स्तुत्या निन्दावगमात् व्याजस्तुतिः।। 269।।

अत्रालङ्कारं सङ्गमयति–**वीर्येति**।। अस्मिन् उदाहरणे निरन्तरं भोगान् रतोत्सवान् निर्विविक्षोः भोक्तुमिच्छोः, 'निर्वेशो भृतिभोगयो' रिति कोशः। कन्यायाः भावस्य वरणाभिप्रायस्य निवृत्तये वीर्योत्कर्षस्य वीर्याधिक्यस्य स्तुतिः निन्दैव कल्पते, निन्दारूपेणैव पर्यवस्यतीत्यर्थः।। 270।।

निन्दाव्याजेन स्तुतिमाह–**चपल इति**।। हे सखि! असौ जनः चपलः अस्थिरः, निर्दयः परपीडानभिज्ञतया दयारहितश्च, येन आगःप्रमार्जनाय अपराधक्षालनाय चाटवः प्रियवादाः शिक्षिताः, अतस्तेन युष्माभिरुपदिष्टेन मानेन किम्प्रेयसि मानो गौरवजनकत्वेन विधेय इत्युपदिशन्तीं सखीं प्रति कस्याश्चिन्नायिकाया उक्तिरियम्।। 271।।

दोषाभासो गुणः कोऽपि दर्शितश्चाटुकारिता।
मानं सखीजनोद्दिष्टं कर्तुं रागादशक्तया।।272।।
उद्दिष्टानां पदार्थानामनूद्देशो यथाक्रमम्।
यथासंख्यमिति प्रोक्तं संख्यानं क्रम इत्यपि।।273।।
ध्रुवं ते चोरिता तन्वि! स्मितेक्षणमुखद्युतिः।

Here a certain good quality which looks like a fault is shown by clever speech by one who is unable because of love to maintain the dignity desired by a companion (Verses 269 and 271 are examples of *Leśa* in *Stuti* and *Nindā* forms).

Here ends the sub-section on *Leśa*.

Saṅkhyānāṁ or *Krama* (or Sequence) is where the intended words follow in their proper order, It is also called *Yathāsaṁkhyam*.

"Certainly O, lady of slight build, the radiance of your smile and eyes and face has been stolen by the *Kumuda*,

---

दोषाभास इति।। रागात् प्रियानुरागाधिक्यात् सखीजनेन उद्दिष्टम् उपदिष्टं मानं कर्तुम् अशक्त्या नायिकया चाटुकारितारूपः कोऽपि स्त्रीजनहृद्यः गुणः दोष इव आभासते इति तथोक्तः दर्शितः दोषरूपेण कथित इत्यर्थः।। अत्र निन्दाव्यार्जेन स्तुतिर्गम्यते इति व्याजस्तुतिः।। 272।।

क्रमालङ्कारं निरूपयत्ति–**उद्दिष्टानामिति**।। उद्दिष्टानाम् उक्तानां पदार्थानां यथाकमम् अनु पश्चात् उद्देशः पश्चादुक्तपदार्थैः सङ्गतिः यथासङ्ख्यम् इति, सङ्ख्यानमतिक्रम्य इत्यपि प्रोक्तं, यथासंख्यं क्रम इति पर्यायशब्द इत्यर्थः।

क्रममुदाहरति–**ध्रुवमिति**।। हे तन्वि! स्नातुम् अम्भः जलं प्रविष्टायाः ते तव स्मितेक्षणमुखद्युतिः कुमुदोत्पलपङ्कजैः ध्रुवं निश्चितं चोरिता अपहृता कियदंशेनेति शेषः। समग्रहरणे नायिकायां तदसत्त्वे चारुत्वापायादिति भावः।

स्नातुमम्भः प्रविष्टायाः कुमुदोत्पलपङ्कजैः ।।274।।

प्रेयः प्रियतराख्यानं रसवद्रसपेशलम्।

Utpala and *Paṅkaja* flowers when you plunged in the waters to bathe."

Thus, ends the sub-section on Sequence.

Preya, (or felicity) is felicitous expression and *Rasavat* (or provoking sentiment) where *Rasa* (sentiment abounds;

तत्र स्मितद्युतिः कुमुदेन, ईक्षणद्युतिः उत्पलेन, मुखद्युतिः पङ्कजेनेति यथाक्रममुक्तपदार्थानां यथाक्रमं पश्चादुक्तपदार्थैः समन्वयश्चारुत्वातिशय-मापादयतीति अस्यालङ्कारत्वम्।। 274।।

सम्प्रति प्रेयोरसवदूर्जस्विनामकमलङ्कारत्रितयं निरूपयति–**प्रेय इति**।। प्रियतरं भावाभिव्यक्त्या अतिप्रीतिकरम् आख्यानं प्रेयः अतिप्रियत्वादन्वर्थसंज्ञेयम् तथा रसपेशलं रसेन रत्यादिस्थायिभावरूपेण पेशलं सहृदयानन्दजननं रसवत्। भावरसपदार्थौ विश्वनाथेनोक्तौ। यथा, 'सञ्चारिणः प्रधानामि देवादिविषया रतिः। उद्‌बुद्धमात्रः स्थायी च भाव इत्यभिधीयते।। विभावैरनुभावैश्च सात्विकैर्व्यभि-चारिभिः। रसतामेति रत्यादिः स्थायी भावः सचेतसामि'ति। अनयोर्विस्तारश्च ग्रन्थबाहुल्यभिया न लिखितः विस्तारदर्शनार्थिभिस्तत्तद्ग्रन्थेषु अनुसन्धेय इति। तथा रूढः अभिव्यक्तः अहङ्कारः गर्वः यत्र तयोक्तम् आख्यानं गर्वप्रधानमाख्यानम् ऊर्जस्वि, ऊर्ज्जो बलं तदस्यास्तीति योगबलात् अहङ्कारस्य च ऊर्जोधर्मरूपत्वात् तथा व्यपदेश इति। तेषाम् उक्तानां प्रेयःप्रभृतीनाम् अलङ्काराणां त्रयं युक्त समुचितः उत्कर्षो यस्मिन् तादृशम् अतएवैषामलङ्कारत्वकीर्तनं न दोषावहमिति भावः। उल्लिखितेषु भावेषु च देवादिविषयकरतिभावस्यैव प्रेयोनामालङ्कारव्यपदेशः, अन्येषां भावानां रसाभासभावाभासभावशान्तिभावोदयभावशबलतानाञ्च रस्यमान-पदार्थत्वेन रसवदलङ्कारत्वम्। उक्तञ्च विश्वनाथेन, 'रसभावौ तदाभासौ भावस्य प्रशमोदयौ। सन्धिः शबलता चेति सर्वेऽपि रसनाद्रसाः' इति। पूर्वाख्यभावस्य तु ऊर्जस्विनामालङ्कारत्वमिति विशेषः। ध्वनिकारादयस्तु अङ्गिनो रसादेरलङ्कार्य-त्वम् अङ्गस्य तु अलङ्कारत्वमाहुः। यथा, 'प्रधानेऽन्यत्र वाक्यार्थे यत्राङ्गन्तु

ऊर्जस्वि रूढाहङ्कारं युक्तोत्कर्षञ्च तत्त्रयम्।।275।।

अद्य या मम गोविन्द! जाता त्वयि गृहागते।
कालेनैषा भवेत् प्रीतिस्तवैवागमनात् पुनः।।276।।

इत्याह युक्तं विदुरो नान्यतस्तादृशी धृतिः।
भक्तिमात्रसमाराध्यः सुप्रीतश्च ततो हरिः।।277।।

ūrjasvi is where pride dominates or where vigour or excellence is appropriate; these three are (as follow).

"O Govinda, the feeling of satisfaction that I have today by your coming to my house—may this satisfaction be for me again are long by your coming here again."

Thus *Vidura* spoke appropriately stating that from no other source such happiness could be derived; and *Hari,* who is propitiated by devotion alone, was well pleased.

रसादयः। काव्ये तस्मिन्नलङ्कारो रसादिरिति मे मतिः'।। विश्वनाथस्तु, 'रसभावौ तदाभासौ भावस्य प्रशमस्तथा। गुणीभूतत्वमायान्ति यदालंकृतयस्तदा। रसवत् प्रेय ऊर्जस्वि समाहितमिति क्रमात्। भावस्य चोदये सन्धौ मिश्रत्वे च तदाख्यका' इत्याह।। 275।।

प्रेय उदाहरति–**अद्येति**।। गोविन्द! अद्य त्वयि गृहागते या मम प्रीतिः जाता, कालेन समयान्तरेण तवैव नान्यस्य कस्यचित् साधोरित्येवकारेण ध्वन्यते। पुनरागमनात् एषा प्रीतिः भवेत् भविष्यतीत्यर्थः। अत्र भगवद्विषयकरतिभावो वाक्यभङ्ग्या सहृदयानां सातिशयचमत्कृतिमादधातीति प्रेयोऽलङ्कारः।। 276।।

एतदेव सङ्गमयत्ति–**इतीति**।। विदुर इति युक्तम् आह यतस्तस्य अन्यतः अन्यस्मात् आगन्तुकात् तादृशी धृतिः सन्तोषः न आसीदिति शेषः, ततः भक्तिमात्रेण न तु केनाप्यन्येनोपचारेणेत्यर्थः समाराध्यः हरिः तस्य सुप्रीतश्च अभवत् इति वाक्यशेषः। उद्योगपर्वीयश्लोकश्च अस्य प्रतिरूपो यथा, 'या प्रीतिः पुण्डरीकाक्ष! तवागमनकारणात्। सा किमाख्यायते तुभ्यमन्तरात्मासि देहिनामि'ति।। 277।।

सोमः सूर्यो मरुद् भूमिर्व्योम होतानलो जलम्।
इति रूपाण्यतिक्रम्य त्वां द्रष्टुं देव! के वयम्।।278।।
इति साक्षात्कृते देवे राज्ञो यद्राजवर्मणः।
प्रीतिप्रकाशनं तच्च प्रेय इत्यवगम्यताम्।।279।।
मृतेति प्रेत्य सङ्गन्तुं यया मे मरणं मतम्।

"Who are we O, Lord, to see you beyond the forms *Soma* (the moon), *Sūrya* (the sun), *Marut* (the winds), *Bhūmi* (the earth), *Vyoma* (the sky), *Hota* (the sacrificer), *Anala* (the fire) and *Jalam* (water).

Thus the king *Rājavarmā* expressed his joy when he saw God actually before him; let it be understood that this also is *Preya*.

"Thinking whom to be dead I wanted to die and rejoin—how is it that same lady of slight build has now been got back by me even here in this birth."

पूर्वं वक्तृबोद्धव्ययोः प्रीतावुदाहृतम् इदानीं केवलं वक्तुः प्रीतावुदाहरति—**सोम इत्यादि**।। हे देव! सोमः चन्द्रः सूर्यः मरुत् वायुः, भूमिः, व्योम आकाशं होता यजमानः, अनलः अग्निः तथा जलम् इति ते रूपाणि अष्टौ मूर्तीः अतिक्रम्य अतीत्य स्थितं परमात्मस्वरूपं त्वां द्रष्टुं वयं के? न वयं योग्या इत्यर्थः, तथापि यद् दृष्टोऽसि स केवलं भक्तानुग्रह एवेति। देवे महेश्वरे साक्षात्कृते तपसा प्रत्यक्षगोचरीकृते सति राजवर्मणः राजवर्माख्यस्य राज्ञः इति उक्तरूपं यत् प्रीतिप्रकाशनं तदपि प्रेय इति अवगम्यताम्, अत्रापि भगवद्विषयकरति-भावव्यञ्जकस्य प्रियाख्यानस्य सत्त्वादिति।। 278-279।।

अथ रसवदलङ्कारं दर्शयन् रसानाञ्च शृङ्गारादीनां प्राथम्येन सर्वजनहृद्यत्वेन च प्रथमं शृङ्गारमुदाहरति—**मृतेति**।। मृता इति निश्चित्य इत्यध्याहार्यं प्रेत्य परलोके यया कान्तया सङ्गन्तुं सङ्गमे कर्त्तुं मे मरणं मतम् इष्टं मरणावधारणं कृतमित्यर्थः, एषा सा तन्वी अत्रैव जन्मनि मरणं विनेत्यर्थः कथं मया लब्धा प्राप्ता मृतां

सैषा तन्वी मया लब्धा कथमत्रैव जन्मनि।।280।।

प्राक्प्रीतिर्दर्शिता सेयं रतिः शृङ्गारतां गता।

रूपबाहुल्ययोगेन तदिदं रसवद्वचः।।281।।

निगृह्य केशेष्वाकृष्टा कृष्णा येनाग्रतो मम।

In the former (Verses 276 and 278) felicity has been illustrated; in this (verse 280) love (*śṛṅgāra)* is expressed intensively. This is therefore *Rasavat* (or full of sentiment).

"This sinful person Duḥśāsana has been caught by me; he by whom Kṛṣṇa (Draupadī) was caught by her tresses

---

मदालसां नागानां प्रसादेन पुनः प्रत्युज्जीवितां प्राप्य तत्पत्युः कुवलयाश्वस्योक्तिरियम्। सैषा तन्वीत्यत्र सैवावन्तीति पाठोऽपि दृश्यते। तथात्वे आवन्ती अवन्तिदेशभवा वासवदत्तेत्यर्थः, तस्याश्च दाहप्रवादेन मरणनिश्चयात् दुःखितस्य वत्सराजस्य पुनस्तां प्राप्यानन्दोक्तिरियम्। अत्र सम्भोगशृङ्गाररसः। तल्लक्षणं तूक्तं विश्वनाथेन। यथा, 'दर्शनस्पर्शनादीनि निषवेते विलासिनौ। यत्रानुरक्तावन्यान्यं सम्भोगोऽयमुदाहृत' इति। अथञ्च विप्रलम्भानन्तर्यात् परां पुष्टिं नीतः। उक्तञ्च विश्वनाथेन, 'न विना विप्रलम्भेन सम्भोगः पुष्टिमश्नुते। कषायिते हि वस्त्रादौ भूयान् रागो विवर्धते' इति। विप्रलम्भश्च तेनैवोक्तः। यथा, 'यत्र तु रतिः प्रकृष्टा नाभीष्टमुपैति विप्रलम्भोऽसावि'ति।। 280।।

नन्वत्रापि नायिकाविषयकरतिभावो व्यज्यते तत् प्रेयोऽलङ्कार एव कथमत्र न स्यादित्याशङ्क्याह—प्रागिति।। प्राक् पूर्वोक्तयोरुदाहरणयोः प्रीतिः भगवद्विषयकरतिव्यञ्जिका एव न तु विभावादिपरिपुष्टा दर्शिता। उक्तञ्च, 'मनोऽनुकूलेष्वर्थेषु सुखसंवेदनं वचः। असंप्रयोगविषया सैव प्रीतिर्निगद्यत' इति। इह तु सा रतिः कान्ताविषयकोऽनुराग इत्यर्थः। उक्तञ्च, रतिर्मनोऽनुकूलेऽर्थे मनसः प्रवणायितमि'ति। रूपाणां विभावानुभावव्यभिचारिणां बाहुल्यं विस्तारः तस्य योगेन शृङ्गारतां गता, तस्मात् इदं मृतेत्युकं वचः रसवत् रसवदलङ्कारेणालंकृतमित्यर्थः।।

रौद्ररसमुदाहरति—निगृह्येति।। येन मम अग्रतः मामनादृत्य इत्यर्थः। कृष्णा

सोऽयं दुःशासनः पापो लब्धः किं जीवति क्षणं।।282।।

इत्यारुह्य परां कोटि क्रोधो रौद्रात्मतां गतः।
भीमस्य पश्यतः शत्रुमित्येतद्रसवद्वचः।।283।।

अजित्वा सार्णवामुर्वीमनिष्ट्वा विविधैर्मखैः।
अदत्त्वा चार्थमर्थिभ्यो भवेयं पार्थिवः कथम्।।284।।

---

and dragged along in my presence; will he live one moment (longer)?"

Thus Bhīma, seeing the enemy became awe-inspiring reaching the limit of anger. This also is *Rasavat*.

"Without conquering the earth surrounded by the ocean and without performing the various sacrifices and without giving the (entire) wealth to the mendicants, how do I become a king."

द्रौपदी केशेषु अवच्छेदे सप्तमी। आकृष्टा, सः अयं पापः दुःशासनः मया प्राप्तः क्षणं जीवति किम्? नैव जीवतीत्यर्थः।। 282।।

इतीति।। शत्रुं दुःशासनं पश्यतः भीमस्य क्रोधः इति उक्तप्रकारेण परां कोटिम् आरुह्य विभावादिभिः परिपोषं प्राप्य इत्यर्थः रौद्रतां रौद्रभावं गतः रौद्ररसत्वेन परिणत इत्यर्थः। तथाच शत्रुरत्र आलम्बनविभावः कृष्णाकेशा-कर्षणादिकमुद्दीपनविभावः, पाप इत्यधिक्षेपवाक्यमनुभावः, गर्वाद्रयश्च प्रतीयमाना व्यभिचारिणः एतैः पुष्टिं नीतः क्रोधस्थायिभावः रौद्ररसत्वमापन्न इति एतत् वचः रसवत् रसवदलङ्कारेणालङ्कृतमिति।। 283।।

वीररसमुदाहरति–**अजित्वेति**।। सार्णवं ससागराम् उर्वीम् अजित्वा जयेत अलब्ध्वा, विविधैः मखैः अश्वमेधादिभिः अनिष्ट्वा देवान् अपरितोष्य, तथा अर्थिभ्य अर्थम् अदत्त्वा कथं पार्थिवः भवेयम् अनेवंधस्य पार्थिवत्वं विडम्बनैवेति भावः। एतेनास्य युद्धवीरत्वं धर्मवीरत्वं दानवीरत्वञ्च सूचितम्।। 284।।

इत्युत्साहः प्रकृष्टात्मा तिष्ठन् वीररसात्मना।
रसवत्वं गिरामासां समर्थयितुमीश्वरः।।285।।

यस्याः कुसुमशय्यामि कोमलाङ्ग्या रुजाकरी।
साधिशेते कथं तन्वी हुताशनवतीं चिताम्।।286।।

इति कारुण्यमुद्रिक्तमलङ्कारतया स्मृतम्।

Thus, the enthusiasm which is pre-eminently (in the king) being full of heroic sentiment is capable of fully expressing through these words the *alaṅkāra Rasavat.*

"That lady of slender build to whose delicate body even a bed of flowers caused pain, how does she sleep on the pyre which is lit with (cremation) fire?"

Thus excess of *kāruṇya;* (or pity) is stated in manner full of *alaṅkāra;* then there are other forms (of *Rasavat*)

इतीति।। उक्तरूपः प्रकृष्टः आत्मा यस्य सः विभावादिभिः परिपुष्ट इत्यर्थः उत्साहः कार्यारम्भेषु संरम्भः स्थेयानुत्साह इत्यत इत्युक्तलक्षणः संरम्भ इत्यर्थः वीररसात्मना तिष्ठन् वीररसरूपेण परिणमन् आसां गिरां वाचां रसवत्त्वं रसवदलङ्कारयुक्तत्वं समर्थयितुं दृढीकर्तुम् ईश्वरः समर्थः। अत्र युद्धे जेतव्याः शत्रवः, धर्मे धर्मः दाने याचकाः आलम्बनविभावाः सहायान्वेषणादयः प्रतीयमानाः अनुभावाः, हर्षधृत्यादयो व्यभिचारिणः एतैरभिव्यक्तः उत्साहरूपस्थायिभावः वीररसतां लभते इति।। 285।।

करुणरसमुदाहरति—**यस्या इत्यादि**।। यस्याः कोमलाङ्ग्याः कुसुमशय्यापि रुजाकरी पीडाकरी, सा तन्वी कथं हुताशनवतीं ज्वलन्तमित्यर्थः चिताम् अधिशेते। इत्यत्र उद्रिक्तं विभावादिभिः परिपुष्टं कारुण्यं करुणरसस्थायिभावः शोकः चित्तवैक्लब्यविशेष इत्यर्थः इष्टनाशादिभिश्चेतोवैक्लब्यं शोकशब्दभागिति लक्षणात्। अलङ्कारतया रसवदलङ्कारत्वेन स्मृतम्। अत्र गतप्राणा तन्वी आलम्बनविभावः, कुसुमशय्यादिस्मरणम् उद्दीपनविभावः तादृशकरुणवचनम् अनुभावः कथमित्यनेन

तथा परेऽपि बीभत्सहास्याद्भुतभयानकाः ।।287।।
पायं पायं तवारीणां शोणितं पाणिसम्पुटैः।
कौणपाः सह नृत्यन्ति कबन्धैरन्त्रभूषणाः ।।288।।
इदमम्लानमानाया लग्नं स्तनतटे तव।

---

namely, *Bībhatsa* (terrible) *hāsya* (comic), *Adbhuta* (wonderful) and *Bhayānaka* (fearful).

"Having again and again drunk of the blood of your enemies by handfuls the devils dance along with trucated bodies wearing entrails as ornaments." (This is an example of *Bibhatsa*).

"My friend, hide by your upper garment these recent marks of finger nails which remain on your expansive

---

प्रतीयमानाश्चिन्तादयो व्यभिचारिण इति ज्ञेयं, तथा परे अन्ये बीभत्सहास्याद्भुतभयानका अपि रसा वेदितव्या इति शेषः।। 286-287 ।।

तत्र बीभत्समुदाहरन्नाह–**पायमिति**।। कौणपाः राक्षसाः कबन्धैः अशिरस्कक्रियायुक्तकलेबरैः सह, 'कबन्धोऽस्त्री क्रियायुक्तमपमूर्धकलेबरमि'त्यमरः। अन्त्रं पुरीतत् भूषणं येषां तादृशाः सन्तः पाणिसम्पुटैः तव अरीणां शोणितं पायं पायं पुनः पुनः पीत्वा नृत्यन्ति। अत्र जुगुप्सारूपत्यायिभावः। जुगुप्सालक्षणन्तूक्तं यथा, 'दोषेक्षणादिभिर्गर्हा जुगुप्सा विषयोद्भवे'ति तस्य च शोणितपायिनः अन्त्रभूषणाः राक्षसाः आलम्बनविभावाः, अन्ये च अनुभावव्यभिचारिण आक्षिप्ताः तैश्च परिपुष्टः बीभत्सरसत्वं भजते। अत्र राजविषयकरतिभावस्य प्राधान्यात् बीभत्सपरिपुष्टतया तस्यैव चमत्कारित्वात् प्रेयोऽलङ्कारत्वमेव युक्तमिति बोध्यम्। रसवत्प्रेयसोः सङ्कर इति केचित्।। 288 ।।

हास्यमुदाहरन्नाह–**इदमिति**।। हे सखि; अम्लानः अखण्डितः मानो यस्याः तादृश्याः अस्माकं पुनः पुनराग्रहेणापि अविगतमानाया इत्यर्थः तव स्तनतटे इदं नवं न तु प्राचीनं नखपदं नखाघातचिह्नं लग्नम् उत्तरीयेण छाद्यताम्। सखी-

छाद्यतामुत्तरीयेण नवं नखपदं सखि!।।289।।

अंशुकानि प्रवालानि पुष्पं हारादिभूषणम्।
शाखाश्च मन्दिराण्येषां चित्रं नन्दनशाखिनाम्।।290।।

इदं मघोनः कुलिशं धारासन्निहितानलम्।

---

bosom, you who are now angry with your lover." (This is an example of *hāsya*).

"It is wonderful that for these the *Nandana* trees their sprouts are upper garments, their flowers are ornaments like the necklace, and their branches are houses. (This is an example of *Adbhuta*).

"This is Indra's thunderbolt whose sharp edge is full of fire and the thought of which is sufficient for causing

---

समिधौ मानवतीं रहसि कान्तेन सह कृतविहारां काञ्चित् प्रति तत्सख्या उपहासोक्तिरियम्। अत्र हासः स्थायिभावः। तल्लक्षणन्तूक्तम्। यथा, 'वागादि-वैकृतैश्चेतोविकासो हास उच्यत' इति। तदृशी मानवती नायिका आलम्बनविभावः, नखक्षतमुद्दीपनविभावः, तादृशवचनानि अनुभावाः व्यभिचारिणश्च यथायथं प्रतीयमानाः एतैश्च परिपुष्टः अयं हास हास्यरसत्वेन परिणमति।। 289।।

अद्भुतरसमुदाहरति–**अंशुकानीति**।। एषां नन्दनशाखिनां प्रवालानि अंशुकानि वसनानि, पुष्पं हारादिभूषणं, शाखाश्च मन्दिराणि गृहाणि, चित्रं किमाश्चर्यमित्यर्थः। अत्र स्थायिभावो विस्मयः। तल्लक्षणं यथा, 'विविधेषु पदार्थेषु लोकसीमातिवर्तिषु। विस्फारश्चेतसो यस्तु स विस्मय उदाहृत' इति। अलौकिकानन्दनशाखिभिरालम्बनविभावैः तेषाञ्च तत्तद्‌गुणैरुद्दीपनविभावैः अन्यैश्च प्रतीयभावैरनुभावैः सञ्चारिभिश्च परिपुष्टः अद्भुतरसतया पर्यवस्यतीति।। 290।।

भयानकरसमुदाहरति–**इदमिति**।। इदं मघोन इन्द्रस्य कुलिशं वज्रं धारासु सन्निहितः अनलः यस्य तादृशं, यस्य स्मरणं दैत्यस्त्रीणाम् असुरकामिनीनां गर्भपाताय कल्पते प्रभवति। अत्र दैत्यस्त्रीणां भयमेव स्थायिभावः। तल्लक्षणं यथा, 'रौद्रशक्त्या तु जनितं चित्तवैक्लब्यदं भयमि'ति। मघोना आलम्बनविभावेन

स्मरणं यस्य दैत्यस्त्रीगर्भपाताय कल्पते।।291।।
वाक्यस्याग्राम्यता योनिर्माधुर्ये दर्शितो रसः।
इह त्वष्टरसायत्ता रसवत्ता स्मृता गिराम्।।292।।
इति रसवच्चक्रम्।
अपकर्ताहमस्मीति हृदि ते मास्म भूद् भयम्।

---

miscarriage in the *Daitya* ladies." (This is an example of *Bhayānaka*).

It has already been pointed out in (section I verse 62) that the sentiment of sweetness (*Mādhurya)* arises out of the absence of vulgarity in the words (used). Here the *Rasavat* (or quality of sentiment) in words has been shown in the eight *Rasas* (or Sentiments).

(Thus, ends the sub-section on *Rasavat*).

"Don't be afraid in your heart that I will attack you;

तादृशकुलिशेन उद्दीपनविभावेन गर्भपातेन च अनुभावेन अन्यैश्च प्रतीयमानैः तत्तत्कालिकचित्तव्यापारैः परिपुष्टः भयानकरसत्त्वं प्राप्नोतीति।। 291।।

ननु माधुर्यनिरूपणे मधुरं रसवदित्युके रसवत्त्वस्य माधुर्यगुणवत्वेन अभिहितम् अत्र तु अलङ्कारत्वं कथं सङ्गच्छत इत्याह–**वाक्यस्येति**।। माधुर्ये माधुर्यनिरूपणे वाक्यस्य अग्राम्यता ग्राम्यत्वदोषाभाव एव योनिः कारणं यस्य तादृशः रसः दर्शितः अग्राम्यता एव रसत्वेन उपचारतः कीर्तनमिति भावः। इह तु गिरां वाचां रसवत्ता रसवदलङ्कारत्वम् अष्टसु रसेषु शृङ्गारादिषु आयत्ता स्मृता। तथाच, रसव्यञ्जकग्राम्यत्वदोषाभावसहकृतालङ्कारादिनत्त्वं माधुर्यगुणत्वं रसवदलङ्कारस्तु रस एवेति भेदः।। 292।।

ऊर्जस्वयलङ्कारमुदाहरति–**अपकर्तेति**।। अहं ते अपकर्ता शत्रुरस्मि इति हेतोः ते भयं मास्म भूत् न भवतु, मे मम खड्गः विमुखेषु प्रहर्तुं जातु कदाचिदपि न वाञ्छति। तथाचोक्तं हन्यादित्यनुवृत्तौ मनुना। यथा, 'नायुधव्यसनप्राप्तं नार्तं

विमुखेषु न मे खड्गः प्रहर्तुं जातु वाञ्छति।।293।।

एवमुक्त्वा परो युद्धे निरुद्धो दर्पशालिना।
पुंसा केनापि तज्ज्ञेयमूर्जस्वीत्येवमादिकम्।।294।।

अर्थमिष्टमनाख्याय साक्षात् तस्यैव सिद्धये।
यत् प्रकारान्तराख्यानं पर्यायोक्तं तदिष्यते।।295।।

---

my sword never likes to attack a person whose face is turned away from battle."

Thus addressed, the enemy was not opposed by a proud warrior in battle; this therefore must be considered as *ūrjasvī* (vigour) and others like that also.

Without stating directly a particular meaning, for the accomplishment of that very meaning what is told in another manner is considered to be *Paryāyoktaṁ* (or Paraphrase).

नातिपरिक्षतम्। न भीतं न परावृत्तं सतां धर्ममनुस्मरन्नि'ति। युद्धे पलायनपरं शत्रुं प्रति कस्यचित् वीरस्योक्तिः। अत्र गर्वरूपो व्यभिचारिभावः स्थायिभावादपि उत्साहादुद्रिक्त इति ऊर्जस्विनामालङ्कारः। यस्य तु तादृशोद्रेकाभावः तत्र वीरो रस एव रसवदलङ्कारतया परिणमतीति बोध्यम्।। 293।।

एवमुक्त्वेति।। दर्पशालिना अहङ्कारवता केनापि पुंसा एवम् उक्तरूपं वचनम् उक्त्वा युद्धे परः शत्रुः निरुद्धः। तस्मात् इत्येवमादिकं रसान्तरेऽपि तादृशो गर्वः ऊर्जस्वीत्यर्थः।। 294।।

पर्यायोक्तं लक्षयति–**अर्थमिति**।। इष्टम् अभिलषितम् अर्थ साक्षात् वाचकशब्देन अनाख्याय अकथयित्वा तस्यैव इष्टार्थस्य सिद्धये प्रतिपत्तये यत् प्रकारान्तरेण भङ्गिविशेषेण आख्यानं व्यञ्जनया द्योतनं तत् पर्यायोक्तम् इष्यते। समानार्थकशब्दान्तरस्यैव पर्यायत्वात् अन्वर्थसंज्ञेयमिति बोध्यम्।। 295।।

दशत्यसौ परभृतः सहकारस्य मञ्जरीम्।
तमहं वारयिष्यामि युवाभ्यां स्वैरमास्यताम्।।296।।

सङ्गमय्य सखीं यूना सङ्केते तद्रतोत्सवम्।
निर्वर्तयितुमिच्छन्त्या कयाप्यपसृतं ततः।।297।।

इति पर्यायोक्तम्।

किञ्चिदारभमाणस्य कार्यं दैववशात् पुनः।

"This bee, bites the bunch of mango blossom; I will go and drive him away; you two may remain freely."

Thus after bringing together her companion with the youthful lover at the rendezvous desiring to stand in the way of their enjoyment a certain lady went away from that place.

Thus, ends the sub-section on *ūrjasvī* and *Paryāyoktam.*

When a person is about to commence a piece of work, he gets an additional ally for the accomplishment of that

---

पर्यायोक्तमुदाहरति–**दशतीति**।। असौ परभृतः कोकिलः सहकारस्य कुञ्जबहिः स्थिरतस्येति शेषः मञ्जरीं दशति, अहं तं निवारयिष्यामि युवाभ्यां स्वैरं स्वच्छन्दम् आस्यतां स्थीयतामिति कान्तकामिन्योः सुरतोत्सवस्य व्याधातो मा भूदिति विविच्य सख्यास्ततोऽपसरणस्यौचित्ये इतोऽहं गमिष्यामीति वाचकपदेनाभिधाने वैचित्र्यातिशयस्याभावो जायते इति परभृतवारणव्याजेन तदपसरणं व्यक्तीकृतमिति पर्यायोक्तम्।। 296।।

सङ्गमय्येति।। सङ्केते सङ्केतस्थाने यूना सह सङ्गमय्य तयोः रतोत्सवं निर्वर्तयितुं सम्पादयितुमिच्छन्त्या कयापि सख्या ततः अपसृतमित्यन्वयः।। 297।।

समाहितं निरूपयति–**किञ्चिदिति**।। किञ्चित् कार्यम् आरम्भमाणस्य कर्तृमुद्युक्तस्य दैववशात् अकस्मात् पुनः तस्य साधनस्य समाधानस्य या समापत्तिः

तत्साधनसमापत्तिर्या तदाहुः समाहितम्।।298।।
मानमस्या निराकर्तुं पादयोर्मे पतिष्यतः।
उपकाराय दिष्ट्यैतदुदीर्णं घनगर्जितम्।।299।।
आशयस्य विभूतेर्वा यन्महत्त्वमनुत्तमम्।
उदात्तं नाम तं प्राहुरलङ्कारं मनीषिणः।।300।।

---

object by Good Fortune; that they say is *samāhitam* (or Union).

"When I was falling at her feet in order to turn her away from her petulance, fortunately there arose a rumbling of the clouds for my help."

Thus, ends *samāhitam.*

Wise men call that *alaṅkāra Udāttam* (Sublimity) which expresses the pre-eminent greatness (of a person) either in the qualities of his heart or in his riches.

संयोगः तत् समाहितम् आहुः। समाधानरूपत्वात् अन्वर्थसंज्ञेयमिति। दैववशादिति तु न नियमपरं बुद्धिपूर्वककारणान्तरालम्बनेन कार्यसमाधानेऽपि अस्य सद्भावात्। तदुक्तं भोजराजेन, 'कार्यारम्भे साहायाप्तिर्दैवात् दैवाकृते च या। आकस्मिकी बुद्धिपूर्वोभयी वा तत् समाहितम्' इति।। 298।।

समाहितमुदाहरति–**मानमिति**।। अस्याः मानिन्याः मानं निराकर्तुं पादयोः पतिष्यतः मे मम उपकाराय दिष्ट्या दैवेन एतत् घनगर्जितम् उदीर्णम्। अत्र मानभङ्गाय पादपतनप्रवृत्तस्य दैवादुदीर्णेन घनगर्जितेन तस्यातीवोद्दीपकत्वात् अक्लेशेन तत्समाधानमिति समाहितमलङ्कारः।। 299।।

उदात्तं निरूपयति–**आशयस्येति**।। आशयस्य सभिप्रायस्य विभूतेः सम्पत्तेः वा यत् अनुत्तमम् अलौकिकं महत्त्वम् आधिक्यं, मनीषिणः तम् उदात्तं नाम अलङ्कारं प्राहुः। तथाच, प्रस्तुतस्य उदाराशयत्ववर्णनेन लोकातिशयसम्पद्वर्णनेन च यद् वैचित्र्यं स एव उदात्तालङ्कार इति निष्कर्षः। केचित् तु, यद्यापि प्रस्तुतस्याङ्गं

गुरोः शासनमत्येतुं न शशाक स राघवः।
यो रावणशिरश्छेदकार्यभारेऽप्यविक्लवः।।301।।
रत्नभित्तिषु संक्रान्तैः प्रतिबिम्बशतैर्वृतः।
ज्ञातो लङ्केश्वरः कृच्छ्रादाञ्जनेयेन तत्त्वतः।।302।।

That Rāghava was not able to transgress an Elder's order, who was not perturbed in the least even in the task of cutting off the head of Rāvaṇa. (This is an example of *Āśayodattam* (or sublimity of heart).

"It was with great difficulty that Añjaneya found out rightly the Lord of Laṅkā, surrounded as he was, by hundreds of images cast upon the bejewelled walls (of the audience hall)." This is an example of *Vibhutyudāttam* (or sublimity in riches).

महतां चरितं भवेदिति आहुः। तन्मते प्रस्तुतस्य अङ्गत्वेन महतां चरित्रवर्णनमपि उदात्तालङ्कार इति बोध्यम्।। 300।।

आशयमहत्त्वे उदाहरति–**गुरोरिति**।। यः रावणस्य शिरश्छेदः कार्यं तस्य भारः तस्मिन्नपि सविक्लतः अव्याकुलः, स राघवः गुरोः पितुः शासनं राज्यत्यागपूर्वकवनगमनादेशम् अत्येतुम् अतिक्रमितुं न शशाक। अत्र रावणवध-रूपासाध्यसाधनक्षमस्य तादृशगुरुनिदेशवर्त्तित्वेन अलौकिकं माहात्म्यं प्रतीयते इत्युदात्तत्वम्।। 301।।

विभूतिमहत्वे उदाहरति–**रत्नभित्तिष्विति**।। आञ्जनेयेन अञ्जनासुतेन हनुमता कृच्छ्रात् अतिकष्टेन बहुपर्यालोचनया इत्यर्थः रत्नभित्तिषु संक्रान्तैः प्रतिफलितैः प्रतिबिम्बानां शतैः वृतः लङ्केश्वरः रावणः तत्त्वतः ज्ञातः ईदृशैश्वर्यशाली नास्तीति अयमेव लङ्केश्वर इति विदित इत्यर्थः। अत्र लङ्केश्वरस्य तादृशैश्वर्यमहत्त्वकीर्तनमेव उदात्तालङ्कार इति।।

पूर्वत्राशयमाहात्म्यमत्राभ्युदयगौरवम् ।
सुवयञ्जितमिति प्रोक्तमुदात्तद्वयमप्यदः ।।303।।

उदात्तम् ।

अपह्नुतिरपह्नुत्य किञ्चिदन्यार्थदर्शनम् ।
न पञ्चेषुः स्मरस्तस्य सहस्त्रं पत्रिणामिति ।।304।।

In the former, the greatness of the heart, and here the greatness of wealth are clearly indicated; thus the two *Udāttamas* are made clear.

Thus ends *Udāttam.*

Where something is denied and another meaning is made clear, then it is *Apahnuti :* "Cupid is not a person with five arrows; his arrows are a thousand." (This is an example of *Saṁkhyāpahnuti* or denial of number).

द्वैविध्यमुपसंहरति–**पूर्वत्रेति**।। पूर्वत्र गुरोरित्युदाहरणे आशयस्य माहात्म्यम्, अत्र रत्नभित्तिष्वित्युदाहरणे अभ्युदयस्य गौरवं सुव्यञ्जितं सुप्रतीतमिति अदः उदात्तद्वयं प्रोक्तम् उभयत्रापि वैचित्र्यस्य सद्भावादिति भावः।। 303 ।।

अपह्नुतिं निरूपयति–**अपह्नुतिरिति**।। किञ्चित् किमपि प्रकृतम् अपह्नुत्य अपलप्य अन्यस्य अर्थस्य दर्शनं व्यवस्थापनम् अपह्नुतिः। अत्र धर्मापह्नवेन धर्मान्तरारोपणं तत्त्वापह्नवरूपके धर्मिनिषेधेन धर्म्यन्तरारोप इत्यनयोर्भेदः। उदाहरति–**नेति**। स्मरः कामः पञ्चेषुर्न तन्मात्रेषुभिः समग्रजगतामेतादृशपीडना-सम्भवादिति भावः, अतस्तस्य पत्रिणां सहस्रम् अस्तीति शेषः। अत्र स्मरस्य पञ्चेषुत्वधर्मं प्रतिषिध्य सहस्त्रेषुत्वरूपधर्मान्तरारोपरूपापह्नुतिरिति बोध्यम्।।304।।

चन्दनं चन्द्रिका मन्दो गन्धवाहश्च दक्षिणः।
सेयमग्निमयी सृष्टिर्मयि शीता परान् प्रति।।305।।
शैशिर्यमभ्युपेत्यैव परेष्वत्मनि कामिना।
औष्ण्यप्रकाशनात्तस्य सेयं विषयनिह्नुतिः।।306।।
अमृतस्यन्दिकिरणश्चन्द्रमा नामतो मतः।

"Sandal, moonshine and the soft southern breeze which carries fragrance—their nature, so far as I am concerned, is full of fire; so far as others are concerned, it is cool."

After stating the coolness with respect to others, making clear the burning heat towards himself, the person in love, this (*alaṅkāra*) is *Viṣaya-nihnuti* (or denial of the quality extending to all cases).

विषयापह्नुतिमुदाहरति—**चन्दनमित्यादि**।। चन्दनं चन्द्रिका तथा मन्दः दक्षिणः गन्धवाहः सा इयं मयि विरहिणीत्यर्थः अग्निमयी सृष्टिः अग्निवत् मया प्रतीयते इत्यर्थः परान् अन्यान् अविरहिण इत्यर्थः प्रति शीता शीतला सृष्टिः तेषामतीव सुखकरत्वादिति भावः। अत्र कामिना परेषु शैशिर्यं शीतलत्वमभ्युपेत्य आरोप्य आत्मनि औष्टौष्ण्यप्रकाशनात् अग्निमयत्वधर्मारोपणेन चन्दनादीनां शैत्यदाहकत्वयोर्विषयभेदस्य कीर्तनात् विषयापह्नुतिरियमित्यन्वयः।। 305–306।।

स्वरूपापह्नुतिमाह—**अमृतेत्यादि**।। चन्द्रमाः अमृतस्यन्दिनः किरणा यस्य सः नामतः नाम्नैव मतः ख्यातः न तु अर्थत इत्यर्थः तस्य किरणानाम् अमृतस्यन्दित्वस्य प्रत्यक्षविरुद्धत्वचवदिति भावः। विरहिण उक्तिरियम्। विरह चन्द्रकिरणस्य अतीवोद्दीपकत्वादसह्यत्वमिति बोध्यम्। अयं चन्द्रमाः अन्यः अर्थात्मा वस्तुस्वरूप एव, 'अर्थोऽभिधेयरै वस्तुप्रयोजननिवृत्तिष्वि'त्यमरः। चन्दति आह्लादयतीति व्युत्पत्तिलभ्यार्थात् अन्यपदार्थ एवेत्यर्थः। यथा,

अन्य एवायमर्थात्मा विषनिष्यन्दिदीधितिः ।।307।।

इति चन्द्रत्वमेवेन्दौ निवर्त्यार्थान्तरात्मता ।
उक्ता स्मरार्तेनेत्येषा स्वरूपापह्नुतिर्मत ।। 308 ।।

उपमापह्नुतिः पूर्वमुपमास्वेव दर्शित ।
इत्यपह्नुतिभेदानां लक्ष्यो लक्ष्येषु विस्तरः ।। 309 ।।

अपह्नुतिचक्रम् ।

It is only in reputation that the moon possesses rays which shed nectar; at the core, he is different and has rays which shed poison profusely."

Here the moonness of the moon is denied and some other quality is attributed to him by a person afflicted by Love; this is considered *Svarūpāpahnuti* (or denial of identity).

Upamāpahnuti (or denial in simile) has already been illustrated among the Similes. Thus, the varieties of *Apahnuti* (or Denial) can be elaborately seen in books (literature).

Thus ends *Apahnuti* (or Denial).

मण्डपादिशब्दा व्युत्पत्तिलभ्येषु मण्डपानकर्तृरूपेषु अर्थेषु अशक्ता गृहादिरूपार्थवाचकास्तद्वदिति भावः, अतः विषनिष्यन्दिन्यो दीधितयो यस्य तथोक्तः। इत्यत्र स्मरार्तेन विरहिणा इत्यर्थः इन्दौ चन्द्रत्वम् आह्लादकत्वस्वरूपत्वं निवर्त्य निषिध्य अपह्नुत्य इत्यर्थः अर्थान्तरात्मता वस्त्वन्तरस्वरूपत्वम् उक्ता आरोपिता, अतः एषा स्वरूपापह्नुर्तिमता ।।

उपमापह्नुतिरिति।। उपमायाः सादृश्येन अपह्नुतिः–पूर्वम् उपमासु उपमालङ्कारभेदेषु एव मध्ये दर्शिता प्रतिषेधोपमाख्या वर्णिता इत्यर्थः। इति उक्तरूपाया अपह्नुत्या भेदानां विस्तरः लक्ष्येषु यथायथं लभ्येषु उदाहरणेषु लक्ष्यः अनुसन्धेय इत्यर्थः ।। 309 ।।

श्लिष्टमिष्टमनेकार्थमेकरूपान्वितं वचः।
तदभिन्नपदं भिन्नपदप्रायमिति द्विधा।।310।।

Śliṣṭam (or paronomasia) is defined as a group of words which have one form but many meanings. It is two-fold *viz., Abhinnapadam* and *Bhinnapadaprāyam* (where words are not to be split and where words have mostly to be split).

श्लेषं लक्षयति–**श्लिष्टमिति।।** अनेकार्थम् अभिधया युगपदनेकार्थप्रतिपादकम् एकेन अभिन्नेन रूपेण आकारेण अन्वितं युक्तं वचः श्लिष्टं श्लेषालङ्कार युक्तम् इष्टं कविभिरभिलषितम्। तथाच, शब्दार्थयोरेकतावभासहेतुः सम्बन्धविशेषः श्लेषः, स चात्र शब्दयोरेकप्रयत्नोच्चार्यत्वरूपः अर्थयोस्तु एकप्रयत्नोच्चार्यमाणशब्देन ऐककालिकत्वबोधरूपः। अन्ये तु शब्दयोर्जतुकाष्ठन्यायेन अर्थयोश्च एकवृन्तगतफलद्वयन्यायेन श्लेष इत्याहुः। यत्र अभिन्नया वृत्त्या शब्दस्य अनेकार्थत्वं तत्रैव श्लेषः, यत्र तु अनेकार्थत्वेऽपि शक्तिसङ्कोचकानां संयोगादीनां सद्भावः। यदुक्तं विश्वनाथेन, 'संयोगो विप्रयोगश्च साहचर्यं विरोधिता। अर्थः प्रकरणं लिङ्गं शब्दस्यान्यस्य सन्निधिः। सामर्थ्यमौचिती देशः कालो व्यक्तिः स्वरादयः। शब्दार्थस्यानवच्छेदे विशेषस्मृतिहेतवः।। यथा, 'सशङ्खचक्रो हरिरित्यत्र शङ्खचक्रसंयोगेन हरिशब्दो विष्णुमेवाभिधत्ते' इत्यादि। तत्र न श्लेषः अभिधया युगपदर्थद्वयप्रतीतेरभावात्, तादृशस्थले संयोगादिना एकार्थबोधनात् अभिधायां विरतायां पश्चात् व्यञ्जनया अर्थान्तरप्रतीतौ ध्वनित्वमेव। यथा, 'भद्रात्मनो दुरधिरोहतनोर्विशालवंशोन्नतेः कृतशिलीमुखसंग्रहस्य। यस्यानुपप्लुतगतेः परवारणस्य दानाम्बुसेकसुभगः सततं करोऽभू'दित्यत्र प्रकरणेन प्रथमं प्रकृतः पुरुषः प्रतीयते पश्चात् व्यञ्जनया हस्तीति। तत्र अर्थस्य अनेकत्वं क्वचिद् वस्तुतः, क्वचिदेकरूपत्वेऽपि सम्बन्धिभेदेन इति बोध्यम्। आद्यस्तावत् शब्दश्लेषः द्वितीयस्तु अर्थश्लेष इति विश्वनाथादयः। तस्य द्वैविध्यमाह–तदिति। तत् वचः अभिन्नपदं शक्यतावच्छेदकस्य विभिन्नत्वेऽपि एकप्रकृतिप्रत्ययसमासादिघटितत्वेन अभिन्नानि पदानि यस्मिन् तत्, तथा भिन्नानाम् अनेकप्रकृतिप्रत्ययादिघटितत्वेन

असावुदयमारूढः कान्तिमान् रक्तमण्डलः।
राजा हरति लोकस्य हृदयं मृदुभिः करैः।।311।।
दोषाकरेण सम्बध्नन् नक्षत्रपथवर्तिना।

"This person has ascended the region of prosperity and is full of splendour; and the *maṇḍalas* of districts are attached to him; and he the king captivates the hearts of the people by light taxes (this resplendent moon has ascended the heavens and is full of splendour and is reddish (as he newly rises) and the captivates the people by soft rays).

Why will he not thus torment me who am not his friend—he, this evening (who is full of faults) and who is attached to the moon (who is a mine of faults) who has his path among the stars (who is attached to a king who does not remain in the path of the *Kṣatriyas*) and who is a

विलक्षणानां पदानां प्रायो बाहुल्यं यत्र तत्। तथाच अभिन्नपदवाक्ये अभङ्गश्लेषः भिन्नपदवाक्ये सभङ्गश्लेष इति द्विविधत्वं शेषस्तु समधिकचमत्कारितया कविभिर्बाहुल्ये प्रयुज्यत इति प्रायपदाभिप्रायः। विश्वनाथस्तु, 'श्लिष्टैः पदैरनैकार्थाभिधाने श्लेष इष्यते। वर्णप्रत्ययलिङ्गानां प्रकृत्योः पदयोरपि। श्लेषाद्विभक्तिवचनभाषाणामष्टधा च सः'। तत्र वर्णश्लेषो यथा, 'प्रतिकूलतामुपगते हि विधौ विफलत्वमेति बहुसाधनता। अवलम्बनाय दिनभर्तुरभून्न पतिष्यतः करसहस्रमपी'त्यत्र विधाविति विधिविधुशब्दयोरिकारोकारयोर्वर्णयोः श्लेष इत्याद्यष्टधाभेदमाह।। 310।।

तत्राभिन्नपदमुदाहरति–**असाविति**।। उदयमुन्नतिम् उदयाचलञ्च आरूढः कान्तिमान् कमनीयमूर्तिः किरणमाली च रक्तमण्डलः अनुरक्तः प्रकृतिः लोहितबिम्बश्च राजा नृपः शशी च मृदुभिः अल्पैः शीतलैश्च करैः राजस्वैः किरणैश्च लोकस्य हृदयं हरति। अत्र संयोगिनियमाभावात् राजचन्द्रौ द्वावपि वाच्यौ, उदयादिपदान्यपि एकप्रकृतिप्रत्ययसाधितत्वादभिन्नानीति अभङ्गश्लेषः।

भिन्नपदमुदाहरति–**दोषाकरेणेति**।। प्रदोषः रजनीमुखं प्रकृष्टदोषश्च कश्चित्

राज्ञा प्रदोषो मामित्थमप्रियं किं न बाधते।।312।
उपमारूपकाक्षेपव्यति रेकादिगोचराः।
प्रागेव दर्शिताः श्लेषा दर्श्यन्ते केचनापरे।।313।।
अस्त्यभिन्नक्रियः कश्चिदविरुद्धक्रियोऽपरः।

---

veritable mine of faults. (Here many words have to be split in different ways for getting at the two meanings and this is therefore an example of *Bhinnapadaprāya*).

Varieties of panoromasia which also show *Upamā* (Simile), *Rūpaka* (metaphor), *Ākṣepa* (Objection), *Vyatikreka* (Differentiation) etc., have already been illustrated (under the respective subsections). A few others will be shown here.

पुरुषः दोषाकरेण दोषायाः करः तेन निशाकरेण दोषस्य आकरेण च तथा नक्षत्रपथे आकाशपथे वर्तत इति तथोक्तेन क्षत्रपथे क्षत्रोचिताचारे न वर्तमानेन च राज्ञा चन्द्रेण नृपेण च सम्बध्नन् संयोगं प्राप्नुवन् सन् अप्रियम् प्रियारहितं द्वेष्यञ्च माम् इत्थम् एवंप्रकारेण किं कथं बाधते पीडयति। अत्र दोषाकरेणेत्यादिपदानि प्रकृतिप्रत्ययसमासैर्भिन्नानीति सभङ्गश्लेषः। राज्ञेत्यत्र तु अभङ्गः। तदत्र सभङ्गाभङ्गश्लेष इति त्रैविध्यम्। उक्तञ्च, पुनस्त्रिधा सभङ्गोऽथ भङ्गस्तदुभयात्मकः' इति। केवलसभङ्गोदाहरणं विश्वनाथेन दर्शितम्। यथा, 'पृथुकार्तस्वरपात्रं भूषितनिश्शेषपरिजनं देव!। विलसत्करेणुगहनं सम्प्रति सममावयोः सदन'मिति।। 312।।

श्लेषस्य प्राधान्यं दर्शयित्वा अलङ्कारविशेषेषु अस्याङ्गत्वं दर्शयिष्यन्नाह–**उपमेति**।। प्रागेव उपमानरूपकाक्षेपव्यतिरेकादिः गोचरो येषां तादृशाः श्लेषाः दर्शिताः अपरे केचन अपरालङ्काराङ्गभूता इत्यर्थः दर्श्यन्ते। तत्र साधारणधर्मप्रयोगे धर्मोपमायां श्लेषोपमायाञ्च अर्थश्लेषः, समानोपमायान्तु शब्दश्लेषः, एवमन्यत्रापि बोध्यम्।

दर्शयिष्यमाणानां भेदानाह–**अस्तीति**।। कश्चित् श्लेषः अभिन्नक्रियः, कश्चित् अविरुद्धक्रियः अपरः विरुद्धकर्माः, अन्यः अनियमवान्, नियमाक्षेपरूपोक्ति,

विरुद्धकर्मा चास्त्यन्यः श्लेषो नियमवानपि।।314।।

नियमाक्षेपरूपोक्तिरविरोधी विरोध्यपि।
तेषां निदर्शनेष्वेव रूपमाविर्भविष्यति।।315।।

वक्त्रः स्वभावमुधराः शंसन्त्यो रागमुल्बणम्।
दृशो दूत्यश्च कर्षन्ति कान्ताभिः प्रेषिताः प्रियान्।।316।।

There is a variety *Abhinnakriya* (where the predicate is not different), there is another, *Aviruddhakriya* (where the predicates are not contrary), *Viruddhakarma* is a third (where the predicates are contrary) and another variety of paronomasia, *Niyamavān* (where there is a restrictive statement).

(Another is) *Niyamākṣeparūpokti* (where a statement objecting to a restriction is implied), and *Avirodhi* (where there is no contradiction) and *Virodhi* also (where there is a contradiction). Their form will be apparent from the illustrations.

"Eyes like lady-messengers drag the lovers after them; eyes which are glistening and which are naturally sweet and which indicate the exuberance of love and eyes which are directed by the beloved (ladies); like lady-messengers who are sent by the beloved (ladies) and who are friendly and sweet-tempered and who declared the surging love (of the beloved ladies). This is an example of *Abhinnakriya*.

अविरोधी, तथा विरोधी निदर्शनेषु वक्ष्यमाणेषु उदाहरणेषु तेषां भेदानां रूपं स्वरूपम् आविर्भविष्यति प्रकाशिष्यते।। 314-315।।

तत्र अभिन्नक्रियमुदाहरति—**वक्रा इति**।। कान्ताभिः प्रेषिताः प्रक्षिप्ताः आनेतुं प्रेरिताश्च वक्राः स्वभावकुटिला कुटिलमार्गदर्शयित्र्यश्च, स्वभावेन मधुराः मनोहारिण्यः मिष्टभाषिण्यश्च तथा उल्बणम् अतिप्रबुद्धं रागं लौहित्यं प्रेमानुरागञ्च

मधुरा रागवर्धिन्यः कोमलाः कोकिलागिरः।
आकर्ण्यन्ते मदकलाः श्लिष्यन्ते चासितेक्षणाः ।।317।।
रागमादर्शयन्नेष वारुणीयोगवर्धितम्।

The voices of the *kokilas* which are sweet and delightful and tender with passion and serve to promote love are heard. Dark-eyed ladies who are sweet and delightful and who have voices like the *kokilas* tender with passion and who serve to promote Love are embraced. Here the verbs are different and therefore it is *Bhinnakriya.*

"This sun shines red (shows his feeling of love), the redness (feeling of love) being increased by contact with

---

शंसन्त्यः सूचयन्त्यः प्रकाशयन्त्यश्च दृशः नयनानि दूत्यश्च प्रियान् कर्षन्ति। अत्र वक्रादीनां श्लिष्टता, कर्षणक्रिया तु उभयत्रैकैव इति अभिन्नक्रियः श्लेषस्तुल्ययोगितालङ्कारस्य पोषकत्वात् तदङ्गम्। केचित् तु एकया क्रियया वाक्यद्वयस्य दीपनात् प्रधानस्य दीपकस्य अङ्गमित्याहुः।। 316।।

अविरुद्धक्रियमुदाहरति–**मधुरा इति**।। मधुराः मनोहारिण्यः माधुर्याख्य-स्वाभाविकाङ्गनालङ्कारवत्यश्च। माधुर्यलक्षणन्तु उक्तं यथा 'सर्वावस्थाविशेषेषु माधुर्यं रमणीयते'ति। रागवर्धिन्यः उद्दीपकत्वात् प्रणयाविष्करणाच्च अनुरागं वर्धयन्त्यः कोमलाः सुखश्रवाः मृद्वङ्ग्यश्च तथा मदकलाः मदोन्मत्ताः सौभाग्यादिजनितगर्वान्विताश्च। मदलक्षणन्तूक्तं यथा 'मदो विकारः सौभाग्य-यौवनाद्यवलेपज' इति। कोकिलानां गिरः वाचः असितेक्षणाश्च आकर्ण्यन्ते तथा श्लिष्यन्ते आलिङ्ग्यन्ते च। इत्यत्र आकर्णनश्लेषणक्रिययोरेककालीनत्वसम्भवात् अविरुद्धक्रियोऽयमभङ्गश्लेषः पूर्ववत् तुल्ययोगितामेव पुष्णातीति तदङ्गम्।। 317।।

विरुद्धक्रियामुदाहरति–**रागमिति**।। एष धर्मांशुः सूर्यः वारुण्याः पाश्चिमाशायाः सुरायाश्च योगेन समाश्रयेण पानेन च वर्धितं रागं लौहित्यम् अनुरागञ्च आदर्शयन् प्रकटयन् वर्धयंश्च तिरो भवति अस्तं गच्छति, अङ्गजस्तु कामस्तु

तिरोभवति घर्मांशुरङ्गजस्तु विजृम्भते।।318।।

निस्त्रिंशत्वमसावेव धनुष्येवास्य वक्रता।

शरेष्वेव नरेन्द्रस्य मार्गणत्वञ्च वर्तते।।319।।

पद्मानामेव दण्डेषु कण्टकस्त्वयि रक्षति।

---

the Ocean (by attachment to drink) and he is *sitting;* while Cupid *increases* in prowess. (Here the predicates are contrary and therefore it is *Viruddhakarma*).

"Only the king's sword has heartlessness (has sharpness of edge) : only his bow has crookedness (has a bent form); only his arrows have mendicancy (have the quality of reaching the aim). This is an example of *Niyamavān.*

"When you are protecting (the World), thorn (evil-

विजृम्भते उद्योतते। अत्र तिरोभवनजृम्भणक्रिये परस्परं विरुद्धे इति विरुद्धक्रिय-श्लेषस्तथैव तुल्ययोगितां परिपुष्णातीति तदङ्गम्।। 318।।

नियमवन्तमुदाहरति—**निस्त्रिंशत्वमिति**।। अस्य नरेन्द्रस्य असौ खड्गौ एव न तु अन्यत्र निस्त्रिंशत्वं निर्गतस्त्रिंशतोऽङ्गुलिभ्य इति व्युत्पत्त्या त्रिंशदङ्गुल्य-धिकपरिमाणवत्त्वं निर्दयत्वञ्च, 'अथ निस्त्रिंशः खड्गो ना निर्दये त्रिषु' इति मेदिनी। वक्रता कौटिल्यं प्रतिकूलता च धनुष्येव नान्यत्र मार्गणत्वं बाणत्वं शरेषु एव न तु आत्मनि इत्यर्थः, वर्तते इति सर्वत्रान्वेतव्यम्। अत्र प्रत्येकमेवकारेण द्वितीयार्थानां व्यवच्छिन्नत्वात् नियमवानर्थश्लेषः परिसङ्ख्याऽलङ्कारं पुष्णातीति तदङ्गम्। परिसंख्यालङ्कारश्च ग्रन्थकृतानुक्तः परं वैचित्र्यासद्भावात् अपरैरुक्तः। यथा, 'प्रश्नादप्रश्नतो वापि कथितात् वस्तुनो भवेत्। तादृगन्यव्यपोहश्चेच्छाब्द आर्थोऽथवा तदा।। परिसंख्ये'ति। यदि च, 'विधिरत्यन्तमप्राप्ते नियमः पाक्षिके सति। अत्र चान्यत्र च प्राप्ते परिसंख्येति गीयते'।। इति नियमपरिसंख्ययोर्भेदः प्रतीयते, किन्तु अत्र परिसङ्ख्या अन्यव्यपोहमात्रप्रतीतिरेव न तु तादृग्लक्षणेति अविरोध इति बोध्यम्।। 319।।

नियमापेक्षपरूपोक्तिमुदाहरति—**पद्मानामिति**।। त्वयि रक्षति सति पद्मानामेव

अथवा दृश्यते रागिमिथुनालिङ्गनेष्वपि ।।320।।

महीभृद् भूरिकटकस्तेजस्वी नियतोदयः ।?

दक्षः प्रजापतिश्चासीत् स्वामी शक्तिधरश्च सः ।।321।।

---

doer) is seen only in the stems of lotuses; or perhaps it is seen in the embraces of loving couples." This is an example of *Niyamākṣeparupokti.*

This Lord was a Ruler of the World (a mountain) and a large capital city (wore a big armlet) was full of splendour (was valorous) and stable prosperity (his rising was unaltered by setting), he was clever and a Ruler of the people (was *Dakṣa Prajāpati* himself) and he wielded considerable power (he was Subrahmanya also),—this is an example of *Virodhi.*

दण्डेषु नालेषु न तु दण्डनामकोपायेषु अथवा रागिणः अनुरक्तस्य मिथुनस्य स्त्रीपुंसयोरालिङ्गनेषु अपि कण्टकः तीक्ष्णाग्रावयवः रोमाञ्चः क्षुद्रशत्रुश्च, 'रोमाञ्चे क्षुद्रशत्रौ च तरोरङ्गे च कण्टक' इति कोशः। दृश्यते। अत्र पद्मानामेवेति नियमस्य अथवेत्यादिना आक्षेपरूपा उक्तिरिति नियमाक्षेपरूपोक्तिः पूर्वार्धे स्थितायाः परिसंख्यायाः द्वितीयार्धे च एकत्र निहितकण्टकस्य वाक्यद्वयोद्दीपनात् प्राधान्येन स्थितस्य दीपकस्य अङ्गमित्यवधेयम्।। 320।।

अविरोधिनमुदाहरति—**महीभृदिति**।। सः महीभृत् राजा पर्वतंश्च भूरिकटकः बहुस्कन्धावारः विशालनितम्बश्च, तेजस्वी प्रतापवान् मयुखमाली च, नियतोदयः सततोन्नतिशाली प्रतिदिवसं जातोद्गमश्च, दक्षः निपुणः ऋषिविशेषश्च, प्रजापतिः प्रजापालः सृष्टिकर्ता च, स्वामी प्रभुः विशाखश्च, 'स्वामी प्रभुविशाखयोरि'ति मेदिनी। शक्तिधरः प्रभावोत्साहमन्त्रजशक्तिसम्पन्नः अस्त्रविशेषवांश्च आसीत्। अत्र महीभृदादिश्लिष्टपदार्थानां परस्परसम्बन्धे अविरोधात् अविरोधी श्लेषः।। 321।।

अच्युतोऽप्यवृषच्छेदी राजाप्यविदितक्षयः।
देवोऽप्यविबुधो जज्ञे शङ्करोप्यभुजङ्गवान्।।322।।

श्लेषचक्रम्।

गुणजातिक्रियादीनां यत् तु वैकल्यदर्शनम्।

He was *Acyuta* (Kṛṣṇa), but he was not the vanquisher of bulls; he was king the (moon), but he did not know of consumption (waning), he was resplendent (Deva), but he was not a *Vibhudha* (Deva), he was the doer of good (to the people) (Śaṅkara), but he had no serpents (he had not the companionship of rakes).

Thus, ends the sub-section on paronomasia.

When in the quality, genus, predicate etc., an alternation or variation is shown, that makes for the

---

विरोधिनमुदाहरति–**अच्युत इति**।। अच्युतः सत्पथादभ्रष्टः, विष्णुश्च अपि अवृषच्छेदी वृषः धर्मः तदाख्योऽसुरश्च तस्य छेदी न भवतीति तथोक्तः, राजा नरपतिः चन्द्रश्च अपि अविदितः अज्ञातः क्षयः क्षीणता दुर्बलता इत्यर्थः रोगविशेषश्च येन तादृशः, देवः राजा अमरश्च अपि अविबुधः विगतपण्डितः देवश्च न भवतीति तथोक्तः, शङ्करः शुभकृत हरश्च अपि अभुजङ्गवान् दुर्जनरहितः सर्परहितश्च जज्ञे, स इति कर्तृपदमध्याहार्यम्। अत्र अच्युतादिपदानां द्वितीयार्थे विष्ण्वादौ वृषच्छेद्यादिपदार्थान्वयो विरुद्धो इति विरोधवान् अयं श्लेषः विरोधाभासस्याङ्गम्।। 322।।

विशेषोक्तिं निरूपयति–**गुणेति**।। विशेषस्य प्रस्तुतस्य वीर्याद्यतिशयः तस्य दर्शनाय प्रतिपत्तये गुणजातिक्रियाणाम् आदिपदेन द्रव्याणाञ्च यत् तु वैकल्पदर्शनं कार्यासिद्धावनुपयोगित्वप्रतिपादनं सा विशेषोक्तिर्नाम अलङ्कार इष्यते इत्यन्वयः। अतिशयोक्तौ, प्रस्तुतस्य विशेषदर्शनसद्भावेऽपि गुणादीनां वैकल्यप्रतिपादनं नास्तीत्ययोर्भेदः। एवकारेण विशेषदर्शनाभावे नायमलङ्कारः इति

विशेषदर्शनायैव सा विशेषोक्तिरिष्यते।।323।।

न कठोरं न वा तीक्ष्णमायुधं पुष्पधन्वनः।
तथापि जितमेवासीदमुना भुवनत्रयम्।।324।।

न देवकन्यका नापि गन्धर्वकुलसम्भवा।
तथाप्येषा तपोभङ्गं विधातुं वेधसोऽप्यलम्।।325।।

---

pointing out of its speciality and is known as *Viśeṣokti* (or Speciality).

"The weapon of Cupid (Wielder of the bow of flowers) is neither strong nor sharp; even so, by him the three worlds have been conquered." This is an example of *Guṇa* (or quality).

This is not a daughter of a God nor is she born of the family of the *Gandharvas;* even so she is able to cause destruction of the penance of even *Brahmā.* This is an example of *jāti* (or Genus).

ध्वनितम्। विश्वनाथादयस्तु, 'सति हेतौ फलाभावो विशेषोक्तिस्तथा द्विधे'ति लक्षणमाहुः।। 323।।

अत्र गुणवैकल्ये विशेषोक्तिमुदाहरति—**नेति**।। पुष्पधन्वनः आयुधम् अस्त्रं न कठोरं न वा तीक्ष्णं, पुष्पमयत्वादिति भावः, तथापि अमुना भुवनत्रयं जितमेव आसीत्। अत्र कामस्य वीर्योत्कर्षरूपविशेषप्रदर्शनाय आयुधस्य कठोरत्वतीक्ष्णत्वरूपयोर्गुणयोर्वैकल्यदर्शनरूपा विशेषोक्तिः। विभावनायां गूढकारणस्य स्वाभाविकत्वस्य वा विभावने तात्पर्यमस्ति अत्र तु विलोपकरणं कार्यनिष्पादकतया वर्णना यस्य उत्कर्षप्रतिपादने तात्पर्यमस्तीत्यनयोर्भेदः।। 324।।

जातिवैकल्ये विशेषोक्तिं दशयति—**नेति**।। एषा देवकन्यका न, गन्धर्वकुलसम्भवापि न, तथापि वेधसः ब्रह्मणोऽपि तपोभङ्गं विधातुम् अलं शक्ता। अत्र देवत्वगन्धर्वत्वरूपजातिनैरपेक्ष्येण तपोभङ्गसामर्थ्यवर्णनात् नायिकायाः मनोमोहित्वातिशयरूपविशेषः प्रतिपादित इति जातिवैकल्ये विशेषोक्तिः।। 325।।

न बद्धा भ्रुकुटिर्नापि स्फुरितो दशनच्छदः।
न च रक्ताऽभवद्दृष्टिर्जितञ्च द्विषतां बलम्।।326।।

न रथा न च मातङ्गा न हया न च पत्तयः।
स्त्रीणामपाङ्गदृष्ट्यैव जीयते जगतां त्रयम्।।327।।

एकचक्रो रथो यन्ता विकलो विषमा हयाः।

"The brow is knit, the lip is not quivering, the eye is not reddened; and yet the army of the enemies has been vanquished." This is an example of *Kriyā* (or predicate).

"Not war-chariots, nor elephants, nor horses, nor the serried ranks of foot-soldiers, it is only by the side glance of ladies' eyes that he three worlds are conquered." (This is an example of alteration in *Dravya* or object).

"The chariot has only one wheel; the driver is wanting

क्रियावैकल्ये विशेषोक्तिं दर्शयति—**नेति**।। भ्रुकुटिः न बद्धा, दशनच्छदः अधरश्च न स्फुरितः, न कल्पितः दृष्टिश्च न रक्ता अभवत्, तथापि द्विषतां शत्रूणां बलं जितञ्च। अत्र बन्धनं स्फुरणं रञ्जनञ्च क्रिया, तेषाञ्च वैकल्य-प्रतिपादनं वर्णनीयस्य वीरस्य उत्कर्षद्योतनाय, अतस्तत् क्रियावैकल्ये विशेषोक्तिरिति।। 326।।

द्रव्यवैकल्ये विशेषोक्तिं दर्शयति—**नेति**।। स्त्रीणाम् अपाङ्गदृष्ट्या एव कर्त्र्या जगतां त्रयं जीयते, रथा न, मातङ्गा न, हया न, पत्तयश्च न उपयोगिन इति शेषः।। अत्र रथादीनां द्रव्याणां वैकल्यप्रतिपादनरूपविशेषोक्तिः।। 327।।

हेतुविशेषोक्तिं दर्शयति—**एकचक्र इति**।। रथः एकचक्रः, यन्ता सारथिः विकलः अङ्गहीनः अनूरुत्वादिति भावः हयाः अश्वाः विषमाः अयुग्माः सप्तसंख्यकत्वादिति भावः, तथापि अर्कः सूर्यः नभस्तलम् आक्रामति एव

आक्रामत्येव तेजस्वी तथाप्यर्को नभस्तलम्।।328।।

सैषा हेतुविशेषोक्तिस्तेजस्वीति विशेषणात्।
अयमेव क्रमोऽन्येषां भेदानामपि कल्पने।।329।।

विशेषोक्तिचक्रम्।

विवक्षितगुणोत्कृष्टैर्यत्समीकृत्य कस्यचित्।

---

in limbs and the horses are odd; still the sun in his splendour traverses the region of the sky."

This is *Hetu-viśeṣokti* because of the adjective or attribute *Tejasvī* (possessing splendour). This same manner (applies) for making out the other different varieties.

Thus, ends the sub-section on speciality.

That is considered *Tulyayogitā* (or Equation) where, for the sake of praising or blaming a thing, statement is made

---

यतः सः तेजस्वीत्यन्वयः। अत्रापि रथादीनां द्रव्याणां वैकल्यप्रतिपादन-रूपविशेषोक्तिस्तेजस्वित्वरूपहेतुकथनेन समधिकं वैचित्र्यमादधातीति हेत्व-लङ्कारानुप्राणिता इति बोध्यम्।। 328।।

सैषेति।। तेजस्वीति विशेषणात् हेतुगर्भादिति भावः सा एषा विशेषोक्तिः हेतुविशेषोक्तिः सहेतुका इत्यर्थः अन्येषामपि भेदानां विशेषाणां कल्पने अयमेव क्रमः नियमः यथा हेत्वलङ्कारसद्भावेनास्या भेदः तथान्येषामपि अलङ्काराणां सद्भावेनेति भावः।। 329।।

तुल्ययोगितां निरूपयति–**विवक्षितेति**।। विवक्षिताः प्रस्तुतगतत्वेन इष्टा ते गुणाः तैरुत्कृष्टैः विख्यातैः अप्रस्तुतैः समीकृत्य तुल्यपक्षीकृत्य कस्यचित् प्रस्तुतस्य स्तुतिनिन्दार्थं स्तुत्यर्थं निन्दार्थं वा कीर्तनं सा तुल्ययोगिता मता इत्यन्वयः। विवक्षितगुणोत्कृष्टैरिति बहुत्वमविवक्षितं द्वाभ्यामेकेन वा समीकरणेऽपि अस्याः सद्भावादिति बोध्यम्। दीपके वाक्यान्तरीयपदस्य अनुषङ्गादिनावाक्यान्तरा-

कीर्तनं स्तुतिनिन्दार्थं सा मता तुल्ययोगिता।।330।।

यमः कुबेरो वरुणः सहस्राक्षो भवानपि।

बिभ्रत्यनन्यविषयां लोकपाल इति श्रुतिम्।।331।।

सङ्गतानि मृगाक्षीणां तडिद्विलसितानि च।

---

making it equal with things possessing the particular quality pre-eminently.

"Yama, Kubera, Varuṇa, Indra and yourself bear the title *Lokapāla* (the Protector of the people) which does not apply to any body else." This is an example of *Stuti* (or praise).

"Sportings of the fawn-eyed women and the splendours of the lightning do not last two seconds,

---

र्थोद्दीपकत्वम् इह तु स्तुतिनिन्दार्थसमीकरणमित्यनयोर्भेदः। उपमायां वाच्यार्थस्य व्यङ्ग्यार्थस्य वा साम्यप्रतीतिः शाब्दी इह तु सर्वेषां समकक्षतया शाब्दबोधविषयत्वात् पर्यवसाने सादृश्यप्रतीतिरित्यनयोर्भेदः। तथाच विवक्षितगुणशालित्वेन अप्रस्तुतैः सह प्रस्तुतस्य समकक्षतया तादृग्गुणवत्वकीर्तनेन स्तुतिनिन्दा वा तुल्ययोगितेति निष्कर्षः।। 330।।

तत्र स्तुतावुदाहरति–**यम इति**।। यमः कुबेरः वरुणः सहस्राक्षः इन्द्रः तथा भवान् अनन्यविषयाम् अनन्यसक्तां लोकपाल इति श्रुतिम् आख्यां बिभर्ति। अत्र लोकपालत्वरूपो गुणः प्रस्तुते राज्ञि विवक्षितः, तेन च गुणेन उत्कृष्टैः यमादिभिः सह समकक्षतया कीर्तनेन स्तुतिरूपा तुल्ययोगिता।। 331।।

निन्दायामुदाहरति–**सङ्गतानीति**।। मृगाक्षीणां सङ्गतानि सङ्गमाः तडिद्विलसितानि च घनारब्धानि घनं निबिडं गाढं यथा तथा अन्यत्र धनैर्मेघैरारब्धानि अपि क्षणद्वयं न तिष्ठन्ति क्षणमात्रस्थायित्वात्तेषामिति भावः।। अत्र क्षणस्थायित्वरूपो गुणो वर्णनीये मृगाक्षीसङ्गमे विवक्षितः, तेन च

क्षणद्वयं न तिष्ठन्ति घनारब्धान्यपि स्वयम्।।332।।

तुल्ययोगिता।

विरुद्धानां पदार्थानां यत्र संसर्गदर्शनम्।
विशेषदर्शनायैव सविरोधः स्मृतो यथा।।333।।
कूजितं राजहंसानां वर्धते मदमञ्जुलम्।

---

although they have weighty beginnings (they begin with the clouds). (This is an example of *Nindā* or blame.)

Thus, ends the sub-section on Equation.

Where opposed objects are mentioned together with a view to emphasise their specialities, then it is considered *Savirodha* (or Opposition); thus :

"The cooing of the royal swans, sweet on account of

अप्रस्तुततडिद्विलसितस्य समकक्षतया वर्णनेन निन्दाप्रतीयमाना तुल्ययोगिता, सा च घनारब्धानीति श्लेषानुप्राणिततया समधिकां चारुतां पुष्णातीति बोध्यम्।

विरोधं लक्षयति—**विरुद्धानामिति**।। विशेषस्य प्रस्तुतगतोत्कर्षस्य दर्शनाय प्रतिपादनाय एव विरुद्धानां परस्परविरोधिनां पदार्थानां यत्र वैचित्र्ये संसर्गदर्शनं सम्बन्धप्रतिपादनं सामानाधिकरण्यकीर्तनमित्यर्थः सः विरोधः स्मृतः। यथेति उदाहरणार्थम्। तथाच प्रस्तुतोत्कर्षप्रतिपत्तये आपाततः विरुद्धत्वेन प्रतीयमानानां पदार्थानां सामानाधिकरण्यप्रतिपादनरूपं वैचित्र्यं विरोध इति निष्कर्षः। स च जात्यादिभिर्जातेरिति चतुर्विधः गुणादिभिर्गुणस्येति त्रिविधाः, क्रियाद्रव्याभ्यां क्रियाया इति द्विविधः, द्रव्यस्य द्रव्येणेति एकविध इति मिलित्वा दशविधो बोद्धव्यम् इति।। 333।।

कूजितमिति।। राजहंसानां मदमञ्जुलं मदमनोहरं कूजितं वर्धते वृद्धिं गच्छतीति, मयूराणाञ्च उत्क्रान्तं सौष्ठवं मनोहारित्वं यस्मात् तादृशं सत् क्षीयते च। अत्र एकस्मिन्नेव कूजिते रुते च शब्दरूपे कर्तरि विरुद्धयोरपि वृद्धिक्षययोः

क्षीयते च मयूराणां रुतमुत्क्रान्तसौष्ठवम्।।334।।
प्रावृषेण्यैर्जलधरैरम्बरं दुर्दिनायते।
रागेण पुनराक्रान्तं जायते जगतां मनः।।335।।
तनुमध्यं पृथुश्रोणि रक्तौष्ठमसितेक्षणम्।
नतनाभि वपुः स्त्रीणां कं न हन्त्युन्नतस्तनम्।।336।।

---

passion, increases; and the noise of peacocks which is harsh decreases."

"The sky is dark with the clouds of the rainy season; and the mind of the people is transfused by love (by red colour)."

A woman's body which is bent at the navel and which has upright bosom, which has a slender middle and large hips, which has red lower lip and dark eyes—whom does it not kill?"

संसर्गदर्शनेन विरोधः सम्बन्धिभेदेन च तत्प्रशमनम् अनेन च प्रस्तुतस्य शरत्कालस्य एकजातीययोरपि बलाबलकारित्वेन वैशिष्ट्यं प्रतीयते इति।।334।।

प्रावृषेण्यैरिति।। प्रावृषेण्यैः वार्षिकैः जलधरैः अम्बरम् आकाशं दर्दिनायते आच्छन्नं श्यामलमित्यर्थः भवति, जगतां मनः पुनः रागेण अनुरागेण लौहित्येन च आक्रान्तं जायते। अत्र श्यामलत्वलौहित्ययोरेकजलधरसम्भवत्व-रूपसंसर्गकीर्तनं विरोधः, तस्य श्लेषेण प्रशमनम्। अनेन च प्रस्तुतस्य वर्षासमयस्य वैशिष्ट्यं प्रतीयते।। 335।।

तनुमध्यमिति।। स्त्रीणां तनुमध्यं पृथुश्रोणि विशालनितम्बं रक्तौष्ठम् असितेक्षणं कृष्णनयनं नतनाभि गभीरनाभि तथा उन्नतस्तनं वपुः कं जनं न हन्ति न तापयति अपितु सर्वमेवेत्यर्थः। अत्र तनुत्वपृथुत्वयोः रक्तत्वासि तत्वयोः नतत्वोन्नतत्वयोर्गुणयोर्विरोधेन प्रस्तुतानां स्त्रीणां वैचित्र्यं प्रतीयते आश्रयभेदाच्च तेषां विरोधपरिहारः।।

मृणालबाहु रम्भोरु पद्मोत्पलमुखेक्षणम्।
अपि ते रूपमस्माकं तन्वि! तापाय कल्पते।।337।।

उद्यानमारुतोद्धूताश्चूतचम्पकरेणवः ।
उदश्रयन्ति पान्थानामस्पृशन्तोऽपि लोचने।।338।।

कृष्णार्जुनानुरक्तापि दृष्टिः कर्णावलम्बिनी।

"O, lady of slender limbs! though your form has hands like lotus stems and thighs like the plantain and face and eyes like the lotus and the *Utpala* flowers, still, it causes pain to us."

"Wafted by the breezes in the garden, particles of pollen from the mango and the *Campaka* flowers bring tears to the eyes of passers-by although they do not come into contact (with those eyes)."

"Lady of charming speech! your eye which stretches from your ear although it has the colour of black and white- in whom does it induce any faith? (Your eye which

---

मृणालेति।। हे तन्वि! ते रूपं मृणालवतृ शीतलौ बाहू यस्य तत्, रम्भे इव ऊरू यस्य तत्, पद्ममिव उत्पले इव मुखम् ईक्षणे च यस्य तादृशमपि अस्माकं तापाय कल्पते। अत्र पूर्वोक्ते उपमितिगर्भबहुब्रीहौ शीतलत्वादिकं गुणः तस्य च तापक्रियया विरोधः। मृणाले एव बाहू यस्य इत्यादिरूपकसमासे तु मृणालत्वरम्भात्वादिभिस्तापक्रियोः विरोधः वक्तुर्विरहित्वेन च तस्य परिहारः।। 337।।

उद्यानेति।। उद्यानमारुतेन उपवनवायुना उद्धूताः चूतचम्पकानां रेणवः परागाः पान्थानां पथिकानां लोचने नेत्रे अस्पृशन्तोऽपि उदश्रयन्ति उद्गतबाष्पे कुर्वन्ति विरहित्वादिति भावः।। अत्र स्पर्शनाभावेपि उदयश्रयणक्रियेति विरोधः तत्परिहारश्च परागाणामुद्दीपकत्वादिति।। 338।।

कृष्णोति।। हे कलभाषिणी मधुरवचने! ते दृष्टिः कृष्णार्जुनानुरक्ता अपि कर्णावलम्बिनी कस्य विश्वसनीयत्वं याति, न कोऽपि विश्वसितीत्यर्थः। अत्र

याति विश्वसनीयत्वं कस्य ते कलभाषिणि? ।।339।।

इत्यनेकपकारोऽयमलङ्कारः प्रतीयते।

विरोधचक्रम्।

अप्रस्तुतप्रशंसा स्यादप्रक्रान्तेषु या स्तुतिः ।।340।।

सुखं जीवन्ति हरिणा वनेष्वपरसेविनः।

अन्नैरयत्नसुलभैस्तृणदर्भाङ्कुरादिभिः ।।341।।

---

depends upon Karṇa, although it is devoted to Kṛṣṇa and Arjuna in whom does it induce any confidence?)"

Thus, this *alaṅkāra* is found to have many forms.

Thus, ends the subsection on *Virodha*.

Where the praise of an object with which one is not concerned is made, then it is *Aprastuta-Praśaṁsā* (or indirect praise).

"The antelopes which do not serve others live happy

कृष्णार्जुनयोरनुरक्तिकर्णावलम्बनमिति क्रिययोरापाततः प्रतीयमानोऽपि विरोधः श्लेषेण शाम्यति तद् यथा, कृष्णा श्यामला अर्जुना धवला अनु पश्चाद्भागे प्रान्ते इत्यर्थः रक्ता कर्णावलम्बिनी आकर्णविश्रान्तेति च।। 339।।

इतीति।। इति एवं प्रकारेण अयम् अलङ्कारः विरोध इत्यर्थः अनेकप्रकारः बहुविधः प्रतीयते। प्रतीयते इत्यत्र अतिशोभते इत्यपि पाठः।।

इदानीम् अप्रस्तुतप्रशंसां लक्षयति—**अप्रस्तुतेति**।।'अप्रक्रान्तेषु' अप्रस्तुतेषु षष्ठ्यर्थे सप्तमी बोध्या, बहुवचनमविवक्षितं द्वयोरेकस्य वा अप्रस्तुतत्वेऽपि अस्याः सम्भवात्। या स्तुतिः प्रस्तुतस्य निन्दार्थमित्यध्याहार्यम्। तथाच, अप्रस्तुतस्तवेन प्रस्तुतस्य निन्दासूचनमप्रस्तुतप्रशंसेति।। 340।।

अप्रस्तुतप्रशंसां दर्शयति—**सुखमित्यादि**।। अपरसेविनः परसेवानभिज्ञा इत्यर्थः हरिणाः वनेषु अयत्नसुलभैः अनायासलभ्यैरित्यर्थः तृणदर्भाङ्कुरादिभिः

सेयमप्रस्तुतैवात्र मृगवृत्तिः प्रशस्यते।
राजानुवर्तनक्लेशनिर्विण्णेन मनस्विना।।342।।

अप्रस्तुतप्रशंसा।

यदि निन्दन्निव स्तौति व्याजस्तुतिरसौ स्मृता।
दोषाभासा गुणा एव लभन्ते ह्यत्र सन्निधिम्।।343।।

---

in the forests on food like grass, *darbha*, seedlings, tendrils which are easily obtained without any effort."

In this, the life of an antelope with which one is not concerned is praised by a sensitive person who is hurt by the strain of attending upon the king.

If there be praise in the form of despise, it is considered to be *Vyājastuti* (or concealed praise); here virtues appear in the form of vices.

अन्नैः सुखं जीवन्ति। प्रभुसेवाविरक्तस्य भृत्यस्योक्तिरियम्। अत्र राजानुवर्तने राजसेवायां यः क्लेशः तेन निर्विण्णेन प्राप्तनिवेदेन केनचित् मनस्मिना प्रशस्तमनसा इयम् अप्रस्तुता सा मृगवृत्तिः प्रशस्यते इति अप्रस्तुतप्रशंसा अप्रस्तुतस्य मृगस्य स्तुत्या स्वस्य निन्दासूचनात्। एवकारेण अप्रस्तुतप्रस्तुत-योरुभयोः प्रशंसायां नायमलङ्कार इति सूचितम्।। 341-342।।

सम्प्रति व्याजस्तुतिं निर्दिशति—**यदीति**।। यदीति यदित्यर्थे, निन्दन इव यत् स्तौति असौ व्याजस्तुतिः स्मृता। अत्र दोषा इव आभाम्यन्ते आपाततः प्रतीयन्ते इति दोषाभासा गुणा एव वस्तुतः अत्र सन्निधिं लभन्ते गुणस्वरूपेणैव परिणमन्तीत्यर्थः। निन्दन्निव स्तौतीय यत्र स्तुवन्निव निन्दतीत्यपिप्रत्ययविपरिणा मेनान्वेतव्यं निन्दाव्याजेन स्तुतिः स्तुतिव्याजेन च निन्दा व्याजस्तुतिरिति निष्कर्षः। उक्तञ्च प्रकाशकारेण, 'व्याजस्तुतिर्मुखे निन्दास्तुतिर्वा रूढिरन्यथे'ति। उदाहृतञ्च तेनैव। स्तुत्या निन्दायां यथा, 'हे हे लाजितबोधिसत्त्व! वचसां किं विस्तरैस्तूयसे! नास्ति त्वत्सदृशः परः परहिताधाने गृहीतव्रतः। तृष्यत्पान्थजनीपकारघटनावैमुख्य!

तापसेनापि रामेण जितेयं भूतधारिणी।
त्वया राज्ञापि सैवेयं जिता मा भून्मदस्तव।।344।।

पुंसः पुराणादाच्छिद्य श्रीस्त्वया परिभुज्यते।
राजन्निक्ष्वाकुवंशस्य किमिदं तव युज्यते?।।345।।

"This world has been conquered by a mere dweller in the forest, Rāma; this same world has now been conquered by you who are a king; therefore let there be no boast on your part."

Snatched from the Ancient Person (your elder or God) Lakṣmī (Wealth or the goddess Śrī) is enjoyed by you; does this befit you, O King, who is born in the family of the *Ikṣvākus*?

लब्ध्वा यशो भारस्योद्वहने करोषि कृपया साहायकं यन्मरो 'रिति। अत्र समुद्रस्य स्तुतिव्याजेन निन्दाप्रतिपादनं चारुतातिशयं दर्शयति।। 343।।

व्याजस्तुतिमुदाहरति–**तापसेनेति**।। रामेण परशुरामेण तापसेनापि जयसाधनसामग्रीरहितेनापीति भावः, इयं भूतधारिणी पृथ्वी जिता, त्वया राज्ञाऽपि प्रभूतजयसाधनसामग्रीमताऽपि सैव पृथ्वी न त्वतिरिक्ता जिता अतः तव मदः गर्वः मा भूत्। अत्र प्रस्तुतस्य राज्ञः आपाततः निन्दा प्रतीयत एव परं साक्षाद् भगवदंशावतारेण परशुरामेण महादेवप्रसादलब्धपरशुना या पृथ्वी जिता, त्वया मानवेनापि सा ज़ितेति पर्यवसानात् महती स्तुतिर्गम्यत इति।। 344।।

अर्थश्लेषमूलां व्याजस्तुतिं दर्शयति–**पुंस इति**।। हे राजन्! त्वया पुराणात् आद्यात् वृद्धाच्च पुंसः आच्छिद्य आकृष्य श्रीर्लक्ष्मीः सम्पत्तिश्च परिभुज्यते। इक्ष्वाकुवंशस्य इक्ष्वाकुवंशीयस्य तव इदं किं युज्यते? आदिपुरुषादाच्छिन्नायाः लक्ष्म्या सम्भोगः इक्षवाकुवंशीयस्य तव न योग्य इति निन्दया अति प्रते सम्पद इति स्तुतिर्गम्यते अत्र पुराणपदे श्रीपदे च अर्थगतश्लेषवशात् समधिकचारुता स्फुटं प्रतीयत इति बोध्यम्। 345।।

भुजङ्गभोगसंसक्ता कलत्रं तव मेदिनी।
अहङ्कारः परां कोटिमारोहति कुतस्तव?।। 346।।

इति श्लेषानुविद्धानामन्येषाञ्चोपलक्ष्यताम्।
व्याजस्तुतिप्रकाराणामपर्यन्तस्तु विस्तरः।।347।।

व्याजस्तुतिः।

अर्थान्तरप्रवृत्तेन किञ्चित् तत् सदृशं फलम्।

"Your wife, Medinī (the earth) is infatuated with the enjoyment of rakes (is placed on the hood of a Serpent); how then does your pride mount to its farthest limit?"

Thus, the extent of the varieties of *Vyājastuti* is unlimited,—varieties which are tinged with paronomasia and which indicate other figures of speech.

Thus, ends the sub-section on *Vyājastuti*.

Where a similar good or bad consequence is exhibited

शब्दश्लेषमूलामुदाहरति—**भुजङ्गेति**।। भुजङ्गानां भोगाः शरीराणि तैः संसक्ता अन्यत्र भुजङ्गानां जाराणां भोगे संसक्ता मेदिनी तव कलत्रं भार्या पाल्या च, तथापि तव अहङ्कारः परां कोटिम् आरोहति कुतः? अत्र भुजङ्गादिशब्दानामनेकार्थत्वात् शब्दश्लेषमूला व्याजस्तुतिरियम्।। 346।।

व्याजस्तुतिमुपसंहरति—**इतीति**।। उक्तरूपाणां श्लेषानुविद्धानां तथा अन्येषाञ्च अलङ्कारमूलानां व्याजस्तुतिप्रकाराणाम् अपर्यन्तः अशेषः विस्तरः उपलक्ष्यतां ज्ञायताम्।। 347।।

सम्प्रति निदर्शनं लक्षयति—**अर्थान्तरेति**।। अर्थान्तरे कार्यान्तरे प्रवृत्तेन जनेन तस्य अर्थान्तरस्य सदृशं सत् उत्कृष्टम् असत् अपकृष्टं किञ्चित् फलं निदर्श्येत प्रदर्श्येत यत्, तन्निदर्शनमित्यर्थः यदीत्यस्य यदित्यर्थः। निदर्शनेत्यपि पाठः।

सदसद् वा निदर्श्येत यदि तत् स्यान्निदर्शनम्।।348।।

उदयन्नेष सविता पद्मेष्वर्पयति श्रियम्।
विभावयितुमृद्धीनां फलं सुहृदनुग्रहम्।।349।।

याति चन्द्रांशुभिः स्पृष्टा ध्वान्तराजी पराभवम्।
सद्यो राजविरुद्धानां सूचयन्ती दुरन्तताम्।।350।।

निदर्शनम्।

---

by connecting a thing with another object, then it is *Nidarśanaṁ* (or Illustrative example).

This sun, even as he rises, endows the lotuses with splendour (riches), in order to make clear that the fruit of prosperity is the favouring of one's friends.

The dense phalanx of darkness is routed by the mere touch of the rays of the moon showing that those who are opposed to the king (moon) are immediately destroyed.

Thus, ends the sub-section on illustrative example.

दर्पणकारस्तु 'सम्भवन्वस्तुसम्बन्धोऽसम्भवन् वापि कश्चन। यत्र बिम्बानुबिम्बत्वं दर्शयेत् सा निदर्शने'त्याह।। 384।।

सत्फलनिदर्शनं दर्शयति—**उदयन्निति**।। एषः सविता सूर्यः उदयम् उद्गच्छन् उन्नतिं प्राप्नुवंश्च ऋद्धीनां फलं सुहृदनुग्रहं विभावयितुं सत्याम् ऋद्धौ सुहृदामानुकूल्यं कार्यमिति ज्ञापयितुं पद्मेषु श्रियम् अर्पयति। अत्र पद्मेषु श्रीदानप्रवृत्तेन उदयशालिना सूर्येण सुहृदपकाररूपमुदयफलं किञ्चित् निदर्श्यते इति फलञ्चात्र उत्कृष्टमेव।

असत्फलनिदर्शनं दर्शयति—**यातीति**।। चन्द्रस्य अंशुभिः स्पृष्टा ध्वान्तराजी राजविरुद्धानां सद्यः दुरन्ततां दुःखजनकमवसानं सूचयन्ती प्रकटयन्ती सती पराभवं याति। अत्र चन्द्रांशुपरिभूयमाना तमस्ततिः राजविरोधिनां परिणामदुःखरूपमपकृष्टं फलं निदर्शयतीति।। 350।।

सहोक्तिः सहभावेन कथनं गुणकर्मणाम्।
अर्थानां यो विनिभयः परिवृत्तिस्तु सा स्मृता।।351।।
सह दीर्घा मम श्वासैरिमाः सम्प्रति रात्रयः।
पाण्डुराश्च भमैवाङ्गैः सह ताश्चन्द्रभूषणाः।।352।।

Sahokti is the statement conjunctively of the qualities and actions of things; where there is an exchange of things, that (figure of speech) is *Parivṛtti* (or Exchange).

"Along with my sighs, these nights are now long drawn out; and along with my limbs, these (nights) which have the moon as an adornment are grown pale." (This is an example of *Guṇa Sahokti*).

सहोक्तिपरिवृत्यलङ्कारौ लक्षयति—**सहोक्तिरिति**।। गुणकर्मणाम् इति कर्मशब्देनात्र क्रियेति बोध्यं, सहभावेन कथनं सहोक्तिः, गुणकर्मणामित्युपलक्षणं द्रव्यादीनामपि सहभावस्य कीर्तनादिति बोध्यम्। उक्तञ्च दर्पणकारेण यथा 'सहार्थस्य बलादेकं यत्र स्याद्वाचकं द्वयोः। सा सहोक्तिरि'ति। सा च वैचित्र्या वहा चेत् तदैवालङ्करत्वं तस्याः नान्यथा। तथाहि, लक्ष्मणेन समं रामः काननं गहनं ययावित्यत्र वैचित्र्याभावात् नायमलङ्कार इति बोध्यम्। तुल्ययोगितायां यौगपद्यं नास्ति, अत्र तु तथेत्ययोर्भेद इति। अर्थानां वस्तूनां विनिमयः प्रतिदानं सा परिवृत्तिः स्मृता। सा त्रिधा क्वचित् समेन समस्य क्वचिदधिकेन न्यूनस्य, क्वचित् न्यूनेन अधिकस्य इति। अत्रापि वैचित्र्यस्य आवश्यकत्वं बोध्यम्। भोजदेवस्तु व्यत्ययमपि परिवृत्तिमाह। यथा, 'व्यत्ययो वस्तुनोर्यस्तु यो वा विनिमयो मिथ' इति। व्यत्ययस्तु एकस्थानात् कस्यचिद्वस्तुनः अन्यत्र स्थापनम्। यथा, 'कुमुदवनमपश्रि श्रीमदम्भोजखण्डमि'त्यादि।। 351।।

गुणसहोक्तिं दर्शयति—**सहेति**।। सम्प्रति विरहे इत्यर्थः इमा रात्रयः मम श्वासैः सह दीर्घाः, चन्द्रभूषणाः ताश्च रात्रयः ममैव अङ्गैः सह पाण्डुराः। विरहिण्या उक्तिरियम्। अत्र दीर्घत्वं पाण्डुरत्वं गुणपदार्थौ एककालीनतया उक्तौ। न च

वर्धते सह पान्थानां मूर्च्छया चूतमञ्जरी।
पतन्ति च समं तेषामसुभिर्मलयानिलाः।।353।।

कोकिलालापसुभगाः सुगन्धिवनवायवः।
यान्ति सार्धं जनानन्दैर्वृद्धिं सुरभिवासराः।।354।।

"The cluster of mango flowers increases (in fragrance) with the swooning of the passers-by; and the *malaya* breezes blow along with the breathing out of their vital breaths." (This is an example of *Kiryā Sahokti*).

"The fragrant days grow with the happiness of the people, days which are delightful with the voices of *kokilas,* when breezes blow from the fragrant groves."

'आविर्भवति नारीणां वयः पर्यस्तशैशवम्। सहैव विविधैः पुंसामङ्गजोन्माद-विभ्रमै'रिति पूर्वोक्तकार्यसहजचित्रहेतूदाहरणेऽपि क्रिययोः सहभावोऽस्ति तदनयोरभेद एवेति वाच्यं सहभावसाधारण्येऽपि कार्यकारणभावस्यैव चित्रनियामकत्वात् अत्र तु दीर्घश्वासदीर्घरात्र्योर्न कार्यकारणभाव इति बोध्यम्।

क्रियासहोक्तिं दर्शयति–**वर्धते इति**।। पान्थानां विरहिणामित्यर्थः मूर्च्छया सह चूतमञ्जरी वर्धते मलयानिलाश्च तेषाम् असुभिः प्राणैः समं पतन्ति च। असुभिरित्यत्र अश्रुभिरिति च पाठः। अत्र वर्धनं पतनञ्च क्रिये सहभावेनोक्ते वैचित्र्यविशेषभावहत इति अत्रापि यदि च चूतमञ्जरीविकासमलयपवन-पतनाम्यामेव पान्थानां मूर्च्छाप्राणनाशश्च ध्वन्यते तथाप्यसौ न विवक्षित इति चित्रहेतुत्वशङ्काया अनवकाशः।। 353।।

कोकिलेति।। कोकिलानाम् आलापेन रवेण सुभगाः सुरभ्याः, सुगन्धिनः वनवायवः येषु तादृशाः सुरभिवासराः वसन्तदिवसाः जनानामानन्दैः सार्धं वृद्धिं यान्ति। सहशब्दप्रयोग एवायमलङ्कार इति भ्रमनिरासार्थमिदमुदाहरणम्। अत्र यानम् आनन्दनञ्च क्रिये सहभावेन उक्ते वैचित्र्यातिशयमुत्पादयत इति।।

इत्युदाहृतयो दत्ताः सहोक्तेरत्र काश्चन।

सहोक्तिः।

क्रियते परिवृत्तेश्च किञ्चिद्रूपनिदर्शनम्।।355।।

शस्त्रप्रहारं ददता भुजेन तव भूभुजाम्।
चिरार्जितं हृतं तेषां यशः कुमुदपाण्डुरम्।।356।।

परिवृत्तिः।

आशीर्नामाभिलषिते वस्तुन्याशंसनं यथा।

Thus a few examples have been here given of *sahokti*. (Here ends the sub-section on *Sahokti*).

And the form of *Parivṛtti* will be somewhat illustrated.

"By your arm *dealing out* blows of weapons on the kings has been *taken away* from them their long-earned glory white as *Kumuda* flowers." Here ends the sub-section on *Parivṛtti*.

Āśīḥ (or Benediction) is where the desired object is

इतीति।। इति उक्तरूपाः सहोक्तेः काश्चन उदाहृतयः उदाहरणानि अत्र दत्ताः: दर्शिता अनयैव रीत्या अन्यविधापि सहोक्तिरनुसन्धेया इत्यर्थः। परिवृत्तेश्च कश्चित् अल्पमात्रं रूपनिदर्शनं स्वरूपप्रकाशनं क्रियते इत्यन्वयः।। 355।।

शस्त्रप्रहारमिति।। शस्त्रप्रहारं ददता तव भुजेन तेषां भूभुजां चिरार्जितं कुमुदपाण्डुरं यशः हृतमित्यन्वयः। अत्र न्यूनेन अधिकस्य ग्रहणरूपो विनिमयः कृत इति। समेन समस्य अधिकेन न्यूनस्य यथायथमुदाहरणानि मृग्याणीति।। 356।।

आशीरलङ्कारं निर्दिशति–**आशीरिति**।। अभिलषिते वस्तुनि आशंसनं प्राप्तीच्छाप्रकटनम् अथवा शुभप्रार्थनम् आशीर्नाम अलङ्कारः। अयमलङ्कारो वैचित्र्यविशेषावहत्वाभावान्न बहुभिरादृतः, अपरे तु तादृशाशंसनेन वैचित्र्य-

पातु वः परमं ज्योतिरवाङ्मनसगोत्तरम्।।357।।
आशीः।

अनन्वयससन्देहावुपमास्वेव दर्शितौ।

---

extolled; thus : May the transcendent Splendour that is beyond thought and word save us!

Thus, ends the sub-section on *Benediction.*

Ananvaya (or non-sequence) and *Sandeha* (or Doubt)

वमस्तीत्याहुः। उक्तञ्च, 'आशीरिति च केषाञ्चिदलङ्कारतया मता। सौहृद्यस्याविरोधोक्तौ प्रयोगोऽत्याश्च तादृश' इति। कैश्चित्तु नाट्ये एवास्याश्चमत्कारित्वात् नाट्यालङ्कारतया गण्यते। यथा, 'आशीरास्कन्दकपटा क्षमा गर्वोद्यमाश्रया' इति। उदाहृतञ्च। यथा, 'ययातेरिव शर्मिष्ठा पत्युर्बहुमता भव। पुत्रं त्वमपि सम्राजं सेव पुरुमवाप्नुहि' इति। अन्ये तु प्रेयोऽलङ्कारस्य भेद एवायमित्याहुः। यथेति उदाहरणार्थम्। अवाङ्मनसगोचरं परमं ज्योतिः परमात्मा इत्यर्थः 'यतो वाचो निवर्तन्ते अप्राप्य मनसा सहे'ति श्रवणात् वः युष्मान् पातु रक्षतु।। 357।।

सम्प्रति उद्देशक्रमप्राप्तानलङ्कारान् निरूप्य प्राप्तावसरतया मतान्तरोक्तानां केषाञ्चित् अलङ्काराणां स्वोक्तेष्वन्तर्भावं दर्शयति—**अनन्वयेति**।। अनन्वयः उपमानोपमेयत्वमेकस्यैव त्वनन्वय इत्युक्तलक्षणः, तथा ससन्देहः सन्देहः प्रकृतेऽन्यस्य संशयः प्रतिभोत्थित इत्युक्तप्रकारः, उपमासु उपाभेदेषु एव दर्शितौ तथाच, 'चन्द्रारविन्दयोः कान्तिमतिक्रम्य मुखं तव। आत्मनैवाभवत् तुल्यमित्यसाधारणोपमा' इत्युक्तरूपायामसाधारणोपमायामनन्वयस्यान्तर्भावः। 'किं पद्ममन्तर्भ्रान्तालि किं ते लोलेक्षणं मुखम्। मम दोलायते चित्तमितीयं संशयोपमा' इत्युक्तायां संशयोपमायां ससन्देहस्य अन्तर्भावः। उपमारूपकञ्चापि यदुक्तं वामनेन यथा, 'उपमाजन्यं रूपकमुपमारूपकमि'ति। उदाहृतञ्च तेनैव यथा, 'जयति चतुर्दशलोकवल्लिकन्द' इति। केचिदिदं परम्परितरूपकमाहुः। अपरे तु उपमासहितं रूपकम् उपमारूपकं यदुक्तम्, 'उपमानेन तद्भावमुपमेयस्य रूपयन्। यद् वदन्त्युपमाभेदमुपारूपकं यथे'ति। अस्योदाहरणं 'यथा दिवाकर

उपमारूपकञ्चापि रूपकेष्वेव दर्शितम्।।358।।
उत्प्रेक्षाभेद एवासावुत्प्रेक्षावयवोऽपि च।
नानालङ्कारसंसृष्टिः सङ्कीर्णन्तु निगद्यते।।359।।
अङ्गाङ्गिभावावस्थानं सर्वेषां समकक्षता।

---

have been illustrated in *Upamās* only; and *Upamā-rūpakam* has been illustrated in *Rūpakas* already.

This is what is only a mere part of the *Utprekṣā* and a variety of *Utprekṣā.* A mixture of different *alaṅkāras* is said to be *Saṁkīrṇam* (or Confusion).

Of the *alaṅkārasaṁsṛṣṭi* (or Confusion of *alaṅkāras*) there are two modes to be seen; (1) where there is a relationship

---

स्पर्शादुदयाद्रेः पयोधरात्। नीलांशुकमिव प्राच्यां यो गलति सम्प्रति'।। अत्र नीलांशुकमिवेत्युपमया सहितमुदयाद्रेः पयोधरादिति रूपकमाचक्षते। रूपकेषु रूपकभेदेषु एव दर्शितम्। यथा, 'इष्टं साधर्म्यवैधर्म्यदर्शनाद् गौणमुख्ययोः। उपमाव्यतिरेकाख्यं रूपकद्वितयं पथे'ति। तस्मादेतेषां न पृथगुक्तिरिति भावः।। 358।।

उत्प्रेक्षेति।। असौ अन्यैरुक्तं इत्यर्थः उत्प्रेक्षावयवः तन्नामालङ्कारभेदः अपि उत्प्रेक्षाया भेदः विशेष एव। तल्लक्षणं यथा 'श्लिष्टेनार्थेन संस्पृष्टः किञ्चिच्चोप-मयान्वितः। रूपकार्थेन वा युक्त उत्प्रेक्षावयवो यथा' इति अयं च श्लेषादि-सम्बन्धोत्प्रेक्षामात्रमतो नात्र प्रयास इति भावः। एवं नव्यैः परिगृहीतानामन्येषाच्च अलङ्काराणामनयैव रीत्या उक्तालङ्कारभेदेष्वन्तर्भावो वेदितव्य इति।।

अथ सङ्कीर्णं निरूपयति–**नानेति**।। नानालङ्काराणां बहूनामलङ्काराणां संसृष्टिः एकत्र समावेशः सङ्कीर्णं निगद्यते वैचित्र्यविशेषवत्तया पृथक् निबध्यते यथा, लौकिकानां हारकुण्डलादीनां प्रत्येकस्य यादृशी शोभा यादृशी च समष्टिः, तथा काव्यालङ्काराणामपि प्रत्येकस्य यादृशं वैचित्र्यं सङ्कीर्णस्य तदपेक्षया समधिकमिति पृथग्व्यपदेश इति भावः।। 351।।

सङ्कीर्णस्य भेदावाह–**अङ्गेति**।। क्वचित् अङ्गाङ्गिभावेन प्रधानगुणभावेन

इत्यलङ्कारसंसृष्टेर्लक्षणीया द्वयी गतिः ।।360।।

आक्षिपन्त्यरविन्दानि मुग्धे! तव मुखश्रियम्।

कोपदण्डसमग्राणां किमेषामस्ति दुष्करम्।।361।।

लिम्पतीव तमोऽङ्गानि वर्षतीकाञ्जनं नभः।

---

of part (*aṅga*) and whole (*aṅgi*) (between the *alaṅkāras*) and (2) where there is no inter-dependence among the *alaṅkāras.*

"O, simple girl, the splendour of your face is put to shame by the lotuses; what is difficult to be done by these (lotuses) which are full of *kośa* (treasure or buds) and *aṅga* or part of *Arthāntara-nyāsa*).

"The darkness as it were spread over (my) limbs; (like an unguent); the sky as it were rains unguent—and the vision has become useless, like service under a wicked person." This is an example of *saṁkīrṇam* (or confusion of

---

अवस्थानं, क्वचित् सर्वेषां समकक्षता तुल्यबलत्वम्। इति अलङ्कारसंसृष्टेः सङ्कीर्णालङ्कारस्य द्वयी गतिः द्वौ भेदौ लखणीया ज्ञातव्या इत्यर्थः। अपरे तु एकानुप्रवेशे सन्दिग्धत्वे अङ्गाङ्गिभावे च सङ्करसंज्ञा समकक्षतायान्तु संसृष्टिसंज्ञेत्याहुः।। 360।।

अङ्गाङ्गिभावसङ्कीर्णमुदाहरति—**आक्षिपन्तीति**।। हे मुग्धे! अरविन्दानि तव मुखश्रियम् साक्षिपन्ति तिरस्कुर्वन्ति जिगीषन्तीत्यर्थः तथापि, कोषदण्डसमग्राणां कोषो धनसमूहः कुट्म्लश्च दण्डः चतुर्थोपायः नालश्च ताभ्यां समग्राणां पूर्णानामित्यर्थः एषां दुष्करं किम्? अत्र श्लेषः अर्थान्तरन्यासस्याङ्गम् अर्थान्तरन्यासश्च पूर्वार्धस्थिताया उपमाया इत्यङ्गाङ्गिभावो बोध्यः।। 361।।

समकक्षतायां सङ्कीर्णं निदर्शयति—**लिम्पतीति**।। तमः अङ्गानि लिम्पतीव, नभः अञ्जनं वर्षतीव, दृष्टिः असत्पुरुषस्य नीचस्य सेवेव विफलतां गता। अत्र

असत्पुरुषसेवेव दृष्टिर्विफलतां गता।।362।।

सङ्कीर्णम्।

श्लेषः सर्वासु पुष्णाति प्रायो वक्रोक्तिषु श्रियम्।
भिन्नं द्विधा स्वभावोक्तिर्वक्रोक्तिश्चेति वाङ्मयम्।।363।।

तद् भाविकमिति प्राहुः प्रबन्धविषयं गुणम्।
भावः कवेरभिप्रायः काव्येष्वासिद्धि संस्थितः।।364।।

---

the two *alaṅkāras Utprekṣā* and *Upamā* which are not interdependent.

Thus, ends the sub-section on *Saṁkīrṇaṃ*.

Śleṣa (or paronomasia, enriches generally all varieties of poetic compositions (or *vakroktis*) and all (words) literary composition is divided into two classes *Svabhāvokti* and *Vakrokti* (or natural description and poetic or quaint description).

They call that *bhāvikam* (or expressiveness) which is the characteristic quality of *prabandhas; bhāva* is the idea or conceit of the poet which fully pervades the poems to the very end.

पूर्वार्धे उत्प्रेक्षायाः उत्तरार्धे उपमायाश्च निरपेक्षतया परस्परं प्राधान्येनावस्थानात् समकक्षतेति बोध्यम्।। 362।।

श्लेषस्य बहुषु सद्भावं दर्शयति–**श्लेष इति**।। श्लेषः सर्वासु वक्रोक्तिषु वचनभङ्गिरूपासु अलङ्कृतिषु श्रियं शोभां पुष्णाति। अतः वाङ्मयं काव्यं स्वभावोक्तिर्वस्तुस्वभाववर्णनरूपा वक्रोक्तिश्च इति भेदद्वयात् द्विधा भिन्नं द्विविधं स्वभावोक्तिमत् वक्रोक्तिमच्चेति।। 363।।

इदानीं सर्वालङ्कारसंग्राहकं भाविकं निरूपयति–**तदिति**।। प्रबन्धाः महाकाव्यादयः तद्विषयं तद्गतं गुणं चमत्कारजनकधर्मविशेषं तत् प्रसिद्धं भाविकं

परस्परोपकारित्वं सर्वेषां वस्तुपर्वणाम्।
विशेषणानां व्यर्थानामक्रिया स्थानवर्णना।।365।।

व्यक्तिरुक्तिक्रमबलाद् गम्भीरस्यापि वस्तुनः।
भावायत्तमिदं सर्वमिति तद् भाविकं विदुः।।366।।

The interdependence and mutual help of all the several sections (*parvas*), theme (*vastu*), non-use of purposeless adjectival descriptions, description (*Varṇana*) of the appropriate situations (*sthānas*);

And the embodiment (visualising) of even a *gambhīra vastu* (or a majestic theme) by force of the collocation and sequence of words, all this is due to *bhāva* and it is therefore known as *bhāvikam.*

तदाख्यमलङ्कारं प्राहुः। तथाहि कवेरभिप्रायः भावः तत्सम्बन्धितया भाविकमित्यन्वर्थसंज्ञा। स च भावः काव्येषु असिद्धि समाप्तिपर्यन्तं स्थितः। एतेनास्य केवलं पदवाक्यगतत्वं न, महावाक्यघटितप्रबन्धगतत्वमपीति बोध्यम्।।364।।

कवेरभिप्रायस्य प्रबन्धगतत्वे उदाहरति—**परस्परेत्यादि**।। सर्वेषां वस्तूनाम् आधिकारिकेतिवृत्तानां पर्वणां तदुपयोगिनां प्रासङ्गिकेतिवृत्तानाञ्च। उक्तञ्च, नखकुट्टेन, 'इदं पुनर्वस्तु बुधैर्द्विविधं परिकल्प्यते। आधिकारिकमेकं स्यात् प्रासङ्गिकमथापरमि'ति। परस्परोपकारित्वम् अस्तीति शेषः। यथा, रामायणे रामचरितम् आधिकारिकं सुग्रीवादिचरितं प्रासङ्गिकं तयोश्च अङ्गाङ्गिभावेन परस्परोपकारित्वम्। एवमन्यत्रापि साक्षात् परम्परया वा वेदितव्यम्। तथा व्यर्थानां प्रकृतानुपयोगिनां विशेषणानाम् अक्रिया अननुष्ठानम् अप्रयोग इत्यर्थः साभिप्रायविशेषणोपन्यास इत्यर्थः अयञ्च परिकर इति प्रकाशकारः यथा 'विशेषणैर्यत् साकूतैरुक्तिः परिकरो मत' इति। तथा स्थानानां प्रकृतोपयोगिविषयाणां वर्णना। किञ्च, उक्तिक्रमबलात् वचनपरिपाट्या गम्भीरस्यापि वस्तुनः व्यक्तिः प्रस्फुटत्वं या हि नव्यैरलङ्कारभेदरूपेण निर्दिष्टेति भावः। तत् इदं सर्वं भावायत्तम् अभिप्रायाधीनमिति भाविकं विदुः। भाविकालङ्कार एव तेषामन्तर्भाव इति भावः।। 365–366।।

यच्च सन्ध्यङ्गवृत्त्यङ्गलक्षणाद्यागमान्तरे।
व्यावर्णितमिदञ्चेष्टमलङ्कारतयैव नः ।।367।।

भाविकम्।

पन्थाः स एष विवृतः परिमाणवृत्त्या
संहृत्य विस्तरमनन्तमलङ्क्रियाणाम्।

What is described elaborately in other *āgamas* or treatises, including *sandhyāṅga* and *vṛttyaṅga* (the five *sandhis* or context with their sixty-four *aṅgas* and the four *vṛttis* with their sixteen *aṅgas*) and the *lakṣaṇas* (in their thirty-six varieties), etc.,—that also is desired by us because of their constituting *alaṅkāras*.

Thus, ends the sub-section on *Bhāvikam*.

Thus, this path has been described in a succinct manner, gathering together and condensing the endless

---

यच्चेति।। किञ्चेति चार्थः। सन्धयः मुखादयः पञ्च, तदङ्गानि उपक्षेपादीनि चतुः षष्टिप्रकाराणि, वृत्तयः कोशिकीत्यादयश्चतस्रः तदङ्गानि नर्मादीनि षोडश, लक्षणानि भूषणादीनि षट्त्रिंशत् प्रकाराणि आदिपदेन नाट्यालङ्कारादीनां ग्रहणं ते च आशीरादयस्त्रयस्त्रिंशत्, वीथ्यङ्गानि उद्घात्यकादीनि त्रयोदश, लास्याङ्गानि गेयादीनि दश। एतत् सर्वं यत् आगमान्तरे ग्रन्थान्तरे व्यावर्णित विशेषेण व्याख्यातं तदिदं नः अस्माकम् अलङ्कारतयैव दृष्टम् अभिलषितम् अलङ्कारनाम्नैव कथितमित्यर्थः तेषां च यथायथमुक्तेष्वन्तर्भाव इति भावः।। 367।।

उपसंहरति—**पन्था इति**।। अलंक्रियाणां स्वभावोक्त्याद्यलङ्काराणाम् अनन्तम् अशेषं विस्तरं प्रपञ्चं संहृत्य संगृह्य परिमाणवृंत्त्या परिमतत्वेन एषः सः प्रसिद्ध पन्थाः मार्गः विवृतः। अननैव पथा अनुसरणे अपरेऽपि ज्ञातव्य- इत्याह- वाचामिति। वाचां विषयम् अतीत्य परिवर्तमानाम् वक्तुमशक्यानित्यर्थः तान्

वाचामतीत्य विषयं परिवर्तमानान्

अभ्यास एव विवरीतुमलं विशेषान्।।368।।

इति आचार्यदण्डिनः कृतौ काव्यादर्शे अर्थालङ्कार विभागो

नाम द्वितीयः परिच्छेदः।

---

vastness of the *alaṅkāras*; practice alone is capable of discovering the special qualities which pass beyond the words used and embellish the objects described.

Thus, ends the Second Section of Kāvyādarśa.

विशेषान् भेदान् विवरीतुं प्रकाशयितुम् अभ्यास एव अलं वक्तः। पुनः पुनरभ्यासेनैव अपरेऽपि वेदितव्या इति भावः।। 368।।

इति श्री जीवानन्दविद्यासागरभट्टाचार्यविरचितायां काव्यादर्शटीकायां द्वितीयः परिच्छेदः।

।।श्रीः।।

।। काव्यादर्शः।।

KĀVAYĀDARŚA

तृतीयः परिच्छेदः

अव्यपेतव्यपेतात्मा व्यावृत्तिर्वर्णसंहतेः।
यमकं तच्च पादानामादिमध्यान्तगोचरम्।।1।।

Section III

The recurrence of groups of letters either mediately or immediately (in a verse) is (*Yamaka* or) Recurrence; and it may be seen as initial, middle or final (Recurrence).

Varieties of *Yamaka* of the one foot, the two-feet, the

सम्प्रति अर्थालङ्कारेषु निरूपितेषु प्रथमपरिच्छेदे सामान्यतो निरूपितेष्वपि शब्दालङ्कारेषु प्राप्तावसरतया तद्विशेषान् निरूपयिष्यन् प्रथमं यमकमनुवदति– **अव्यपेतेति**।। अव्यपेतः अव्यवहितः व्यपेतः व्यवहितश्च आत्मा स्वरूपं यस्यास्तथाभूताया वर्णसंहतेः स्वरव्यञ्जनसङ्घातस्य व्यावृत्तिः विशेषेण पुनरावृत्तिः यमकमित्यर्थः। अस्य विशेषेषु पूर्वोक्तेष्वपि अव्यवहितत्वव्यवहितत्वभेदेन पुनर्द्वैविध्यं पूर्वोच्चारितवर्णसङ्घस्य क्वचिदव्यवधानेन, क्वचिद् व्यवधानेन पुनरावृत्तिरिति। तच्च पादानाम् आदिगतं मध्यगतम् अन्तगतञ्च। एतदुपलक्षणं पादगतमपि बोध्यम्। उक्तञ्च वामनेन, पादः 'पादस्यादिमध्यान्तभागाः स्थानानी'ति। अत्रापि पाद इत्युपलक्षणं तेन पादः पादखण्डाः पद्यार्धं समस्तपद्यञ्च यमकस्य स्थानानीति बोध्यम्।। 1।।

एकद्वित्रिचतुष्पादयमकानां विकल्पनाः।
आदिमध्यान्तमध्यान्तमध्याद्याद्यन्तसर्वतः ।।2।।
अत्यन्तबहवस्तेषां भेदाः सम्भेदयोनयः।
सुकरा दुष्कराश्चैव दर्श्यन्ते तेऽनु केचन।।3।।
मानेन मानेन सखि! प्रणयोऽभूत् प्रिये जने।

---

three-feet and the four-feet classes are (classified) according as the recurrence is initial or middle or final or mid-final, mid-initial or initial final or throughout.

Very many are the varieties of the Recurrences arising out of (such) causes of differentiation (as the above); some easy, some difficult; a few of them are given here as illustrations.

मानेन मानेन etc. (is an illustration of initial one foot *Yamaka*

क्रमेण तत्तद्भेदान् निर्दिशति—**एकेत्यादि**।। एकद्वित्रिचतुष्पादयमकानां विकल्पनाः प्रभेदाः पद्यस्य प्रतिपादं चत्वारश्चत्वारः भेदा इत्यर्थः ते च अमिश्रयमके एव वेदितव्याः। तथाहि, अमिश्रितमादिभागयमकं प्रथमादिपादगतत्वात् चतुर्विधम्। तथा मध्यादिभागयमकमपि। अयञ्च भेदः अव्यपेतव्यपेतसाधारणः। सम्भेदः संमिश्रणं योनिर्येषां तादृशाः विमिश्रा इत्यर्थः तेषां यमकानां भेदाः आदिमध्यान्तमध्याद्याद्यन्तसर्वतः स्थितत्वेन अत्यन्तबहवः अतिविस्तराः ज्ञेया इत्यर्थः, पदच्छेदस्तु आदिमध्यान्तेषु मध्यान्तेषु मध्याद्येषु आद्यन्तेषु सर्वेषु चेति। ते च सुकराः सुसाध्याः सुबोधाश्च, दुष्कराः दुःसाध्याः दुर्बोधाश्च कविबोद्धृणामिति शेषः। अत्र केचन दर्श्यन्ते उदाह्रियन्ते इत्यर्थः।। 2–3।।

मानेति।। तत्र प्रथमपादस्थमव्यवहितममिश्रमादिभागयमकं निर्दिशति। हे सखि! प्रिये जने अनेन ईदृशेन मानेन प्रणयः माभूत्। प्रियजनं प्रति एतादृशं मानं मा कुरु इत्यर्थः। खण्डिता, 'पार्श्वमेति प्रियो यस्या अन्यसम्भोगचिह्नितः। सा खण्डितेति कथिता धीरैरीर्ष्याकषायिते'त्युक्तलक्षणापि त्वं कण्ठमाश्लिष्य

खण्डिता कण्ठमाश्लिष्य तमेव कुरु सत्रपम्।।4।।
मेघनादेन हंसानां मदनो मदनोदिना।
नुन्नमानं मनः स्त्रीणां सह रत्या विगाहते।।5।।
राजन्वत्यः प्रजा जाता भवन्तं प्राप्य सत्पतिम्।
चतुरं चतुरम्भोधिरसनोर्वीकरग्रहे।।6।।

---

of the immediate recurrence in the first foot).

मेघ etc. (मदनो मदनो is an illustration of similar *Yamaka* in the second foot).

राजन्वत्यः etc. (चतुरं चतुरं is an illustration of a similar *Yamaka* in the third foot).

आलिङ्ग्य तं प्रियमेव सत्रपं सलज्जं कुरु, अपकारिणि प्रणयदर्शनमेव तस्य लज्जा करत्वात् गुरुशासनमिति भावः अतिमानिनीं खण्डितां प्रति तत्सख्या उक्तिरियम्। अत्र मानेन मानेन इति अव्यवहितमादिपादमादिभागयमकम्।।4।।

द्वितीयपादगतं निर्दिकशति—**मेघनादेनेति**।। मदनः कामः रत्या कामपत्न्या अनुरागेण च सह हंसानां मदनोदिना मदमपनयता मेघानादेन मेघगर्जितेन नुन्नः अपनीतः मानो यस्मात् तथोक्तं स्त्रीणां मनः विगाहते आलोडयति व्याकुल-यतीत्यर्थः, मेघगर्जनस्य उद्दीपकत्वात् वर्षातु प्रमदानां मनः सानुरागं सकामञ्च भवतीति भावः। अत्र मदनो मदनो इति द्वितीयपादगतमव्यवहितमादिभाग-यमकम्।।5।।

तृतीयपादगतमुदाहरति—**राजन्वत्य इति**।। चतुरम्भोधिरसनायाः चतुःसागर-परिच्छिन्नाया उर्व्याः पृथिव्याः करग्रहे स्वप्राप्यांशग्रहणे पाणिग्रहे च चतुरम् आसमुद्रकरग्राहिणमित्यर्थः भवन्तं सत्पतिं प्राप्य प्रजाः राजन्वत्यः जाताः''सुराज्ञि देशे राजन्वान् स्यात् ततोऽन्यत्र राजवानि'त्यमरः। अत्र चतुरं चतुरमिति तृतीयपादगतमव्यवहितमादिभागयमकम्।।6।।

अरण्यं कैश्चिदाक्रान्तं कैश्चित् सद्म दिवौकसाम्।
पदातिरथनागाश्वरहितैरहितैस्तव ॥7॥

मधुरं मधुरम्भोजवदने! वद नेत्रयोः।
विभ्रमं भ्रमरभ्रान्त्या विडम्बयति किं नु ते॥8॥

अरण्यं etc. (रहितै रहितै is an illustration of a similar *Yamaka* in the fourth foot.

मधुरं etc. (मधुरं मधुरं and वदने वदने form an illustration of a two feet *Yamaka* of the immediate recurrence in the first two feet).

चतुर्थपादगतं निर्दिशति–**अरण्यमिति**॥ तव **कैश्चित्** अहितैः शत्रुभिः **पदातिरथनागाश्वरहितैः** चतुरङ्गबलविहीनैरित्यर्थः सद्भिः अरण्यम् आक्रान्तं पलायितत्वादिति भावः, कैश्चित् तथाभूतैः दिवौकसां **सद्म** सुरलोकः आक्रान्तं युद्धमरणादिति भावः, 'जितो वा प्राप्स्यसे स्वर्गं जित्वा वा भोक्ष्यसे महीमि'ति महाभारतीयगीताध्याये भगवदुक्तेः। अत्र रहितैरहितैरिति चतुर्थपादनमव्यवहितमादिभागयमकम्॥ 7॥

अथ सम्भेदयोनीन् यमकभेदान् दर्शयन् तद्भेदान् क्रमेण दर्शयति–**मधुरमिति**॥ हे अम्भोजनवदने! पद्ममुखि! मधुर्वसन्तः **भ्रमरभ्रान्त्या** भ्रमराविमौ इति **भ्रमेण** ते तव नेत्रयोः मधुरं विभ्रमं विडम्बयति अनुकरोति किम्? वद **कथय**। वसन्तोदये समुत्पन्ने अम्भोजे भ्रमरविलाससम्भवात् नु इति वतर्कबोधकं पदमत्र युज्यत एव। वसन्तस्तव मुखपद्मं नेत्रभ्रमरविलसितं दृष्ट्वा निजमुखभूतमम्भोजं भ्रमरविलासेन शोभयतीति तर्कयामीति भावः। केचित् तु अम्भोजवदने इति सप्तम्यन्तं पदमुक्त्वा तत्र वर्तमनयोर्नेत्रयोरिति योजयन्ति। नु इत्यत्र नेति च पाठः तदा न विडम्बयति किम् अपितु विडम्बयत्येवेत्यर्थः। अत्र मधुरं मधुरमिति वदने वदने इति च प्रथमद्वितीयपादगतमव्यवहितमादिभागयकम्॥

वारणो वा रणोद्दामो हयो वा स्मर! दुर्धरः।
न यतो नयतोऽन्तं नस्तदहो विक्रमस्तव।।9।।
राजितैराजितैक्ष्ण्येन जीयते त्वादृशैर्नृपैः।
नीयते च पुनस्तृप्तिं वसुधा वसुधारया।।10।।
करोति सहकारस्य कलिकोत्कलिकोत्तरम्।
मन्मनो मन्मनोऽप्येष मत्तकोकिलनिस्वनः।।11।।

वारणो etc. (वारणो वारणो and न यतो नयतो form an illustration of a similar *Yamaka* in the first and third feet).

राजितै etc. (राजितै राजितै and वसुधा वसुधा form an illustration of a similar *Yamaka* in the first and fourth feet.

करोति etc. (कलिको कलिको and मन्मनो मन्मनो form an illustration of a similar *Yamaka* in the second and third feet).

वारण इति।। हे स्मर! यतः यस्मात् तव रणोद्दामो युद्धदुर्मदः वारणः हस्ती वा दुर्धरः दुर्धर्षः हयः अश्वो वा न अस्तीति शेषः, तत् तस्मात् युद्धोपकरणाभावादपीत्यर्थः नः अस्मान् विरहिणः इत्यर्थः: अन्तं नाशं नयतः प्रापयतः तव विक्रमः अहो आश्चर्यभूत इत्यर्थः। अत्र प्रथमतृतीयपादगतमिश्रम-व्यवहितमादिभागयमकम्।। 9।।

राजितैरिति।। त्वादृशैः राजितैः शोभितैः नृपैः आजितैक्ष्ण्येन युद्धदुर्मदत्वेन वसुधा पृथिवी जायते, वसुधारया वसूनां धनानां धारया धारावर्षणेन पुनस्तृप्तिं नीयते च। अत्र प्रथमचतुर्थपादगतमिश्रमष्यवहितमादिभागयमकम्।। 10।।

करोतीति।। सहकारस्य आम्रस्य कलिका तथा एष मन्मनः 'सुरते कर्णमूलेतु निजदेशीयभाषया। दम्पत्योः कथनं यत् तु मन्मनं तं प्रचक्षते इत्युक्तरहस्यालापरूपः मत्तानां कोकिलानां निस्वनश्च मन्मनः मम मानसम् उत्कलिकोत्तरम् उत्कण्ठाकुलमित्यर्थः करोति। विरहिण उक्तिरियम्। आम्रकलिकायाः कोकिलालापस्य च अतीवोद्दीपकत्वादिति भावः। अत्र द्वितीयतृतीयपादगतं

कथं त्वदुपलम्भाशाविहताविह तादृशी।
अवस्था नालमारोढुमङ्गनामङ्गनाशिनी।।12।।

निगृह्य नेत्रे कर्षन्ति बालपल्लवशोभिना।
तरुणा तरुणान् कृष्टानलिनो नलिनोन्मुखाः।।13।।

विशदा विशदामत्त सारसे सारसे जले।

कथं etc. (विहता विहता and मङ्गना मङ्गना form an illustration of a similar *Yamaka* in the second and fourth feet).

निगृह्य etc. तरुणा तरुणा and नलिनी नलिनी form an illustration of a similar *Yamaka* in the third and fourth feet).

विशदा etc. विशदा विशदा, सारसे सारसे and कुरुते कुरुते form an

---

मिश्रमध्यरहितमादिभागयमकम्। अत्र उत्कलिकोत्कलिकेति तकारस्य मध्यपातित्वेऽपि स्वरशून्यत्वात् व्यवधानमध्ये अगणनं स्स्वरस्यैव व्यञ्जनस्य व्यवधायकतवाभ्युपगमात् इति बोध्यम्।। 11 ।।

कथमिति।। इह अस्मिन् प्रदेशे तव उपलम्भः प्राप्तिः तस्य आशा प्रत्याशा तस्याः विहतौ अभावे इत्यर्थः अङ्गनाशिनी शरीरनिकृन्तनी तादृशी अवस्था अङ्गनाम् अबलां माम् आरोढुम् आक्रमितुं न अलं न समर्था? अपितु समर्था एव, त्वद्विरहे अहं मृतप्राया जातास्मीति तात्पर्यार्थः। अत्र द्वितीयचतुर्थपादगतं मिश्रमव्यवहितमादिभागयमकम्।। 12 ।।

निगृह्येति।। नलिनेषु पद्मेषु उन्मुखाः पतनाभिमुखाः भ्रमराः बालपल्लवैः नवपल्लवैः शोभते इति तथोक्तेन तरुणा वृक्षेण कृष्टान् आकृष्टान् तद्दर्शनोत्सुकान् इत्यर्थः तरुणान् यूनः नेत्रे निगृह्य कर्षन्ति निजदर्शनोत्सुकनयनान् कुर्वन्तीत्यर्थः। अत्र तृतीयचतुर्थपादगतं मिश्रमव्यवहितादिभागयमकम्।। 13 ।।

विशदेति।। विशन्तः आमत्ताः सारसाः जलपक्षिविशेषा यस्मिन् तादृशे सारसे जले सरोवरजले इयं विशदा शुभ्रवर्णा हंसी राजहंसीत्यर्थः कुरुतेन

कुरुते कुरुतेनेयं हंसी मामन्तकामिषम्।।14।।
विषमं विषमन्वेति मदनं मदनन्दनः।
सहेन्दुकलयापोढमलया मलयानिलः।।15।।
मानिनी मा निनीषुस्ते निषङ्गत्वमनङ्ग! मे।
हारिणी हारिणी शर्म तनुतां तनुतां यतः।।16।।

---

illustration of a three feet *Yamaka* of immediate recurrence in the first three feet).

विषमं etc. (विषमं विषमं, मदनं मदनं and मलया मलया form an illustration of a similar *Yamaka* in the first, second and fourth feet).

मानिनी etc. मानिनी (मानिनी मानिनी हारिणी हारिणी and तनुतां तनुतां form an illustration of a similar *Yamaka* in the first, third and fourth feet).

कुत्सितरवेण रवस्य कुत्सितत्वमुद्दीपकत्वेन विरहिणामसह्यत्वात् इति भावः, मां विरहिणमिति यावत् अन्तकस्य यमस्य आमिषं भोग्यवस्तु कुरुते।। अत्र प्रभमद्वितीयपादगतं मिश्रमव्यवहितमादिभागयमकम्।। 14।।

विषममिति।। मलयानिलः अपोढमलया परित्यक्तमालिन्यया हिमात्ययादिति भावः, इन्दुकलया सह मदननन्दनः मां न नन्दयतीति तथोक्तः मदप्रीतिजनन इत्यर्थः सन् विषमः असह्यं विषं विषरूपं मदनं कामम् अन्वेति अनुगच्छति उद्दीपयतीत्यर्थः। अत्र प्रथमद्वितीयचतुर्थपादगतं मिश्रमव्यवहितमादि भागयमकम्।15।।

मानिनीति।। हे अनङ्ग! मा मां ते तव निषङ्गत्वं तूणत्वम् अनवरत शरसम्पातेन तदाधारत्वं निनीषुः प्रापयितुमिच्छुः सती हारिणी हारालङ्कारशोभिनी हारिणी मनोहारिणी इयं मानिनी मानवती नारी तनुतां क्षीणताम् अस्याः प्रत्याख्यानादिति भावः, यतः गच्छतः प्राप्नुवतः मे मम शर्म तनुतां यथेयं मानिनी मानं विहाय मामाश्रयति तथानुग्रहः कार्य इति भावः। अत्र प्रथम तृतीयचतुर्थपादगतं मिश्रभव्यवहितमादिभागयमकम्।। 16।।

जयता त्वन्मुखेनास्मानकथं न कथं जितम्।
कमलं कमलं कुर्वदलिमद्दालमत्प्रिये!।।17।।

रमणी रमणीया मे पाटलापाटलांशुका।
वारुणीवारुणीभूतसौरभा सौरभास्पदम्।।18।।

इति पादादियमकमव्यपेतं विकल्पितम्।

जयता etc. (नकथं न कथं, कमलं कमलं दलिमद्दलिमत् form an illustration of a similar *Yamaka* in the second, third and fourth feet).

रमणी etc. (रमणी रमणी, पाटला पाटला, वारुणी वारुणी and सोरभा सौरभा form an illustration of a fourth *Yamaka* of the immediate recurrence in all the four feet.)

Thus have been illustrated the varieties of the initial

जयतेति।। हे मत्प्रिये! मम प्रेयसि! अस्मान् जयता वशीकुर्वता तव मुखेन कं जलम् अलङ्कुर्वत् शोभयत् तथा अलिमन्ति भ्रमरयुक्तनि दलानि अस्य सन्तीति तथाभूतं कमलम् अकथं कथारहितं यथा तथा कथं न जितम्? अपितु जितमवेत्यथः, अस्माकं चेतनानामपि जयिना ते मुखेन अचेतनानि तादृशानि कथनानि जितानीति का कथेति भावः। अत्र द्वितीयतृतीयचतुर्थपादगतं मिश्रमव्यवहितमादिभागयमकम्।। 17।।

रमणीति।। पाटलावत् तदाख्यतरुकुसुमवत् पाटलम् आरक्तश्वेतम् अंशुकं यस्याः तादृशी सौरभास्पदं शोभनगन्धि सा रमणी अरुणीभूता सौरी सूर्यसम्बन्धिनी भा दीप्तिर्यस्याः तथाभूता वारुणीव सुरेव मे मम रमणीया रतिप्रिया भवत्विति शेषः। प्रथमद्वितीयचतुर्थपादगतं मिश्रमव्यवहितमादिभागयमकम्।। 18।।

इतीति।। इति उक्तरूपेण पादादिगतम् अव्यपेतम् अव्यवहितं यमकं

व्यपेतस्यापि वर्ण्यन्ते विकल्पस्तस्य केचन।।19।।

मधुरेण दृशां मानं मधुरणे सुगन्धिना।
सहकारोद्गमेनैव शब्दशेषं करिष्यति।।20।।

करोऽतिताम्रो रामाणां तन्त्रीताडनविभ्रमम्।
करोति सेर्ष्यं कान्ते च श्रवणोत्पलताडनम्।।21।।

Yamakas of the immediate recurrence; of the mediate recurrences also a few varieties will be now illustrated.

In मधुरेण etc. मधुरेण and मधुरेण constitute *Yamaka* of the mediate type in the first two feet at the beginnings.

In करोति etc., करोति and करोति constitute *Yamaka* of the mediate type in the first and third feet at their beginnings.

विकल्पितं सप्रभेदम् उदाहृतम्, इदानीं तस्य पूर्वोक्तस्य व्यपेतस्य व्यवहितस्य केचन विकल्पा भेदाः वर्ण्यन्ते।। 19।।

मधुरिति।। मधुर्वसन्तः मधुरेण मनोहरेण सुगन्धिना सहकारोद्गमेनैव आम्रमुकुलोदयेनैव एणदृशां हरिणाक्षीणां मानम् ईर्ष्याकोपं शब्दशेषं मानेति शब्दमात्रावशिष्टे करिष्यति न त्वर्थतः रक्षिष्यतीति भावः। अत्र प्रथमद्वितीयपादगतं व्यवहितं मिश्रमादिभागयमकम्।। 20।।

कर इति।। रामाणां रमणीनाम् अतिताम्रः अतिरक्तः करः तन्त्रीताडनविभ्रमं वीणावादनविलासं तथा कान्ते सेर्ष्यं सप्रणयकीपं यथा तथा श्रवणोत्पलताडनं कर्णोत्पलाभ्यां प्रहारं करोति। अत्र प्रथमतृतीयपादगतं व्यवहितं मिश्रममादिभागयमकम्।। 21।।

सकलापोल्लसनया कलापिन्यानु नृत्यते।
मेघाली नर्तिता वातैः सकलापो विमुञ्चति।।22।।

स्वयमेव गलन्मानकलि कामिनि! ते मनः।
कालिकामिह नीपस्य दृष्ट्वा कां न स्पृशेद्दशाम्।।23।।

आरुह्याक्रीडशैलस्य चन्द्रकान्तस्थलीमिमाम्।
नृत्यत्येष चलच्चारुचन्द्रकान्तः शिखावलः।।24।।

In सकल etc., सकल and सकल constitute *Yamaka* of the mediate type in the first and fourth feet at their beginnings.

In स्वयमेव etc., कलिका and कलिका constitute *Yamaka* of the mediate type in the second and third feet at their beginnings.

In आरुह्य etc., चन्द्रकान्ता and चन्द्रकान्ता constitute *Yamaka* of the mediate type in the second and fourth feet at their beginnings.

सकलेति।। वातैः नर्तिता सकला मेघाली घनश्रेणी अपः जलानि विमुञ्चति वर्षति, अनु पश्चात् अनन्तरमेव कलापस्य पिच्छस्य उल्लसनेन वर्तमानया कलापिन्या मयूर्या नृत्यते। वर्षावर्णनमिदम्। अत्र प्रथमचतुर्थपादगतं मिश्रं व्यवहितमादिभागयमकम्।। 22।।

स्वयमिति।। हे कामिनि! स्वयमेव कान्तानुनयं विनैव गलन् मानरूपः कलिः कलहः यस्मात् तादृशं तव मनः इह वर्षासु इत्यर्थः नीपस्य कलिकां कोरकं दृष्ट्वा कां दशाम् अवस्थां न स्पृशेत्? अपितु सर्वामेवेत्यर्थः। वर्षासु अतिकोमलं मनः विरहे कथं सान्त्वयिष्यसीति भावः। अत्र द्वितीयतृतीयपादगतं मिश्रं व्यवहितमादिभाग्यमकम्।। 23।।

आरुह्येति।। आक्रीडशैलस्य क्रीडापर्वतस्य इमां चन्द्रकान्तमणिविशेष-निर्मितां स्थलीं स्थानम् आरुश्च एष शिखावलः मयूरः चलत् चारु मनोज्ञं यत् चन्द्रकं मेचकं तेन अन्तः रमणीयः मनोहरः सन् नृत्यति। अत्र द्वितीयचतुर्थपादगतं मिश्रं व्यवहितमादिभागयमकम्।। 24।।

उद्धृत्य राजकादुर्वी ध्रियतेऽद्य भुजेन ते।
वराहेणोद्धृता यासौ वराहेरुपरि स्थिता।।25।।

करेण ते रणेष्वन्तकरेण द्विषतां हताः।
करेणवः क्षरद्रक्ता भान्ति सन्ध्याघना इव।।26।।

परागतरुराजीव वातैर्ध्वस्ता भटैश्चमूः।
परागतमिव क्वापि परागततमम्बरम्।।27।।

In उद्धृता etc. वराह and वराहे constitute *Yamaka* of the mediate type in the third and fourth feet at their beginnings.

In करेण etc., करेण करेण and करेण constitute *Yamaka* of the mediate type in the first, second and third feet, at their beginnings.

In परागत etc., परागत परागत and परागत constitute *Yamaka* of the mediate type in the first, third and fourth feet, at their beginnings.

उद्धृत्येति।। हे राजन्! या असौ उर्वी वराहेण सूकरमूर्त्तिना भगवता उद्धृता सती वराहेः श्रेष्ठनागस्य वासुकेः उपरि स्थिता, अद्य ते तव भुजेन सा उर्वी राजकात् राजसमूहात् उद्धृत्य ध्रियते अत्र तृतीयचतुर्थपादगतं मिश्रं व्यवहित-मादिभागयमकम्।। 25।।

करेणेति।। हे राजन्! रणेषु द्विषताम् अन्तकरेण विनाशकेन ते तव करेण हस्तेन हताः, अतएव क्षरद्रक्ताः रक्तस्राविणः करेणवः गजेन्द्राः 'करेणुरिभ्यां स्त्री नेभे' इत्यमरः, सन्ध्याघना इव सन्ध्याकालनमेघा इव भान्ति। अत्र प्रथमद्वितीयतृतीयपादगतं मिश्रं व्यवह्तिमादिभागयमकम्।। 26।।

परागेति।। हे राजन्! वातैः ध्वस्ताः पाटिताः अगस्य पर्वतस्य तरुराजीव वृखक्षेणीव परा शत्रुपक्षीया चमूः सेना भटैः तव सैनिकैः ध्वस्ता नाशिता, अतश्च परागैः पलायनपराणां शुत्रैसैनिकानां पादरेणुभिः ततं व्याप्तम् अम्बरमाकाशं

पातु वो भगवान् विष्णुः सदा नवघनद्युतिः।
स दानवकुलध्वंसी सदानवरदन्तिहा।।28।।

कमलेः समकोशान्ते कमलेर्ष्याकरं मुखम्।
कमलेख्यं करोषि त्वं कमलेवोन्मदिष्णुषु।।29।।

मुदा रमणमन्वीतमुदारमणिभूषणाः।

In पातु etc., स सदानव, सदानव and सदानव constitute *Yamaka* of the mediate type, in the second, third and fourth feet at their beginnings.

In कमले etc., कमले occurring at the commencement of all the four feet constitutes *Yamaka* of the mediate type in all the four feet at their beginnings.

In मुदा etc., we have मुदारम and मुदारम in the first two feet and मदभ्र and मदभ्र in the third and fourth feet. These

---

क्वापि परागतमिव पलायितमिव धूलिभिरम्बरतलस्यादृश्यत्वादिति भावः। अत्र प्रथमतृतीयचतुर्थपादगतं मिश्रं व्यवह्हितमादिभागयमकम्।। 27।।

पात्विति।। सदानः समदः यः वरदन्ती श्रेष्ठहस्ती कुवलयापीडाख्यः तं हतवान् इति तथोक्तः सः प्रसिद्धः दानवकुलध्वंसी नवघनद्युतिः भगवान् विष्णुः वः युष्मान् सदा पातु। अत्र द्वितीयतृतीयचतुर्थपादगतं मिश्रं व्यवहितमादि-भागयमकम्।। 28।।

कमिति।। हे प्रिये! ते तव कं शिरः अलेः भ्रमरस्य समाः केशा यत्र तादृशं, तथा मुखं कमलेर्ष्याकरं कमलस्य द्वेषकरम् अतस्त्वं कमलेव लक्ष्मीरिव कं जलम् उन्मदिष्णुषु उन्मत्तेषु मध्ये अलेख्यम् अगण्यं करोषि? अपितु सर्वानेव उन्मादयसीत्यर्थः। अत्र सर्वपादगतं मिश्रं व्यवह्हितमादिभागयकम्।। 29।।

मुदेति।। उदारा मणयः रत्नानि भूषणं यासां ताः, भदेन भ्रमतन्त्यः घूर्णन्त्यः दृशो यासां तथोक्ताः, तथा अदभ्रं विशालं जघनं यासां तथाभूताः प्रमदाः मुदा

मदभ्रमदृशः कर्तुमदभ्रजघनाः क्षमाः ।।30।।
उदितैरन्यपुष्टानामारुतैर्मे हतं मनः।
उदितैरपि ते दूति! मारुतैरपि दक्षिणैः ।।31।।
सुराजितह्रियो यूनां तनुमध्यासते स्त्रियः।
तनुमध्याः क्षरत्स्वेदसुराजितमुखेन्दवः ।।32।।

---

constitute one kind of *Yamaka* in all the four feet at their beginnings, (in pairs 1 and 2, 3 and 4.)

In उदितै etc. we have उदितै at the beginnings of the first and third feet and मारुत at the beginnings of the second and fourth feet; and this constitutes *Yamaka* in *four feet* at their beginnings and in pairs of a different kind (1 and 3, 2 and 4).

In सुराजित etc., we have सुराजित at the beginnings of the first and fourth feet and तनुमध्या at the beginnings of the second and third feet; and this constitutes *Yamaka* in four feet at their beginnings and in pairs of a third (1 and 4, 2 and 3).

रमणं प्रियम् अन्वीतम् अनुगतम् अधीनमित्यर्थः कर्तुं क्षमाः शक्ताः। अत्र प्रथमद्वितीययोस्तृतीयचतुर्थयोश्च मिश्रं व्यवहितमादिभागयमकम्।। 30।।

उदितैरिति।। हे दूति! अन्यपुष्टानां कोकिलानाम् आरुतैः समन्तात् झङ्कारैः, ते तव उदितैः कथितैः प्रियाक्लेशसूचकैर्वचनैरित्यर्थः, तथा दक्षिणैः मारुतैरपि मे मम मनः हतं व्यथितम्। अत्र प्रथमतृतीययोर्द्वितीयचतुर्थयोश्च मिश्र व्यवहितमादिभागयमकम्।। 31।।

सुरेति।। तनु क्षीणं मध्यं यासां ताः, क्षरद्भिः गलद्भि स्वेदैः सुराजिताः सुशोभिता मुखेन्दवः मुखचन्द्रा यासां तादृश्यः, तथा सुरया मद्यपानेन जिता ह्रीर्लज्जा यासां तथाभूताः, स्त्रियः कामिन्यः यूनां तरुणानां तनुं शरीरम् अध्यासते अत्र प्रथमचतुर्थयोर्द्वितीयतृतीययोश्च मिश्रं व्यवहितमादिभागयमकम्।। 32।।

इति व्यपेतयमकप्रभेदोऽप्येष दर्शितः।
अव्यपेतव्यपेतात्मा विकल्पेऽप्यस्ति तद्यथा।।33।।

सालं सालंबकलिकासालं सालं न वीक्षितुम्।
नालीनालीनवकुलानाली नालीकिनीरपि।।34।।

Thus *Vyapeta-Yamaka* (or mediate Recurrence) in its varieties have been illustrated here; there is a variety which is *Avyapeta-Vyapeta* (or mixed Recurrence combining both mediate and immediate; which is as follows.

सालं etc. (Here सालं and सालं is an immediate recurrence; at the beginning in the first foot; similarly सालं and सालं in the second foot; but the two recurrences सालं सालं and सालं सालं occurring in the first two feet are mediate; similarly we have the immediate recurrences at the beginnings of the feet in the third and fourth feet thus; नाली and नाली नाली and नाली and the two recurrences नाली नाली and नाली नाली constitute a mediate recurrence at the beginnings of the third and fourth feet; the whole verse is a mediate recurrence at the beginning of feet, in four feet in pairs (1 and 2, 3 and 4) and with immediate recurrences at the beginning in each of the four feet.

इतीति।। इति उक्तप्रकारेण एषः व्यपेतानां व्यवहितानां यमकानां प्रभेदः दर्शितः उदाहृतः। अव्यपेतः अव्यवहितः व्यपेतः व्यवहितश्च आत्मा यस्य तादृशः उभयमिश्र इत्यर्थः विकल्पः प्रभेदः अपि अस्ति, तत् यथेति उदहरणार्थम्।

सेति।। सा मम आली सखी सालम्बा लम्बमाना या कलिका कोरकः तया सलति शोभते इति तथोक्तं, सालं वृक्षभेदं वीक्षितुं द्रुष्टं न अलं न शक्ता, उद्दीपकत्वादिति भावः, आलीनवकुलान् वकुलासक्तान् अलीन् भ्रमरान् अपि वीक्षितुं न अलं, तथा अलीकं विद्यते यासां तादृशीः मिथ्यावचनेन प्रियस्ते आगमिष्यत्यचिरेणेत्यादिना सान्त्वयन्तीरपि सखीरिति शेषः वीक्षितुं न अलम्।

कालं कालमनालक्ष्यतारातारकमीक्षितुम्।
तारतारम्यरसितं कालं कालमहाघनम्।।35।।
याम यामत्रयाधीनायामया मरणं निशा।
यामयाम धियाऽस्वर्त्या या मया मथितैव सा।।36।।

In कालं etc., we have a recurrence or *Yamaka* similar to that in verse 34, but with the pairs (1 and 4, 2 and 3).

In याम etc., we have *Yamaka* at the beginnings of feet of the immediate variety in each of the four feet and a *four feet* Yamaka of the mediate type at the beginnings of the feet; together constituting a variety of *Avyapeta vyapetam* (or recurrence both mediate and immediate).

विदेशस्थं नायकं प्रति नायिकाप्रेरिताया दूत्या उक्तिरियम्। अत्र सर्वेषु पदेषु मिश्रमव्यवहितमादिभागयमकं परं प्रथमद्वितीययोस्तथा तृतीयचतुर्थयोः व्यवहितमपीति अव्यपेतव्यपेतत्वं बोध्यम्।। 34।।

कालमिति।। का विरहिणीति शेषः अनालक्ष्या मेघाच्छमत्वाददृश्याः तारा महत्यः समुज्ज्वला इत्यर्थः तारका नक्षत्राणि यत्र तथोक्तं तारतया अत्युच्चत्वेन रम्याणि रसितानि मेघगर्जितानि यस्मिन् तादृशं तथा कालाः कृष्णवर्णाः महान्तः घना मेघा यस्मिन् तथाभूतं कालं विरहिणां प्राणनाशकत्वात् यमस्वरूपं कालं वर्षाकालम् ईक्षितुं द्रष्टुम् अलं समर्था न कापीत्यर्थः। अत्र सर्वेषु पादेषु मिश्रं व्यवह्तिं तथा प्रथमचतुर्थयोर्द्वितीयतृतीययोश्च व्यवह्तिमादिभागयमकम्।। 35।।

यामेति।। यामत्रयस्य प्रहरत्रितयस्य अधीनः आयामो दैर्घ्यं रजन्या तादृश्या 'त्रियामां रजनीं प्राहुस्त्यक्त्वाद्यन्तचतुष्टरूमि'ति वचनात् दिशा रजन्या मरणं याम मृत्युं प्राप्नुवाम वयमिति शेषः निशायां सातिशयोद्दीपकत्वाद्विरहस्येति भावः किन्तु धिया मनसा यां कान्ताम् अयाम अगच्छाम यस्याश्चिन्त्या कालमयापयाम इत्यर्थः सा अखत्यां या अस्वतिं प्राणव्यथाम् आयाति प्राप्नोतीति तथाभूता सती

इति पादादियमकविकल्पस्येदृशी गतिः।
एवमेव विकल्प्यानि यमकानीतराण्यपि।।37।।

न प्रपञ्चभयाद् भेदाः कात्स्न्येंनाख्यातुमीहिताः।
दुष्कराभिमता ये तु वर्ण्यन्ते तेऽत्र केचन।।38।।

स्थिरायते! यतेन्द्रियो न हीयते यतेर्भवान्।

Thus is the way indicated of *Pādādi Yamaka* or recurrence at the beginnings of feet (*i.e.* from verses 4 to 36); just like this are the other varieties of *Yamaka.*

On account of the fear of voluminousness exposition in its entirety and completeness has not been desired (by us); but what one considers to be difficult forms are described here.

स्थिरायते etc., यते यते occurs in the middle of each foot; and so the verse is an example of *Avyapeta-vyapeta* in all

---

आङ्पूर्वकात् याधातोः क्विपि रूपम्। मया मथितैव, मम तु भरणमस्तु, किन्तु सा तपस्विनी मद्वियोगेन म्रियत एवेति भावः। विरहिणां स्वावस्थानुभवेन विलापोक्तिरियम्। अत्र सर्वेषु मिश्रमव्यवहितं व्यवहितञ्चादिभागयमकम्।। 36।।

इतीति।। पादादिस्थयमकानां विकल्पस्य भेदस्य इति उक्तरूपा ईदृशी एवम्प्रकारा गतिः नियमः। इतराणि अपि यमकानि एव विकल्प्यानि भेद्यानि।। 37।।

नेति।। प्रपञ्चभयात् विस्तारभयात् कात्स्न्येंन। साकल्येन भेदाः आख्यातुं न ईहिताः न चेष्टिताः, ये तु भेदा दुष्करत्वेन अभिमताः ख्याताः, अत्र ते केचन वर्ण्यन्ते उदाह्रियन्ते।। 38।।

स्थिरायत इति।। स्थिरा आयतिरुत्तरकालो यस्य तत्सम्बुद्धौ 'उत्तरः काल आयतिरि'त्यमरः। हे स्थिरायते! निश्चलचित्त् इत्थ्यर्थः भवान् यतेन्द्रियः जितेन्द्रियः अतः यतेः संयमात् न हीयते च्युतो भवति, ते तव अमायता अमायित्वं

अमायतेयतेऽप्यभूत् सुखाय तेऽयते क्षयम्।।39।।

सभासु राजन्नसुराहतैर्मुखैः
महीसुराणां वसुराजितैः स्तुताः।
न भासुराः यान्ति सुरान् न ते गुणाः
प्रजासु रागात्मसु राशितां गताः।।40।।

तव प्रियाऽसच्चरित! प्रमत्त! या
विभूषणं धार्यमिहांशुमत् तया।

---

the four feet (like verse 36 but) with the Yamaka in the middle of the feet.

In सभासु etc., we have सुरा and सुरा mediately recurring in each foot in the middle, and this therefore, is an *Avyapeta Yamaka* (or mediate recurrence) in the middle of the feet and in each foot also.

In तव etc., we have मत्तया, at the end of all the four feet;

मायाराहित्यमित्यर्थः इयते एतत्परिमाणाय क्षयं नाशम् अयते अगच्छते अक्षयाय इत्यर्थः सुखाय अपि अभूत्। अत्र सर्वेषु पादेषु मिश्रमव्यवहितं व्यवहितञ्च मध्यभागयमकम्।। 39।।

सभास्विति।। हे राजन्! महीसुराणां भूदेवानां ब्राह्मणानाम् असुराहतैः सुरापानेन अहतैः अनाशितेः पवित्रैरिति यावत्। वसुना तेजसा भवद्दत्तधनलाभेन वा राजितैः शोभितैः प्रफुल्लैर्वा मुखैः सभासु स्तुताः कीर्तिताः भासुराः समुज्वलाः तथा रागात्मसु अनुरागपरासु प्राजसु राशितां बहुलीभावं गताः ते तव गुणाः सुरान् देवान् न यान्ति न प्राप्नुवन्ति, सुरा अपि एतादृग्गुणावन्तो न सन्तीति भावः। अत्र सर्वेषु पादेषु मिश्रं व्यपेतञ्च मध्यभागयमकम्।। 40।।

तवेति।। हे असच्चरित! धूर्त! हे प्रमत्त! अनवहित! या तव प्रिया, त्वया प्रेमास्पदत्वेन कीर्त्यमाना इत्यर्थः तया इह रतोत्सवेन यः आनन्दविशेषः तेनः मत्तया सत्या अंशुमत् समुज्वलं विभूषणं धार्यं, तथाच विभूषणधारणस्य

रतोत्सधानन्दविशेषमत्तथा

प्रयोजनं नास्ति हि कान्तिमत्तया।।41।।

भवादृशा नाथ! न जानते नते

रसं विरुद्धे खलु सन्नतेनते।

य एव दीनाः शिरसा नतेन ते

चरन्त्यलं दैन्यरसेन तेन ते।।42।।

---

so this is *Padānta Yamaka* or mediate Recurrence at the end of the foot in all the four feet.

In भवादृशा etc., we have नते नते at the end of each foot; this is, therefore, *Avyāpeta vyapeta Yamaka* of the *Padānta chatushapd* a variety (or mediate-immediate Recurrence at the end of the feet in all the four feet) *Cf.* 36, 39.

रतोत्सवानन्दविधायकता प्रयोजनं न तु शोभार्थमिति भावः। ननु शोभार्थमपि विभूषणधारणमस्तु इत्यत आह–**प्रयोजनमिति**। कान्तिमत्तया स्वाभाविकसौन्दर्यवत्तया हेतुना प्रयोजनं विभूषणधरणस्येति शेषः नास्ति हि न विद्यते एवेत्यर्थः। अन्यासक्तं शठनायकमलङ्कारधारणे कथमस्या विराग इति पृच्छन्तं प्रति सख्यां उक्तिरियम्। अत्र सर्वेषु पादेषु मिश्रं व्यवहितमन्त-भागयमकम्।। 41।।

भवादृशेति।। हे नाथ प्रभो! भवादृशा जनाः नतेः नतभावस्य रसम् आस्वादं न जानते न विदन्ति–यतः सन्नतता इनता प्रभुता च ते सन्नतेनते नतिः प्रभुता चेत्यर्थः विरुद्ध खलु नैकाधारे वर्तते इति भावः, ये जनाः दीना एव दरिद्राः केवलं, ते तेन दैन्यरसेन दैन्यरूपेण विषेण हेतुना नतेन शिरसा ते तव अलम् चरन्ति अतिशयेन त्वां सेवन्ते इत्यर्थः तवेति कर्मणि षष्ठी। अत्र सर्वेषु पादेषु मिश्रमव्यवहितञ्च अन्तभागयमकम्।। 42।।

लीलास्मितेन शुचिना मृदुनोदितेन
व्यालोकितेन लघुना गुरुणा गतेन।
व्याजृम्भितेन जघनेन च दर्शितेन
सा हन्ति तेन गलितं मम जीवितेन।।43।।

श्रीमानमानमरवर्त्मसमानमान-
मात्मानमानतजगत्प्रथमानमानम्।

In लीलास्मितेन etc., तेन occurs once in the middle and once at the end and mediately in each of the four feet. This is *Vyāpeta Yamaka* of the *Pada madhyānta* type of the same form in all the four feet (mediate recurrence at the middle and end of each foot).

In श्रीमानमान मान and मान recur twice at middle and end of each foot; this Recurrence is therefore of an *Avyāpeta-vyāpeta Yamaka* (immediate-mediate recurrence) in all the

---

लीलेति।। सा नायिका शुचिना निर्मलेन लीलास्मितेन विलासहसितेन, मृदुना उदितेन वचनेन, लघुना व्यालोकितेन अपाङ्गदर्शनेनेत्यर्थः, गुरुणा नितम्बादिभरमन्थरेण गतेन गमनेन, व्याजृम्भितेन विशेषतो जृम्भया, जृम्भायाश्च अनुरागव्यञ्जकत्वमुक्तं यथाजृम्भते स्फोटयत्यङ्गं बालमाशिलष्य चुम्बतीति। तथा, दर्शितेन जघनेन जघनदर्शनेनेत्यर्थः हन्ति व्यथयति मामिति शेषः, तेन च मम जीवितेन जीवनेन गलितं गतं, भावे क्तप्रत्ययः। अत्र सर्वेषु पादेषु मिश्रं व्यवहितं मध्यान्तयमकम्।। 43।।

श्रीमानिति।। हे भक्ताः! यः श्रीमान् अमान् अपरिमितः, तथा स्थितिमान् स्थायी सच्चिदानन्दरूपतया सततमवतिष्ठते इत्यर्थः, अमरवर्त्म आकाशं तस्य समानं मानं परिमाणं यस्य तथोक्तम् आकाशवत् सर्वव्यापिनमित्यर्थः, आनतेषु प्रह्वीभूतेषु जगत्सु प्रथमानः विस्तारं गतः मानः सम्मानो यस्य तादृशं सर्वजगत्पूज्यमानमिस्त्यर्थः, भूमानं महान्तम्, अमानम् अपरिमितम्

भूमानमानमत यः स्थितिमानमान-
नामानमानमतमप्रतिमानमानम्।।44।।

सारयन्तमुरसा रमयन्ती सारभूतमुरुसारधरा तम्।
सारसानुकृतसारसकाञ्ची सा रसायनसारमवैति।।45।।

नयानयालोचनयानयानया-
नयानयान्धान् विनयानयायते!।

---

four feet at the middles and ends of the feet. *Cf.* verses 36, 39 and 42.

In सार etc., सार occurs at the beginning and middle of each of the four feet; and this is therefore *Vyāpeta-ādi-madhya Yamaka* (or mediate recurrence at the beginning and middle) in all the four feet.

In नयानया etc., नया is recurrent immediately as नयानया and नयानया recurs in all the four feet at their beginnings and middles; hence it is *Padādimadhya Avyāpeta-vyāpeta Yamaka*

असङ्ख्यमित्यर्थः नाम यस्य तथाभूतं तथा अप्रतिमानः असदृशः मानो यस्य तादृशं सर्वाभिमतमित्यर्थः। आत्मानं परमात्मानमित्यर्थः। आनमत नमस्कुरुत। अत्र सर्वेषु पादेषु अव्यवहितं व्यवहितञ्च मिश्रं मध्यान्तयमकम्।। 44।।

सारेति।। उरुसाराणि स्वर्णभूषणानि धरतीति तथोक्त, उरुसारं सुवर्णं स्यादिति व्याडिः। तथा सारसैः पक्षिविशेषैरनुकृता सारसा सशब्दा काञ्ची यस्यास्तथाभूता, सा रमणी सारयन्तमाश्लिष्यन्तं सारभूतं जगत्सु सारत्वेन गणितं तं पतिम् उरसा वक्षः स्थलेन रमयन्ती प्रत्यालिङ्गनेन सुखयन्ती सती रसाधनम् अमृतम् असारम् अवैति, प्रियालिङ्गनसुखादमृतं तुच्छमवगच्छतीत्यर्थः। अत्र सर्वेषु पादेषु मिश्रं व्यवहितमादिमध्ययमकम्।। 45।।

नयेति।। हे अनयायते! अनया अपायरहिता आयतिर्यस्य तत्सम्बोधनम्। हे प्रभो! अनया नयानयालोचनया नयः नीतिः अनयः दुर्नीतिः तयोरालोचना

न यानयासीर्जिनयानयानया-

नयानयांस्तान् जनयानयाश्रितान्।।46।।

रवेण भौमे ध्वजवर्तिवीरवेरवेजि संयत्यतुलास्त्रगौरवे।

रवेरिवोग्रस्य पुरो हरेरवेरवेत तुल्यं रिपुमस्य भैरवे।।47।।

---

or recurrence of the mediate-immediate type in the beginning and middle of each foot in all the four feet.

In रवेण etc., रवे occurs at the beginning and end of each foot; this is, therefore, Recurrence of the same kind in all the four feet of the mediate type at their beginnings and ends (or *Ādyanta Ekarūpata Vyāpeta Yamaka.)*

तया सदसद्विवेकेनेत्यर्थः अनयान् नयरहितान् अयस्य शुभावहविधेरानये आनयने अनुष्ठाने अन्धान् जनान् विनयविनीतान् कुरु, भवन्नीतिमार्गानुसारिणस्तान् विधेहि। किञ्च जिनयानं जैनमार्गं यान्तीति तथोक्तान् बौद्धमतावलम्बिनः अयानम् अमार्गम् अपन्थानमित्यर्थः यान्तीति तादृशान् अपथगामिनः अत एव अनयाश्रितान् दुर्नयानुसारिणः यान् जनान् अयासीः गतवानसि यैः सङ्गं कृतवानसि तान् अं विष्णुं यान्तीति तथाभूतान् वैष्णवधर्मावलम्बिनः जनय कुरु। इति समुदायार्थः। अत्र प्रथमतृतीययोरव्यवहितमाद्यन्तयमकं मिश्रं द्वितीयचतुर्थयोरव्यवहितं मिश्रमादिमध्ययमकञ्च।। 46।।

रवेणेति।। भीमः भूमिसुतः नरकासुरः ध्वजवर्तिनः श्रीकृष्णरथध्वजस्थितस्य वीरस्य वीर्यशालिनः वेः पक्षिणः गरुडस्य रवेण नादेन अतुलम् अनुपमम् अस्त्राणां गौरवं यस्मिन् तादृशे भैरवे भयङ्करे संयति संग्रामे अवेजि उद्वेजितः त्रासित इत्यर्थः। तथाहि, रवेः सूर्यस्येव उग्रस्य अस्य हरेः श्रीकृष्णस्य सिंहस्य च पुरः अग्रे रिपुं नरकम् अवेर्मेषस्य तुल्यम् अवेत जानीत्। श्रीकृष्णस्य नरकासुरेण युद्धवृत्तमिदम्। अत्र सर्वेषु पादेषु मिश्रं व्यवह्रितमाद्यन्तयमकम्।। 47।।

मयामयालम्ब्यकलामयामयामयामयातव्यविरामया मया।
मयामयार्तिं निशयामयामयामयामयामूं करुणामयामया।।48।।
मतान्धुनानारमतामकामतामतापलब्धाग्रिमतानुलोमता।

In मया etc., मया is repeated immediately at the beginning and at the end of each foot; this is thereofre, *Padadyānta Avyāpeta-vyāpeta Yamakam* (or Recurrence of the immediate-mediate type in all the four feet at the beginning and end of each foot. *Cf.* verses 36, 39, 42 and 44.

In मता etc. we have मता recurring at the beginning, middle and end of each of the four feet; this is, therefore,

---

मयेति।। अत्रायं पदविभागः। मयामयालम्ब्यकलामयामयाम्। अयाम्, अयातव्यविरामया मया। मया, अमयार्तिं निशया, अमया अमया। अमय, आमय, अमूं, करुणामय, आमया। हे अमय! नास्ति माया यस्य तत्सम्बुद्धौ, हे अकपट! इत्यर्थः आकारलोपो महाकविप्रयोगादविरुद्धः। हे करुणामय! सखे! आमं रोगं कामपीडां याति प्राप्नोतीति आमयाः तेन आमया धातोरालुक् शसाद्यचीति आकारलोपः। कामार्तेन इत्यर्थः मया सह मयः अपचयः अमयः उपचयः ताभ्याम् अपचयोपचयाभ्याम् आलम्ब्यः आश्रयणीयः वृद्धिक्षयशीलत्वात् इति भावः, यः कलामयश्चन्द्रः तस्मात् आमयः रोगः कामपीडा यस्याः तादृशी चन्द्रस्य कामोद्दीपकत्वादिति भावः, अमूं रमणीम् आमय योजय। यतः अहम् अयातव्यः विरामोऽवसानं येषां तादृशा यामाः प्रहरा यस्यास्तादृश्या दीर्घयामया इत्यर्थः, नास्ति मा परिमाणं यस्यास्तथाभूतया सुदीर्घया इत्यर्थः, तथा अमया नास्ति मा शोभा यस्याः तथोक्तया अतिकुत्सितया विरहिणामिति भावः निशया रजन्या हेतुना अमयेन अप्राप्त्या तस्या इति भावः, अर्तिं पीडां तदप्रापत्या सातिशयां पीडामित्यर्थः अयाम् अप्राप्नवम्। इति समुदायार्थः। सखायं प्रत्युक्तिरियम्, अत्र सर्वेषु पादेषु अव्यवहितं मिश्रमाद्यन्तयकम्।। 48।।

मतामिति।। पदविभागश्चैषः। मतां धुनानां, आरमताम् अक्रामन्ताम्। अतापलब्धा, अग्रिमानुलोमता। मतौ अयती, उत्तमताविलोमताम्। अताम्यतः ते

मातवयत्युत्तमता विलोमतामताम्यतस्ते समता न वामता।।49।।

कालकालगलकालकालमुखकालकाल!

कालकालघनकालकालपनकाल! काल!।

Adimadhyānta Ekarūpa Vyāpeta Yamaka (or Recurrence of the mediate type in all the four feet and in the beginning, middle and end of each foot.

In कालकाल etc., काल and काल are immediate recurrence and कालकाल mediately recurs at the beginning, middle and end of each foot; this is therefore *Avyāpetavyāpeta Catuṣpada Ādimadhyānta Yamaka* (or Recurrence of the immediate-

---

समता न, वामता। हे साधो! अताम्यतः अक्लिष्टवर्मणस्ते तव मतौ आरमतां विषयव्यावृत्तानां योगिनां मतां सम्मताम् अकामतां निस्पृहतां धुनाना कम्पयन्ती तिरस्कुर्वतीत्यर्थः अतापेन अक्लेशेन लब्धा प्राप्ता स्वाभविकीत्यर्थः अग्रिमतायाः श्रेष्ठतयाः अनुलोमता आनुकूल्यं मया तादृशी श्रेष्ठत्वसम्पादिनी तथा उत्तमताया गुणवत्तायाः विलोमतां प्रतिकूलताम् अयती अगच्छन्ती गुणवत्त्वसमानाधिकरण समता अपक्षपातित्वं सर्वत्र समदर्शित्वमित्यर्थः विद्यते, वारात, प्रतिकूलता नेत्यर्थः। कस्यचित् साधोर्गुणकीर्तनमिदम्। अत्र सर्वेषु पादेषु व्यवहितमादि-मध्यान्तयमकम्।। 49।।

कालेति।। पदच्छेदस्त्वयम्। प्रथमपादे एकं पदम्। कालकालघनकाल-कालपनकाल, काल। कालकालसितकालका ललनिका, अलकालकालका, आगलतु, कालकाल, कलिकालकाल। हे कालकालगलकालकालमुख-कालकाल! कालः संहारकः, 'कलनात् सर्वभूतानां स कालः परिकीर्तित' इति वचनात्, कालगलः नीलकण्ठः, कालः यमः तथा कालमुखः वानरविशेषः तेषां द्वन्द्वः कालकालगलकालकालमुखाः तेषां कालकं कृष्णत्वम् आलाति आदत्ते इति तत्सम्बुद्धौ, तथा हे कालकालघनकालकालपनकाल! कं जलम् आलाति गृह्णातीति कालः सजलः अत एव कालः कृष्णवर्णो यो घनः मेघः तस्य काले समये वर्षास्वित्यर्थः कायन्ति शब्दायन्ते इति कालकालघनकालकाः मयूरा इत्यर्थः

कालकालसितकालकाललनिकालकाल
कालकालगतु काकाल कलिकालकाल!।।50।।

सन्दष्टयमकस्थानमन्तादी पादयोर्द्वयोः।
उक्तान्तर्गतमप्येतत् स्वातन्त्र्येणात्र कीर्त्यते।।51।।

---

mediate type in all the four feet and at the beginning, middle and end of each foot). *Cf.* verses, 36, 39, 42, 44 and 48.

The place of *Sandaṣṭa Yamaka* is at the end of one foot and beginning of another; although this falls under what has been described already; it is again stated here independently.

किं शब्दे इत्यस्य क्विपि रूपम्। तेषाम् आलपनानि मुखानि कालकालघनकालकालपनानि तद्वत् कलते शब्दायते इति तत्सम्बुद्धौ मयूरनादिन्, इत्यर्थः पुनश्च, हे कालकाल! कालस्य यमस्य कालः संहारकः तत्सम्बुद्धौ, यमभयनिवर्तक इत्यर्थः। किञ्च, हे कलिकालकाल! कलिकालस्य कालः कल्किरूपेण दण्डयिता तत्सम्बुद्धौ, हे काल! हे कृष्ण! कालकालसितकालका कालकेन कृष्णवर्णतया आलसितं शोभितं कं शिवः यैः, तादृशाः अलकाः चूर्णकुन्तलाः यस्यास्तादृशी, अलकालकालका अलकान् चूर्णकुन्तलान् अलते मुक्तादिभिर्भूषयतीति अलकाली अलङ् भूषायामित्यस्य षणि रूपम्। तथा कलमेव कालं मधुरं यथा तथा कायतीति कालका मधुरभाषिणीत्यर्थः ततश्च अलकाली चासौ कालका चेति कर्मधारयः, ललनिका ललना राधा इत्यर्थः आगलतु तव अनुकम्पनीया भवतु इति निर्गलितोऽर्थः। श्रीकृष्णं प्रति राधायाः सख्युक्तिरियम्। अत्र सर्वेषु पादेषु अव्यवहितम् आदिमध्यान्तयमकम्।। 50।।

सम्प्रति सन्दष्टयमकस्थानं निर्दिशति—**सन्दष्टेति**।। सन्दष्टयमकं सन्दंशाकृति यमकं द्वयोः पादयोः अन्तादी प्रथमपादस्य अन्तं द्वितीयपादस्य आदिं तथा तृतीयपादस्य अन्तं चतुर्थपादस्यादिञ्च आक्रम्य स्थितमिति शेषः। एतत् उक्तेषु यमकेषु अन्तर्गतमपि रवेण भौम इत्यादौ पतितमपीत्यर्थः स्वातन्त्र्येण पृथग्भावेन कीर्त्यते विशेषादिति भावः।। 51।।

उपोढरागाप्यबला मदेन सा मदेनसा मन्युरसेन योजिता।
न योजितात्मानमनङ्गतापिताङ्गतापि तापाय ममास नेयते।।52।।

अर्धाभ्यासः समुद्गः स्यादस्य भेदास्त्रो मताः।
पादाभ्यासोऽप्यनेकात्मा व्यज्यते स निदर्शनैः।।53।।

In उपोढ etc., the first line ends मदेन सा and the second begins with मदेनसा and similarly नयोजिता and ङ्गतापिता at the end of the second and the beginning of the third, at the end of the third and the beginning of the fourth, respectively.

Recurrence of a half-verse is called *Samudga;* it is considered to have three varieties; recurrence of a foot (*Pādābhyāsa*) is of many kinds; and it will be made clear by examples.

उपोढेति।। सा अबला मदेन यौवनजनितविकारेण उपोढः उद्रिक्तः रागः अनुरागो यस्यास्तादृशी मय्यनुरागिणी अपिमदेनसा ममापराधेन हेतुना मन्युरसेन क्रोधावेगे योजिता क्रोधपरवशा अत एव योजितः अभिनिवेशितः आत्मा मनः तस्यां तथाभूताम् अनङ्गतापिताम् अनङ्गं कामम् अकृतार्थतया तापयतीति अनङ्गतापिनी तस्या भावः तां गतापि सती मम इयते एतादृशाय तापाय न आस, न बभूव, न अपितु बभूव एवेत्यर्थः। सखायं प्रति कस्य चित् मानिन्या प्रत्याख्यातस्य उक्तिरयिम्। अत्र पूर्वार्धे मदेन सा मदेनसा इति उत्तरार्धे चाङ्गतापिताऽङ्गतापितेति सन्दष्टयमकम्।। 52।।

इत्थं पादभागयमकानि दर्शयित्वा सम्प्रति समस्तपादगतयमकानि दर्शयितुमाह–**अर्धाभ्यास इति**।। अर्धस्य पादद्वयस्य अभ्यासः पुनरावृत्तिः सभुद्गः स्यात् समुद्गशब्देन सम्पुटक उच्यते। स यथा भागद्वयात्मकः तथा अयं पादद्वयात्मक इति तथा व्यपदेशः। अस्य समुद्गस्य त्रयो भेदाः मताः ख्याताः। तथाच, प्रथमद्वितीयौ तृतीयचतुर्थौ व पादौ तुल्यौ इत्येकः, प्रथमतृतीयौ द्वितीयचतुर्थौ च तथा इति द्वितीयः तथा प्रथमचतुर्थौ द्वितीयतृतीयौ इति तृतीयः। पादाभ्यासः

नास्थेयः सत्वया वर्ज्यः परमायतमानया।
नास्थेयः स त्वया वर्ज्यः परमायतमानया।।54।।

नरा जिता माननया समेत्य न राजिता माननयासमेत्य।
विनाशिता वै भवताऽयनेन विनाऽशिता वैभवतायनेन।।55।।

In ना स्थेयः etc. we have the first two feet repeated as third and fourth feet. (This is a variety of *Samudga*).

In नराजिता etc. the first foot is repeated as the second; and the third as the fourth. (This is another variety of *Samudga*).

अपि अनेकात्म अनेकविधः तथाच प्रथमो द्वितीये तृतीये चतुर्थे च इति त्रयः। द्वितीयः तृतीये चतुर्थे चेति द्वौ। तृतीयचतुर्थे इत्येकः। पुनश्च प्रथमः द्वितीये तृतीये च द्वितीये चतुर्थे च तथा तृतीये चतुर्थे च इति षट्। मिलित्वा च एकादशविध इत्यर्थः स निदर्शनैः वक्ष्यमाणैरुदाहरणैः व्यज्यते। व्यक्तीक्रियते।। 53।।

नेति।। परमाथातः अतिदीर्घः मानो यस्याः तादृश्यापि अस्थेयः न अतिस्थिरं सत्वं स्वभावः व्यवसायश्च यस्याः तथाभूतया त्वया स वा पुरुषः न वर्ज्यः न प्रत्याख्येयः। परम् आयतमानया यत्नवत्या सत्या आस्थेयः आदर्तव्यः तथा आवर्ज्यः वशीभूतः कार्यः। तवायमुद्यमः न स्थिरतरः अतः प्रियपरित्यागे पश्चात्ताप एव फलं तस्मात् यथायं स्ववशे तिष्ठेत् तथा यत्नः क्रियतामिति मानिनीं प्रति तत्सख्याः उक्तिः। अत्र प्रथमतृतीयौ द्वितीयचतुर्थौ च तुल्याविति समुद्गभेदः।

नरा इति।। माननया सम्मानेन समेत्य सङ्गत्य स्थितेन इति अध्याहार्थं, मानवतेत्यर्थः भवता अयनेन संग्रामगमनेन जिताः पराभूताः नराः रिपव इत्यर्थः माननययोः सन्माननीत्योः आसं क्षेपम् अभावमित्यर्थः एत्य प्राप्य न राजिताः न शोभिताः पलायमानानामेषा गतिरुक्ता, ये तु न तथा तेषां गतिमाह विनाशिता इति। तथा वैभवं विभुत्वं तायति विस्तारयति इति तथोक्तेन तायृञ पालनविस्तार-योरित्यस्मात् नन्दादित्वादनप्रत्ययः। भवता विनाशिता वे निहतास्तुरिपवः विना पक्षिणा गृध्रेण इत्यर्थः अशिता भक्षिताः। राज्ञः स्तुतिरियम्। अत्र प्रथम द्वितीयौ तथा तृतीयचतुर्थौ च तुल्यौ इति समुद्गभेदः।। 55।।

कलापिनां चारुतयोपयान्ति बृन्दानि लापोढघनागमानाम्।
बृन्दानिलापोढघनागमानां कलापिनां चारुतयोऽपयान्ति।।56।।
न मन्दयावर्जितमानसात्मया नमन्दयावर्जितमानसात्मया।
उरस्युपास्तीर्णपयोधरद्वयं मया समालिङ्ग्यत जीवितेश्वरः।।57।।
सभा सुराणामबला विभूषिता गुणैस्तवारोहि मृणालनिर्मलैः।

In कलापिनां etc. the first foot is repeated as the fourth; and second as the third (This is a third variety of *Samudga*).

In न मन्दया etc. the first foot alone is repeated as the second foot.

In सभा etc. the first foot is repeated as the third foot.

कलापिनामिति।। लापेन केकाध्वनिना ऊढः सम्मानितः घनागमः वर्षाकालः यैः तादृशानां कलापिनां मयूराणां वृन्दानि चारुतया शोभया उपयान्ति सङ्गच्छन्ते शोभां प्राप्नुवन्तीत्यर्थः। तथा वृन्दानिलेन सङ्घातवायुना अपोढः निरस्तः नृत्यविशेषस्य 'घनं स्यात् कांस्यतालादि वाद्यमध्यमनृत्ययो'रिति मेदिनी। आगमो येषां तादृशानां परित्यक्तनृत्यानाम् इत्यर्थः वर्षासु हंसानां मदराहित्यादिति भावः। के जले लपन्तीति तथोक्तानां कलापिनां हंसानां च आरुतयः मधुरस्वराः अपयान्ति। वर्षावर्णनभिदम्। अत्र प्रथमचतुर्थौ तथा द्वितीयतृतीयौ तुल्यौ इति समुद्गभेदः।

नेति।। मन्दया मूढयाः अवर्जिते अत्यक्ते माने सात्मया सयत्नया यत्नवत्या यत्नेन मानं रक्षन्त्या, तथा दयया वर्जितौ मानसम् आत्मा स्वभावश्च यस्याः तथाभूतया मया नमन् कृतापराधतया पादयोः पतन् जीवितेश्वरः उरसि वक्षसि उपास्तीर्णम् अर्पितं पयोधरद्वयं यस्मिन् तद् यथा तथा न समालिङ्ग्यत नाश्लिष्यत। नाहकं निराकृत्य गलितमानाया मानिन्या अनुतापोक्तिरियम्। अत्र प्रथमद्वितीयौ पादावभ्यस्तौ।।57।।

सभेति।। हे राजन्! तव मृणालनिर्मलैः मृणालवत् परिशुद्धैः गुणैः अबला बलासुररहिता इन्द्रेण निहतत्वात् वलासुरोत्पातविहीना इत्यर्थः विभूषिता

स भासुराणामबला विभूषिता
विहारयन् निर्विश सम्पदः पुराम्।।58।।
कलङ्कमुक्तं तनुमद्ध्यनामिका
स्तनद्वयी च त्वदृते न हन्त्यतः।
न याति भूतं गणने भवन्मुखे
कलङ्कमुक्तं तनुमद्ध्यनामिका।।59।।
यशश्च ते दिक्षु रजश्च सैनिका
वितन्वतेऽजोपम! दंशिता युधा।

In कलङ्क etc. the first foot is repeated as the fourth foot.

In यशश्च etc. the second foot is repeated as the third foot.

देवभोग्यद्रव्यजातैः विशेषेण सज्जितां सुराणां देवानां सभा आरोहि आरूढा सत्वं विभूषिताः विशेषेण अलंकृताः अबलाः विहारयन् रमयन् सन् भासुराणां दीप्यमानानां समृद्धानाम् इत्यर्थः पुरां नगराणां सम्पदः निर्विश उपभुङ्क्ष्व। राजानं प्रति वैतालिकस्योक्तिरियम्। प्रथमतृतीयौ अभ्यस्ताविति।। 58।।

कलमिति।। कलं मधुरम् उक्तं वचनं विलासिनीनामिति अध्याहार्यं तथा तनु क्षीणं मध्यं नमयतीति तथोक्ता स्तनद्वयी च क्वचित् मध्यशब्दस्य धकारद्विर्भावः। त्वदृते त्वां विना कं जनं न हन्ति न पीडयतीति अपितु सर्वमेव इत्यर्थः, अतः कारणात् भवन्मुखे भवादृशे विषये गणने भवादृशां जितेन्द्रियाणां गणनायामित्यर्थः हि निश्चितम् अनामिका अङ्गुष्ठतश्चतुर्थी अङ्गुलिः कलङ्कमुक्तं निर्दोषं तनुमत् शरीरिभूतम् अपरं प्राणिनं न याति न गच्छति त्वां विना अन्यं न गणयति इत्यर्थः। कमपि महान्तं प्रत्युक्तिरियम्। अत्र प्रथमचतुर्थौ पादावभ्यस्याविति।। 59।।

यश इति।। हे अजोपम! अजराजसदृश! नारायणसम! वा हरसम! 'अजा विष्णुहरच्छागा' इत्यमरः। दंशिताः सन्नाहवन्तः शितानि तीक्ष्णानि आयुधानि येषां ते तथोक्ताः, तथा तरस्विनः महाबलाः ते सैनिकाः योद्धपुरुषाः युधा संग्रामेण

वितन्वतेजोऽपमदं शितायुधा द्विषाञ्च कुर्वन्ति कुलं तरस्विनः।।60।।

विभर्ति भूमेर्वलयं भुजेन ते भुजङ्गमोऽमा स्मरतो मदञ्चितम्।

शृणूक्तमेकं स्वमवेत्य भूधरं भुजङ्गमो मास्म रतो मदञ्चितम्।।61।।

स्मरानलो मानविवर्धितो यः सः निर्वृतिन्ते किमपाकरोति।

समन्ततस्तामरसेक्षणे! न समन्ततस्तामरसे! क्षणेन।।62।।

In बिभर्ति etc. we have the latter half of the first foot repeated in the latter half of the second as भुजङ्गमोमा स्मरतो मदञ्चितम्; and the first half of the fourth foot is repeated as the second half thereof as समन्ततस्तामरसे क्षणे न.

In प्रभावतो etc. the first foot is repeated as the second and the third.

दिक्षु यशश्च वितन्वते विस्तारयन्ति। तथा द्विषां शत्रूणां कुलञ्च वितनु देहरहितम् अतेजः तेजोहीनं तथा अपमदं निर्मदं निरहङ्कारं वा कुर्वन्ति। विजिगीषुस्तुतिरियम्। अत्र द्वितीयतृतीयावभ्यस्ताविति।। 60।।

बिभर्तीति।। हे राजन्! भुजङ्गमो वासुकि ते तव भुजेन अमा सह त्वद्भुजसाहाय्येनेत्यर्थः भूमेर्वलयं भूमण्डलं बिभर्ति धत्ते, एतावता गर्वो न विधेय इत्याह–स्मरत इति। स्मरतः पूर्ववृत्तं विजानत इत्यर्थः मत् मत्तः सकाशादित्यर्थः अङ्कितं पूजितम् एकम् उक्तं वचनं शृणु आकर्णय, स्वं भूधरं भुजम् अवेत्य ज्ञात्वा रतः प्रीतः सन् चितं प्रवृद्धम् अत्यन्तमित्यर्थः मदं गर्वं मास्म गामः गर्वं मा कुरु इत्यर्थः। राजानं प्रत्युपदेशगर्भस्तुतिरियम्। अत्र द्वितीयचतुर्थावभ्यस्ताविति।। 61।।

स्मरानल इति।। तामरसेक्षणे! मानेन रक्तोत्पलनयने! 'रक्तोत्पलं तामरसमि'त्यमरः। हे अरसे! अरसिके! मानेन विवर्धितः विशेषेण वृद्धिं गतः यः स्मरानलः कामाग्निः, स ततः विस्तारं गतः सन् क्षणेन उत्सवेन समं समन्ततः सर्वतो भावेनेत्यर्थः।। तां पूर्वानुभूतां निर्वृतिं सुखं किं न अपाकरोति न निरस्यति अपि तु निरस्यत्वेत्यर्थः अतः नितरां कामपीडितासि मानं मुञ्च विलम्बेनालमिति भावः। मानिनीं प्रति तत्सख्युक्तिरियम्। अत्र तृतीयचतुर्थावभ्यस्ताविति।। 62।।

प्रभावतो नामन! वासवस्य

प्रभावतो नाम तवासवस्य।

प्रभावतोऽनाम! न वा सवस्य

विच्छित्तिरासीत् त्वयि विष्टपस्य।।63।।

परम्पराया बलवा रणानां

परम्पराया बलवारणानाम्।

In परम्पराया etc. the first foot is repeated as the second and the fourth.

In न श्रद्दधे etc. the latter half of the first foot is repeated as the earlier and latter halves of the second foot as भवद्विधानामसमाहितानाम्; and the earlier half of the third

---

पादत्रयाभ्यासं क्रमशो दर्शयति–**प्रभावत इत्यादि**। हे प्रभावतः प्रमावात् प्रभावतः प्रभा दीप्तिः तत्सम्पन्नस्य वासवस्य इन्द्रस्यापि नामन! नमयतीति नतं करोतीति तत्सम्बुद्धौ, यज्ञभङ्गपारिजातहरणादिना इन्द्रस्य गर्वहरणादिति भावः नामेति प्रसिद्धौ। हे अनाम! नास्ति आमो रोगो यस्य यस्माद्वा तत्सम्बुद्धौ। त्वयि अतः अस्य षष्ठ्यास्तम् विष्टपस्य प्रभौ सति नवासवस्य नवस्य आसवस्य सुरायाः सवस्य यज्ञस्य वा विच्छित्तिर्विच्छेदः नासीत् भोगिनां सुरापानोत्सवः धर्मिष्ठानं यज्ञादिकं सततं प्रववृते इत्यर्थः। श्रीकृष्णस्तुतिरियम्। अत्र प्रथमद्वितीयतृतीय-पादानामभ्यासः।। 63।।

परमिति।। हे पराय! परः उत्कृष्टः अयः शुभावहविधिर्यस्य तत्सम्बुद्धौ, हे परमकल्याणिन्नित्यर्थः हे बलवाः! बलेन वारयति शत्रूनिति तत्सम्बुद्धौ वारयतं क्विपि रूपम्। त्वं बलमेषामस्तीति बला बलवन्तः अङ्गादित्वादप्रत्ययः। वारणाः हस्तिनः येषु तथोक्तानां तथा अबलान् दुर्बलान् वारयन्तीति अबलवारणाः तेषां रणानां परम्परायाः समूहस्य रणभूमीरित्यर्थः धूलीर्विधाय व्योम आकाशं रुन्धन्

धूलीः स्थलीर्व्योम विधाय रुन्धन्
परम्परायाऽबलवारणानाम्।।64।।

न श्रद्दधे वाचमलज्ज! मिथ्या भवद्विधानामसमाहितानाम्।
भवद्विधानामसमाहितानां भवद्विधानामसमाहितानाम्।।65।।

सन्नाहितोमानसराजसेन! सन्नाहितोऽमानस! राजसे न।

---

foot is repeated three times as the latter half of the third foot and the earlier and the latter halves of the fourth foot.

आच्छादयन् सन् परं शत्रुं परायाः गतवान् असीत्यर्थः परापूर्वकाद् याधातोर्ध्या मध्यमपुरुषैकवचनम्। राज्ञः स्तुतिरियम्। अत्र प्रथमद्वितीयचतुर्था अभ्यस्ता इति।

नेति।। हे अलज्ज! निर्घृण! असमाहितानाम् अवहितचित्तानाम् अव्यवहितानामित्यर्थः तथा असमा असदृशा अहिताः शत्रवः येषाम् अधिक-शत्रूणामित्यर्थः भवद्विधानां मिथ्या भवत् असत्यं भवत् विधानं कार्यं यस्यास्तां कार्येषु अपरिणतामित्यर्थः। तथा असमः विषमः यः अहि सर्पः तस्यैव तानी विस्तारो यस्याः तादृर्शी अतिवक्रदारुणामित्यर्थः, पुनश्च भवे उत्पत्तौ श्रवणमात्र एवेत्यर्थः द्विधा द्विविधः अनः प्राणः अर्थरूपः यस्याः तथाभूताम् अर्थानामेव वाचां प्राणत्वात् इति भावः, वाचं न श्रद्दधे न विश्वसिमि। शठनायकं प्रति नायिकाया उक्तिरियम् अत्र द्वितीयतृतीयचतुर्थपादानामभ्यासः।। 65।।

सन्निति।। हे सन्! साधो! हे आहितोभानमराजसेन! न नमन्तीति अनमाः ब्राह्मणाः पचादित्वादन्! अनमानां राजा अनमराजश्चन्द्रः, उमा च अनमराजश्च तौ उमानमराजौ आहितौ स्वाङ्गधृतौ उमानमराजौ येन सः, आहितोमानमराजः शिवः तेन सेनः इनः स्वामी तेन सह वर्तमानः सेश्वर इत्यर्थः, तत्सम्बुद्धौ शैव इत्यर्थः, तथा हे अमानम! अमाना अपरिमाणा मा लक्ष्मीर्यस्य तत्सम्बुद्धौ, पुनश्च हे राजसेन! रजोगुणविकारेण मानममानम्यते इति तत्सम्बोधवं लोभाद्यनायत्तीकृत इत्यर्थः, किञ्च हे अमानामराजसेन! मानः सम्मानः सा लक्ष्मीः ते मानमे न

सन्नाहितो मानस! राजसेन सन्ना हितोऽमानसराजसेन!।।66।।

सकृद् द्विस्त्रिश्चयोऽभ्यासः पादस्यैवं प्रदर्शितः।
श्लोकद्वयंतु युक्तार्थं श्लोकाभ्यासः स्मृतो यथा।।67।।

विनायकेन भवता वृत्तोपचितबाहुना।
स्वमित्रोद्धारिणाऽभीता पृथ्वीयमतुलाश्रिता।।68।।

Thus has been shown the Recurrence once, twice and three times of *Pāda* or foot; recurrence in a compile of verses which are connected in meaning with each other is also considered (good); thus :

विनायकेन (verse 68) is repeated letter for letter as verse 69.

विद्यते मानमे यस्याः तादृशी राजसेना विपक्षराजचमूर्यस्य तत्सम्बुद्धौ। त्वं समाहितः कृतयुद्धोद्योगः सन् न राजसे न शोभसे, यतस्त्वं सन्नाहितः सन्ना अवसादं गता अहिताः शत्रवो यस्य यथोक्तः, यथा सन्ना सत्पुरुषः साधुः इत्यर्थः ततश्च हितः सर्वेषां हिते रत इत्यर्थः अतस्तव युद्धयात्रा न युज्यत इति भावः। शैवं राजानं प्रति युद्धनिवर्तकवचनम् अत्र सर्व एव पादा अभ्यस्ता।। 66।।

सम्प्रति श्लोकाभ्यासं निर्दिशति—**सकृदिति**।। एवम् उक्तप्रकारेण पादस्य सकृत् द्विः त्रिश्च यः अभ्यासः पुनरावृत्तिः स प्रदर्शितः उदाहृतः। तत्र सकृदभ्यासः पादद्वयगतः द्विरभ्यासः पादत्रयगतः, त्रिरभ्यासः पादचतुष्टयगत इति। युक्तः अर्थो यस्य एकवाक्यतापन्नमित्यर्थः श्लोकद्वयं समानानुपूर्वपदवर्णघटितं पद्यद्वितयं श्लोकाभ्यासः स्मृतः कथितः। यथेति वक्ष्यमाणोदाहरणार्थम्।। 67।।

विनायकेनेति।। हे राजन्! विनायकेन दुर्जनानां शाखा, वृत्तौ वर्तुलौ उपचितौ पीनौ बाहु यस्य तथोक्तेन स्वमित्राणां शोभनामाम् अमित्राणां शत्रूणाम् उद्धारिणा विनाशकेन तथा अतुलाश्रिता अतुलाम् अतुल्यतां केनापीति भावः व्यमयतीति तथोक्तेन निरुपमेण इत्यर्थः भवता हेतुना इयं पृथ्वी अभीता दुर्जनेभ्यो भयरहिता जाता इत्यर्थः।। 68।।

विनायकेन भवता वृत्तोपचितबाहुना।
स्वमित्रोद्धारिणाऽभीता पृथ्वी यमतुलाश्रिता।।69।।

एकाकारचतुष्पादं तन्महायमकाह्वयम्।
तत्रापि दृश्यतेऽभ्यासः सा परा यमकक्रिया।।70।।

समानयास! मानया समानयासमानया।

Where all the four feet are alike that is called *Mahāyamaka* (or the great Recurrence); if in that also there is *Abhyāsa* (or recurrence in words) then it is the highest form of Yamaka (*Yamaka Kriyā*).

Thus in समानया these letters समानया recur in each *pāda* or foot and also the four feet are all alike.

विनायकेनेति।। किञ्च अभीता युद्धाय भवत्समीपमभ्यागच्छता अभिपूर्वा-दिण्धातोः क्विपि तृतीयैकवचनम्। तव अरिणा शत्रुणा विनायकेन नायकरहितेन भवता सता वृत्तौ जातौ उपचितौ श्मशानस्थचितामारूढौ इत्यर्थः बाहू यस्य तथोक्तेन, तथा स्वमित्राणि निजबन्धून् उज्जहातीति तथाभूतेन, स्वमित्रशब्दात् उत्पूर्वकस्य जहातेः क्विपि तृतीयैकवचनम्। पृथ्वी गुर्वी यमतुला यमस्य अन्तकस्य तुला परिमाणयन्त्रं विचारस्थानम् इत्यर्थः मानयन्त्रन्यूनाधिक-त्वनिश्चयवत् कृतान्तविचारालये पुण्यपापनिश्चय इति भावः, आश्रिता प्राप्ता यमसदनं गतम् इत्यर्थः। राज्ञः स्तुतिविषयकं श्लोकद्वयमिति श्लोकाभ्यासोऽयम्।

एकेति।। एकाकारः चत्वारः पादा यत्र तत् महायमकाह्वयं महायमक संज्ञं तत्रापि महायमकेऽपि यत्र पादखण्डस्य अभ्यासः पुनरावृत्तिः दृश्यते सा परा श्रेष्ठा यमकक्रिया यमकवत् पद्यानुष्ठानमित्यर्थः।। 70।।

समानयेति।। अत्रायं पदच्छेदः समानयास, मा अनया, समानय, असमानया, समानया, समानया, समान, या समानया इति। हे समानयास! समानः यासः यत्नः यस्य तत्सम्बुद्धौ, सर्वत्र तुल्ययत्र इत्यर्थः तथा समान! समदर्शिन्! सर्वत्र आत्मवद्दर्शन इत्यर्थः असमानया निरुपमया, समानया मानवत्या समानया सम्माननीयया अनया नायिकया मा मां समानय सङ्गमय, या नायिका समानया

समानया समानया समान या समानया।।71।।

धराधराकारधराधराभुजां भुजा महीं पातुमहीनविक्रमाः।
क्रमात् सहन्ते सहसा हतारयोरयोद्धुरा भानधुरावलम्बिनः।।72।।

In धराधरा etc. we have in the first foot *Avyavahitam Ādimadhya Yamakam* in धराधरा at beginning and end of the foot; we have again, *Avyavahitam Antādi Yamakam* in the *Sandhi* or conjunction of the end of the first foot and of the beginning of the second foot, in भुजां भुजां and *Sandaṁsya Yamakam* in the second foot in मही मही; and again *Antādi Yamakam* in the *sandhi* between the second and the third foot is in क्रमाः or क्रमात; in the third foot we have again the *Yamaka* in सह and सह; we have again the *Antādi Yamaka Sandhi* between the third and fourth feet in रयो रयो; and the *Yamaka* in the fourth foot in धुरा and धुरा.

मा लक्ष्मीः शोभानयः नीतिः विद्या इत्यर्थः ताभ्यां सह वर्तमना सुन्दरी विदुषी चेत्यर्थः, अतोऽस्याः सङ्गमो अतीवादरणीय इति भावः। अत्र पादचतुष्टयाभ्यासे पादखण्डस्यापि अभ्यासात् महायमकम्।। 71।।

पूर्वं सजातीयसंमिश्रजनितप्रभेदा दर्शित इदानीं विजातीयमिश्रणोदाहरणं दर्शयति—धरेति।। धराधराकारधराः धरायाः धरः नागराजः तस्य आकारः धराधराकारः तस्य धराः अतिदीर्घा इत्यर्थः, अहीनविक्रमाः अहीनः अनल्पः विक्रमः येषां ते, अथवा अहीनस्य अहीनामीश्वरस्य विक्रम इव विक्रमो येषां तादृशाः, सहसा हतारयः हता नाशिता अरयः शत्रवः यैः तथोक्ताः रयोद्धुराः रयेण वेगेन उद्धुराः उत्कटाः अतिवेगवन्त इत्यर्थः तथा मानधुरावलम्बिनः मानस्य धुरां भारम् अवलम्बन्त इति तथाभूताः धराभुजां राज्ञां भुजाः क्रमात् महीं पातुं पालयितुं सहन्ते क्षमन्ते। अत्र प्रथमे पादे अव्यवहितमादिमध्ययमकं पादानां च सन्धिषु अव्यवहितमन्तादियमकं सन्दंशयमकञ्च। तृतीये च पादे एकवर्णव्यवहितं सह सहेति चतुर्थे च वर्णद्वयव्यवहितं धुरा धुरेति मध्ययमकम्। इत्थं बहूनां विजातीयानां सम्मिश्रणमत्र इत्यवधेयम्।। 72।।

आवृत्तिः प्रातिलोम्येन पादार्धश्लोकगोचरा।
यमकं प्रतिलोमत्वात् प्रतिलोममिति स्मृतम्।।73।।
या मताश! कृतायासा सायाता कृशता मया।
रमणारकता तेऽस्तु स्तुतेताकरणामर?।।74।।

Where the Recurrence in the reserved order of letters is seen in a *Pāda* (or foot) or half- (*Ardha-Śloka*), that Yamaka on account of its reversed order is considered *Pratilomam Yamakam* (Reserved Recurrence).

In यामताश etc. we have the sequence यामताशकृतायासा in the first foot reversed in सायाताकृशतामया as the second foot; similarity the third foot रमणारकतातेस्तु is reserved as the fourth foot स्तुतेताकरणामर (This is Reserved Recurrence in feet).

इत्थम् अनुलोमे यमकभेदानुक्त्वा इदानीं प्रातिलोम्ये दर्शयन्नाह—**आवृत्तिरिति**।। प्रातिलोम्येन वैपरीत्येन पादार्धश्लोकगोचरा पादगोचरा, अर्धगोचरा, श्लोकगोचरा च एवं त्रिविधा आवृत्तिः प्रतिलोमत्वात् प्रतिलोमं यमकम् इति स्मृतम्। तथाच यत्र पूर्वपादस्य प्रतिलोमावृत्त्या उत्तरपादः, पूर्वार्धस्य प्रतिलोमावृत्या उत्तरार्धं तथा एकस्य श्लोकस्य प्रतिलोमावृत्त्या श्लोकान्नरं निष्पद्यते तत् प्रतिलोममिति निष्कर्षः। तस्य चोक्तरीत्या त्रैथ्वध्यम्।। 73।।

पादगोचरामुदाहरति—**येति**।। हे मताश? मता ज्ञाता आशा अन्यासङ्गविषयिणी तस्य तत्सम्बुद्धौ मया या कृशता क्षीणता कृतायासा कृतः आयासः क्लेशः यया तथोक्त, सा आयाता प्राप्ता तव दुश्चेष्टितेन महान् क्लेशोऽनुभूतः इदानीमपि यथारुचि क्रियतामित्यर्थः। हे स्तुतेत! स्तुतं स्तवम् इतः प्राप्तः स्तवार्ह इत्यर्थः अथवा स्तुतात् इतः च्युतः अस्तवार्हः निन्दिताचरणात् अप्रशंसनीय इत्यर्थः तत्सम्बुद्धौ हे अकरणामर! अकरणे अकार्यानुष्ठाने अमरः देवसदृश इत्यर्थः तत्सम्बुद्धौ, देवानामकार्यकरणमहल्याजारत्वादिकं बोध्यं। तथा हे रमण! ते तव आरकता ऋच्छतीति आरकः ॠणूगतावित्यस्मात् णकप्रत्ययः। तस्य भावः आरकता यथेच्छागामिता इत्यर्थः अस्तु भवतु त्वं यां कामयसे

नादितो मदनाधी स्वा न मे काचन कामिका।
तामिका न च कामेन स्वाधीना दमनोदिना।।75।।
यानमानय माराविकशोनानजनासना।
यामुदारशताधीनामायामायमनादि सा।।76।।

In नादिनो etc. the letters of the first half-verse are reversed in the second half. (This is Reversed Recurrence in half verse).

The letters of मानमानय etc. (verse 76) appear in the reserved order in सादिना etc. (verse 77) (These two verses

---

तामेव व्रज नात्र स्थातव्यमिति भावः। मानिन्या नायकं प्रति सकोपोक्तिरियम्। अत्र प्रथमपादस्य प्रतिलोभावृत्त्या द्वितीयपादस्तथा द्वितीयस्य प्रतिलोमावृत्त्या प्रथमपादः, एवं तृतीयचतुर्थयोरपि, तेनात्र पादविषयं प्रतिलोमयकम्।। 74।।

श्लोकार्धविषयमुदाहरति—**नादिन इति**।। नादिनः नादरूपं ब्रह्म अस्यास्तीति तथोक्तस्य नादब्रह्मानुध्यानरतस्य इत्यर्थः मे मम मदनाधी मदनश्च आधिश्च तौ कामः कामजनिता मानसी व्यथा चेत्यर्थः तथा स्वा निजा काचन कामिता विषयाभिलाषश्च न विद्यते इत्यर्थः तथा दमः इन्द्रियसंयमः तं नुदति निरस्यतीति तथोक्तेन इन्द्रियसंयमध्वंसकारिणा कामेन च स्वाधीना स्वम् आत्म अधीनं यस्यास्तादृशी आत्मव्याकुलकारिणी तामिका ताम्यति अनयेति तम्धातोर्भावे णकप्रत्ययः स्त्रीत्वञ्च। ग्लानिरित्यर्थः नास्तीत्यर्थः। तथाच, कामः कामपीडा विषयाभिलाषः ग्लानिश्चेति चत्वारो मम न विद्यन्ते इति निष्कर्षः। नादोत्पत्तिश्चोक्ता सुरेश्वराचार्येण यथा सरेचपूरैरनिलस्य कुम्भैः सर्वासु नाडीषु विशोधितासु। अनाहतादम्बुरुहादुदेति स्वात्मावगम्यः स्वयमेव नाद इति। योगिनो वचनमिदम्। अत्र श्लोकार्धस्य प्रतिलोमावृत्त्या श्लोकार्धान्तरं निष्पन्नमिति प्रतिलोमयमकं श्लोकार्धविषयम्।। 75।।

श्लोकगोचरं प्रतिलोमं दर्शयति—**यानमिति**।। हे सखे! इति अध्याहार्यं, त्वं यानं वाहनं अश्वाद्यन्यतममित्यर्थः आनय। किमित्याह—यामिति। अहम् उदारशताधीनाम् उदाराणां महतां धनिनामित्यर्थः। शतम् अधीनं अस्यास्तादृशी

सा दिनामयमायामा नाधीता शरदाऽमुया।
नासनाजनना शोकविरामायनमानया।।77।।

यमकचक्रम्।

वर्णानामेकरूपत्वं यत्त्वेकान्तरमर्धयोः।

---

therefore constitute a couple of Reversed Recurrences in *ślokas).*

Thus ends the sub-section *Yamaka.*

Where the alternative letters of the half verse

यां वेश्यामित्यर्थः आयां गतवानस्मि, माराविकाशा मारः काम एव अविर्मेषः तस्य ताडनी कामिनां कामार्तिहन्त्रीत्यर्थः तथा ऊनः हीनः धनाभावादिति भावः अनः प्राणः येषां ते ऊनानाः धनहीना इत्यर्थः ते च ते जनाश्चेति ऊनानजनाः तान् अस्यति निरस्यतीति ऊनानजनासना निर्धनान् बहिष्कुर्वतीत्यर्थः सा वेश्या आयम् आगमनम् अनादि उक्ता मयेति शेषः अद्य तव सन्निधावागमिष्यामीति अभिहिता इत्यर्थः।।76।।

सापि मय्यनुरागिणीत्याह—**सेति**।। सा वेश्या अमुया उपस्थितया इत्यर्थः शरदा शरत्कालेन आधीता अधिकं मनःपीडां मद्विरहेणेति भावः इता प्राप्ता अतएव शोकविरामा शोकस्य विरहदुःखस्य विरामा अवसानं यस्याः तादृशी न भवतीति शेषः सततं विरहदुःखमनुभवतीत्यर्थः, तथा दिनामयमायामा, दिने दिवसे यः अमायः रोगः तस्य मायां छलम् अमति गच्छति प्रकाशयतीत्यर्थः दिवसे सखीनां समक्षं रोगच्छलेन विरहदुःखं गोपयन्ती तिष्ठतीत्यर्थः किञ्च नासनाजनना नास्ति आसनाया उपवेशनस्य जननं क्रिया यस्याः तथोक्त अस्थिरत्वात् विरहदुःखेनैकत्र उपविशतीत्यर्थः, पुनश्च अयनमानया अयनस्य मद्गमनस्य मानं ज्ञानं यातीति तथोक्त मदीयगमनवर्त्म निरीक्षमाणा तिष्ठतीत्यर्थः। सखायं प्रति अनुरागिण्यां वेश्यायामासक्तसेक्तिरियम्। अत्र श्लोकस्य प्रतिलोमेनावृत्त्या श्लोकान्तरपूरणात् श्लोकगोचरं प्रतिलोमयमकम्।।77।।

अथ चित्रालङ्कारान् कांश्चित् निरूपयिष्यन् प्रथमं गोमूत्रिकां निर्दिशति—**वर्णानामिति**।। अर्धयोः श्लोकस्य यथाक्रमं पूर्वाधोत्तरार्धयोः एकान्तरम्

गोमूत्रिकेति तत् प्राहुर्दुष्करं तद्विदो यथा।।78।।

म द नो म दि रा क्षी णा म पा ङ्ग स्त्रो ज ये द यम्।

\+ + + + + + + + + + + + + + + + + + +

म दे नो य दि त त्क्षी ण म न ङ्ग याञ् ज र्लि द दे ।।79।।

इति गोमूत्रिका

---

correspond then they call it *Go-mūtrikā* (or the alternate Recurrence).

Thus in मदने etc., we have the odd letters in the first half verse म, नो, दि, क्षी, म, ङ्गा, ज, and द recurring as the odd letters in the second half-verse.

Thus, ends the sub-section on *Gomūtrikā.*

एकाक्षरव्यवहितं तत् एकरूपत्वम् अभिन्नाकारत्वं दुष्करं सहसा कर्तुमशक्यं तद्विदः चित्रालङ्कारज्ञाः गोमूत्रिकां चलतो गोमूत्राकारत्वेन घटित्वात् गोमूत्रिकासंज्ञं प्राहुः। तदित्यत्र तमिति च पाठः, तदा तम् अलङ्कारमिस्त्यर्थः। गोमूत्रिका च त्रिविधा पादगोमूत्रिका, अर्धगोमूत्रिका श्लोकगोमूत्रिका च। इयन्तुः अर्धगोमूत्रिकेति वेदितव्या। यथेति उदाहरणार्थम्।। 78।।

अर्धगोमूत्रिकामुदाहरति—**मदन इति**।। अयं मदनः मदिराक्षीणां मत्तखञ्जननयनानाम् अपाङ्गमेव अस्त्रं यस्य तथाभूतः सन् यदि जयेत् मां प्रहरेत्, तत् तदा मदेनः मम पापं क्षीणं स्यादिति शेषः तदा च अनङ्गाय अहम् अञ्जलिं ददे पुष्पाञ्जलिं ददामि इत्यर्थः यदि अहं कामिनीभिः सकटाक्षमीख्ये तदा कृतार्थी भवामि इति भावः। अत्र अर्धयोर्विषमवर्णानि एकरूपाणि, यथा उत्तरार्धस्य विषमाक्षराणि पूर्वार्धस्य समाक्षराणि यथाक्रममावर्तनीयानि अपि श्लोकरूपाणि इति अर्धगोमूत्रिका। एतद्विपरीतानि अपि उदाहरणानि सम्भवन्ति तानि च मृग्याणीति।। 79।।

प्राहुरर्धभ्रमं नाम श्लोकार्धभ्रमणं यदि।
तदिष्टं सर्वतोभद्रं भ्रमणं यदि सर्वतः।।80।।

They call that *Ardha-bhrama* or Half-revolution if there is a half revolution of a verse; and that is the favourite *Sarvatobhadra* where the revolution is in all directions.

अथ अर्धभ्रमं सव्रतोभद्रञ्च निरूपयति—**प्राहुरिति**।। **श्लोकार्धभ्रमणं** श्लोकस्य अर्धेण अर्धमार्गेण अनुलोभेनेति शेषः यदि भ्रमणं भ्रमणेन पादोपस्थितिरिति यावत् तदा अर्धभ्रमं नाम चित्रं प्राहुः। यदि सर्वतः अनुलोमप्रतिलोमाभ्यां मार्गाभ्याम् इत्यर्थः भ्रमणं तदा तत् सर्वतोभद्रं नाम चित्रम् इष्टम्। तथाहि, द्विविधमिदम् अष्टाक्षरवृत्तिघटितमेव प्रायशो दृश्यते, तत्र प्रथमं चतुःषष्टिः कोष्ठानि अष्टपङ्क्तिघटितानि लेख्यानि, ततः आद्यपङ्क्तिचतुष्टये क्रमेण पादचतुष्टयवर्णा निवेशनीयाः, ततश्च निम्नपङ्क्तिचतुष्टये परावृत्त्या, सर्वतोभद्रे तु परावृत्त्या समावृत्त्या च चतुर्थादिपादलेखनम् इति भेदः। तत्र आवृत्तिक्रमस्तु अर्धभ्रमे अर्धपङ्क्तौ वामाद् दक्षिणतः, अधःपङ्क्तौ दक्षिणाद् वामतः। किञ्च, वामस्थोर्ध्वकोष्ठादधःक्रमेण दक्षिणस्य अधःकोष्ठाद् ऊर्ध्वक्रमेण च अनुलोमावृत्त्या प्रथमादिपादोपस्थितिः सर्वतोभद्रे तु दक्षिणाद् वामतः वामाद्दक्षिणतश्च ऊर्ध्वादधःक्रमेण अधस्त ऊर्ध्वक्रमेण च अनुलोमप्रतिलोमाभ्यां सर्वत आवृत्त्या पादोपस्थितिरिति बोध्यम्।। 87।।

म	नो	भ	व	त	वा	नी	कं
नो	द	या	य	न	मा	नि	नी
भ	या	द	मे	या	मा	मा	वा
व	य	मे	नो	म	या	न	त
त	न	या	म	नो	मे	य	व
वा	मा	मा	या	मे	द	या	भ
नी	नि	मा	न	य	या	द	नो
कं	नी	वा	त	व	भ	नो	म

।। 81 ।।

मनोभव etc., is an example of *Ardha-bhramaṇa* for मनोभवतवानीकं which is the first half of the first foot is formed again on the other three sides if the eight half feet are written one below the other; and in the letters of the second half verse recur in the reversed order the letters of the first half verse.

अर्धभ्रमः।

मानोभवेति।। हे मनोभव! हे नत! कामिजननमस्कृत! तव अनीकं सैन्यरूपा मानिनी इयं मानवती तव उदयाय वृद्धये नो न अपितु उदयायैव, ननु विजयिनां सैन्यम् अपराधिदण्डकं तव अत्र किमित्याह वयम् एनोमयाः पापिनः मा वा न वा, किन्तु भयात् अमेयामाः अमेयः आमः रोगः येषां तथोक्ताः, यदि च वयमनपराधिनः तथापि भृशं भयार्ता जाताः स्मेत्यर्थः।। 81 ।।

सा	मा	या	मा	मा	या	मा	सा
मा	रा	ना	या	या	ना	रा	मा
या	ना	वा	रा	रा	वा	ना	या
प्ना	या	रा	मा	मा	रा	या	मा
मा	या	रा	मा	मा	रा	या	मा
या	ना	वा	रा	रा	वा	ना	या
मा	रा	ना	या	या	ना	रा	मा
सा	मा	या	मा	मा	या	मा	सा

।। 82 ।।

सामायामा etc. is an example of *Sarvatobhadra;* for the letters सामायामा which recur in the reversed order in the first half of the first foot are again formed on the other three sides by writing down the eight half feet one below the other; and in the letters of the second half verse recur in the reversed order the letters of the first half verse.

सर्वतोभद्रम्।

सेति।। अमायामामापा, अमायस्य अकपटस्य अमस्य अपरिमितस्य आमस्य रोगस्य कामपीडाया इत्यर्थः आपः आगमनं यया तथोक्त, तथा मारानायाथानारामा मारः काम एव आनायः जालं बन्धनहेतुत्वात् इति भावः तस्य आयानेन आगमनेन आरामः प्रीतिः यस्याः तादृशी, सततकामव्यापारवता इत्यर्थः किञ्च यानावारारावा यानं विदेशगमनम् आवारयती यानावारः यानावारः आरावः वचनं यस्याः तथाभूता मम विदेशगमनं वारितवतीत्यर्थः किञ्च अनाया मस्ति नायः नीति यस्याः तादृशी मम प्रवासाकरणे कार्यहानिः भवेन्न वेति विवेकरहिता इत्यर्थः पुनश्च माया मां

यः स्वरस्थानवर्णानां नियमो दुष्करेष्वसौ।
इष्टश्चतुः प्रभृत्येषु दर्श्यते सुकरः परः।। 83।।
आम्नायानामाहान्त्या वाग्गीतीरीतीः प्रीतीर्भीतीः।
भोगो रोगो मोदो मोहो ध्येये धेच्छे देशे क्षेमे।। 84।।

This Restriction in *Svaras, Sthānas* and *Varṇas* (vowel sounds, classes of consonants and letters) which is desired in those difficult forms will be illustrated where from varieties or less are above allowed; the rest is easy (and therefore will not be illustrated here).

In आम्ना etc., we have only the form vowel sounds आ, ई, ओ and ए and are only in each foot.

लक्ष्मीं यातीति तथोक्ता अतिसुन्दरीत्यर्थः। सा रामा मत्प्रेयसी मासा चन्द्रेण अमा सह 'छायामृगधरो राजा माः' इति त्रिकाण्डशेषः। माराय मम विनाशाय, तस्याः स्मरणं चन्द्रोदयश्च सम्प्रति मां भृशं व्याकुलयतीत्यर्थः। विरहिणो वचनमिदम्।। 82।।

य इति।। दुष्करेषु मध्ये स्वरस्थानवर्णानां स्वराः आकारादयः स्थानानि कण्ठादीनि वर्णाः व्यञ्जनानि तेषां योऽसौ नियमः प्राचीनैरलङ्कारतया उक्त इति शेषः, एषु मध्ये इष्टः दुष्करत्वेन अभिमतः चतुःप्रभृति दर्श्यते चतुःप्रभृतीत्येनन चतुस्त्रिद्व्येकरूपत्वात् चत्वारो भेदा दर्श्यन्ते इत्यर्थः परः अन्यः पञ्चादिः सुकरः अतस्तदुदाहरणं यथायथं मृग्यं दुष्करसाधनार्थमेव मम प्रयास इति ध्वन्यते।

तत्र प्रथमं चतुःस्वरमुदाहरति-**आम्नायानामिति**।। आम्नायानां श्लतीनाम् अन्त्या चरमा वाक् गीतिः गानानि ईतीः अतिवृष्ट्याद्युपप्लवरूपाः, तथा प्रीतीः पुत्रदारादिषु प्रणयान् भीतीः भयङ्करीरित्यर्थः वियोगादिनेतिभावः आह ब्रवीति, अतःकारणात्भोगः सङ्गीतादिविषयोपभोगः रोगः व्याधिस्वरूपः तथा मोदः वैषयिकानन्दः मोहः अज्ञानमेव तस्मात् क्षेमे देशे पुण्यभूमौ ध्येये परमात्मनि धेच्छे धा मनःसमाधानम् इच्छा तत्प्राप्त्यभिलाषः ते विधेये इति शेषः धेच्छे

क्षितिविजितिस्थितिविहितिव्रतरतयः परगतयः।
उरु रुरुधुर्गुरु दुधुवुर्युधि कुरवः स्वमरिकुलम्।। 85।।
श्रीदीप्ती ह्रीकीर्ती धीनीती गीः प्रीती।
एधेते द्वे द्वे ते ये नेमे देवेशे।। 86।।
सामायामामाया मासा मारानायायानारामा।
यानावारारावानाया माया रामा मारायामा।। 87।।

(This is an example of *Svara-niyama*).

In क्षिति etc. we have only three vowel sounds इ, अ and उ.

In श्रीदीप्ती etc. we have only two vowel sounds and ए.

And in सामाया etc. we have only one vowel sound आ.

Thus, ends the sub-section on *Svara-niyama.*

इत्यत्र ध्येच्छे इति पाठेध्या ध्यानमित्यर्थः। अत्र आ ई ओ ए इति चतुर्भिरेव स्वरैः पद्यबन्धः विद्युन्मालावृत्तमिदम्।। 84।।

त्रिस्वरमुदाहरति–**क्षितीति**।। क्षितेः पृथिव्याः विजितिः विजयः स्थितेर्मर्यादाया विहितिः विधानं ते ए वव्रते क्षितिविजितिस्थितिवितिव्रते तयोः रतिः अनुरागो येषां तथोक्तः तथा परा उत्तमा गतिर्येषां तादृशाः कुरवः युधि युटे स्वम् अरिकुलम् उरु अत्यर्थं रुरुधुः तथा गुरु यथा तथा दुधुवुः कम्पितवन्तः। अत्र इ अ उ इति त्रिभिरेव स्वरैः पद्यबन्धः। त्वरितगतिर्वृत्तमिदम्।। 85।।

द्विस्वरमुदाहरति–**श्रीदीप्ती इति**।। श्रीः लक्ष्मीः दीप्तिः कान्तिश्च ते ह्रीः लज्जा कीर्तिश्च ते, धीर्बुद्धिः नीतिश्च ते, णीः मधुरवाक् प्रीतिश्च सन्तोषश्च ते द्वे द्वे ते तव एधेते, वर्धेते, ये इमे द्वे द्वे देवेशे देवानामीश्वरे इन्द्रे इत्यर्थः न विद्यते इति शेषः। अत्र ई ए इति द्वाभ्यामेव स्वराभ्यां पद्यबन्धः। वाणीवृत्तमिदम्।। 86।।

सेति।। पद्यमिदं सर्वतेभद्रोदाहरणत्वेन पूर्वं लिखितं व्याख्यातञ्च। आ इत्यनेनैव स्वरेण पबन्धः।। 87।।

स्वरनियमः।

नयनानन्दजनने नक्षत्रगणशालिनि।
अघने गगने दृष्टिरङ्गने! दीयतां सकृत्।। 88।।
अलिनीलालकलतं कं न हन्ति घनस्तनि!।
आननं नलिनच्छायनयनं शशिकान्ति ते।। 89।।
अनङ्गलङ्घनालग्ननानातङ्का सदङ्गना।

In नयनानन्द etc. we have only gutturals, dentals, palatalas and cerebrals which belong to the form *Sthānas Kaṅṭhya, Dantya, Tālavya* and *Mūrdhanya.* (This is *sthāna-niyama* where the reduction is to four *Sthānas*).

In अलिनीलालक etc. we have only the *Kaṇṭhya, Dantya* and *Tālavya-Sthānas* (This is *Sthānaniyama* where the restriction is to three *Sthānas*).

In अनङ्ग etc. we have only *Dantyas* and *Kaṇṭhyas* (This

अथ स्थाननियमे दर्शयितव्ये प्रथमं चतुःस्थानं दर्शयति–**नयनेति**।। हे नयनानन्दजनने अङ्गने! सुन्दरि! अघने मेघरहिते अतएव नक्षत्राणिशालिनि तारानिकरभूषिते गगने सकृत एकवारं दृष्टिः दीयतां नयनानन्दजनने इति गगने इत्यस्यापि विशेषणं सङ्गच्छते। मानिनीं सान्त्वयतो नायकस्य तादृशगगने दृष्टिपातोक्तेः कामोद्दीपकत्वादनायासेनैव मानभङ्गः स्यादिति तात्पर्यम्। अत्र दन्त्य तालव्यवकण्ठ्यमूर्धन्यैरेव वर्णैः पद्यबन्धः।। 88।।

त्रिस्थान दर्शयति–**अलीति**।। हे घनस्तनि। अलय इव नीलार अलका लता यत्र तत्, नलिनच्छाये पद्मसदृशे नयने यत्र तादृशं तथा शशिनः कान्तिरिव कान्तिर्यस्य तथाभूतं ते तव आननं कं जनं न हन्ति नाकलुलयति अपितु सर्वमेवेत्यर्थः। अत्र कण्ठ्यदन्त्यतालव्यैरेव वर्णैः पद्यबन्धः।। 89।।

द्विस्थानमुदाहरति–**अनङ्गेति**।। हे सदानघ! सदा अनघ! अपाप! व्यापारहितेत्यर्थः, तथा हे सदानन्दनताङ्ग! सदा आनन्देन गीतवादित्राद्यद्वामोदेन

सदानघ! सदानन्दनताङ्गासङ्गसङ्गतः ।। 90 ।।
अगा गाङ्गाङ्गकाकाकगाहकाघककाकहा ।
अहाहाङ्ग! खगाङ्कागकङ्कागखगकाकक! ।। 91 ।।

स्थाननियमः ।

---

is therefore *Sthāna-niyama* where the restriction is to two *Sthānas*).

In अगा etc. we have only the *Kaṇṭhyas*. (This is a *Sthāna-niyama* where the restriction is to one *Sthāna* only).

नतानि व्यापृतानि अङ्गानि यस्य तत्सम्बुद्धौ, सदङ्गना साध्वी नारी असङ्गसङ्गतः नास्ति सङ्गो येषां ते असङ्गाः दुर्जनाः तेषां सङ्गः तस्मात् अनङ्गलङ्घनेन कामपीडया लग्नाः जाताः नाना विविधाः आतङ्काः सन्देहाः यस्यां तादृशी भवति, भर्तृविरहेण सती अपि दुर्जनसङ्गेन भ्रश्यतीति भावः। तस्मात् भार्यां प्रति चिन्तय केवलं वृथामोदेनालमिति सखायं प्रति कस्यचिदुक्तिः। अत्र दन्त्यकण्ठ्यैरेव पद्यरचना।।

एकस्थानमुदाहरति–**अगा इति**।। हे गाङ्गकाकाकगाहक! गङ्गाया इदं गाङ्गं यत् कं जलं तस्य आकाकः सशब्दवक्रगतिः आङ्पूर्वात् कै शब्दे इत्यस्मात् भावे क्विपि आकाः अक कुटिलगतावित्यस्मात् भावेङ्प्रत्यये अकः आका सह अकः आकाकः तरङ्ग इत्यर्थः तं गाहते इति तथोक्तः तत्सम्बुद्धौ तथ हे अहाहाङ्ग! हाहां दीनतासूचकं ध्वनिविशेषं गच्छतीति हाहङ्गः न हाहङ्गः अहाहाङ्गः तत्सम्बुद्धौ, किञ्च हे खगाङ्कागकङ्क! खं गचछन्तीति खगाः सूर्यादयः ते अङ्काक्षिह्नानि यस्य स खगाङ्कः, स च असो अगः पव्रतश्चेति खगाङ्कागः सुमेरुरित्यर्थः तं कङ्कते गच्छतीति तथोक्तः ककिगतावित्यस्मात् अन्प्रत्ययः। तत्सम्बुद्धौ, पुनश्च हे अगखगकाकक! अभति गच्छति इति अगं नश्वरमित्यर्थः खानि इन्द्रियाणि गच्छतीति खगम्, इन्द्रियविषयं ततश्च अगं खगञ्च यत् कं सुखं तदर्थं न ककते अभिलषतीति अगखगकाकः तत्सम्बुद्धौ, इन्द्रियसुखेषु अनासक्त इत्यर्थः त्वम् अधककाकहा अघकानि पापानि एव काकाः तान् हन्तीति तथोक्तः अपापः सन् गां पृथिवीम् अगाः गतवानसि प्रदक्षिणीचकर्थेत्यर्थेः। अत्र कण्ठ्यैरेव वर्णै पद्यरचना। कस्यचिद्देशापर्यटकस्य स्तुतिरियम्।। 91 ।।

रे रे रोरूरुरूरोरुगागोगौऽगाङ्गगोऽगगुः।
किं केकाकाकुकः काको मामा मामम मामम!।। 92।।

देवानां नन्दनो देवो नोदनो वेदनिन्दिनः।
दिवं दुदाव नादेन दाने दानवनन्दिनः।। 93।।

In रे रे etc. we have only the *varṇas* रगक and म (This is Restriction to four *varṇas*).

In दैवानां etc. we have only देव and (This is Restriction to three *varṇas*).

अथ वर्णनियमे दर्शयितव्ये प्रथमं चतुर्वर्णमुदाहरति–**रे इति**।। रे रे इति नीचसम्बोधनसूचकमव्ययम्। रे रे मामम! मायां लक्ष्म्यां ममेत्यव्ययं ममता इत्यर्थः यस्य सः तत्सम्बुद्धौ, कृपण इत्यर्थः, त्वं मां मां मा इति निषेधवाचकं सम्भ्रमाद्यतिरेके द्विरुक्तिरिति, अम गच्छ, मत्समीपं मा गच्छेत्यर्थः। यतः काकः किं केकाकाकुकः भवति अपि तु नैवेत्यर्थः, केकामयूरध्वनिः तस्याः काकुः मदजनितविकारः तं कायति शब्दायते शब्देन प्रकाशयतीत्यर्थः, कै शब्दे इत्यस्मात् डप्रत्ययः न हि काको मयूरवृत्तिं लभते इति भावः, किञ्च रोरूरुरूरोरूगागोगः रोरूयते पुनः पुनरतिशयेन वा रौतीति रोरूः रौतेर्यङ्लुगन्तात् क्विप्। स च असौ रुरुर्मृगविशेषश्चेति रोरूरुरुः तस्य उरसः वक्षसः या रुक् शरवेधजनिताव्यथा सा एव आगः अपराधः पापमित्यर्थः तद् गच्छति प्राप्नोतीति तथाभूतः निरीहजीवहिंसकत्वात् पापीयांस्त्वं न मे योग्य इति भावः। पुनश्च त्वम् अगाङ्गगः अगस्य पर्वतस्य अङ्गम् एकदेशं गच्छति अधिवसतीत्यर्थः तथोक्तः पार्वत्य इत्यर्थः, तथा अगगुः न गच्छति न सङ्गच्छते इति अगा असम्बद्धा इत्यर्थः गौः वाणी यस्य तादृशः असम्बद्धभाषीत्यर्थः अतस्त्वं न मे योग्य इति भावः। वाराङ्गनामभिलषन्तं कञ्चत् व्याधकुमारं प्रति तस्याः प्रत्याख्यानोक्तिरियम्। अत्र र क ग म इति चतुर्भिरेव वर्णैः पद्यबन्धः। वर्णपपदेन च पद्यपूरकवर्णानां ग्रहणं, तेन अङ्गेति ङकारयोगेऽपि न चातुर्वर्ण्यव्याघातः, तस्य पद्यपूरकत्वाभावात्।। 92।।

त्रिवर्णमुदाहरति–**देवानामिति**।। देवानाम् इन्द्रादीनां नन्दनो दैत्यदमनात् प्रीतिजननः, तथा वेदनिन्दिनो वेदनिन्दकस्य नास्तिकजनस्य नोदनः निरासकः

सूरिः सुरासुरासारिसारः सारससारसाः।
संसारं सरसीः सीरी ससूरुः स सुरारसी।। 94।।
नूनं नुन्नानि नानेन नाननेनाननानि नः।
नाऽनेना ननु नाऽनूनेनैनेनानानिनो निनीः।। 95।।

वर्णनियमः।

सूरिः etc. is an example of a verse containing only two *varṇas* स and र.

नूनं etc. is an example of a verse containing only one *varṇa* न.

Thus ends the the sub-section on *Varṇa-niyama.*

देवः नृसिंहरूपी भगवान्, दानवान् नन्दयति त्रिभुवनविजयेन सन्तोषयतीति तथोक्तय दानवनन्दिनः हिरण्यकशिपोः दाने वक्षोविदारणे दोय खण्डने इत्यस्मात् अनट्प्रत्ययः। नादेन सिंहनादेन दिवम् अन्तरिक्षं दुदाव तापितवान्। अत्र दवन इति त्रिभिरेव वर्णैः पद्यबन्धः।। 93।।

द्विवर्णमुदाहरति—**सूरिरिति**।। सूरिः विद्वान् तथा सुरासुरासारिसारः सुरान् असुरांश्च आसरति आस्कन्दति इति तथोक्तः सारो बलं यस्य तादृशः, किञ्च ससूरुः शोभनौ ऊरू सूरू ताभ्यां सहितः वामोरुरित्यर्थः, पुनश्च सुरारसी सुरायां रसः आस्वादः अनुराग इत्यर्थः विद्यते अस्येति सुरारसी स प्रसिद्धः सीरी सीरं लाङ्गलमस्यास्तीति तथोक्तः बलदेवः सारससारसाः आरसेन शब्देन सह वर्तमानाः सारसाः पक्षिविशेषः यासु ताः सरसीः ससार जलक्रीडार्थं गतवान्। बलदेवस्य जलक्रीडाप्रकरणोक्तं पद्यमिदम्। अत्र द्वाभ्यामेव स र इति वर्णाभ्यां पद्यबन्धः।। 94।।

एकवर्णमुदाहरति—**नूनमिति**।। अनने प्रबलेन एनेन अ इनः प्रभुः एनः तेन अप्रभुणा सामान्यशत्रुणा इत्यर्थः अनेन आननेन मुखेन भ्रकुटिमतेति भावः करणेन नः अस्माकम् अनानि प्राणाः नूनं निश्चितं नुन्नाति अपनीतानि न च अपितु नुन्नान्येव अस्य भ्रूभङ्गिं दृष्ट्वैव वयं मृता एव का कथा सम्प्रहारे इति भावः। ननु तथापि इत्यर्थः इनः ना पुरुषः अस्माकं प्रभुरित्यर्थः अनान् प्राणान्

इति दुष्करमार्गेऽपि कश्चिदादर्शितः क्रमः।
प्रहेलिकाप्रकाराणां पुनरुद्दिश्यते गतिः।। 96।।

क्रीडागोष्ठीविनोदेषु तज्ज्ञैराकीर्णमन्त्रणे।
परव्यामोहने चापि सोपयोगाः प्रहेलिकाः।। 97।।

Thus has been exhibited a series (of verses) even in this difficult mode.

Next, the mode of the *Prahelikās* (or Amusing Riddles) will be illustrated.

Prahelikās are useful in the entertainments of sportive assemblies; and by those who know them for the purpose of secret consultation in a crowd and for setting riddles to others.

निनीः नेतुमिच्छतीति नीधातोः सनन्तात् क्विपि प्रथमैकवचनम्। रक्षितुमिच्छुः सनिन्त्यर्थः, न अनेनाः अपापः न भवति, शत्रुविजितस्य युद्धे मरणं जीविताद् वरमिति अतोऽनेन यथाशक्ति युद्धं कर्तव्यमिति भावः। रिपुपराजितस्य कस्यचित् नृपसैन्यस्य देन्योक्तिरियम्। अत्र नकाररूपवर्णैरेव पद्यबन्धः।। 95।।

अथ प्रहेलिकां निर्दिशति—**इतीति**।। इति उक्तप्रकारेण दुष्करमार्गे चतुस्त्रिद्व्येकरूपनियमेऽपि कश्चित् अल्पमात्र इत्यर्थः क्रमः नियमः आदर्शितः उदाहृतः, एतावता अन्येऽपि दुष्कराश्चित्रालङ्काराः पद्यबन्धादयः प्राचीनोक्ताः ग्रन्थविस्तारभयेन नात्रोक्ताः ग्रन्थान्तरतः ते ज्ञातव्या इति भावः, पुनः इदानीं प्रहेलिकानां प्रकाराणां विशेषाणां गतिः नियमः उद्दिश्यते निरूप्यते। तल्लक्षणन्तु सामान्यत उक्तम्। यथा, 'प्रहेलिका तु सा ज्ञेया वचः संवृतिकारि यदि'ति।। 96।।

यदि च प्रहेलिकाया यमकादिवत् शब्दार्थोपस्कारकत्वेन रसानुगुण्याभावात् नालङ्कारत्वं, यदुक्तं 'रसस्य परिपन्थित्वात् नालङ्कारः प्रहेलिके'ति, तथापि अस्या उपयोगित्वमाह—**क्रीडेति**।। क्रीडागोष्टीषु विहारसभासु ये विनोदाः प्रमोदाः तेषु विषये तज्ज्ञैः प्रहेलिकाभिज्ञैः सह आकीर्णे जनसङ्कुले देशे यत् मन्त्रणं गुप्तभावेनाः परस्परसंलापः तस्मिन्, तथा परस्य व्यामोहने विशेषरूपेण, अर्थावबोधवशेन

आहुः समागतां नाम गूढार्थां पदसन्धिना।
वञ्चितान्यत्र रूढेन यत्र शब्देन वञ्चना।। 98।।
व्युत्क्रान्तातिव्यवहितप्रयोगान्मोहकारिणी।
सा स्यात् प्रमुषिता यस्यां दुर्बोधार्था पदावली।। 99।।
समानरूपा गौणार्थारोपितैर्ग्रथिता पदैः।

They call that, *Samāgata* where by the coalescence of words the meaning is hidden; *Vañcana* is where in the apparent meaning of the word, the real meaning is lost.

Vyuktrānta is where confusion is caused by the employment of connected words at great distances from one another; *Pramuṣita* is where a sequence of words does not easily convey its meaning.

Samānarūpa is where the sentence is strong with words in their derivative meanings (*Gauṇārtha*); *Paruṣa* is where

मनसः व्याकुलतायाम् अथवा परस्य बोधव्यव्यतिरिक्तस्य जनस्य व्यामोहने अवरोधनिराकरणे विषये प्रहेलिकाः सोपयोगाः सप्रयोजनाः उपकारिण्य इत्यर्थः तस्मात् अस्या उपयोगित्वे अलङ्कारत्वम् अन्यत्र दोषावहत्वमिति बोध्यम्।

अस्या भेदान् क्रमेणाह—**आहुरिति**।। पदसन्धिना पदयोः सन्धिनो सान्निध्य-जनितसन्धिकार्येण गूढः दुर्बोधः अर्थो यत्यास्तां समागतां नाम प्रहेलिकामाहुः, अन्यत्र यत्र विवक्षितार्थभिन्नस्थले रूढेन प्रसिद्धेन शब्देन या वञ्चना प्रतारणा सा वञ्चिता वञ्चिताख्या प्रहेलिकेत्यर्थः।। 98।।

व्युत्क्रान्तेति।। अतिव्यवहितानां पदानां प्रयोगात् मोहकारिणी अर्थावबोध-वैधुर्यविधायिनी या सा व्युत्क्रान्ता नाम, यस्याञ्च पदावली पदानीत्यर्थः दुर्बोधः अर्थो यस्दास्तादृशी प्रमुषिता नाम प्रकषेण बुद्धेर्मुषितत्वादित्यर्थः। वञ्चितायान्तु एकं पदं दुर्बोधार्थमिह तु पदानीत्यनयोर्भेदः।। 99।।

समानरूपेति।। गौणार्थेन लाक्षणिकार्थेन आरोपितैः उपचारितैः पदैः ग्रथिता विरचिता या सा समानरूपा नाम सादृश्यनिबन्धनत्वादित्यर्थः लक्षणस्य सूत्रस्य

परुषा लक्षणास्तित्वमात्रव्युत्पादितश्रुतिः ।। 100 ।।

सङ्ख्याता नाम सङ्ख्यानं यत्र व्यामोहकारणम् ।
अन्यथा भासते यत्र वाक्यार्थः सा प्रकल्पिता ।। 101 ।।

सा नामान्तरिता यस्यां नाम्नि नानार्थकल्पना ।
निभृता निभृतान्यार्था तुल्यधर्मस्पृशा गिरा ।। 102 ।।

---

words are made to bear meanings which can possibly be ascribed to them by their derivations.

Saṅkhyātā is where the *Saṅkhyānāṁ* or enumeration is the cause of confusion; when the passage indicates a different meaning then it is *Prakalpitā* (or assumed meaning).

Where various meanings are indicated in a name, then it is *Nāmāntaritā* (or Hidden Names); *Nibhṛtā* is where, by a word indicating a similar characteristic, another meaning is borne.

अस्तित्वमात्रेण लक्षणानुसारेण न तु शक्ताशक्तविवेचनया इत्यर्थः व्युत्पादिता श्रुतिः शब्दः यत्र तादृशी या सा परुषा नाम अशक्तिनिबन्धनत्वेन श्रोत्रयोः पारुष्यावबोधादिति भावः ।। 100 ।।

संख्यातेति ।। यत्र संख्यानं वर्णगणना वा संख्यावाचकशब्दः व्यामोहस्य अर्थावबोधवैधुर्यस्य कारणं सा संख्याता नाम, यत्र वाक्यार्थः अन्यथा भासते आपाततः प्रतीयमानादर्थात् अन्यरूपः प्रतीयते सा प्रकल्पिता नाम ।। 171 ।।

सेति ।। यस्यां नास्ति संज्ञाविषये नानार्थकल्पना नानार्थानां बहूनामर्थानां कल्पना सा नामान्तरिता नाम, यस्याञ्च तुल्यधर्मस्पृशा प्रस्तुताप्रस्तुतयोः साधारणधर्मं स्पृशन्त्या गिरा वाचा निभृतः गोपितः अन्यः अपरः अर्थो यत्र सा निभृता नाम । अस्याश्च साधारणधर्मबलेन विषयस्य सूचनात् समासोक्ति मूलता बोध्येति ।। 102 ।।

समानशब्दोपन्यस्तशब्दपर्यायसाधिता ।
संमूढा नाम या साक्षान्निर्दिष्टर्थाथ्य मूढये ।। 103 ।।
योगामालात्मिका नाम या स्यात् सा परिहारिका ।
एकच्छन्नाश्रितं व्यक्तं यस्यामाश्रयगोपनम् ।। 104 ।।

Samāna-śabda is where, by the words used, the meanings of other words having the same meanings are obtained; *Saṁ-mūḍha* is where, even when the meaning intended is directly indicated, the words used cause comparison.

Where the ordinary meaning is averted (and the etymological meaning is intended) in a series of compound words, then it is *Yogāmālātmikā; Ekacchannāśritam* is where *Āśraya* or a container is hidden and the contained is obvious.

समानशब्देति ।। उपन्यस्तेन उक्तेन शब्दानां प्रकृतार्थावबोधकपदानां पर्यायेण नामान्तरेण साधिता विरचिता समानशब्दा नाम, अत्र च लक्षणया एकार्थशब्दस्यैव ग्रहणं न तु अभिधालभ्यार्थस्य, तथात्वे संवरणीयत्वाभावेन प्रकृतानुपयोगित्वादिति ध्येयम्। या साक्षात् अभिधायकशब्देन निर्दिष्टः निरूपितः अर्थो यत्र तादृशी अपि मूढये व्यामोहय भवतीति शेषः, सा संमूढा नाम ।। 103 ।।

योगमालेति ।। या योगानां यौगिकपदानां माला समूहो यस्यां सा परिहारिका नाम स्यात् परिहरति झटित्यर्थबोधं वारयतीति व्युत्पत्त्या तथा व्यपदेशः शक्तिलभ्यार्थात् यौगिकार्थस्य नानाकष्टकल्पनामूलत्वेन सहसावबोधविरहादिति भावः। यस्याम् आश्रितम् आधेयं व्यक्तं स्फुटम् आश्रयस्य आधारस्य तु गोपनं सा एकच्छन्ना नाम ।। 104 ।।

सा भवेदुभयच्छन्ना यस्यामुभयागोपनम्।
सङ्कीर्णा नाम सा यस्यां नानालक्षणसङ्करः।। 105।।

एताः षोडश निर्दिष्टाः पूर्वाचार्यैः प्रहेलिकाः।
दुष्टप्रहेलिकाश्चान्यास्तैरधीताश्चतुर्दश ।। 106।।

दोषानपरिसङ्ख्येयान् मन्यमाना वयं पुनः।
साध्वीरेवाभिधास्यामस्ता दुष्टा यास्त्वलक्षणाः।। 107।।

Where both (the container and the contained are hidden or obscured, then it becomes *Ubhayācchanna* (or Both Hidden); *Saṅkīrṇa* is where there is a mixture of different *Lakṣaṇas* (or characteristics).

Thus by the early *Ācāryas* (grammarians) have been indicated these sixteen varieties of *Prahelikās;* and by them fourteen other erroneous types of *Prahelikās* have also been studied.

But as we consider the *doṣas* or errors are innumearble, we will illustrate only the good and acceptable types (of *Prahelikās*); those which are erroneous have no definite characteristics.

सेति।। यस्याम् उभयस्य आधेयस्य आधारस्य च गोपनं सा उभयच्छन्ना नाम भवेत् उभयोरपि निभृतत्वात्, यस्यां नानालक्षणानाम् उक्तानां प्रहेलिका भेदकलक्षणानां सङ्करः साहित्येनावस्थितिः सा सङ्कीर्णा नाम।। 105।।

एता इति।। एताः समागतप्रभृतयः षोडश प्रहेलिकाः पूर्वाचार्यैः निर्दिष्टाः अदुष्टत्वेन कथिता इत्यर्थः, तैः पूर्वाचार्यैरेव अन्याः चतुर्दश दुष्टाः प्रहेलिकाः च्युताक्षरादिकाः अधीताः पठिता सदोषत्वेन कीर्तिता इत्यर्थः।। 106।।

यदिच दुष्टाः प्रहेलिकाः पूर्वाचार्यैरुक्तास्तथाप्यस्माकं न तास्वभिरुचिरित्याह—
दोषानिति।। वयं पुनः अपरिसंख्येयान् बहून् दोषान् मन्यमानाः जानन्तः सन्तः साध्वीरेव उत्कृष्टा एव निर्दोषा एव प्रहेलिकाः अभिधास्यामः उदाहरिष्यामः।

न मयागोरसाभिज्ञं चेतः कस्मात् प्रकुप्यसि।
अस्थानरुदितैरेभिरलमालोहितेक्षणे! ।। 108 ।।

कुब्जामासेवमानस्य यथा ते वर्धते रतिः।
नैवं निर्विशतो नारीरमरस्त्रीविडम्बिनीः ।। 109 ।।

Wherefore do you get angry? You whose eyes are reddenned! enough of these in-appropriate wailings; my heart is not set on milk. (Here the words मयागोरसाभिज्ञं is to be split into मया आगोरसाभिज्ञं and the latter word will then mean, "not set on sinful happiness." This is therefore an example of *Samāgata Prahelikā*).

Your enjoyment increases so much when you enjoy the hump-back woman; such enjoyment is not had by you when enjoying women who are with the celestial damsels.

यास्तु अलक्षणाः पूर्वोक्तलक्षणानन्तर्भूताः दुष्टाः सदोषाः, तासामुदाहरणे न मम प्रयास इति भावः।। 107 ।।

अत्र समागतामुदाहरति—**नेति**।। हे आलोहिताक्षणे! आरक्तनयने! कोपादिति भावः, मया ममेत्यर्थः षष्ठ्यर्थे तृतीया। चेतः गोरसस्य दुग्धादेः अभिज्ञं रसज्ञं, न, दुग्धादिकं मया न हृतमित्यर्थः, कस्मात् प्रकुप्यसि, एभिः अस्थानरुदितैः अकारणरोदनैः अलम् इति सहजोऽर्थः संवृतिकारकः गूढार्थस्तु मे चेतः आगसः अपराधस्य नायिकान्तरसङ्गरूपस्य रसस्य प्रमोदस्य अभिज्ञं न नाहम् अन्यां कामये कथं तवेदृशो मान इति अत्र मे आगोरसाभिज्ञमिति सन्धिसूत्रेण एकारस्य आयादेशेन मयागोरसाभिज्ञमिति निष्पन्नत्वात् प्रकृतार्थस्य संवरणम्। काञ्चित् गोपी प्रति श्रीकृष्णस्य जनसमाजे उक्तिरियम्।। 108 ।।

वञ्चितामुदाहरति—**कुब्जामिति**।। कुब्जां भुग्नपृष्ठां कामपि नारीम् आसेवमानस्य उपभुञ्जानस्य ते तव यथा रतिः सन्तोषः वर्धते, अमरस्त्रीविडम्बिनीः सुरकामिनीसदृशोः अन्याः नारीः निर्विशतः उपभुञ्जानस्य एवं रतिः न वर्धते इति सहजोऽर्थः गूढार्थस्तु कुब्जां कान्यकुब्जनगरीं तन्नत्यनारीं वेत्यादि। अत्र

दण्डे चुम्बति पद्मिन्यो हंसः कर्कशकण्टके।
मुखं वल्गुरवं कुर्वस्तुण्डेनाङ्गानि घट्टयन्।। 110।।
खातयः कनि! काले ते स्फातयः स्फार्हवल्गवः।
चन्द्रे साक्षाद्भवन्त्यत्र वायवो मम धारिणः।। 111।।

(This is the apparent meaning; कुब्जा however is used here to indicate a girl of Kānyakubja or Canany; this is therefore *Vañcana).*

The swan embracing with its limbs the lotus-stalk, which has a rough surface kisses with its beak the face of the lotus plain)—(Here the words पद्मिन्याः कर्कशकण्टके दण्डे अङ्गानि घट्टयन् which go together are separated. मुखं तुण्डेन चुम्बति is similarly disjointed. These cause confusion. Therefore, this is *Vyutkakrānta*.

O maiden! the anklets which tinkle pleasingly on you attractive feet are many and they sustain my life. (Here rare words like कनिः, स्फतिः, स्फार्हवल्गु are used and the words काल चन्द्र and वायु are used in their etymological meanings. This is therefore *Pramuṣitā*).

कुब्जाशब्दो भुग्नपृष्ठनार्यामेव प्रसिद्धः अन्यत्र तु नेत्यप्रसिद्धार्थस्य प्रतिपादनम्। कान्यकुब्जनगरीं वा तत्रत्यनारीं प्रति अनुरक्तजने उक्तिरियम्।। 109।।

व्युत्क्रान्तामुदाहरति—**दण्डे इति**।। हंसः कर्कशकण्टके पद्मिन्या दण्डे नाले अङ्गानि घट्टयन् वलूगुरवं मनोज्ञं नादं कुर्वन् पद्मिन्या मुखं चुम्बतीत्यन्वयः। अत्रान्यवयबोधे आसत्तेर्व्यतिक्रमः।। 110।।

प्रमुषितां दर्शयति—**खातय इति**।। हे कनि! कुमारि 'कन्या कनौ कुमारी चे'ति हेमचन्द्रः। ते तव काल्यते क्षिप्यते इति कालः पादः तस्मिन् कल प्रेरणे इत्यस्य घञन्तस्य रूपं स्फातयः स्फाः वृद्धिः तस्य अतिः गतिःयत्र ते स्फीता इत्यर्थः बहव इति यावत् अतसातत्यगतावित्यस्य क्विपप्रत्ययान्तरस्य रूपम्। खातयः खम् आकाशं तस्यायं गुणः खः खशब्दादिदमर्थे ष्णः। अतिर्गतिः। खस्य अतिः येषु ते नूपुरादयोऽलङ्काराः इत्यर्थः। स्फार्हवल्गवः स्फां स्फीतताम्

अत्रोद्याने मया दृष्टा वल्लरी पञ्चपल्लवा।
पल्लवे पल्लवे ताम्रा यस्यां कुसुममञ्जरी।। 112।।
सुराः सुरालये स्वैरं भ्रमन्ति दशनार्चिषा।

There was seen by me in this garden a creeper with five tendrils; and in each of the whose tendrils there was a red cluster of flowers (This is *Samānarūpa* because by *garden creeper* and *tendril* and bunch of flowers are indicated a girl, her arm and fingers and the finger nails which have a similar form or *Samānarūpa*).

Vendors of wines, by the brilliant white teeth guided, wander freely in the liquor-shop, making pleasant sounds and now intoxicated they seem to be immersed in the ocean of wine. (Here the words सुराः सुरालये etc., are not used

---

अर्हन्तीति स्फार्हाः प्रभूताः वल्गवः वल्गनात् चलनात् जाताः ध्वनय इत्यर्थः ततश्च स्फार्हा वल्गवः येषां तथोक्ताः भवन्तीति शेषः, चन्दति आह्लादयति इति चन्द्रे तस्मिन् नूपुराद्यलंकृते सिञ्चितवति तव पादे साक्षात् प्रत्यक्षीकृत इत्यर्थः मम वायवः प्राणाः धारिणः सुस्थिरा भवन्ति। अत्र अप्रसिद्धैः बहुभिः पदैः प्रकृतार्थस्य संवरणात् प्रमोषणम्।। 111।।

समानरूपां दर्शयति—**अत्रेति**।। अत्र उद्याने मया पञ्चपल्लवा वल्लरी लता दृष्टा, यस्यां कुसुममञ्जरी पल्लवे पल्लवे प्रतिपल्लवमित्यर्थः। ताम्रा रक्ता। अत्र नायिका काचित् उद्यानत्वेन अध्यारोपिता तस्या बाहुः वल्लरीत्वेन, अङ्गुलयः पल्लवत्वेन, नखाश्च कुसुममञ्जरीत्वेन। तेषाञ्च ताम्रत्वं रक्तङ्गुलिप्रभयेति बोध्यम्। अत्र पदानां गौणार्थारोपितत्वम्।। 112।।

परुषां दर्शयति—**सुरा इति**।। सुरा शोभना राः शब्दो गीतध्वनिरिति यावत् येषां ते रै शब्दे इत्यस्य क्विबन्तस्य रूपम् शोभनं गायन्तः इत्यर्थः सुरापा इति कर्तृपदमूह्यम्। तथा दशनार्चिषा हास्येन विवृतास्यतया दन्तकिरणेनोपलक्षिताः सन्तः सम्प्रति सौरे सुरामये सरसि मज्जन्तः अतएव मत्ता इव सुरालये शुण्डिकालये

मज्जन्त इव मत्तास्ते सौरे सरसि सम्प्रति।। 113।।

नासिक्यनध्या परितश्चतुर्वर्णविभूषिता।
अस्ति काचित् पुरी, यस्यामष्टवर्णाह्वया नृपाः।। 114।।

गिरा स्खलन्त्या नम्रेण शिरसा दीनया दृशा।

---

in their ordinary sense but only in etymological meanings which could be derived by rare derivations only. Hence, this is *Paruṣa*).

With a nasal in the middle and with the two sides adorned by four (*varṇas* or) letters, there is a certain town whose kings are called *Aṣṭavarṇa*. (Here by the enumeration of four, eight etc. confusion is caused. This is *Sambhyata*).

O Goddess of wealth! you do not pity me who stand quaking with fear with my voice tremulous, with bowed head and with pitiful eyes. (This is *Prakalpitā* because to

---

स्वैरं भ्रमन्ति। सुरा इति पदं देवतावाचकमेव अनुशासनबलात् मुखरगायके प्रयुक्तम् इति पारुष्यम्।। 113।।

संख्यातामुदाहरति–**नासिक्यमध्येति**।। नासिक्यः नासिकायां भवः अकार इत्यर्थः स मध्ये यस्याः सा मध्यस्थअकारा इत्यर्थः तथा परितः उभयतः चतुर्भिः वर्णैः विभूषिता विरचिता आदौ द्वौ वर्णौ अन्ते च द्वौ मध्ये अकार एवं रूपा इति यावत् काचित् पुरी नगरी काञ्चीत्यर्थः अस्ति, यस्यां नृपाः राजानः अष्टवर्णाह्वयाः अष्टाभिर्वर्णैः निबद्धः आह्वयः आख्या येषां तादृशाः पुण्ड्रका इति ख्याता इति प्रसिद्धिः। पुण्ड्रकशब्दश्च प उ ण ड र अ क अ इत्यष्टभिर्वर्णैर्निबद्ध इति चतुरष्टभिर्वर्णैः संख्यावाचकैर्वा मोहनम्।। 114।।

प्रकल्पितां दर्शयति–**गिरेति**।। हे वृद्धे! स्थविरे! स्खलन्त्या गिरा वाचा, नम्रेण शिरसा दीनया कातरया दृशा चक्षुषा चोपलक्षितापि त्वं विशेषणे तृतीया। सोत्कम्पं सभयं तिष्ठन्तमपि मां नानुकम्पसे न दयसे! सहजोऽर्थः, गूढार्थस्तु हे

तिष्ठन्तमपि सोत्कम्पं वृद्धे! मां न नुकम्पसे।। 115।।
आदौ राजेत्यधीराक्षि! पार्थिवः कोऽपि गीयते।
सनातनश्च, नैवौसौ राजा नापि सनातनः।। 116।।
हृतद्रव्यं नरं त्यक्त्वा धनवन्तं व्रजन्ति काः।

वृद्धा is to be given the other meaning "Goddess of wealth" and the meaning "old lady.")

Girl who has tremulous eyes! a certain king is at the beginning celebrated in song as *Rājā* and as *Sanātana* but he is neither king or eternal (Here what is intended is a tree known as *Rājatanam;* its name is uttered with 'Rājā' at the beginning and it has तन, *i.e.* has not अतन and it is therefore सनातन but it is neither *Rājā* nor *Sanātana* This is an example of *Nāmāntaritā.*

Certain persons go to the rich man leaving him who is deprived of wealth, and they are difficult to be controlled

---

वृद्धे! हे लक्ष्मि! 'ऋद्धिः सिद्धिलक्ष्म्यौ वृद्धैरप्याह्वया इमे' इत्यमरः। अन्यं समानम्! अत्र प्रथमं प्रतीयमानादर्थात् अपरार्थकल्पना।। 115।।

नामान्तरितां दर्शयति—**आदाविति**।। हे अधीराक्षि! चञ्चलनेत्रे! कोऽपि पार्थिवः पार्थिवशब्दप्रतिपाद्यः आदौ तथा स सनातनश्च गीयते, किन्तु असौ नैव राजा भूपतिः नापि सनातनः नित्य इत्यर्थः। इति प्रश्नार्थः सहजः उत्तरार्थस्तु राजातनवृक्षरूपः गूढः। तथाहि, राजातनशब्दस्यादिः राजा अथच सपार्थिवः पृथिवीविकारजः, स च नातनः अतनः तनशब्दरहितो न भवतीति नातनः मिलित्वा राजातनो भवति। राजातनशब्देन प्रियालवृक्ष उच्यते। यथा, 'राजातनं प्रियालः स्यादि' त्यमरः। अत्र राजातनेति नाम्नि वक्तव्ये नानार्थनामकल्पनम्। लक्षणे नामपदं वस्तुमात्रपरत्वेन विवक्षितं तेन 'तरुण्यालिङ्गितं कण्ठे नितम्बस्थलमाश्रितः। गुरूणां सन्निधानेऽपि कः कूजति मुहुर्मुहुः' इत्यत्र सजलकुम्भरूपवस्तुनि प्रतिपाद्ये नानार्थकल्पनान्नामान्तरिता इति बोध्यम्।। 116।।

निभृतामुदाहरति—**हृतद्रव्यमिति**।। नानाभङ्गिभिः बहुविधविलासचेष्टितैः समाकृष्टाः लोकाः याभिः तथोक्ताः तथा दुर्धराः दुःखेन ध्रियमाणाः कथञ्चिदपि

नानाभङ्गिसमाकृष्टलोका वेश्या न दुर्धराः।। 117।।

जितप्रकृष्टकेशाख्यो यस्तवाभूमिसाह्वयः।

स मामद्य प्रभूतोत्कं करोति कलभाषिणि!।। 118।।

---

and they draw the world after them by divers gestures. But they are *Veśyas* (or prostitutes). In this verse the words हृतद्रव्यं नरं and धनवन्तं indicate a mountain and the ocean and नानाभङ्गिसमाकृष्टलोका and दुर्धराः refer to rivers. This is therefore *Nibhṛta*).

Lady of delightful speech! that which is called the conqueror of excellent hair (कश's Paryāya is वाल and प्रकृष्टकेश is therefore प्रवाल or pearl which is conquered or subdued by the lower lip) and that which is called 'not eaten' (भूमि has as its Paryāya धरा and अभूमि साह्वय is therefore अधर the lower lip) your lower lip creates a great longing in the me to-day. (This is an example of *Samānaśabda*).

अवश्याः काः हृतानि द्रव्याणि यस्य तादृशं नरं त्यक्त्वा धनवन्तं व्रजन्ति? वेश्या न वेश्या मम प्रश्नविषया नेत्यर्थः सहजः। संवरणीयार्थस्तु नाना विविधा भङ्गास्तरङ्गाः सन्त्यस्मिन्निति नानाभङ्गि जलं तेन समाकृष्टा लोका अवतरणोत्सुका जना याभिस्ताः दुर्धराः धरात् पर्वतात् दुःखेन गताः कष्टेन निर्गता इत्यर्थः हृतानि स्रोतोवेगेन ध्वंसितानि द्रव्याणि पार्वतीयानि यस्य तं नरं नरसदृशम् आश्रयभूतं पर्वतमित्यर्थादायातं त्यक्त्वा धनवन्तं रत्नाकरं व्रजन्ति। अत्र विशेषणसाधारण्यात् एकतरनिषेधे अन्यतरप्रतीतिर्युक्तेति नद्य इति प्रश्नविषयोऽर्थः। अस्य तुल्यविशेषण- प्रतीतौ वाचकशब्दानुपादानात् निभृतात्वमित्यपि बोध्यम्।। 117।।

समानशब्दां दर्शयति—**जितेति**।। हे कलभाषिणि मधुरभाषिणि। प्रकृष्टस्य केशस्य आख्या नाम प्रवालः, जिता प्रकृष्टकेशाख्या येन सः यः तव भूमिर्धरा नास्ति भूमिर्यस्य सः अधरः तत्साह्वयः तस्य समाननामा ओष्ठा इत्यर्थः, सः अद्य मां प्रभूतोत्कम् अत्युत्सुकं करोति प्रवालसदृशस्तवाधरो मां व्यर्थयतीत्यर्थः। अत्र प्रकृष्टकेशाख्या अभूमिशब्दश्च लक्षितलक्षणया प्रवालाधरौ बोधयत इति प्रकृतस्य समानशब्देनोपस्थितेः समानशब्देयम्।। 118।।

शयनीये पारवृत्य शयितौ कामिनौ क्रुधा।
तथैव शयितौ रागात् स्वैरं मुखमचुम्बताम्।। 119।।
विजितात्मभवद्वेषिगुरुपादहतो जनः।
हिमापहामित्रधरैर्व्याप्तं व्योमाभिनन्दति।। 120।।

The two lovers lay on the bed in anger turning away from each other and so lying (on their bed) kissed (each other's) face freely on account of love. (This is *Saṁmūḍha* as, although by तथैव is indicated only that they lay together on the bed and not that they continued to have their faces turned away fro meach other, the sentence is still perplexing in its meaning).

This person tormented by the heat of the Sun welcomes the cloud-covered sky (Here विजितात्मभवद्वेषिगुरुपादहतः means tormented हतः by the rays पाद of the father गुरु of the enemy द्वेषि of the son आत्मभव of the conqueror. जितः of the bird Garuḍa वि; Similarly हिमापहामित्र means water which is the enemy अमित्र of the remover Agni, अपह of the snow हिम. This is therefore *Parithārikā*).

संमूढां दर्शयति—**शयनीये इति**।। कामिनी क्रुधा कोपेन परावृत्त्य शयनीये शय्यायां शयितौ रागात् तथैव शयितौ सन्तौ स्वैरं स्वच्छन्दं मुखम् अचुम्बताम्। अत्र क्रुधा परावृत्त्य शयितयोः स्वैरं मुखचुम्बनस्य दुर्घटत्वादापाततो मोहः पर्यवसाने तथैव शयिताविति पुनः परावृत्त्य पार्श्वान्तरेण शयितयोः सम्मुखीनत्वात् मुखचुम्बनं सुघटमेवेति संमूढेयम्।। 119।।

परिहारिकां दर्शयति—**विजितेति**।। विना पक्षिणा गरुडेनेत्यर्थः, जितः इन्द्र इत्यर्थः तस्य आत्मभवः पुत्रः अर्जुन इत्यर्थः, तस्य द्वेषी शत्रुः कर्ण इत्यर्थः, तस्य गुरुः पिता सूर्य इत्यर्थः, तस्य पादैः किरणैः इतः सन्तप्तः जनः हिमम् अप-हन्तीति हिमापहः अग्निः तस्य अभित्राः शत्रवः जलानि इत्यर्थः, तेषां धराः अम्भोधराः तैः व्याप्तं व्योम आकाशम् अभिनन्दति। अत्र यौगिकशब्दैः प्रकृतार्थस्य हरणात् परिहारिका।। 120।।

न स्पृशत्यायुधं जातु न स्त्रीणां स्तनमण्डलम्।
अमनुष्यस्य कस्यापि हस्तोऽयं न किलाफलः ।। 121 ।।
केन कः सह सम्भूय सर्वकार्येषु सन्निधिम्।

This hand of a person who is not fit to be called a man never holds a weapon nor has it felt the touch of he bosom of women; it is still not vain (fruitless) [अमनुष्य is गन्धर्वः and गन्धर्वहस्त is the name of a fruit bearing-tree. Therefore, the container the गन्धर्वहस्त वृक्ष is in this verse hidden and it is *Ekacchanna*. This Gandharvahasta tree is not fruitless although it does not touch weapon sor the bosoms of women.)

Who is and by whom is abandoned when seen at meal time after keeping together in all work (here कः has two meanings hair and head; and the verse means : the hair after being welcomed when on the head is thrown away if seen at meals in the food. (This is *Ubhayacchanna* as both

---

एकच्छन्नां दर्शयति–नेति ।। कस्यापि अमनुष्यस्य कापुरुषस्य इत्यर्थः हरतः जातु कदाचित् आयुधं न स्पृशति स्त्रीणां स्तनमण्डलञ्च न स्पृशति, तथापि अयं हस्तः न अफलः किल, अपि तु सफल एवेति आपाततः प्रतीयते परन्तु आयुधस्त्रीस्तनस्पर्शाभावेन नायं वीरः न वा विलासीत्यतः कथमस्य हस्तस्य फलवत्त्वमिति पर्यवसानात् अमनुष्यशब्देन गन्धर्वो लक्ष्यते, तस्य हस्तः गन्धर्वहस्तः एरण्डवृक्ष इत्यर्थः। उक्तञ्च हारावल्याम्, 'अभण्डपञ्चाङ्गुलवर्धमनो गन्धर्वहस्तस्त्रिपुटीफलञ्च' इति तस्य फलवत्ता विद्यत एवेति आश्रितस्य फलस्य स्फुटत्वं न तु आश्रयस्य वृक्षस्येति एकच्छन्नेयम्।। 121 ।।

उभयच्छन्नां दर्शयति–**केनेति**।। कः पदार्थः केन पदार्थेन सह सम्भूय मिलित्वा सर्वकार्येषु सन्निधिं सम्पर्कं लब्ध्वा भोजनकाले तु, तुशब्दोऽवधारणे। भोजनकाल एव यदि दृष्टो भवति तदा निरस्यते निराक्रियते? उत्तरमिदम्। यथा,

लब्ध्वा भोजनकाले तु यदि दृष्टो निरस्यते।। 122।।
सहया सगजा सेना सभटेयं न चेज्जिता।
अमात्रिकोऽयं मूढः स्यादक्षरज्ञश्च नः सुतः।। 123।।

---

the container and the contained are hidden or obscure).

If this army which has horses, which has elephants and which has warriors is not conquered, then our son is ignorant of the ways of the world although he be a knower of the Immutable God. (Although our son knows the immutable primary letters, yet he does not conquer this best of words which have among them ह य ग ज भ and ट and if he does not know the *Mātrikas* or letters in which the vowel sounds are added and which have measures).

कस्य अयं कः केशा कशब्दार्थेष्णप्रत्ययः। केन मस्तकेन सह सम्भूय तथा सर्वकार्येषु सन्निधिं समादरं लब्ध्वा भोजनकाले एव दृष्टो निरस्यते इति अत्र आश्रयाश्रयिणोर्मस्तककेशयोरेव छन्नतेति उभयच्छन्ना।। 122।।

सङ्कीर्णां दर्शयति—**सहया इति**।। सहया साश्वा सगजा सभटा भटैः योद्धृभिः सह वर्तमाना इयं सेना शात्रवी चमूरित्यर्थः न जिता चेत् पराभूता न यदि, तदा अयं मे सुतः अमात्रिकः विषयज्ञानवर्जितः अतः अक्षरज्ञश्च अक्षरं ब्रह्म तज्ज्ञोऽपीत्यर्थः, मूढः मूर्खः स्यात्। इति सहजोऽर्थः, गूढार्थस्तु हकारयकारगकार जकारभकारटकारसहिता तथा सेना इनः स्वामी अधिष्ठाता इत्यर्थः तेन सहिता साधिष्ठातृका इयं वर्णमाला इत्यर्थः न जिता अभ्यस्ता चेत्, तदा अमात्रिकः मात्रा स्वरादिवर्णानामुच्चारणकालः तां वेत्तीति मात्रिकः न मात्रिकः अमात्रिकः वर्णज्ञानरहित इत्यर्थः अतः अक्षरं वेदं जानातीति अक्षरज्ञः अभ्यस्तवेदः अपि मूढः मूर्ख इत्यर्थः। यद्वा जिता लेखितुं शिक्षिता इत्यर्थः, अक्षरज्ञः वर्णज्ञः तथापि मूर्ख ऐवति सङ्कीर्णेति।। 123।।

सा नामान्तरितामिश्रा वञ्चितारूपयोगिनी।
एवमेवेतरासामप्युन्नेयः सङ्करक्रमः।। 124।।

प्रहेलिकाचक्रम्।

इति शब्दालङ्काराः।

अपार्थं व्यर्थमेकार्थं ससंशयमपक्रमम्।
शब्दहीनं यतिभ्रष्टं भिन्नवृत्तं विसन्धिकम्।। 125।।

This is *Namantarita* mixed with the form of *Vañcita.* Thus is this mode of other *Saṅkaras* (or mixtures) to be inferred.

Thus ends the sub-section on *Prahelikā*.

Apārthaṁ (or meaninglessness), *Vyarthaṁ* (or contrary meaning), *Ekārthaṁ* (or identical in meaning), *Saṁśayaṁ* (or doubtful meaning), *Apakāramam* (or want of sequence) *Śabdahinam* (or wanting in word), *Yatibhraṣṭaṁ* (or absence of pause), *Bhinnavṛttam* (or metrical defect). *Visandhikaṃ* (absence of *Sandhi)* and impropriety in place, time, in

---

अत्र सङ्कीर्णतां घटयति—**सेति**।। सा पूर्वोक्ता सङ्कीर्णाख्या प्रहेलिका अत्र नामान्तरितामिश्रा हयादिशब्दानां नानार्थकल्पनादिति भावः, तथा सेनाशब्दस्य चमूरूपार्थस्य प्रसिद्धस्य वञ्चनात् वञ्चितायाः प्रहेलिकाया रूपयोगिनी तन्मिलिता इत्यर्थः उल्लिखिते पद्ये प्रहेलिकायाः सङ्कीर्णतेति इतरासाम् अन्यासामपि प्रहेलिकानां सङ्काक्रमः एवमेव उन्नेयः अन्वेषणीय इत्यर्थः।। 124।।

इत्थं काव्यशोभाकरान् धर्मान् गुणालङ्कारान् निरूप्य काव्यस्य हेयत्वप्रतिपादकानां धर्माणां बहूणां दोषाणां सविस्तरवर्णने ग्रन्थबाहुल्यभिया प्राधान्येन नितान्तत्याज्यान् दश दोषानुद्दिशति—**अपार्थमित्यादि**।। अपार्थं निरर्थकं व्यर्थं विरुद्धार्थम् एकार्थम् अभिन्नार्थ ससंशयं सन्दिग्धम् अपक्रमं यथाक्रमरहितं शब्दहीनम् ऊहादिना पूर्यं, यतिभ्रष्टं विच्छेदरहितं, भिन्नवृत्तम्, असमवृत्तं

देशकालकलालोकन्यायागमविरोधि च।
इति दोषा दशैवैते वर्ज्याः काव्येषु सूरिभिः।। 126।।
प्रतिज्ञाहेतुदृष्टान्तहानिर्दोषो न वेत्यसौ।

---

branch of learning, in people, in *nyāya* or maxim and in *āgamas* or Vedas. Thus these ten doṣas (or faults) deserve to be avoided in poems by poets.

Whether defection from the *Pratijñā* (Original position adopted). *Hetu* (or cause) and *Dṛṣṭānta* (or Illustration) is

---

विसन्धिकम् अकृतसन्धि देशादिविरोधि च काव्यं दुष्टमित्यर्थः तस्मात् सूरिभिः विद्वद्भिः इति उक्तरूपा एते अपार्थतादयः दश एव दोषाः काव्येषु वर्ज्याः त्याज्याः शाब्दबोधप्रतिकूलतया प्रयोक्तुरज्ञताप्रकटनात्। उक्तञ्च, 'दुष्प्रयुक्ता पुनर्गोत्वं प्रयोक्तुः सैव शंसती'ति। एवकारेण किञ्चिद्वैरस्यप्रतिपादकानां श्रुतिकटुप्रभृतीनां व्यवच्छेदः तेषां अन्वयबोधाप्रातिकूल्येन नात्यन्तं हेयत्वप्रतिपादकत्वात् इति निष्कर्षः।। 125-126।।

ननु दशैवेति अवधारणमनुचितं प्रतिज्ञाहान्यादेरपि दोषत्वकीर्तनात्। उक्तञ्च, भगवता गौतमेन, प्रतिज्ञाहानिः प्रतिज्ञान्तरं प्रतिज्ञाविरोध इति। यथोदाहृतं, 'यावज्जीवमहं मौनी ब्रह्मचारी पिता मम। माता च मम बन्ध्यासीदपुत्रश्च पितामह' इति। भामहादयस्तु तथा नेच्छन्ति। यथा प्रतिज्ञाहेतुदृष्टान्तहीनं दुष्टञ्च नेष्यत इति। तदेतं संशयमाशङ्क्याह—**प्रतिज्ञेति**।। प्रतिज्ञा साध्यनिर्देशः, हेतुस्तत्साधनं दृष्टान्तः प्रसिद्धोदाहरणविन्यासः, तेषां हानिः विरोधः अभावश्च दोषः काव्यस्य हेयत्वप्रतिपादको न वा इति संशये असौ प्रश्नविषयो विचारः निश्चयः एकपक्षावधारणं प्रायः कर्कशः नैयायिकत्वात् कठिनः वा नीरस इत्यर्थः, तस्मात् तेन विचारेण आलीढेन आस्वादितेन ज्ञातेन इत्यर्थः किं फलं न किमपि फलमस्ति इत्यर्थः। तथाहि काव्यस्य वैरस्यजनकधर्मं एव दोषपदार्थः, स च स्वत एव प्रतीयते नात्र विचारप्रयासेन फलं केवलम् अत्यन्तपरिहार्या एव कतिपये दर्श्यन्ते प्रतिज्ञाहान्यादीनाञ्च नात्यन्तपरिहार्यता दृश्यते अप्रतिज्ञातानाम् अपि प्रसङ्गसङ्गत्या

द्विचारः कर्कशः प्रायस्तेनालीढेन किं फलम्।। 127।।

समुदायार्थशून्यं यत्तदपार्थमितीष्यते।

उन्मत्तमत्तबालानामुक्तेरन्यत्र दुष्यति।। 128।।

समुद्रः पीयते देवैरहमस्मि जरातुरः।

---

a defect or not is generally a fruitless investigation. Therefore, what benefit is obtained by such an investigation?

That is called *Apārtham* (or meaninglessness) where the words taken together are devoid of meaning; this is bad except in the speeches of the mad, the intoxicated and the young children.

"The ocean is drunk by the Devas; I am troubled by

कविभिर्वर्णितत्वात्, हेतुभावश्च प्रसिद्धवर्णने न वैरस्यमाहरति, दृष्टान्तश्च अलङ्कारस्वरूप एव तदभावेन न काव्यत्वं व्याहन्यते अनलङ्काराणाम् अपि काव्यत्वस्य सर्वैरेवाङ्गीकृतत्वात् इति ध्येयम्।। 127।।

तत्र अपार्थं निरूपयति—**समुदायेति**।। समुदायस्य वाक्यघटकपदसमूहस्य यः अर्थः शाब्दबोधेन एकतामापन्नः प्रतिपाद्यः तेन शून्यं यत् काव्यं तत् अपार्थम् इति इष्यते, तच्च उन्मत्तानां वातुलानां मत्तानां सुरापानेन विकृतानां तथा बालानां शिशूनाम् उक्तेः वचनात् अन्यत्र दुष्यति, उन्मत्तादिवचने तु न दोष इत्यर्थः।

अपार्थत्वं दर्शयति—**समुद्र इति**।। देवैः सुरैः मेघैर्वा समुद्रः पीयते, देवैरित्यत्र सोऽयमिति पाठश्च दृश्यते। अहं जरातुरः अस्मि, अमी जीमूता मेघा गर्जन्ति, ऐरावणः ऐरावतनामा हस्ती हरेरिन्द्ररय प्रियः। अत्र वाक्यचतुष्टयस्य परस्पराकाङ्क्षाभावेन अङ्गाङ्गित्वाभावात् एकवाक्यता नास्तीत्यतः समुदायस्य एकरूपोऽर्थो नास्ति, उक्तञ्च, 'स्वार्थबोधसमाप्तानामङ्गाङ्गित्वव्यपेक्षया। वाक्यानामेकवाक्यत्वं पुनः संहत्य जायत' इति इदञ्च बहुवाक्यगतम् अपार्थत्वं बहु

अमी गर्जन्ति जीमूता हरेरैरावणः प्रियः।। 129।।
इदमस्वस्थचित्तानामभिधानमनिन्दितम् ।
इतरत्र कविः को वा प्रयुञ्जीतैवमादिकम्।। 130।।
एकवाक्ये प्रबन्धे वा पूर्वापरपराहतम्।
विरुद्धार्थतया व्यर्थमिति दोषेषु पठ्यते।। 131।।

---

old age; these clouds are rearing; the Airāvata elephant is dear to Hari (Indra)."

This speech is not faulty when made by those whose minds are not composed (but are agitated); in other places, which poet will employ words like these?

Where the early and the latter portion of one and the same sentence or composition destroy each other by their mutual contradictions, that is considered to be *vyārthaṁ* (or contrary meaning) among the doṣas (or faults).

पदगतमपि दृश्यते। यथा, वह्निना सिञ्चतीत्यादौ योग्यताभावेन नैकार्थता इति बोध्यम्।। 129।।

इदमिति।। अस्वस्थचित्तानाम् उन्मत्तादीनाम् इदं पूर्वोक्तम् अभिधानं समुद्रः पीयत इत्यादि वचनम् अनिन्दितम् अदुष्टत्वेन परिगृहीतं भवतीति शेषः, इतरत्र अस्वस्थचित्तादिभ्य इति शेषः उन्मत्तादीन् विना इत्यर्थः को वा कविः एवमादिकं प्रयुञ्जीत न कोऽपि कविः प्रयुञ्जीतेत्यर्थः।। 130।।

व्यर्थं निरूपयति–**एकवाक्ये इति**।। एकवाक्ये इति।। एकवाक्ये एकस्मिन् वाक्ये वा प्रबन्धे महावाक्ये विरुद्धार्थतया विपरीतार्थत्वेन यत् पूर्वापरपराहतं पूर्वापरयोः आद्यन्तभागयोः पराहतं सङ्गतिरहितं तत् काव्यं व्यर्थम् इति दोषेषु मध्ये पठ्यते गण्यते। अर्थविरोधश्च शाब्दबोधानन्तरं पर्यालोचनया प्रतीयते, अपार्थे तु आकाङ्क्षादीनाम् अभावेन शाब्दबोध एव नास्तीत्यनयोर्भेदः।। 131।।

जहि शत्रुबलं कृत्स्नं जय विश्वम्भरामिमाम्।
तव नैकोऽपि विद्वेष्टा सर्वभूतानुकम्पिनः।। 132।।

अस्ति काचिदवस्था सा साभिषङ्गस्य चेतसः।
यस्यां भेवदभिमता विरुद्धार्थापि भारती।। 133।।

परदाराभिलाषो मे कथमार्यस्य युज्यते।

"May you kill the entirely of your enemy's forces; and may you be victorious over the earth. To you, who are compassionate towards all living things there is not even one enemy."

Where the mind is particularly in a state of deep engrossment, even speech of contradictory meanings is considered proper.

"How does the desire for another's wife befit me, an

व्यर्थतां दर्शयति–**जहीति**।। कृत्स्नं समग्रं शत्रुबलं जहि नाशय, इमां विश्वम्भरां जय, सर्वभूतानुकम्पिनः सर्वभूतेषु दयावतस्तव एकोऽपि विद्वेष्टा शत्रुः न अस्तीति शेषः। अत्र शत्रुशून्यस्य समग्रशत्रुहननं सर्वभूतानुकम्पिनश्च पृथिवीविजयः पर्यालोचनया विरुद्धतया प्रतीयते।। 132।।

कदाचिद् व्यर्थतायाा गुणत्वमपीत्याह–**अस्तीति**।। साभिषङ्गस्य वियोगादि-दुर्घटनाभिभूतस्य, 'अभिषङ्ग पराभवे' इत्यमरः। चेतसः काचित् अनिर्वचनीया अवस्था अस्ति भवति, यस्यां सा विरुद्धार्थापि भारती वाणी अभिमता समादृता भवेत्।। 133।।

अस्या गुणत्वं दर्शयति–**परेति**।। आर्यस्य साधोः मे मम परदाराभिलाषः परस्त्रीषु अभिरतिः कथं युज्यंते, तस्याः परनार्याः तरलं लज्जाभयजनितसम्भ्रमात् सकम्पं दशनच्छदं कदा नु पिबामि। अत्र पूर्वार्धे शान्तभावः उत्तरार्धे तु पुनः

पिबामि तरलं तस्याः कदा नु दशनच्छदम्।। 134।।
अविशेषेण पूर्वोक्तं यदि भूयोऽपि कीर्त्यते।
अर्थतः शब्दतो वापि तदेकार्थं मतं यथा।। 135।।
उत्कामुन्मनयन्त्येते बालां तदलकत्विषः।
अम्भोधरास्तडिदन्तो गम्भीराः स्तनयित्नवः।। 136।।

Arya? Oh, when shall I drink of her tremulous lips?"

Where what is stated before without any qualification is once again stated in the same words or in different words with the same meaning, that is considered *Ekārthaṁ* (or identical in meaning), thus :

"These clouds which are majestic and which rival in darkness the tresses of the young girl raise in her longings of love" (Here the words *Ambhodharaḥ, Taditvantaḥ* and *Stananyitnavaḥ,* all mean clouds; and *Utka* and *Unmanayantyaḥ* both convey the longing of the beloved; this is therefore *Arthātaḥ Ekārthaṁ* or identical in meaning though not in words.

परदारौत्सुक्यमिति विरोधोऽपि प्रयोक्तुर्वियोगाभिभूततया गुणत्वे सङ्गच्छते इति बोध्यम्।। 134।।

एकार्थं दर्शयति–**अविशेषेणेति**।। यदि पूर्वोक्तं वचः अर्थतः शब्दतः वापि अविशेषेण अभिन्नतया भूयोऽपि पुनः कीर्त्यते तत् एकार्थं मतम्, एवञ्च दोषोऽयं अर्थगतः एकार्थकशब्दगतश्चेति, तथाच अर्थस्य एकार्थत्वमिति बोध्यम्। यथेति उदाहरणप्रदर्शनार्थम्।। 135।।

अर्थगतमेकार्थं दर्शयति–**उत्कामिति**।। तस्याः बालायाः अलकानामिवत्विषो येषां तादृशाः स्तनयित्नवः गर्जनशीलाः तडित्वन्तः सौदामिनीसहिताः गम्भीराः एते अम्भोधराः मेघाः उत्कां विरहेणोत्कण्ठितां बालाम् उन्मनयन्ति उन्मनसं कुर्वन्ति उद्दीपकत्वादिति भावः। अत्र उत्कोन्मनःशब्दौ अम्भोधरादिशब्दाश्च स्वरूपाभेदेऽपि एकार्थशक्तत्वात् पुनरुक्तार्थाः। एवं शब्दगतमपि यथायथमूहनीयम्।। 136।।

अनुकम्पाद्यतिशयो यदि कश्चिद् विवक्ष्यते।
न दोषः पुनरुक्तोऽपि प्रत्युतेयमलङ्क्रिया।। 137।।
हन्यते सा वरारोहा स्मरेणाकाण्डवैरिणा।
हन्यते चारुसर्वाङ्गी हन्यते मञ्जुभाषिणी।। 138।।
निर्णयार्थं प्रयुक्तानि संशयं जनयन्ति चेत्।

Where for a definite purpose like expression of excessive pity, repetition is made, then such repetition is not a fault but is certainly an *alaṅkāra*.

"This lady of excellent shape is being killed by Cupid who has become her enemy without any cause; this lady of lovely limbs is being killed."

If words which are used for the sake of bringing about certainty of meaning, themselves create doutb, then it is a

---

अस्य प्रतिप्रसवमाह—**अनुकम्पेति**।। यदि कश्चित् अनुकम्पाद्यतिशयः अनुकम्पादीनाम् अतिशयः प्रकृतस्येति शेषः विवक्ष्यते वक्तुमिष्यते, तदा पुनरुक्तोऽपि न दोषः, प्रत्युत अलंक्रिया अलङ्कारः काव्यशोभाधायकत्वात्। यदुक्तं गुण इत्यधिकृत्य दर्पणकारेण, 'कथितञ्च पदं पुनः। विहितस्यानुवाद्यत्वे विषादे विस्मये क्रुधि। दैन्येऽथ लाटानुप्रासेऽनुकम्पायां प्रसादने। अर्थान्तरसंक्रमितवाच्ये हर्षेऽवधारणे' इति। एवञ्च उन्मत्ताद्युक्तावपि पौनरुक्त्यं गुण एवेति ज्ञेयम्।। 137।।

अनुकम्पायामुदाहरति—**हन्यते इति**।। सा वरारोहा अकाण्डवैरिणा अकारणरिपुणा स्मरेण कामेन हन्यते, सा चारुसर्वाङ्गी हन्यते, सा मञ्जुभाषिणी हन्यते अत्र हन्यते इति क्रियावाचकं पदं पुनः पुनरुक्तमपि प्रस्तुताया नायिकाया अनुकम्पनीयत्वादिप्रकटनात् वैचित्र्यमेव जनयतीति नात्र दोषावहम्। एवमन्यत्रापि उदाहरणानि मृग्याणि।। 138।।

ससंशयं निरूपयति—**निर्णयार्थमिति**।। निर्णयार्थं निश्चयार्थं प्रयुक्तानि वचांसि

वचांसि दोष एवासौ ससंशय इति स्मृतः। 139।।
मनोरथप्रियालोकरसलोलेक्षणे! सखि!।
आरात् वृत्तिरसौ माता न क्षमा द्रष्टुमीदृशम्।। 140।।
ईदृशं संशयायैव यदि वातु प्रयुज्यते।

---

fault and this fault is considered *Sasaṁśaya* (or the fault of having a doubt).

"O, friend, whose eyes are rolling in the joyous expectation of seeing the lover of your heart, this your mother is at a great distance (is very near) and she cannot see you in this condition (and she cannot endure the sight of you in this condition.)"

Where words are used thus purposely for creating

चेत् यदि संशयं जनयन्ति सन्देहयन्ति, असौ एव दोषः ससंशयः, ससंशयदोषेण लिप्त इत्यर्थः।। 139।।

ससंशयमुदाहरति—**मनोरथेति**।। हे मनोरथप्रियालोकरसलोलेक्षणे! मनोरथप्रियः वाञ्छितप्रेमिकः तस्य आलोकः दर्शनं तस्मिन् यः रसः आवेशः तेन लोले चञ्चले ईक्षणे यस्याः तत्सम्बुद्धौ, जारदर्शनव्यापृतनयने! सखि! असौ तव माता आराद् वृत्तिः दूरवर्तिनीत्यर्थः अतः ईदृशं तव व्यवहारं द्रष्टुं न क्षमा, अथवा आराद्वृत्तिः समीपवर्तिनी अतस्तव ईदृशं दुर्व्यवहारमित्यर्थः द्रष्टुं न क्षमा, 'आराद्दूरसमीपयोरि'त्यमरः। अत्र प्रथमार्थे त्वं यथेच्छं विहरेति द्वितीयार्थे इदानीम् ईदृशं कर्म मा कुरु इत्येतयोरर्थयोः संशयः। जारं प्रत्यनुरागिणीं नायिकां प्रति तन्मातुस्तदाचरणपरिज्ञानशङ्कया सख्या उक्तिः।। 140।।

अस्य कदाचित् गुणमाह—**ईदृशमिति**।। यदि वातु यद्यपि ईदृशं ससंशयं वाक्यं संशयाय संशयप्रतिपादनाय एव प्रयुज्यते व्यवह्रियते, तदा असौ संशयः अलङ्कार एव स्यात्, तत्र न दोषः, तथाच यत्र संशय एव विवक्षितः तत्र असौ

स्यादलङ्कार एवासौ न दोषस्तत्र तद्यथा।। 141।।

पश्याम्यनङ्गजातङ्कलङ्घितां तामनिन्दिताम्।

कालेनैव कठोरेण ग्रस्तां किं नस्त्वदाशया।। 142।।

कामार्ता घर्मतप्तावेत्यनिश्चयकरं वचः।

---

doubt, then this is only an alaṅkāra and not a fault; it is as follows :—

"I see that faultless lady suffering from the affliction of Cupid (suffering from an affliction which is not physical) being caught in the jaws of cruel Death (being placed in the midst of the severe season); what is the use to us of your love?"

Thus wittily, the lady messenger spoke words, which were dubious whether the beloved lady was suffering on

---

गुणौ एव अविवक्षितस्तु दोष एवेति भावः। तत् तस्य उदाहरणं यथेति वक्ष्यमाणसूचनार्थम्। वातु इत्यत्र जातु इत्यपि पाठो दृश्यते।। 141।।

पश्यामीति।। अनिन्दितां तां तव कान्तामित्यर्थः अनङ्गजेन आतङ्केन कामपीडया इत्यर्थः लङ्घिताम् आक्रान्ताम् अत एव कठोरेण निर्दयेन कालेन मृत्युना ग्रस्तां पश्यामि, त्वदाशया तव प्रत्याशया नः अस्माकं किं फलम्? इति अयमर्थः, अथवा अङ्गजने आतङ्केन शारीरिकपीडया न लङ्घितेति अनङ्गजातङ्क लङ्घिता तां कठोरेण कालेन ग्रीष्मेणेत्यर्थः ग्रस्तां पश्यामि, त्वदाशया न किम्, अपितु त्वदाशया एवेत्यर्थः। तस्याः शरीरिकी पीडा नास्ति, केवलं तदप्राप्तिजनितचिन्तादिभिरान्तरिकौष्ण्यस्य उद्रेकात् पीड्यते इत्ययमर्थः। संशयितश्च असौ दूत्याभिहितत्वात् गुण एव। प्रोषितं नायकं प्रति दूष्या उक्ति-रियम्।। 142।।

अत्र च अस्य गुणत्वमुपपादयति—**कामार्तेति**।। दूती युवानम् आकुलीकर्तुं

युवानमाकुलीकर्तुमिति दूत्याह नर्मणा।। 143।।
उद्देशानुगुणोऽर्थानामनूद्देशो न चेत् कृतः।
अपक्रमाभिधानं तं दोषमाचक्षते बुधाः।। 144।।
स्थितिनिर्माणसंहारहेतवो जगताममी।
शम्भुनारायणाम्भोजयोनयः पालयन्तु वः।। 145।।

---

account of love or on account of the severe summer season, in order to confound young lover.

Where the sequence of a number of things is not followed in a latter sequence, then the wise consider that the fault known as *Apakrama* (or want of sequence).

"May these, Śambhu, Nārāyaṇa and Brahmā, who are the causes of the support, creation and dissolution of the worlds protect us."

नायिकासमीपगमनाय उत्सुकं कर्तुं नर्मणा भङ्ग्या कामार्ता घर्मतप्ता वा इति अनिश्चयकरं सन्देहसङ्कुलम् इति वचः आह।। 143।।

अपक्रमं निरूपयति–**उद्देशेति**।। अर्थानाम् उद्देशानुगुणः उद्देशः प्रतिज्ञा तस्य अनुगुणः अुनकूलः अनु पश्चात् उद्देशः उपन्यासः चेत् यदि न कृतः, तदा तम् अपक्रमः अभिधानं यस्य तथोक्तं क्रमलङ्घनात् अपक्रमाख्यं दोषं बुधाः आचक्षते इत्यन्वयः। तथाच, यथाक्रममुपन्यास एव गुणः, तल्लङ्घनन्तु दोष एवेति भावः।। 144।।

अपक्रमं दर्शयति–**स्थितीति**।। जगतां स्थितिः पालनं निर्माणं सृष्टिः संहारः ध्वंसः तेषां हेतवः कर्तारः अमी शम्भुनारायणाम्भोजयोनयः शिवविष्णुब्राह्मणः वः युष्मान् पालयन्तु। अत्र प्रथमोद्दिष्टानां स्थितिनिर्माणसंहाराणां यथाक्रममन्वये कर्तव्ये नारायणाम्भोजयोनिसम्भव इति वक्तुमुचितं, परन्तु तद्विपरीतमुक्तमिति अपक्रमता।। 145।।

यत्नः सम्बन्धविज्ञानहेतुकोऽपि कृतो यदि।
क्रमलङ्घनमप्याहुः सूरयो नैव दुषणम्।। 146।।
बन्धुत्यागस्तनुत्यागो देशत्याग इति त्रिषु।
आद्यन्तावायतक्लेशौ मध्यमः क्षणिकज्वरः।। 147।।
शब्दहीनमनालक्ष्यलक्ष्यलक्षणपद्धतिः ।

Where an effort is made for indicating the connection between the words of the two sequences, then the wise consider want of sequence as no fault.

Among the three, abandoning one's relations, abandoning one's body and abandoning one's country, the first and the last cause lasting sorrow, the middle one is a fleeting pain."

Śabdahīnam (or wanting in word) is a string of words which are not allowed by grammatical rules or literary

---

अस्या दोषत्वमपि क्वचिदित्याह–**यत्न इति**।। यदि सम्बन्धस्य अन्वयस्य विज्ञानं विशेषेणावबोध एव हेतुर्यस्य तादृशः यत्नः विशिष्टसम्बन्धबोधायैव तादृशक्रमलङ्घनप्रयास इत्यर्थः कृतः कविनेत शेषः, तदा सूरयः विद्वांसः क्रमलङ्घनमपि दूषणं दोषावहं नैव आहुः।। 146।।

अदोषत्वं दर्शयति–**बन्धुत्याग इति**।। बन्धुत्यागः तनुत्यागः देशत्यागः इति त्रिषु विषयेषु मध्ये आद्यन्तौ बन्धुत्यागदेशत्यागौ आयताः दीर्घाः क्लेशाः ययोः तौ, मध्यमस्तनुत्यागस्तु क्षणिकज्वरः क्षणमात्रक्लेशकर इत्यर्थः। अत्र यथाक्रममुद्दिष्टेऽपि बन्धुत्यागादिषु आयतक्लेशावित्यनेन आद्यन्तयोरेव अन्वययोगात् मध्यमलङ्घनं न दोषाय इत्यवधेयम्।। 147।।

शब्दहीनं निरूपयति–**शब्दहीनमिति**।। अनालक्ष्या अदृश्या लक्ष्यस्य उदाहरणस्य तथा लक्षणस्य नियामकस्य सूत्रादेः पद्धतिः नियमः यत्र तादृशः अगणितानुशासन इत्यर्थः, पदानां पदयोः पदस्य वा प्रयोगः अशिष्टानाम् अज्ञानाम्

पदप्रयोगोऽशिष्टेष्टःशिष्टेष्टस्तु न दुष्यति।। 148।।

अवते भवते बाहुर्महीमर्णवशक्करीम्।
महाराजन्नजिज्ञासा, नास्तीत्यासां गिरां रसः।। 149।।

दक्षिणाद्रेरुपसरन् मारुतश्चूतपादपान्।
कुरुते ललिताधूपप्रवालाङ्कुरशोभिनः।। 150।।

---

usage and which are not approved by the learned; if approved by the learned it is not a Fault.

अवते भवते बाहुर्महीमर्णवशक्करीम्। महाराजन्नजिज्ञासा नास्तीत्यासां गिरां रसः। (In this verse the words अवते भवते and महाराजन् must be अवति भवतः and महाराज).

दक्षिणाद्रेरुपसरन् मारुतश्चूतपादपान्।
कुरुते ललिताधूतप्रवालाङ्कुरशोभिनः।।

इष्टः अनवबोधविजृम्भित इत्यर्थः, अतएव शब्दहीनं शब्देन अनुशासनशास्त्रेण हीनं तदाख्यदोषवानित्यर्थः पदप्रयोगस्य कृताभिहितत्वात् द्रव्यपरत्वमिति प्रयुक्तं पदमितिवक्तव्यं तेन च शब्दहीनमित्यस्य अन्वयः कर्तव्य इत्यवधेयम्। शिष्टेष्टस्तु शिष्टैः साधुभिर्बहुभिरिष्टः व्यवहृतस्तु न दुष्यति न दोषमावहति।। 148।।

शब्दहीनमुदाहरति—**अवते इति**।। हे महाराजन्! भवते भवतः बहुः अर्णवः शक्वरी मेखला यस्याः तां ससागरामित्यर्थः, 'शक्वरी कृन्दसो भेदे नदीमेखलयोरपी'ति मेदिनी। महीम् अवते पालयति। अत्र अजिज्ञासा संशयाभावात् जिज्ञासा न विद्यते सत्यमेवैतदित्यर्थः, आसां गिरा वाचां रसः माधुर्यानुगुणः आस्वादः नास्ति। अत्र अवते इत्यात्मनेपदं, भवते इति षष्ठीस्थाने चतुर्थी, महाराजेत्यत्र महाराजन्निति कर्मधारयः अनुशासनविरुद्धः अशिष्टैरुपन्यस्तः।। 149।।

अदूषितं शब्दहीनं दर्शयति—**दक्षिणाद्रेरित्यादि**।। दक्षिणाद्रेः मलयपर्वतस्य उपसरन् मलयाचलं गच्छन् मारुतः चूतपादपान् तत्रत्यान् आम्रतरून् ललितं सुन्दरं यथा तथा आधूताः ये प्रवालाः नवपल्लवाः अङ्कुराश्च तैः शोभिनः कुरुते

इत्यादिशास्त्रमाहात्म्यदर्शनालसचेतसाम्।
अपभाषणवद् भाति न च सौभाग्यमुज्झति।। 151।।

श्लोकेषु नियतस्थानं पदच्छेदं यतिं विदुः।
तदपेतं यतिभ्रष्टं श्रवणोद्वेजनं यथा।। 152।।

Such passages (as 150) appear incorrect to those whose minds are dull in perceiving the greatness of the śāstras, but they do not lose their charm.

They call that *Yati* (or pause) where at the defined place in *ślokas* the words are found split; and where the words are not so split but are joined it is *Yati-bhraṣṭam* (or absence of pause) it jars on the ear. Thus :

इत्यन्वयः। इत्यादि वाक्यं शास्त्रस्य अनुशासनस्य यत् माहात्म्यं तस्य दर्शने अलसं चेतो येषां तथाभूतानां विदुषाम् इत्यर्थः अपभाषणवत् अपशब्दवत् भाति न तु अपशब्दरूपेण इत्यर्थः। अयं भावः, कर्मणि द्वितीयेति अनुशसनबलेन दक्षिणाद्रेरित्यत्र द्वितीया भवितुमर्हत्येव परं तां विहाय सम्बन्धविवक्षया षष्ठीविधानेऽपि न दोषः। उक्तञ्च अविवक्षिते कर्मादौ सम्बन्धविवक्षया षष्ठीति। द्वितीयाया अभावेऽपि श्रोतॄणां न वैरस्योदय इत्याह—**न चेति**। सौभाव्यञ्च लालित्यञ्च न च उज्झति न त्यजति, तथाच ईदृशस्थले श्रोतृविरागे दोष एवेति भावः। मलयपर्वतीयकम्पित तत्रत्यचूतरोर्वायोर्वणनमिदम्।। दक्षिणाद्रेरुपसर्पन्नित्यस्य दक्षिणाद्रेः मलयाचलात् उपसर्पन् आगच्छन्नित्यर्थकत्वेन कश्चित् पर्यनुयोग इति बोध्यम्।। 150-151।।

यतिं तद्भ्रष्टञ्च निरूपयति—**श्लोकेष्विति**।। श्लोकेषु पद्येषु न तु गद्येषु नियतं छन्दःशास्त्रज्ञैः निरूपितं स्थानं यस्य तादृशं पदस्य छेदं विरतिं यतिं विदुः जानन्ति बुधा इति शेषः, पदान्ते जिह्वेष्टविश्रामस्थानं यतिरिति निष्कर्षः। उक्तञ्च, यतिर्जिह्वेष्टविश्रामस्थानं कविभिरुच्यते। तदपेतं तस्याः विच्युतं यतिभ्रष्टं श्रवणयोः श्रोत्रयोः उद्वेजनम् असुखजनकम् इत्यर्थः।। 152।।

स्त्रीणां सङ्गीतविधिमयमादित्यवंश्यो नरेन्द्रः
पश्यत्यक्लिष्टरसमिह शिष्टैरमेत्यादि दुष्टम्।
कार्याकार्याण्ययमविकलान्यागमेनैव पश्यन्
वश्यामुर्वीं वहति नृप इत्यस्ति चैवं प्रयोगः।। 153।।
लुप्ते पदान्ते शिष्टस्य पदत्वं निश्चितं यथा।

स्त्रीणां सङ्गीत विधिमयमादित्यवंश्यो नरेन्द्रः पश्यत्यक्लिष्टरसमिह शिष्टरमा such are faults. कार्यकार्याण्ययमविकलान्यागमेनैव पश्यन् वश्यामुर्वी वहति नृपः such *prayoga* occurs. (In this verse which is in the *mandakrānta* metre there should be pause after the fourth, sixth and seventh letters; such pauses do not occur in the first two lines of this verse although such pauses do occur in the other two lines; yet literary usage exists sanctioning them).

Just as when the final letter of a word is lost by elision the remaining letters certainly constitute that word, so also

---

स्त्रीणामिति।। अयम् आदित्यवंश्यः सूर्यवंशीयः नरेन्द्रः शिष्टैः सज्जनैः अमा सह अक्लिष्टाः पूर्णा रसाः आस्वादाः यस्य तादृशं 'स्त्रीणां सङ्गीतविधिं पश्यति' इत्यादि एवमादिकं पद्यं दुष्टं यतिभ्रष्टत्वादनादरणीयमित्यर्थः। तथाहि, सप्तदशाक्षरे मन्दाक्रान्तावृते चतुर्थषष्ठसप्तमेषु यतिर्निवेशनीया। तथाचोक्तं, 'मन्दाक्रान्तारबुधिरसनगैर्मोभनौ तौ गयुग्मभि'ति। अत्र तु चतुर्थादिवर्णानां पदान्तर्गतत्वात् यतिभ्रष्टता। अस्य च क्वचिददोषत्वमाह–कार्येति। अयं नृपः आगमेनैव नीतिशास्त्रेणैव न तु स्वेच्छाचारितयेति भावः, कार्याकार्याणि कर्तव्या–कर्तव्याणि अविकलानि अव्याहतानि पश्यन् वश्यां वशतामापन्नाम् उर्वीं वहति इति एवं प्रयोगश्च अस्ति अदुष्टत्वेन वर्तते इत्यर्थः पदमध्ये स्वरसन्धिश्रयणे यतिभ्रंशस्य अदोषत्वकीर्तनात्। यदुक्तं, 'पदान्ते सा शोभां व्रजति पदमध्ये त्यजति च। पुनस्तत्रैवासौ स्वरविहितसन्धिः श्रयति ताम्। यथा कृष्णः पुष्णात्यतुलमाहिमा मां करुणये'ति।। 153।।

उक्तविधं यतिभ्रंशस्य दोषत्वमदोषत्वञ्च प्रतिपादयति–**लुप्ते इति।।** लुप्ते लुप्तविभक्तिके पदान्ते शिष्टस्य अवशिष्टस्य पदांशस्य यथा पदत्वं निश्चितं

तथा सन्धिविकारान्तं पदमेवेति वर्ण्यते।। 154।।
तथापि कटुवर्णानां कवयो न प्रयुञ्जते।
ध्वजिनी तस्य राज्ञः केतूदस्तजलदेत्यदः।। 155।।
वर्णानां न्यूनताधिक्ये गुरुलघ्वयथास्थितिः।
तत्र तद्भिन्नवृत्तं स्यादेषु दोषः सुनिन्दितः।। 156।।

---

words whose end letters are modified by the rules of *sandhi* are regarded as complete words (and therefore the metric pause does not fall in the middle of words).

Even if it is thus correct, poets do not use harsh letters such as, ध्वजिनी तस्य राजः केतूदस्तजलदेत्यदः।

Where too many or too few letters are used and where the *guru* and *laghu* letters are not found in their proper places, then it is *Bhinnavṛttaṁ* (or metrical defect). This Fault is much condemned.

सिद्धान्तितं, सन्धिः स्वरद्वयसम्मेलनं तत्कृतो विकारः वर्णान्तरोत्पत्तिरूपः अन्ते यस्य तादृशं पदमेव पदमध्यमपीत्यर्थः, अत्र एवकारोऽप्यर्थः। पदान्ते इति वर्ण्यते कविभिरुच्यते। एतदुक्तमेव प्राक्, एतद्वैपरीत्ये दोष एव, यथा स्त्रीणामित्यादि।। 154।।

स्वरसन्धिश्रयणेऽपि दोषं क्वचिद् दर्शयति—**तथेति**।। तथापि स्वरसन्धिश्रयणेऽपि कवयः कर्णानां कटुं श्रोत्रासुखकरं तस्य राज्ञः ध्वजिनी सेना केतवः ध्वजाः तैः उदस्ता उत्क्षिप्ताः जलदा मेघा यया तादृशी इत्यदः एवमिदं पद्यं न प्रयुञ्जते न व्यवहरन्ति, तथाच स्वरसन्धिश्रयणेऽपि श्रुतिकटुर्यतिभ्रंशो दोष एवेति भावः।। 155।।

भिन्नवृत्तं निर्दिशति—**वर्णानामिति**।। यत्नेत्यूह्यं, यत्र पद्ये वर्णानां वर्णस्य वर्णानां वेत्यर्थः न्यूनता आधिक्यं वा तथा गुरूणां लघूनाञ्च अयथास्थितिः अनियमेन विन्यासः, तत्र पद्ये तत् भिन्नवृत्तं भिन्नं भग्नं वृत्तं छन्दः छन्दोभङ्ग

इन्दुपादाः शिशिराः स्पृशन्तीत्यूनवर्णता।
सहकारस्य किसलयान्यार्द्राणीत्यधिकाक्षरम्।। 157।।
कामेन बाणा निशिता विमुक्ता मृगेक्षणास्वित्ययथागुरुत्वम्।
स्मरस्य बाणा निशिताः पतन्ति वामेक्षणास्वित्ययथालघुत्वम्।।158।।

इन्दुपादाः शिशिराः, स्पृशन्ति is (an example of) *Unavarṇatā* (or use of too few letters); and सहकारस्य किसलयान्यार्द्राणि is (an example of) *Adhikākṣaram* (or use of too many letters).

कामेन बाणाः निश्चिताविमुक्ता, मृगेक्षणास्तु (Here the word *Kāmena* has *ka guru* instead of the *laghu* which the metre *Upendravajra* requires); and this is (an example of) *Aythagurutvam* (or having a guru letter in an improper place.) स्मरस्य बाणाः निशिताः पतन्ति, वामेक्षणासु (Here the word *Smarasya* has *sma laghu*) instead of *guru* which the metre Indravajra requires this is (an example of) *laghu* at the improper place.

इत्यर्थः स्यात्, एष छन्दोभङ्गाख्यः दोषः सुनिन्दितः कवयितुश्छन्छोऽनभिज्ञतया उपहासास्पदत्वाज्ञापनादिति भावः।। 156।।

न्यूनताधिक्ये उदाहरति–**इन्दुपादा इति**।। इन्दोश्चन्द्रस्य पादा किरणाः शिशिरा शीतलाः स्पृशन्ति, इत्यत्र ऊनवर्णता प्रथमे पादे अष्टाक्षरे वक्तव्ये सप्ताक्षराणीति एको वर्णः न्यून इत्यर्थः। सहकारस्य आम्रस्य किसलयानि आर्द्राणि, इति अत्रापि तृतीये पादे अष्टाक्षरे वक्तव्ये नवाक्षराणीति एको वर्णोऽधिक इत्यर्थः।। 157।।

गुरुलघ्वयथास्थितिमुदाहरति–**कामेनेति**।। कामेन मृगेक्षणासु निशिता बाणा विमुक्ताः इत्यत्र अयथागुरुत्वम्। तथाच, अत्र पूर्वार्धे उपेन्द्रवज्रावृत्तम् 'उपेन्द्रवज्रा जतजातस्ततो गावि'ति लक्षणात् ततश्च जगणे प्रथमं निवेश्ये का इति गुरुवर्णो निवेशितः जगणश्च जो गुरुध्यगत इत्युक्तत्वात् आद्यन्तो लघू मध्यवर्णो गुरुरित्येवं वर्णत्रयात्मक इति बोध्यम्। तथा, स्मरस्य निशिता बाणा वामेक्षणासु पतन्ति,

न संहितां विवक्षामीत्यसन्धानं पदेषु यत्।
तद्विसन्धीति निर्दिष्टं न प्रगृह्यादिहेतुकम्।। 159।।

मन्दानिलेन चलता अङ्गनागण्डमण्डने।
लुप्तमुद्भेदि घर्माम्भो नभस्यस्मद्वपुष्यपि।। 160।।

Where *sandhi* is not affected between words by the writer saying "I am not going to effect *sandhi* without the reasons of *pragṛhyam* (grammatical rule prohibiting *sandhi*), etc., then that is considered to be *visandhi* (or absence of *sandhi*).

मन्दानिलेन चलता अङ्गना गण्डमण्डने लुप्तमुद्भेदि घर्माम्भो नभस्वस्मद्वपुष्यपि।। (In this verse the words *calatā* and *aṅganagandamandane,* are not joined together as the rules of *sandhi* require).

इत्यत्र अयथालघुत्वम्। तथाच, उत्तरार्धे इन्द्रवज्रावृत्तं 'स्यादिन्द्रवज्रा ततजास्ततोगावि'ति लक्षणात्। ततश्च तगणे निवेश्ये स्मेति लघुवर्णो निवेशितः, तगणश्च अन्त्यलघुस्त इत्युक्तत्वात् प्रथमद्वितीयौ गुरू अन्त्यश्च लघुरित्येवं वर्णत्रयात्मक इति बोध्यम्। अत्र आदाविन्द्रवज्रा पश्चादुपेन्द्रवज्रा इत्येवमुपजातिच्छन्दसि वक्तव्ये नायं दूषणावसर इति ध्येयम्।। 158।।

विसन्धिकं निर्दिशति–**नेति**।। संहितां वर्णयोर्मिलनरूपां सन्धिं न विवक्षामि वक्तुमिच्छामि इति अभिप्रेत्य न प्रगृह्यादिहेतुकं प्रगृह्यादिहेतुं विनेत्यर्थः पदेषु यत् असन्धानं असंयोजनं सन्ध्यभाव इत्यर्थः तत् विसन्धि विसन्ध्याख्य दोष इत्यर्थः। प्रगृह्यं नाम सन्धिसूत्रेण यत्र सन्धिर्निषिद्धः। तद्यथा, अमी ईशा इत्यादि।

विसन्धिदोषमुदाहरति–**मन्दानिलेनेति**।। नभसि आकाशे चलता मन्दानिलेन अङ्गनायाः गण्डमण्डले कपोलदेशे अस्मद्वपुषि अस्माकं शरीरेऽपि उद्भेदि धर्माम्भः स्वेदजलं लुप्तम् अपनीतम्। अत्र चलता इत्याकारस्य अङ्गनेत्यकारेण सह दीर्घत्वविधायकसूत्रे सत्यपि सन्धिर्न कृत इति।। 160।।

मानेर्ष्ये इह शीर्येते स्त्रीणां हिमऋतौ प्रिये।
आसु रात्रिष्विति प्राज्ञैराम्नातं व्यस्तमीदृशम्।। 161।।
नेशोऽद्रिवनराष्ट्रादिः कालोरात्रिन्दिवर्तवः।
नृत्यगीतप्रभृतयः कला कामार्थसंश्रयाः।। 162।।

मानेर्ष्ये इह शीर्येते स्त्रीणां हिमऋतौ प्रिये, आसु रात्रिषु. Such a passage is Vyasta or *nonsandhi* approved by the wise (although the words *manerṣye* and *Iha* are not joined together).

Propriety accepted by the people about countries, mountains, forests, states (Rāṣṭras), etc. time, day and night and the seasons and the arts promoting love and wealth, such as dance and music, and the actions of plant and animal life, *nyāya* or logic which is based on a knowledge

---

प्रगृह्यादिहेतुकं दर्शयति—**मानेर्ष्ये इति**।। इह हिमऋतौ हेमन्ते आसु रात्रिषु हेमन्तनिशासु इत्यर्थः प्रणयिनि स्त्रीणां मानेर्ष्ये मानः प्रणयकोपः ईर्ष्या नायिकान्तरासङ्गजनितः कोपविशेषश्च शीर्येते शीर्णे भवतः नश्यत इत्यर्थः। इत्यत्र ईदृशं व्यस्तं सन्ध्यभावः प्राज्ञैः सूत्रकृद्भिः पण्डितैः आम्नातं कथितम्। तथाच, मानेर्ष्ये इहेति वद्वेऽमीय्वे इति सूत्रेण द्विवचननिष्पन्नस्य एकारस्य सन्धिर्निषिद्धः, तथा हिमऋतौ इत्यत्र ऋत्यक इति सूत्रेण ऋकारे परे अकारस्य विकल्पेन सन्धिर्निषिद्ध इति बोध्यम्।। 161।।

अथ देशादीन् निरूप्य तद्विरोधं निर्दिशति—**देश इति**।। अद्रिः पर्वतः वनं राष्ट्रं राज्यम् इत्येवमादिर्देशः, रात्रिर्दिवा ऋतवश्च कालः बहुवचनात् मासवत्सरादीनां ग्रहणम्। कामार्थसंश्राः कामश्च अर्थश्च तौ संश्रयौ येषां तथोक्ताः कामसाधकाः अर्थसाकाश्च नृत्यगीतप्रभृतयःप्रभृतिशब्देन वादित्रादिपरिग्रहः चतुःषष्टिप्रकारः तन्त्रोक्ताः कलाः।। 162।।

चराचराणां भूतानां प्रवृत्तिर्लोकसंज्ञिता।
हेतुविद्यात्मको न्यायः सस्मृतिः श्रुतिरागमः।। 163।।

तेषु तेष्वयथा रूढं यदि किञ्चित् प्रवर्तते।
कवेः प्रमादाद्देशादिविरोधीत्येतदुच्यते।। 164।।

कर्पूरपादपामर्शसुरभिर्मलयानिलः।
कलिङ्गवनसम्भूता मृगप्राया मतङ्गजाः।। 165।।

---

of reason, *śrutis* and āgamas along with *smṛti*, in all these things where an incorrect statement is made by a poet out of carelessness, then it is called the Fault of *Deśādi-virodhi* (or imporpriety in place etc.)

The *malaya* breeze is fragrant by its contact with camphor trees; the elephants born in the forests of Kaliṅga resemble the antelopes (in size).

चराचरेति।। चराचराणां जङ्गमस्थावराणां भूतानां प्रवृत्तिः वार्ता लोकसंज्ञिता लोक इति संज्ञा जाता अस्या इति अस्य जातार्थे इतप्रत्ययः। लोक शब्दप्रतिपाद्या, न्यायः हेतुविद्यात्मकः हेतुः कारणं तद्घटिता या विद्या युक्तिमूलकशास्त्रमित्यर्थः तदात्मकः तन्मय इत्यर्थः तया सस्मृतिः स्मृतिः वेदार्थस्मरणजन्यम् ऋषिवाक्यं तत्सहिता मन्वादिसंहितासहिता इत्यर्थः श्रुतिर्वेदः आगमः आगमशब्दवाच्य इत्यर्थः।। 163।।

तेष्विति।। तेषु तेषु उक्तेषु देशादिषु अयथारूढम् अप्रसिद्धं किञ्चित् यदि कवेः प्रमादात् अनवधानात् प्रवर्तते उपन्यस्यते तदा एतत् देशादिविरोधि तदाख्यदोषवदित्यर्थः इति उच्यते।। 164।।

देशविरोधमुदाहरति—**कर्पूरेति**।। मलयानिलः कर्पूरपादपानाम् आमर्शेन सम्पर्केण सुरभिः सुगन्धिः, तथा कलिङ्गवनसम्भूता मतङ्गजा हस्तिनः मृगप्रायाः मृगवत् अतिक्षुद्रा इत्यर्थः अत्र मलयाद्रौ कर्पूरपादपानां नोत्पत्तिः, चीनादिदेशे एव तदुत्पत्तिरिति तथा कलिङ्गवने मतङ्गजानां सम्भवो न प्रसिद्ध इत्युभयत्र मलयपर्वतः तथा कलिङ्गवनरूपो देशविरोधः।। 165।।

चोलाः कालागुरुश्यामकावेरीतीरभूमयः।
इति देशविरोधिन्या वाचः प्रस्थानमीदृशम्।। 166।।
पद्मिनी नक्तमुन्निद्रा स्फुटत्यह्नि कुमुद्वती।
मधुरुत्फुल्लनिचुलो निदाघो मेघदुर्दिनः।। 167।।
श्रव्यहंसगिरो वर्षाः शरदो मत्तवर्हिणः।

The regions of the Colas which are on the banks of the Cauvery appear dark because of dark *Agara* trees. Use of words like this is *Deśa-virodhini* (or impropriety about place).

The lotus-pond has bloomed at night, the kumuda-pond has blossomed during the day, the spring season has made the *Nicula* creeper blossom, the summer has its days very cloudy.

The days of the rainy season are days when the delightful voices of the swans are heard; the autumns are the season autumns are the seasons when peacokcs are

---

चोला इति।। चोलाः कर्णायन्तर्गतदेशभेदाः कालागुरुभिः श्यामाः कावेरीनद्याः तीरभूमयः येषु तथोक्ताः अत्र कावेरीतीरे कालागुरवो न जायन्ते इति राष्ट्ररूपो देशविरोधः। देशेविरोधिन्याः वाचः इति ईदृशम् उक्तरूपं प्रस्थानं नियम इत्यर्थः।। 166।।

कालिवरोधं दर्शयति–**पद्मिनीति**।। पद्मिनी नक्तं रात्रौ उन्निद्रा विक इति दिवस एव पद्मिन्या विकासस्य प्रसिद्धेः रात्राविति कालविरोधः कुमुद्वत। अह्नि स्फुटति इति रात्रावेव कुमुदिन्या विकासस्य प्रसिद्धेः अह्नि इति कालविरोधः। मधुः वसन्तः उत्फुल्लाः निचुला यत्र तथोक्तः, अत्र निचुलानां प्रावृष्येव विकासस्य प्रसिद्धेः मधुरिति कालविरोधः निदाघः ग्रीष्मः मेघेन दुर्दिनं यत्र तथोक्तः अत्र वर्षास्वेव दुर्दिनत्वप्रसिद्धेः निदाघ इति कालविरोधः। निदाघेऽपि कदाचित् दुर्दिनत्वं सम्भवति वर्णितञ्च अकालदुर्दिनं मृच्छकटिकादौ इति शेषोक्तं चिन्त्यम्।।

श्रव्येति।। वर्षाः श्रव्या हंसानां गिरः यासु ताः, अत्र शरत्स्वेव हंसानां मधुरनादस्य प्रसिद्धेः वर्षा इति कालविरोधः।। शरदः मत्ता बर्हिणः यासु ताः

हेमन्तो निर्मलादित्यः शिशिरः श्लाघ्यचन्दनः।। 168।।

इति कालविरोधस्य दर्शिता गतिरीदृशी।
मार्गः कलाविरोधस्य मनागुद्दिश्यते यथा।। 169।।

वीरशृङ्गारयोर्भावौ स्थायिनौ क्रोधविस्मयौ।

---

overpowered with passion. The *Hemanta* season has an unclouded Sun; and the *Śiśira* season (or late winter season) is one when sandal paste is welcomed and appreciated.

Thus is the mode illustrated of *Kalā-virodha* (or impropriety about time, season, etc.) a little will be indicated of the mode of *kalā-virodha* (or impropriety in the Arts) Thus :

The fundamental *bhāvas* (or principles) underlying *Vīra* (or the heroic) and *Śṛṅgāra* (or the amatory) and *Krodha* (anger) and *Vismaya* (wonder). "This *bhinnamārga* (where

---

अत्र वर्षास्वेव मयूराणां मत्तताया: प्रसिद्धेः शरद इति कालविरोधः। हेमन्तः निर्मलः आदित्यो यत्र तथाभूतः, अत्र हेमन्ते आदित्यस्य हिमावृतत्वात् निर्मलत्वम् अप्रसिद्धम् इति कालविरोधः, तथा शिशिरः, शीतर्तुः श्लाघ्यम् आदरणीयं चन्दनं यस्मिन् सः अत्र चन्दनस्य शैत्यात् शिशिरे तस्य श्लाघ्यत्वम् अप्रसिद्धम् इति च कालविरोधः।। 168।।

कालविरोधमुपसंहृत्य कलाविरोधं दर्शयितुमाह—इतीति।। इति ईदृशी उक्तप्रकारा कालविरोधस्य गतिः नियमः दर्शिता, इदानीं कलाविरोधस्य मार्गः नियमः मनाक् अल्पं यथा तथा उद्दिश्यते यथेति उदाहरणार्थम्।। 169।।

वीरेति।। वीरशृङ्गारयोः रसयोः क्रोधविस्मयौ स्थायिनौ भावो विरुद्धाविति शेषः तथाहि वीरे उत्साहः, शृङ्गारे रतिः स्थायिभावत्वेन कथ्यते, क्रोधः रौद्ररसस्य विस्मयः अद्भुतरसस्य स्थायित्वेन निर्दिष्टौ तदेवं स्थिते तद्विरोधो दोष एवेति भावः। स्थायिभावश्च दर्पणकारेणोक्तः, यथा, 'अविरुद्धा विरुद्धा वा यं तिरोधातुमक्षमाः। आस्वादाङ्कुरकन्दोऽसौ भावः स्थायीति कीर्त्यते' इति रसावस्थः

पूर्णसप्तस्वरः सोऽयं भिन्नमार्गः प्रवर्तते।। 170।।
इत्थं कलाचतुः षष्टिविरोधः साधु नीयताम्।
तस्याः कलापरिच्छेदे रूपमाविर्भविष्यति।। 171।।

---

one or more of the seven fundamental notes are wanting) consists of all the seven *svaras* (fundamental notes)."

Thus let the reader bring out for himself good examples of impropriety in all the sixty-four kalās (or branches of Arts); their varied forms will be made obvious in *kalā-pariccheda* (or the Seciton on the *Kalās*).

परं भावः स्थायितां प्रतिपद्यते इति च। क्रोधविस्मयौ च तनैवोक्तौ यथा प्रतिकूलेषु तैक्ष्ण्यस्य अवबोधः क्रोध इष्यते। तथा 'विविधेषु पदार्थेषु लोकसीमातिवर्तिषु। विस्फारश्चेतसो यस्तु स विस्मय उदाहृत' इति, रसविवेकस्य मतादिभिः नाट्यशास्त्र एव कृतत्वात् नाट्यरूपकलाविरोधोऽयम् इति बोध्यम्। गीतरूपकला-विरोधमाह–पूर्णेति। पूर्णाः सम्यक्प्रयुक्ताः सप्तस्वराः निषादादयः यत्र तथोक्तः सङ्गीतविधिरिति शेषः 'निषादर्षभगान्धारषड्जमध्यमधैवताः। पञ्चमश्चेत्यमी सप्त तन्त्रीकण्ठोत्थिता' इत्यमरः। भिन्नमार्गः भिन्नः तत्तत्कालनिषिद्धस्वरासंवलितः मार्गः प्रयोगनियमः यस्य तादृशः सन् प्रवर्तते प्रचलति अतस्तद्वैपरीत्यं दोष एवेति फलितार्थः उक्तञ्च भरतेन 'प्रभाते सुरतो निन्द्यः ऋषभः पञ्चमोऽपि च। पञ्चमस्य विशेषोऽयं कथितः पूर्वसूरिभिः। प्रगे प्रगीतो जनयेद्दर्शनस्य विपर्ययम् 'इति।। 170।।

इत्थमिति।। इत्थम् अनेन प्रकारेण कलानां चतुःषष्टिः तस्याः विरोधः साधु यथा तथा नीयतां यथा नाट्यगीतरूपयोः कलयोर्विरोधः प्रदर्शितः तथा तत्तदुदाहरणेषु अन्यासामपि कलानां विरोधः दृश्यतामित्यर्थः, कलापरिच्छेदे तदाख्यग्रन्थे तस्याः कलायाः रूपम् आविर्भविष्यति, प्रकटिष्यति, अनन्तरं कलापरिच्छेदं नाम ग्रन्थं करिष्यामि तत्रैव तासां विशेषो द्रष्टव्य इति भावः।। 171।।

आधूतकेसरो हस्ती तीक्ष्णशृङ्गस्तुरङ्गमः।
गुरुसारोऽयमेरण्डो निःसारः खदिरद्रुमः।। 172।।

इति लौकिक एवायं विरोधः सर्वगर्हितः।
विरोधो हेतुविद्यासु न्यायाख्यासु निदर्श्यते।। 173।।

सत्यमेवाह सुगतः संस्कारानविनश्वरान्।

The elephant shakes his mane; the horse has sharp horns; this castor (Eraṇḍa) plant has a heavy trunk; this *acacia* (Khadira) tree is devoid of juice.

These well-known contradictons are condemned by all. Impropriety in *Hetu-Vidyā* (Knowledge of the reason) and in *Nyāyākhyā* (maxims) will be illustrated.

"*Sugata* spoke the truth, that *saṁskāras* (or experiences) are not momentary, but everlasting; therefore, it is that

---

लोकविरुद्धतां दर्शयति—**आधूतेति**।। अयं हस्ती आधूताः केसरा जटाः यस्य तथोक्तः, तुरङ्गमः अश्वः तीक्ष्णे शृङ्गं यस्य तादृशः, एरण्डः तदाख्यवृक्षः गुरुः सारो यस्य तथाभूतः, खदिरद्रुमः नास्ति सारो यस्य तादृक् हस्तिनः सकेसरत्वं तुरङ्गमस्य तीक्ष्णशृङ्गत्वम् एरण्डस्य सारवत्त्वं तथा खदिरतरोः निस्सारत्वं लोकविरुद्धम्। अत्र पूर्वार्धे चरयोरुत्तरार्धे अचरयोरित्यवगन्तव्यम्।। 172।।

इतीति।। इति उक्तरूपः लौकिकः लोकप्रसिद्ध एव अयं विरोधः सर्वैः विद्वद्भिः गर्हितः निन्दितः, तथा च देशादिविरोधापेक्षया लोकविरुद्धोपन्यासः प्रयोक्तुर्नितरां हास्यायेति भावः। सम्प्रति न्यायाख्यासु न्यायनाम्नीषु हेतुविद्यासु विरोधः निदर्श्यते उदाह्रियते।। 173।।

सौगतदर्शनरूपन्यायविरोध दर्शयति—**सत्यमिति**।। सुगतः बुद्धः संस्कारान् ज्ञानविशेषान् अविनश्वरान् चिरस्थायिनः सत्यमेव आह, तथाहि तमेवार्थं जानीहि सा पूर्वानुभूता चकोराक्षी अद्यापि मे हृदि स्थितैव, स्मरणविषयो भवतीत्यर्थः स्मृतिं प्रति संस्कारस्य हेतुत्वात् तस्य चाविनश्वरत्वात् चेति भावः।

तथाहि सा चकोराक्षी स्थितैवाद्यापि मे हृदि।। 174।।

कापिलैरसदुद्भूतिः स्थान एवोपवर्ण्यते।
असतामेव दृश्यन्ते यस्मादस्माभिरुद्धवाः।। 175।।

गतिर्न्यायविरोधस्य सैषा सर्वत्र दृश्यते।
अथागमविरोधस्य प्रस्थानमुपदिश्यते।। 176।।

---

the lady whose eyes are like the cuckoo's is even to-day firmly fixed in my heart."

"By the followers of *Kapila* is described the emergence out of the non-existent; certainly because the prosperity of the wicked alone is seen by us (Here there is a pun *asat* and on *Udbhūti* which mean both non-existent and wicked and emergence and prosperity respectively)."

This mode of impropriety in Nyāya (or maxim) is seen everywhere; next is explained the existence of *āgama-virodha* (or disagreement with the *āgamas*).

पदार्थमात्रस्य क्षणभङ्गुरत्वमिति वादिनान्तु तेषां सौगतानां मतविरुद्धमेतदिति हेतुविद्याविरोधः।। 174।।

सांख्यदर्शनरूपन्यायविरोधं दर्शयति–**कापिलैरिति**।। कापिलैः कपिल मतानुसारिभिः सांख्यविद्भिः असदुद्भूतिः असतामनित्यानां दुष्टानाञ्च, उद्भूतिः उद्भवः स्थान एव युक्तमेव उपवर्ण्यते, यस्मात् अस्माभिः असतामेव दुष्टानामेव उद्भवा दृश्यन्ते प्रायेण दुर्जना एव जायन्ते न तु साधव इति भावः। अयं भावः कापिलानुसारिणः सतः सदेव जायते नत्वसदिति मन्यन्ते तथाचोक्तम् असद-करणादुपादानग्रहणात् सर्वसम्बाभावात् शक्तस्य शक्यकरणात् कारणभावाच्च सत्कार्यमिति तस्मादत्र असदुद्भूतिदर्शनं सांख्यविरुद्धमिति निष्कर्षः।। 175।।

न्यायविरोधमुपसंहरति–**गतीति**।। सा एषा एवं प्रकारा न्यायविरोधस्य गतिः सर्वत्र वैशेषिकादिष्वपि दृश्यते अथ इदानीम् आगमविरोधस्य प्रस्थानं गतिः उपदिश्यते।। 176।।

अनाहिताग्नयोऽप्येते जातपुत्रा वितन्वते।
विप्रा वैश्वानरीमिष्टिमक्लिष्टाचारभूषणाः।। 177।
असावनुपनीतोऽपि वेदानधिजगे गुरोः।
स्वभावशुद्धः स्फटिको न संस्कारमपेक्षते।। 178।।

"These vipras (or brahmins) who have the perfection of their *ācāra* (or conduct) as their adornments and who are not *āhitāgnis* (who have not performed the regular worship of *Agni*), and who have sons born to them perform the *Vaiśvīanaree-Iṣṭi* (or sacrifice to the God of Fire). (This is an example of disagreement with the *Śrutis*).

This person learnt the Vedas from his teacher although he did not undergo the ceremony of *Upanayana* (or initiation to the Vedas), for the crystal which is naturally pure does not stand in need of a *saṁskāra* (or purification).

श्रुतिविरोधं दर्शयति—अनेति।। एते अक्लिष्टाचारभूषणाः अक्षुण्णसर्वाचार-समन्विताः जातपुत्राः विप्राः अनाहिताग्नयः अकृताग्न्याधानाः अपि वैश्वानरीम् इष्टिं यागं वितन्वते कुर्वन्ति। अत्र च श्रुतौ कृताग्न्याधानादेरेव वैश्वानरेष्ट्यधिकार-प्रतिपादनात् अनाहिताग्नीनां तद्वर्णनं श्रुतिविरुद्धम्।। 177।।

स्मृतिविरोधं दर्शयति—असाविति।। असौ जनः अनुपनीतः अकृतोपनयसंस्कारः अपि गुरोः सकाशात् वेदान् अधिजगे अधीतवान्। तथाहि स्वभावेन प्रकृत्या एव शुद्धः निर्मलः स्फटिकः संस्कारं शुद्धिं न अपेक्षते। अत्र अनुपनीतस्य वेदाध्ययनं स्मृतिविरुद्धम् उक्तञ्च मनुना 'नाभिव्याहारयेद् ब्रह्म स्वधनियमनादृते। शूद्रेण हि समस्तावद् यावद् वेदे न जायते' इति।। 178।।

**विरोधः सकलोऽप्येष कदाचित् कविकौशलात्।
उत्क्रम्य दोषगणनां गुणवीथीं विगाहते।। 179।।
तस्य राज्ञः प्रभावेण तदुद्यानानि जज्ञिरे।
आर्द्रांशुकप्रवालानामास्पदं सुरशाखिनाम्।। 180।।
राज्ञां विनाशपिशुनश्चचार खरमारुतः।**

All forms of improprieties however may sometimes by the cleverness of the poet be lifted up beyond the region of Faults and placed among the *guṇas* (or good qualities).

By the greatness of that king his pleasure groves became the place of refuge of the celestial trees whose tender foliage furnished fresh garments.

A hurricane forecasting the ruin of kings blew shaking the sprouts of the *Saptacchada* tree together with the pollen of the *kadambas*. (Here although the *Saptacchada* flowers appear in the autumn season and the kadambas in the rainy season, and therefore there is a disagreement about

---

उक्तदोषस्य कदाचिद् गुणत्वमप्याह–**विरोध इति**।। एषः उक्तरूपः सकलः समग्रः अपि विरोधः कवेः कौशलात् वर्णनाचातुर्येण कदाचित् दोषराणनाम् उत्क्रम्य विहाय गुणवीथीं गुणश्रेणीं विगाहते गुणत्वेन गणनीयो भवती-त्यर्थः।। 179।।

तत्र देशविरोधस्य गुणत्वं दर्शयति–**तस्येति**।। तस्य राज्ञः प्रभावेण महिम्ना तदुद्यानानि तस्य राज्ञः उद्यानानि आर्द्राणि नवानि इत्यर्थः अंशुकानि वस्त्राणि प्रवालानि येषां तेषां सुरशखिनां देवतरूणाम् आस्पदं स्थानं जज्ञिरे। अत्र मानवोद्यानेषु द्योतयतीति चमत्कारव्यञ्जनात् गुणत्वमापद्यते इति फलितार्थः।। 180।।

कालविरोधस्य कदाचिद्गुणत्वमुदाहरति–**राज्ञामिति**।। राज्ञां प्रतिपक्षभूपानां विनाशपिशुनः विनाशसूचकः 'पिशुनौ खलसूचका' वित्यमरः। खरमारुतः

धुन्वन् कदम्बरजसा सह सप्तच्छदोद्गमान्।। 181।।
दोलाभिप्रेरणत्रस्तवधूजनमुखोद्गतम् ।
कामिनां लयवैषम्यं नेयं रागमवर्धयत्।। 182।।

---

the season, still it is not a Fault, because the poet wants to emphasise that the flowering of the tree out of season is an evil omen).

The song in which there was unharmonious *laya* or blending of tunes, proceeding from the mouths of their beloved who were afraid of the swaying of the swing increased the passion of their lovers. (Here there is *kalāvirodha* or error in the rules of art, only harmony of *laya* is said to promote *Rāga* or Love; but this is not a Fault as the reason for the promotion of the lover's passion is stated to be because the songs proceeded from the mouths of their beloved).

प्रचण्डवायुः सप्तच्छोद्गमान् धुन्वन् कम्पयन् कदम्बरजसा सह चचार। अत्र युद्धयात्रा सप्तच्छदीद्गमश्च शरत्सु भवति, कदम्बपुष्पाणि तु तदा न जायन्ते वर्षास्वेव तेषां प्रादुर्भावात् तदयं कालविरोधः 'अकाले फलपुष्पाणि देशविद्रवकारणमि'ति वचनेन अशुभसूचनात् विजिगीषोः उत्कर्षातिशयव्यञ्जकतया गुण एव, कविकौशलञ्चात्र हेतुरित्यवधेयम्।। 181।।

कलाविरोधस्य क्वचिद् गुणत्वमुदाहरति–दोलेति।। दोलया अभिप्रेरणेन सवेगचालनेन त्रस्ता ये वधूजनाः तेषां मुखेभ्यः उद्गतम् उच्चरितं लयस्य विरामस्य वैषम्यं वैपरीत्यं यत्र तादृशमपि गेयं भयचकितत्वात् लयासङ्गतमपि गानमित्यर्थः कामिनां रागम् अवर्धयत्। गानस्य लयशुद्धिरेव रागवर्धनीति कलानियमः अत्र च तद्वैपरीत्यमिति विरोधः वधूजनान् प्रति कामिनामत्यनुराग व्यञ्जकतया गुण एव, कविकौशलेन प्रयोजकमिति ज्ञेयम्।। 182।।

ऐन्दवादर्चिषः कामी शिशिरं हव्यवाहनम्।
अबलाविरहक्लेशविह्वलो गणयत्ययम्।। 183।।
प्रमेयोऽप्यप्रमेयोऽसि सफलोऽप्यसि निष्फलः।
एकस्त्वमप्यनेकोऽसि मम ते विश्वमूर्तये।। 184।।

This lover considers fire as cooler than the rays of the moon, being agitated by the pangs of separation from his lady. (This is Loka-virodha which however is not a Fault).

"You are both commensurable and immeasurable; you are both in the world (which is a fruit of your work) and without it (untouched by such works); you are both One and Many : Salutations to you who are in the form of the Universe." This *Nyāya-virodha* is not a Fault but a Guṇa.

लोकविरोधस्यापि गुणत्वमुदाहरति—**ऐन्दवेति**।। अयं कामी अबलायाः विरहेण यः क्लेशः तेन विह्वलः व्याकुलः सन् ऐन्दवात् इन्दुसम्बन्धिनः अर्चिषः किरणात् अपेक्ष्येति यवर्थे पञ्चमी हव्यवाहनम् अग्निं शिशिरं गणयति मन्यते। अत्र हव्यवाहनस्य शिशिरत्वं लोकविरुद्धं तच्च विरहिणां चन्द्रकिरणस्यात्युद्दीपकत्वव्यञ्जनात् गुण एव।। 183।।

न्यायविरोधस्य गुणत्वमुदाहरति—**प्रमेय इति**।। भगवत्स्तुतिरियम्। प्रमेयः प्रमाणजन्यज्ञानविषयोऽपि अप्रमेयः अज्ञेयः असि, सफलः फलं कार्यं विश्वरूपं तत्सहितः अपि निष्फलः फलरहितः कार्येषु निर्लेपः असि, त्वम् एकोऽद्वितीयोऽपि अनेकः बहुरूपः असि, अतः विश्वमूर्तये ते तुभ्यं नम इत्यन्वयः। प्रमेयत्वाप्रमेयत्वादिकं परस्परविरुद्धं नैकाधारवर्तीति नैयायिकी युक्तिः साचात्र विरुद्धतया भासमानापि परमात्मनोऽचिन्त्यत्वं व्यञ्जयन्ती गुणत्वमेवारोहति।। 184।।

पञ्चानां पाण्डुपुत्राणां पत्नी पाञ्चालपुत्रिका।
सतीनामग्रणीश्चासीद्दैवो हि विधिरीदृशः।। 185।।
शब्दार्थालंक्रियाश्चित्रमार्गाः सुकरदुष्कराः।
गुणा दोषाश्च काव्यानामिति संक्षिप्य दर्शिताः।। 186।।
व्युत्पन्नबुद्धिरमुना विधिदर्शितेन
मार्गेण दोषगुणयोर्वशवर्तिनीभिः।

The daughter of Pāñcāla, who was the wife of the five sons of Pāṇḍu, was the first among the *Satīs* (chaste women). Such indeed is the Law Divine. (This is an example of *āgama-virodha* which however is a *guṇa* in this case).

Thus have been illustrated in a condensed form, the *alaṅkāras* in word and in meaning, the ways of decoration both easy and difficult and the virtues and blemishes of *kāvyas*.

With his intellect, trained by this Path of *guṇa* and *doṣa* (Excellences and Faults) shown according to the rules, the

---

आगमविरोधस्य गुणत्वमुदाहरति—**पञ्चानामिति**।। पाञ्चलपुत्रिका द्रौपदी पञ्चानां पाण्डुपुत्राणां युधिष्ठिरभीमार्जुननकुलसहदेवानां पत्नी अथ च सतीनां साध्वीनाम् अग्रणीः श्रेष्ठा च आसीत् हि यतः दैवः देवसम्बन्धी विधिः ईदृशः आगमानधीनः तेषां तस्याश्च देवांशतया शास्त्रोक्तत्वादिति भावः। एकस्या बहुपतिस्वं सतीत्वञ्च आगमविरुद्धं तच्चात्र दैवाधीनतया वैचित्र्यमावहद्गुण एवेति।। 185।।

ग्रन्थमुपसंहरति—**शब्देति**।। इह अस्मिन् काव्यादर्शाख्ये ग्रन्थे शब्दार्थालंक्रियाः शब्दालङ्काराः अर्थालङ्काराः सुकरा दुष्कराश्च चित्रालङ्काराणां मार्गा नियमाः तथा काव्यानां गुणा दोषाश्च सङ्क्षिप्य दर्शिताः।। 186।।

संक्षिप्तेऽप्य स्मिन् फलसिद्धिर्भवतीत्युपपादयन् ग्रन्थं समापयति—**व्युत्पन्नेति**।। व्युत्पन्ना संस्कृता बुद्धिर्यस्य तथोक्तः विशुद्धबुद्धिरित्यर्थः धन्यः

वाग्भिः कृताभिसरणो मदिरेक्षणाभि-
र्धन्यो युवेव रमते लभते च कीर्तिम् ।। 187 ।।

इति तृतीयः परिच्छेदः समाप्तश्चायं ग्रन्थः ।।

---

blessed person sports like a youth attracted by Words who have loving eyes and who remain in his control; and he also obtains fame.

Thus ends the third section as well as this book.

जनः अमुना विधिदर्शितेन मार्गेण पथा युक्तः इत्यर्थः दोषगुणयोर्वशवर्तिनीभिः निर्दोषाभिः सगुणाभिरित्यर्थः वाग्भिः कृतम् अभिसरणं यस्य तादृशः सुमधुरवचनभाषी सन्नित्यर्थः मदिरेक्षणाभिः मदघूर्णितनयनाभिः कान्ताभिः कृताभिसरणः युवा इव रमते प्रीतिमनुभवति कीर्तिं लभते च इति अन्वयः।। 187 ।।

।। इति श्रीजीवानन्दविद्यासागरभट्टाचार्यविरचिता **काव्यादर्शविवृतिः** समाप्ता: ।।

Index

A

Ābhīra 18
Adbhūtopamā 73
Abhinnakriya 188
Abhinnapadam 185
abhisārikās 142
Abhāva Hetu 156
Abhāvābhāva 159
Abhyāsa 247
Acikhyāsopamā 70
actual forms 59
Acyuta 192
Ācāryas 266
ācāra 300
Adbhūta 175, 176
Adbhūtopamā 66
Adhikākṣaram 291
Adimadhyanta Ekarūpa
Adyanta Ekarūpta Vyāpeta
ādi-dīpakaṁ 98, 100
Agara trees 295
Agni 273, 300
āgama-virodha 299, 304
āgamas 213, 277, 294, 299
āhitāgnis 300
Airāvata elephant 279
Ākhyāyikā 12, 14
Ākhyāyikās 44
Ākṣepa 105, 187
ākṣepa 122
ākṣepa-rūpakaṁ 93
Ākāśa 47
Ākyāyikā 13
Alaṅkāra 39
alaṅkāra 59, 62, 136, 166, 174, 180, 183, 200, 282, 284
alaṅkāra Rasavat 174
Alaṅkāras 57
alaṅkāras 58, 103, 142, 144, 151, 209, 210, 213, 214, 304
alaṅkārasaṁsṛṣṭi 209
Ambhodharaḥ 281
anadārakṣepa 112
Anala 171
Ananvaya 208
Ancient Person 202
animal life 293
Aniyamopamā 65
Annyonyopamā 64
Anugraha 55
anujñā 111
anujñākṣepa 111
anukrosākṣepa 118
Anuprāsa 23, 27, 28, 29, 30, 31, 32
anuśayākṣepa 120
aṅga 210
aṅganagandamandane 292
Añjaneya 181
apūrva-samāsokti 141
Apabhraṁśa 16, 18, 19
Apahnuti 182, 184

Apakrama 285
Apakāramam 276
apavakra 13
Applicable 124
Aprastuta-Praśaṁsā 200
Apārthaṁ 276, 278
āptas 148
Ardha-bhrama 253
Ardha-bhrāhmaṇa 254
Ardha-Śloka 249
Arjuna 200
arm-creeper 84
art 15
Artha 8
Artha-vyakti 21
Arthāntara-Nyāsa 210, 123
arthāntarākṣepa 121
Arthātaḥ Ekārthaṁ 281
arts of speech (Alaṅkāra) 33
Ārya 14
asamasta 85
asambhāvitopamā 73
Asara 19
Asayodattam 181
asādhāraṇopamā 72
Asuras 78, 90
aśīrvacanākṣepa 113
Āśīḥ 207
Aṣṭavarṇa 270
Atiśayopama 65
atiśayokti 142
Atyantābhāva 158
Atyukti 48
authoritative writers 2, 148
autumn season 301
autumnal moon 71
Avṛtti 105
avayava-rūpakaṁ 87
Avayavi-rūpakaṁ 87
Aviruddhakriyā 188
Avyapeta vyāpetam 229
Avyapeta Yamaka 231
Avyapeta-Vyapeta 228
Avyapeta-vyāpeta 230
Avyavahitam Antādi Yamakam 248
Avyavahitam Ādimadhya Yamakam 248
Avyāpeta vyāpeta Yamaka 232
Avyāpeta-vyāpeta Yamaka 233
Ayoga 88
Aythagurutvam 291
ayukta 162
Ayuktaṁ-rūpakaṁ 89
ayuktakāri 126
ayuktakārya 160

B

badavā fire 130
bahūpamā 74
Bahuvrīhi samāsa 82
base-born Cupid 34
Beautiful lady 136
beautiful woman 108
bees 27
belch 50
Bhūmi 171
Bhūta 19
Bhīma 173
Bhagavatī 37
Bhaginī 37
Bhayānaka 175, 177
bhinnabhinnaviśeṣaṇa 140
Bhinnakriya 189
bhinnamārga 296
Bhinnapadaprāya 187
Bhinnapadaprāyam 185
Bhinnavṛttaṁ 276, 290
Bhujaṅgas 131
Bhāva 10

Bhāvikaṁ 211, 212, 213
Bībhatsa 175
blessed person 305
blind man 5
Both Hidden 266
Brahmā 1, 47, 70, 193, 285
brahmins 300
bride spits 51
Bṛhatkathā 19

C

Campaka flowers 199
Campū 16
Canany 268
cāṭūpamā 72
Catuṣpada Adimadhyanta Yamaka 237
Causal Reason 152
celestial language 17
celestial trees 301
Chalika 20
Chando-Viciti 7
charming speech 199
Colas 295
common attribute 149
common quality 150
component parts 87, 88
composed passage 39
compound words 43, 44
Conceit 145, 151
constitute grandeur 39
convertion parts 87
cool shade 140
cruel rainy season 110

D

Daitya ladies 177
Dakṣa Prajāpati 191
Dantya 258
darbha 201
dark eyes 198
Dark-eyed ladies 189
dākṣiṇya 125
dānavas 97
deep ocean 7
delightful speech 272
delightful voices 295
Deśī 17
Deśa-virodhinī 295
Deśādi-virodhi 294
Deva 192
Devas 90, 278
Devatās (gods) 98
Dharma 8, 102, 148
dharmākṣepa 108
Dharmopamā 63
dharmyākṣepa 109
dhruvaṁ 151
Dīpakaṁ 102, 103
Dṛṣṭānta 277
doṣas 277, 279
domestic peacocks 99
Double Negation 159
Dravya 61, 96, 194
dravya-rūpakaṁ 98
drinking honey 126
drinking scenes 9
Dūrakārya 159, 160
Dvijas 125

E

Easterners compose 44
eka vyatireka 129
Ekacchanna 274
Ekacchannāśritam 265
ekāṅga-rūpakaṁ 88
Ekārtha-dīpakaṁ 102
Ekārthaṁ 276, 281
Elder's order 181
enemical attitude 146
enemies 11

enemy 12
Etaretarābhava 158
etymological meanings 268
excellent quality 41
expanding breasts 46
Explicitness of sense 40
extreme exaggeration 47
eye-blue lotuses 89
eye-blue-lotuses 88
eye-brow 132, 137
eye-brow-creeper 94
eye-brow-creepers 89

F

face-lotus-theatre 94
face-moon scorches 94
faultless features 46
festivals 9
fingers 84
Fire 300
Fools 47
foot-tendrill 84
Fragrant breeze 99
fragrant smell 68
full-grown lotuses 155
fundamental bhāvas 296
fundamental notes 297

G

Gadya 6, 43
Gadyaṁ 12
gambhīra 212
Gandharvahasta 274
Gandharvas 193
Ganges 90
Garuḍa 273
Gauṇārtha 263
Gauḍa path 22
Gauḍas 28, 48
Gauḍī 18
generous person 8
glow-worm shines 81
Go 4
Go-mūtrikā 252
God 89, 193, 300
God of Love 106
God Lakṣmī 202
Goddess of wealth 271
good qualities 11, 301
Gotva 4
Govinda 170
grammatical rule 292
grammatical rules 286
great sages 17
Grāmya 36
group description 59
Guṇa 53, 61, 96, 193, 303, 304
Guṇa Sahokti 205
guṇa-dīpakaṁ 97, 99
guṇas 301
guru 290

H

hāsya 175, 176
Half-revolution 253
Hari 90, 170
Hari (Indra) 279
harsh language 73
Hemanta season 296
hero 12
Hetu 154, 156, 158, 163, 277
hetu-rūpakam 91
Hetu-Vidyā 298
Hetu-viśeṣokti 195
Hetus 159
hetvākṣepa 122
Hidden Names 264
honey 27
honey-bee 76
Hota 171
hyperbole 145

I

Ikṣavākus 202
Illustrative Citation 123
Immutable God 275
immutable primary letters 275
individual poets 53
Indra 78, 196
intuitive intellectual power 54
irate lady 86
Itihāsas 8

J

Jalam 171
Jāhnavi 90
Jāti 6, 59, 61, 96, 193
Jāti-dīpakaṁ 96, 98
judge 11
jñāpaka 152, 154
Jñāpaka Hetu 156

K

Kaṇṭhyas 259
kadamba 136
kadamba trees 104
kadambas 301
Kalā-virodha 296
Kaliṅga 294
kalpaka tree 91
kalpas 10
kalāvirodha 302
Kapila 299
Karṇa 200
Kathā 12, 14, 19
Kathās 13
Kāma 8
Kāmena 291
kāntaṁ 45, 48
Kānti 21
Kānyakubja 268
kāraṇākṣepa 109
kāraka 152
kāruṇya 174
kāryākṣepa 110
kāryānantaraja 160, 161
Kāvyalakṣaṇaṁ 2
Kāvyas 26, 57, 62, 304
Kāvyādarśa 214
Khara 36
kiryā 96
Kiryā Sahokti 206
kokilas 189, 206
Krama 168
Kriyā 61, 194
kriyā-dīpakaṁ 97, 99, 100
kriyāpekṣā 155
Krodha 296
Kṛṣṇa 192, 200
Kṣatriyas 186
kuṭaja trees 104
Kubera 196
Kulaka 7
Kumuda 168
Kumuda flowers 134, 207
kumuda-pond 295
kunda 97
kunda flowers 162

L

Lāṭī 18
Lāsya 20
Laṅkā 181
lady swan 81
laghu 290
Lakṣaṇas 213, 266
Lamba 14
languages 18
Law Divine 304
Leśa 165, 168
light taxes 186
limpat 149

limpati 149, 150, 151
literature 3
logic 293
Loka-virodha 303
Lokapāla 196
Lord 167
lotus flower 51, 76
lotus-mouths 1
lotus-pool 1
Love 89
lovely lady 1
lower lip 86, 198

M

maṇḍala 161
maṇḍalas 186
Madhyaṁ 24
Mahākāvya 8
Mahārāśṭra 17
Mārga 36, 41, 58
Mahāyamaka 247
maiden falls 117
majestic theme 212
Majesty 78
malaya 206
malaya breeze 294
Malaya hill 153
mandakrāntā metre 289
manerṣye 293
marriage 9, 15
Marut 171
Matrā 6
Mādhurya 37, 177
Mādhuryaṁ 21
Medinī 203
metrical defect 290
metrical feet 29
mid-final 216
mid-initial 216
milch-cow 4
Miśra 6, 16, 24
Miśrakaṁ 19
Miśras 16
mālā-dīpakaṁ 100
Mālopamā 75
Mohopamā 67
Mokṣa 8
moonrise 9
Mṛdu 24
Muktaka 7
Mutual (Non-existence) 158
mutual differentiation 129
mutual help 212
mūrcchākṣepa 118
Mūrdhanya 258

N

Nāṭaka 19
Nāṭakas 16
Namantarita 276
Nandana trees 176
Nature 73, 74
Nāmāntaritā 264, 271
Nārāyaṇa 285
Nibhṛtā 264, 272
niculā flowers 110
Nicula 295
Nicula trees 98
Nidarśanaṁ 204
Nindā 168, 197
Nindopamā 69
Nirṇayopamā 68
Nisarga 138
Niyamākṣeparūpokti 188, 191
Niyamavan 188, 190
Niyamopamā 64
non-harsh letters 38
nūnaṁ 151
Nyāya 277, 293, 299
Nyāya-virodha 303

Nyāyākhyā 298

O

Ojas 21, 43, 44
old lady 271
old masters 58
ordinary meanings 45

P

Paṅkaja flowers 169
Pada 246
Pada madhyanta 233
Padabhyāsa 239
Padadyānta Avyāpeta-vyāpeta Yamakam 236
Padādimadhya Avyāpeta-vyāpeta Yamaka 234
Padānta Yamaka 232
Padya 6, 43
Pāṇḍu 304
palm-lotus 84
panoromasiac metaphor 92
paravaśākṣepa 116
Parithārikā 273
Parivṛtti 205, 207
Paruṣa 263, 270
parvas 212
Paryāya 272
Paryāyoktaṁ 178, 179
path of Gouḍa 21
Path of guṇa 304
path of words 21
Paurastyās 26
Pādādi Yamaka 230
pārijāta tree 77
Pāñcāla 304
pitiful description 119
playful dance 94
poem 4, 11, 15
poems 18
poetic merits 56
poetry 53
prabhutvākṣepa 112
pragṛhyam 292
Prahelikās 262, 266
Prakṛtaṃ 18, 19
Prakalpitā 264, 270
Pramuṣitā 263, 268
Prasāda 21, 23
Pratiṣedhopamā 71
Pratibhā 55
Pratijñā 277
Pratilomaṃ Yamakam 249
Prativastūpamā 76
Praśaṁsopamā 70
prayoga 289
pregnant woman 52
Present Non-existence 158
Previous Non-existence 157
Preya 169, 171
Prāgabhāva 157
principal moon 119
Prākṛtaṃ 16, 17
prāyāḥ 151
Puloma 78

R

Rāṣṭras 293
rainy season 97, 295, 301
ranges of clouds slept 52
Rasa 10, 27, 169
Rasas 177
Rasavat 169, 173
Rāga 302
Rāghava 181
Rājatanam 271
Rājavarma 171
Rāma 202
Rāvaṇa 181
Realistic expression 58, 59, 62

Reason (hetu) 151
red dust (pollen) 51
Reversed Recurrence 250
Reversed Recurrences 251
roṣākṣepa 117
rolling eye-bees 88
royal swans 92, 197
Rūpaka 187
rūpaka-rūpakaṁ 94
Rūpakas 209

S

Saṁ-mūḍha 265
Saṅghāta 7
Saṅkīrṇa 266
Saṅkaras 276
Saṅkhyānāṁ 168, 264
Saṅkhyātā 264
Saṁkīrṇaṃ 209, 210, 211
Saṁkhyapahnuti 182
Saṁmūḍha 273
Saṁskṛtaṁ 17, 18
saṁṣkāra 300
saṁskāras 298
Saṁskritaṁ 16
Saṁśayaṁ 276
Saṁśayopamā 67
saṁśayākṣepa 121
sadṛśa-vyatireka 134
sages 46
sahaja 160, 161
sahetu vyatireka 130
Sahokti 205, 207
saithilya 31
sajāti-vyatireka 135
samāsokti 139
Samaṁ 24
samasta-vyasta-rūpakaṁ 85
Sambhyata 270
Samādhi 21, 49, 51, 53
samādhāna-rūpakaṃ 94
Samāgata 263
Samāgata Prahelikā 267
samāhitaṃ 180
Samāna-śabda 265
Samānarūpa 263, 269
Samānaśabda 272
Samānopamā 69
samāsokti 138, 142
Samuccayopamā 65
Samudga 239, 240, 241
Sandaṣṭa Yamaka 238
Sandaṁsya Yamakam 248
sandal paste 296, 99
sandal trees 152
sandal-water 156
Sandeha 208
Sandhi 248, 290, 292
sandhyāṅga 213
Sanātana 271
Saptacchada tree 301
Sarasvatī 1, 54, 56
Sarga bandha 15, 7, 8, 18
sargas 10
Sarvatobhadra 253, 255
Sasaṁśaya 283
Satīs 304
saukṣma 134
Savirodha 197
Saviśeṣaṇa-rūpakaṃ 90
sācivyakṣepa 114
Sādṛśya-vyatireka 131
sādṛśya-vyatireka 132, 133
sākṣepa vyatireka 130
śaṅke 151
śāstras 18, 62, 288
Śaṅkara 192
Śabdahīnam 276, 286
Śalya 20
Śambhu 70, 285

Śaurasenī 18
season autumns 295
secondary moon 119
Sentiments 177
separation 15
Setubandha 17
sexual enjoyment 35
Śeṣa 131
simultaneous application 51
single defect 4
single differentiation 129
Sithilam 23
Śiśira season 296
Śiva 61
Skandha 18
śleṣaviddha 123, 125
śliṣṭa-rūpakaṃ 92
śliṣṭakṣepa 119
śliṣṭārtha-dīpakaṃ 103
Śleṣa 21, 211
Śleṣopamā 68
Śliṣṭaṁ 22, 185
smṛti 294
Smarasya 291
smile-flowers 88
soft eyes 119
soft rays 186
solar rays 51, 135
Soma 171
southern breeze 96, 125, 152
Southerners (Dākṣiṇātyās) 32
Sphuṭa 24
spit 50
śrutis 294
Śṛṅgāra 296
Śrī 202
Śruti 31
Śrutis 300
Stananyitnavaḥ 281
Sthāna-niyama 259
sthānas 212
Sthānas Kaṅṭhya 258
strong man (Rāma) 36
Stuti 166, 168, 196
Subrahmanya 191
sugarcane 54
Sugata 298
Sukumarātā 21, 39
Sukumāraṃ 38
Sukumārata 37
sunrise 9
sūkṣma 151
Sūrya 171
Svabhāvokti 211
Svarūpāpahnuti 184
Svara-niyama 257
Svaras Sthānas 256
Sweetness (Mādhurya) 27

T

Tadbhava 17
Taditvantaḥ 281
Tatsama 17
Tattvakhyānopamā 72
Tattvapahnava-rūpakam 95
Tālavya 258
Tālavya-Sthānas 258
Tejasvī 195
tender eyes 75
tender grass 97
treasure-house 53
tremulous lips 281
tri-coloured throats 60
truthful expression 72
Tulyakaraviśeṣana 139
Tulyayogapamā 77
Tulyayogitā 195
two 84
Tyāga 42

U

Ubhaya-cchanna 266
ubhaya-vyatireka 129
Ubhayacchanna 274
ubhayavṛtti 105
Ucchvāsa 14
Ucchvāsas 13
Udara 41, 42
Udāttamas 182
Udbhūti 299
Udāratvaṁ 21
Udāttam (Sublimity) 180
Unavarṇatā 291
Universal 124
Universe 121
Unmanayantyaḥ 281
Upamā 62, 187, 211
Upamā-rūpakaṃ 209
Upamāpahnuti 184
Upamās 209
Upanayana 300
Upendravajrā 291
upper garment 175
upāyākṣepa 116
urjasvī 170, 178, 179
utkaṇṭhayati 104
Utpala 89, 169
utpala flower 118, 119, 146, 147
Utpala flowers 199
Utprekṣā 145, 147, 151, 209, 211
Utprekṣopamā 66

V

Vaidarbhas 23, 28
Vaiśvīanaree-Iṣṭi 300
vakra 13
Vakrokti 211
Varṇa 6
Varṇa-niyama 261
Varṇana 212
Varṇas 256, 260, 270
Varuṇa 196
vast range 7
vastu 212
Vastūpama 63
Vañcana 263, 268
Vañcita 276
vākyārthopamā 75
vāsanās 55
Vedas 277, 300
Vernal 84
Vernal Grace 84
Viṣamaṁ rūpakaṁ 89
Viṣṇu 97
Viṣaya-nihnuti 183
Vibhudha 192
Vibhutyudattam 181
vibhāvanā 136, 138
Victory 12, 15, 75
Vidarbha 21
Vidarbha path 22
Vidura 170
vikriyopamā 74
vikārya Hetu 155
Viparyāsopama 63
viparyaya 123, 127
vipras 300
Virodha 200
virodhavan 123, 125
Virodhi 188, 191
Virodhopamā 71
Viruddhaṁ 91
Viruddhakarma 188, 190
viruddhārtha-dīpakaṁ 101
visandhi 292
Visandhikaṁ 276
Vismaya 296
vital breaths 79, 101
viśeṣastha 124
Viśeṣokti 193

viśvavyāpī 123
viśvavyāpi 124
Vīra 296
vomit 50
vṛttākṣepa 106
vṛttyaṅga 213
vulgar expression 34
Vyapeta-Yamaka 228
Vyarthaṁ 276
Vyasta 293
Vyatireka 128, 187
Vyājastuti 201, 203
Vyoma 171
Vyāpeta Yamaka 233
Vyāpeta-ādi-madhya Yamaka 234
Vyāpeta Yamaka 237
Vyuktrānta 263, 268

W

war 15
water lies (Kumudas) 49
wealth of poetry 54
witty expression 72
Word 4
word 3

Y

Yama 196
Yamaka 32, 215, 216, 217, 218, 219, 220, 221, 222, 224, 225, 226, 227, 229, 230, 231, 247
Yamaka Kriyā 247
Yamakas 223
Yamaka 235
Yathāsaṁkhyaṁ 168
Yati 288
Yati-bhraṣṭam 276, 288
yatnākṣepa 115
yoga 88
Yogāmālātmikā 265
yukta 162
yukta-rūpakaṁ 88
yuktakārya 160
yuktātmā 123, 126
yuktāyukta 123, 127